2015年广东省基础教育课程改革研究重点项目
"义务教育阶段学生综合素质评价与实施研究"成果

ZHONGXIAOXUESHENG ZONGHE SUZHI PINGJIA DE SHIJIAN YU SIKAO

中小学生综合素质评价的实践与思考

主　编◇鲍银霞　谢绍熺　曾令鹏
副主编◇（排名不分先后）
　　　　谭日新　羊镇清　邓京丽
　　　　周剑山　王文彬　唐　节

广东高等教育出版社
Guangdong Higher Education Press
·广州·

图书在版编目（CIP）数据

中小学生综合素质评价的实践与思考 / 鲍银霞，谢绍熺，曾令鹏主编. —广州：广东高等教育出版社，2017.8（2019.1 重印）
ISBN 978-7-5361-5990-7

Ⅰ. ①中… Ⅱ. ①鲍… ②谢… ③曾… Ⅲ. ①素质教育－教育评估－研究－中小学 Ⅳ. ①G632.47

中国版本图书馆 CIP 数据核字（2017）第 187305 号

出版发行	广东高等教育出版社
	地址：广州市天河区林和西横路
	邮政编码：510500　电话：(020) 87554152　87551163
	http://www.gdgjs.com.cn
印　刷	广东信源彩色印务有限公司
开　本	787 毫米×1 092 毫米　1/16
印　张	20
字　数	289 千
版　次	2017 年 8 月第 1 版
印　次	2019 年 1 月第 2 次印刷
定　价	55.00 元

前　言

全面实施学生综合素质评价，有利于促进学生积极主动地发展，有利于引领学校人才培养模式的创新，有利于推动教育评价方式的改革。1999年《中共中央国务院关于深化教育改革，全面推进素质教育的决定》颁布以来，学生综合素质发展与评价一直是我国基础教育领域关注的焦点。21世纪特别是"十二五"以来，我国加大了教育综合改革力度，对推进学生综合素质评价提出了更深入和具体的要求。2010年，《国家中长期教育改革和发展规划纲要（2010—2020年）》指出，实施和完善综合素质评价不仅是建立科学教育质量评价体系的一部分，也是进行教育评价制度和人才评价制度改革的重要组成部分。2013年，教育部出台了《教育部关于推进中小学教育质量综合评价改革的意见》，把学生的品德发展水平、学业发展水平、身心发展水平、兴趣特长养成、学业负担状况等方面作为评价学校教育质量的主要内容，着力构建中小学教育质量综合评价指标体系。2014年，教育部印发了《教育部关于普通高中学业水平考试的实施意见》和《教育部关于加强和改进普通高中学生综合素质评价的意见》等政策文件，并要求各省（区、市）根据学生年龄特点制定本地义务教育阶段学生综合素质评价实施办法。在这一背景下，我们启动了"义务教育阶段学生综合素质评价与实施研究"项目，后被批准为2015年广东省基础教育课程改革专项。

为深入贯彻落实党的十八大、十八届三中全会、国家及省教育规划纲要精神，探索具有广东特色的义务教育阶段学生综合素质评价体系，总结成功经验、发现典型案例，更好地推进本项目研究工作，引领与指导学生综合素质评价实践，促进中小学生全面发展和健康成长，项目组于2015年面向全省教育系统开展了"义务教育阶段学生综合素质评价"主题征文活动。本次征文活动共收到稿件639篇，其中学术论文426篇、经验总结155篇、典型案例58篇。本书从获奖征文中精选汇集了48篇优秀论文，分别归属"研究篇""经验篇"和"案例篇"三个部分。

感谢广东省教育研究院各位领导对本项目研究提供的指导与支持！感谢广东高等教育出版社李彦老师的辛苦劳动！特别感谢本书的作者们，你们的实践与思考既是本书的内容来源，也是构建具有广东特色义务教育阶段学生综合素质评价体系的重要组成部分。

编　者

2017年5月

目 录

第一部分 研究篇

基于大数据时代下的学生综合素质评价系统开发与实施的探索
　　……………………佛山市南海区大沥镇盐步中心小学　邓京丽　张丽冰/3
中考开展综合素质评价的问题与建议
　　——以2015年珠三角9市为例 ……………珠海市第十中学　羊镇清/9
试论PYP国际课程背景下小学生综合评价体系构建与实施
　　………………………佛山市顺德区陈村镇碧桂花城学校　夏　娟/18
多元智能理论视角下我国义务教育阶段学生综合素质评价探析
　　………………………佛山市顺德区勒流育贤实验学校初中部　刘　珍/26
初中生综合素质评价策略研究
　　——以顺德区W、Y、S中学综合素质评价手册为例
　　………………………………佛山市顺德区翁祐中学　胡婷婷/33
谈谈初中生综合素质评价
　　——基于小组合作的教学模式 …………佛山市顺德区周君令中学　洪惠兴/43
浅析影响初中生综合素质评价的因素
　　——以周君令中学为例 ……………佛山市顺德区周君令中学　李莫颖/49
浅谈小学和初中阶段学生综合素质评价的侧重与延伸
　　………………………………佛山市顺德区容桂南环小学　黄小娟/53
利用多元智能理论对学生的综合素质"因材评价"
　　………………………………佛山市顺德区容桂文华中学　陈滢宇/59
中学生综合素质评价的探索与研究　………梅州市丰顺县潘田第二学校　吴坤明/64

践行小学生综合素质评价之我见 …………… 梅州市丰顺县汤西中心小学　饶山源/69

让小学生综合素质评价既可信又可用
　　——基于中山市石岐中心小学综合素质评价体系的思考
　　………………………………………………… 中山市石岐中心小学　谷信茹/73

小学生学业质量评价体系的构建
　　——以中山市西区某所小学为例 ……… 中山市西区烟洲小学　唐　节/79

中学生综合素质评价的成效与问题思考
　　………………………………………… 汕尾市陆丰市城东镇水墘中学　陈国延/96

核心素养下中学政治学科学业评价的实践研究
　　……………………………………………… 广州市番禺区钟村中学　谭日新/102

基于学科素养观的小学语文非纸笔测试实践与思考
　　…………………………………………… 广州市荔湾区环市西路小学　潘雪梅/112

谈基于存折的小学语文学业发展水平综合评价
　　…………………………………………… 佛山市顺德区北滘镇朝亮小学　刘仲轩/118

构建活力课堂，尽显"评价"精彩
　　——小学英语课堂评价初探 ………… 佛山市顺德区均安仓门小学　黄结敏/123

浅谈小学语文发展性评价的改革与实践
　　…………………………………………… 佛山市顺德区龙江镇官田小学　梁兆玲/127

形成性评价在初中数学教学中的应用研究
　　——网上阅卷系统数据在数学教学中的效果评估
　　…………………………………………… 佛山市顺德区勒流江义初级中学　周伟萍/134

浅谈小学美术作业多元化评价 …………… 佛山市顺德区伦教小学　钟朝霞/141

让每一个学生都抬起头来走路
　　——谈"激励性评价"在小学教学中的运用
　　…………………………………………………… 佛山市顺德区容山小学　罗艳芬/146

初中学生物理创意实验作品评价实践探索
　　…………………………………………… 佛山市顺德区容桂外国语学校　周剑山/153

拓展评价视野，力促孩子快乐成长 ……… 韶关市曲江区实验小学　郑　莹/159

小学生综合素质评价的尝试与实践 ……… 中山市石岐杨仙逸小学　蔡家梅/164

浅析课堂评价语在初中英语口语教学中的运用
　　…………………………………………………… 中山市黄圃镇马新中学　周冬婷/169

活动表现评价的新视角

——SOLO分类评价法在九年级化学中的应用

.... 韶关市乐昌教育局教研室 刘四根/174

以积极评价促学生养成好习惯行动研究 .... 佛山市顺德区美的学校 覃 鲁/179

德育生活化背景下的小学品德发展水平评价

.... 佛山市顺德区均安中心小学 杨 托/187

第二部分 经验篇

构建绿色综合评价系统，促进学生全面发展

.... 佛山市南海区九江镇教育局 黄海青 李海坚/195

构建多维度的评价体系，促进学生综合素质发展

——九江镇学生综合素质评价系统的初步实践

.... 佛山市南海区九江镇儒林初级中学 余福生 周添雄 彭耀芳/202

镇（区）层面推动学生综合素质评价的问题与对策

——以中山市沙溪镇为例 .... 中山市沙溪镇教育事务指导中心 张乘祥/207

文明小天使储蓄存折、正行卡正德行

——朝亮小学学生品德水平发展评价

.... 佛山市顺德区北滘镇朝亮小学 吴少玲/215

小学低年级"Q版红花·品德发展水平评价机制"实践研究

.... 佛山市顺德区北滘镇马龙小学 李紫梅/221

体验式教育与学生综合素质评价的有效结合

——记陈村中心小学学生综合素质评价制度的改革措施

.... 佛山市顺德区陈村镇中心小学 马伟靖/228

合作学习，快乐起跑

——义务教育阶段学生综合素质评价与实施研究总结

.... 佛山市顺德区大良镇本原小学 锒 泮/235

改变语文评价方式，促进学生习惯养成 .... 佛山市顺德区建安初级中学 赵彩云/242

对小学低年段学生进行全面的综合素质评价的实践研究

.... 佛山市顺德区伦教街道羊额何显朝纪念小学 官晓銮/246

让评价为山区小学生编织远航的风帆

.... 韶关市乳源瑶族自治县大桥镇中心小学 丘淑芬/252

学生综合素质评价在"三礼"中焕华光
................................梅州市梅县区程江镇中心小学　王文彬/258

粤北地区小学生综合素质评价经验总结
——以英德市实验小学为例..................英德市实验小学　侯玉婷/265

第三部分　案例篇

旋转的圈圈
　　——对唐氏综合征患儿的个案研究
................................佛山市南海区九江镇中心小学　朱楚凤/273

发现美，发现爱
　　——对一位单亲孩子的教育行动研究
................................佛山市顺德区北滘镇承德小学　张倩铭/278

尊重规律，护航生命
　　——红棉小学学生综合评价案例分析
................................佛山市顺德区乐从镇红棉小学　陈玉鸣/285

实施综合素质评价，促进学生健康成长
　　——小学生综合素质评价典型案例评析
................................河源市和平县贝墩学校小学部　肖新茂/293

例谈鼓励性评价对小学行为偏差生的激励作用
................................中山市南头镇中心小学　许妙霞/296

新课改背景下学生综合性评价的叙事研究
　　——一位中学教师的探索..................中山市东升镇求实学校　宋春桂/301

畅谈课外阅读中的有效评价..................梅州市梅江区客都小学　赖艳娜/306

第一部分

研究篇

基于大数据时代下的学生综合素质评价系统开发与实施的探索

佛山市南海区大沥镇盐步中心小学　邓京丽　张丽冰

摘要：学校如何根据实际情况在学生综合素质评价一级、二级指标下设立观测点，如何体现评价的过程性，如何全面、客观、实时采集数据，如何使用评价结果，是学生综合素质评价改革中亟待解决的难点问题，本研究对此进行了探索和实践。

关键词：学生综合素质评价；在线评价系统；开发；实施

一、问题的提出

学生综合素质评价是新一轮基础教育课程改革提出的一个新命题，也一直是贯彻落实新课标的重点和难点。为建立体现素质教育要求的评价制度，切实扭转单纯以学业考试成绩来评价学生的倾向，促进学生全面发展、健康成长，2013年6月教育部印发了《教育部关于推进中小学教育质量综合评价改革的意见》（简称《意见》）。这次评价改革以学生发展为核心，由单一评价变为科学多元的综合评价。《意见》出台后，南海区教育发展研究中心制订了《南海区中小学学生综合素质评价方案》，为各中小学开展学生综合素质评价提供了具体依据。但学校如何根据实际情况在一级、二级指标下设立监测点，如何体现评价的过程性，如何全面、客观、实时采集数据，如何根据科学分析呈现评价结果，如何使用评价结果，都是学生综合素质评价改革中亟待解决的难点问题。

我校在小学生质量评价方面开展了10年的研究和探索。学校曾制定并推行了《盐步中心小学学业成绩考核管理办法》；研究探索了取消百分制、实施等级制评价方法，制定并出台了《盐步中心小学学生素质教育评价改革意见》；探索并制定了《盐步中心小学学生建立成长档案袋制度》。

自2014年初开始，作为南海区学生综合素质在线评价系统项目的实验学校，我校开发了学生综合素质评价在线系统，该系统依托南海教育朝阳视频网的综合应用平台的子平台"朝阳学堂"，运用新媒体多屏融合技术，结合学生综合素质发展评价和南海教育质量监测数据，通过网站平台、ITV平台和移动终端，实现教师、学生、家长实时交流。家长们只要登录自己的账号，就可以随时随地在线了解孩子在校的发展轨迹，孩子的表现得以全景式、扫描式地实时展现。

二、内容及操作

教育部关于《中小学教育质量综合评价指标框架（试行）》明确了综合评价指标框架，确定学生综合素质评价的内容：包含"品德发展水平、学业发展水平、身心发展水平、兴趣特长养成、学业负担状况"5个一级指标，下设20个二级指标。如何设立三级指标，并且明确三级指标中的观测点，以减少评价过程中的盲目性，使评价符合校情，操作性更强，这更为重要。2014年1月，笔者所在学校在华南师范大学、南海区教育局的指导和支持下，开展了"小学生综合素质在线评价系统的开发与实施"项目研究，着重进行了指标体系的研究（见图1-1）。

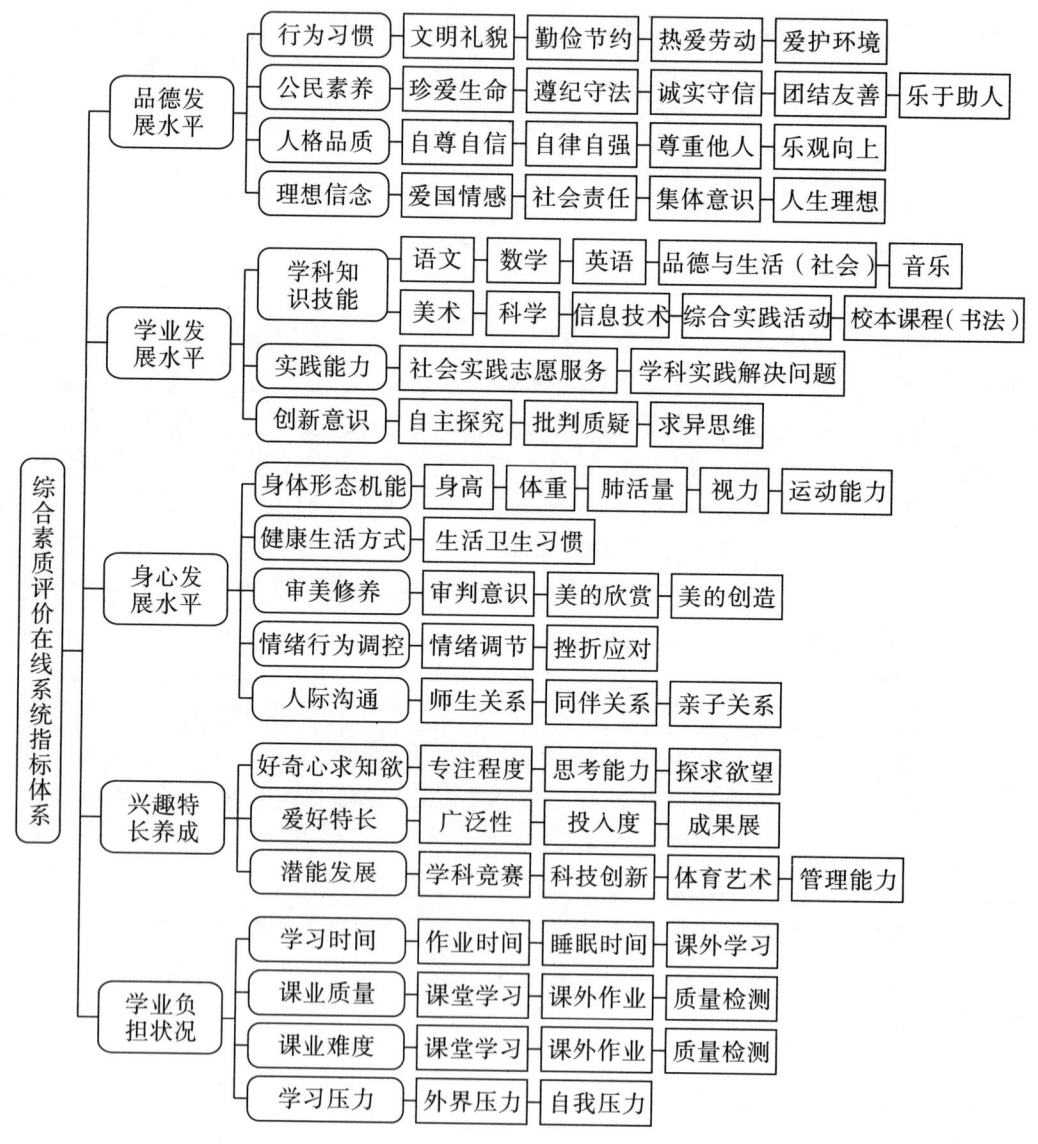

图1-1 盐步中心小学学生综合素质在线评价系统指标体系

研究不仅细化了三级指标,而且在三级指标下设置了观测点。下面就笔者着重研究的"身心发展水平"这一内容展开阐述。

(一) 身心发展水平指标体系

以符合小学生身心发展规律、可操作、便于操作为出发点,恰当细化评价指标,在"身体形态机能、健康生活方式、审美修养、情绪行为调控、人际沟通"二级指标下设置三级指标考查要点,使得指标中的概念具体化。考查要点力求与区、镇、校所开展的项目相一致,以利于数据的采集和评价的校本化。为减少评价过程中的盲目性,更应在三级指标中设置明确的观测点(见表1-1)。

表1-1 "身心发展水平"指标体系

评价内容	关键指标	指标要点	观测点
身心发展水平	身体形态机能	身高	具有良好的身体素质,身高、体重、心肺达到国家健康标准;视力正常
		体重	
		肺活量	
		视力	
		运动能力	大课间活动
			8×50米往返跑
			坐位体前屈
			50米跑
			1分钟跳绳
			1分钟仰卧起坐(三至六年级)
	健康生活方式	卫生习惯	用眼习惯
			饮食习惯
	审美修养	审美意识	喜欢健康的娱乐活动和儿童艺术作品,能进行简单的艺术品小制作或艺术表演
		美的欣赏能力	
		美的创造能力	
	情绪行为调控	情绪调节	能及时体察和排解自己的情绪状态,能约束自我行为
		挫折应对	能应对和克服学习、生活中所遇到的困难、挫折,积极乐观
	人际沟通	师生关系	对老师有礼貌,完成老师布置的任务
		同伴关系	能与同伴友好相处,乐于参加集体活动
		亲子关系	孝敬父母长辈,主动为父母长辈做力所能及的事

（二）操作细则

身心健康的评价由身体形态机能、健康生活方式、审美修养、情绪行为调控、人际沟通五部分组成，主要采用数据输入、问卷调查、行为观察、作品分析等方法做评价，具体操作如下。

（1）身体形态机能中评价者为体育教师、校医；评价时间是跟随区、镇数据录入时间；操作方式是实时录入体检、体能测试数据。

（2）健康生活方式中评价者为学生；评价时间是学期中；操作方式是学生通过在线系统提供的问卷调查，由学生点击问卷中符合自身情况的选项，系统根据产生的等级结果自动转换成描述性的语言呈现给学生及家长。

（3）审美修养中评价者是艺术教师；评价时间是学期中、学期末；操作方式是艺术教师分阶段输入学生艺术作品并根据学生平时的审美修养进行评价。

（4）情绪行为调控中评价者是由学生、小组同伴、家长、班主任评价；评价时间在学期中和学期末；操作方式是由学生、同伴、家长、班主任根据学生对自己情绪状态的体察和排解情况及挫折应对能力表现进行评价，评价等级分A、B、C、D等，学生、同伴、家长、班主任评价比重分别为30%、20%、20%、30%，系统自动转换成等级评价呈现给学生及家长。

（5）人际沟通有师生关系、同伴关系和亲子关系。师生关系和同伴关系的评价者由学生、小组同伴、家长、班主任参与；评价时间在学期中和学期末；操作方式是由学生、同伴、家长、班主任根据学生与教师、同伴的关系表现进行评价，评价等级分A、B、C、D等，学生、同伴、家长、班主任评价比重分别为30%、20%、20%、30%，系统则自动转换成等级评价呈现给学生及家长。亲子关系的评价则由学生和家长参与；评价时间在学期中和学期末；操作方式是由学生、家长根据学生与家庭成员关系表现进行评价，评价等级分A、B、C、D等，学生、家长评价比重都为50%，系统自动转换成等级评价呈现给学生及学校。

三、创新之处

教育质量评价具有重要的导向作用，是教育综合改革的关键环节。如何摒弃传统评价的弊端，注重过程性评价，实时记录或上传学习过程中的数据、信息，让教师和家长能随时看到学生的点滴进步或潜在问题在新一轮的综合素质评价改革中尤为重要。

本系统的创新之处首先在于评价指标恰当细化地设立了5个一级、19个二级、67个三级评价指标。三级指标考查要点中有明确的监测点，减少评价过程中的盲目性，使评价更加便于操作。

其次是注重全面客观地收集信息，根据数据和事实进行分析判断，在大量数据支撑和科学分析的基础上进行实时评价。同时，我们设计了各个"关键事件"要素，由系统记录"关键事件"，然后发送信息通知家长，给出及时的提醒和建议。评价主体可以及时以图片或音像等方式通过手机客户端上传学生的优秀作品到系统当中，作为学生的成长过程记录。本系统全景式、扫描式地展现学生校内外的表现，最后形成一份"学生综合素质评价报告书"。

最后是发挥了评价的诊断、改进、激励功能。本系统能够根据各个评价指标的相关数据，进行分析处理，然后生成有针对性的、个性化的发展建议，从而促进学生的自我发展、自我完善。

本研究着重解决了以下几方面问题。

1. 建设了学生综合素质评价信息化平台

建设综合素质评价信息化平台是使学业成绩不再"唱主角"，更关注学生的创新精神、实践能力、身心素质、情绪态度、行为习惯等综合素质的重要途径。信息化平台可依托南海教育朝阳视频网的综合应用平台的子平台"朝阳学堂"组建，以便于连接南海教育质量监测数据库，通过网站平台、ITV 平台和移动终端，实现全面、及时地采集学生数据，使评价更具客观性。

2. 全面客观地收集信息实现实时交流

全面客观地收集信息，根据数据和事实进行分析判断，在大量数据支撑和科学分析的基础上进行实时评价，是学生综合素质在线评价的重要方法。在评价的过程中，师生、家长随时提供学生的成长数据，教师收集学生学习状况的数据和资料，源源不断地汇集到各个学生的账号上，使学生各方面的数据不断丰富，从过去关注学生的学业成绩转向关心学生全面发展状况、个性化发展状况、过程性发展状况，使综合素质评价成为教师日常工作行为，并与学生学习、生活紧密结合。向家长打开一扇智能化的"宝贝在哪"的窗口，使家长多了解学生的情况。

3. 家长参与孩子成长

家长参与教育评价有利于保持家庭教育和学校教育的一致性和连贯性，有利于学生发展，将其纳入到评价主体中来，可以实现学校指导家庭教育，家庭参与教育评价并监督评价实施的目的。在"身心发展水平"五个评价项目中，家长参与了"情绪行为调控""人际关系沟通"的评价，参与到了孩子的成长过程中。家长们通过参与评价系统的评价，对照各指标考查要点中明确的监测点培养，扭转只重分数的单一评价观，提高对学生综合素质评价的认识，强化家庭教育在学生成长中的作用。

四、结果的应用

目前，很多学者、专家、学校已从评价的理论、实践等方面进行了较深入的研究，但在评价结果的应用上还存在着单纯强调结果不关注发展变化过程的做法，此问题有待于深入研究并寻求解决的方法，以促进学生自我发展。

笔者认为，正如医院就诊一样，诊断是为了医治。同理，发挥评价的诊断、改进、激励功能，根据各个评价指标的相关数据，进行分析处理，然后生成有针对性的、个性化的发展建议，从而促进学生的自我发展、自我完善，应是评价结果应用的正确方向，这对于成长中的小学生来说尤为重要。在大量数据支撑和科学分析的基础上，系统进行实时评价，还可以同时设计各个"关键事件"要素，由系统记录"关键事件"，然后发送信息通知家长，给出及时的提醒和发展建议。

以五年级学生小邱为例，他身高 156 厘米、体重 66 公斤，与《国家学生体质健康标准（2014年修订）》中五、六年级男生身高标准155.9厘米，体重标准51.1公斤对比，系统诊断小邱是属于"过于肥胖"。该生平时喜欢吃肉，不喜欢吃蔬菜，而且经常过量饮食，不喜欢运动，参与大课间锻炼积极性不高，经常借口不舒服而不参加跑操。于是，班主任与其家长联动，积极采取干预措施，为小邱开出了"个性化处方"——三餐定时定量，少吃肉食，多吃蔬菜、粗粮，注意营养搭配；每周认真上好体育课，每天积极参加大课间锻炼，除此之外利用早上或傍晚时间跑800米；每天利用课余时间，承担一些力所能及的家务，减轻家长的负担。经过一年多的努力，小邱的各方面身体指标有所好转，家长反映孩子的精神状态也比以前好多了。

在多元的评价体系下，学校不再仅仅注重学生的学业成绩，更关注学生全面发展。对于"身心发展水平"这方面的评价，学校做出了积极的探索，改变了以往只测评学生的运动技能的单一性，从学生"身体形态机能、健康生活方式、审美修养、情绪行为调控、人际沟通"等五个方面进行多维度评价，通过评价数据采集、评价、诊断、提出发展建议，促进学生身心健康发展。

参考文献

[1] 北京市教育委员会. 市教委关于印发《北京市小学生综合素质评价方案（试行）》的通知（京教基〔2014〕5号）[Z]. 2014-05-07.

[2] 高凌飚. 对综合素质评价的几点思考[J]. 基础教育课程，2011（4）：63-64.

[3] 高凌飚. 综合素质评价反思[J]. 基础教育论坛，2013（20）：38.

[4] 李琼. 小学生综合素质评价的理论与实践研究[D]. 福州：福建师范大学，2010.

[5] 杨九诠. 综合素质评价的困境与出路[J]. 华东师范大学学报（教育科学版），2013（6）：36-41.

中考开展综合素质评价的问题与建议
——以 2015 年珠三角 9 市为例

珠海市第十中学　羊镇清

摘要：2015 年广东省珠江三角洲（简称"珠三角"）城市大多组织开展了综合素质评价工作，将综合素质评价与初中学业水平考试（简称"中考"）和高中阶段学校招生工作联系起来，把综合素质评价作为衡量学生是否达到毕业标准和高中阶段学校招生的重要依据。义务教育阶段综合素质评价工作尚处于摸索阶段，各市在实行过程中采取了不少有效的措施，不过也出现一些问题，值得大家思考和改进。

关键词：综合素质评价；得失思考；义务教育；初中升学；珠三角城市

综合素质评价是推进素质教育工作的重要举措，教育部在全国范围内自上而下统筹开展，也部署了部分实验地区进行试点并已在高中学校推行，如今逐步向义务教育阶段学校推进。

2015 年广东省招生委员会等单位联合发文提出"普通高中和生源充足的中职和技工学校招生要坚持综合评价、择优录取的原则，依据初中学业考试成绩和综合素质的评价结果，从高分到低分按学生志愿进行"[①] 的总体要求。珠三角地区，包括广州、深圳、佛山、东莞、中山、珠海、肇庆、江门和惠州等市，教育事业比较发达，理念较为先进。这 9 座城市实行综合素质评价，在全省来说，是具有较大的实验和示范作用的。2015 年，珠三角 9 市在初中毕业生学业考试招生文件中，响应了省里要求，提出了开展综合素质评价的相应政策，不过，具体工作的执行和落实情况还是存在较大差异。

一、中考招生工作开展综合素质评价情况

珠三角 9 市中考和高中录取工作，都非常清楚地提到了开展综合素质评价（广州、佛山、深圳 3 市称"综合表现评价"）的要求。东莞市提出将"综合素质评价结果作为衡量学生是否达到毕业标准和高中阶段学校招生的重要依据"[②]，广州市执行 2014 年提出的"坚持将学业考试成绩和综合表现评价作为高中录取的重要依据，切实改变将学科

[①] 广东省招生委员会，广东省教育厅，广东省人力资源和社会保障厅. 关于印发《广东省 2015 年高中阶段学校招生录取工作实施办法》的通知（粤招〔2015〕4 号）[Z]. 2015 - 03 - 31.

[②] 东莞市招生委员会. 关于印发《东莞市 2015 年初中毕业生学业考试与高中阶段学校招生工作意见》的通知（东招〔2015〕1 号）[Z]. 2015 - 03 - 26.

考试分数简单相加作为高中录取唯一标准的做法"[1] 等政策,虽然指导思想基本相似,但是综合素质评价工作要求和结果使用不尽相同。具体如表1-2所示。

表1-2　2015年珠三角城市中考综合素质评价要求与使用

地区	综合素质评价要求与使用
广州市	投档录取时,当投档到招生计划末位数时,如有2人以上总分相同,按以下规则进行投档:首先投享受"在同等条件下优先录取"的考生;若情况仍相同,则比较有关考生的语文、数学、英语三科分数之和;若再有相同,则依次比较数学、语文、英语、思想品德、物理、化学单科分数;若仍有相同,则比较综合表现评价等级。分数和等级高者优先投档,直至投满招生计划数为止[2]
深圳市	●在中考成绩相同的情况下,则按"同分比较原则"录取优先者,比较顺序如下:(1)生物与地理(合卷)分数高的优先录取;(2)综合表现评价等级高的优先录取;(3)语、数、英三科总分高的优先录取 ●除体育、艺术特长生外,省一级学校所录取的考生综合表现评价等级须在B以上(含B)…… ●……(二)报考指标生须同时具备以下条件:……3. 综合表现评定等级为B以上(含B)…… ●直升生条件为:全面发展、品学兼优,综合表现评价等级为A……[3] ●……(二)评价结果的应用:1. 通知学生个人及其家长。2. 作为学生是否达到毕业标准的依据之一。C及以上等级为合格。3. 作为高中阶段学校招生的重要依据之一。用于划定招生学校最低录取标准;学业考试成绩同等的情况下,综合评价等级高者优先录取;作为保送生条件之一[4]
佛山市	●1. 提前批(指标生除外)、第一批、第三批学校录取标准的确定。……国家级示范性普通高中录取学生综合表现评定结果在B等级(含B等级)以上。具体做法是:……(4)在投档过程中,若招生学校计划数末名有两人或以上考生分数相同,则采用"同分比较原则"找出优先者。即:①比较综合表现评定等级,优先录取综合表现评定等级高的学生;…… ●2. 佛山一中等9所学校指标生录取标准的确定。(1)指标生的基本条件:……③综合表现评定结果应在B等级(含B等级)以上……[5]

---

[1] 广州市教育局. 广州市教育局关于印发《广州市高中阶段学校招生考试工作意见》的通知(穗教发〔2014〕36号)[Z]. 2014-04-28.

[2] 广州市招生考试委员会办公室. 广州市招生考试委员会办公室关于做好2015年广州市高中阶段学校招生录取工作的通知(穗招考办〔2015〕182号)[Z]. 2015-06-29.

[3] 深圳市教育局. 深圳市教育局关于印发《深圳市2015年高中阶段学校招生考试工作意见》的通知(深教〔2015〕125号)[Z]. 2015-04-10.

[4] 深圳市教育局. 关于印发《深圳市2006年课改实验区初中毕业生综合表现评价方案》的通知(深教〔2006〕111号)[Z]. 2006-03-29.

[5] 佛山市教育局. 佛山市教育局关于印发《佛山市2015年高中阶段学校招生考试工作意见》的通知(佛教招〔2015〕3号)[Z]. 2015-03-04.

续上表

地区	综合素质评价要求与使用
东莞市	东莞中学、东莞中学松山湖学校、东莞市第一中学、东莞市实验中学、东莞市高级中学、东莞外国语学校等6所学校和"中高职连贯培养实验班"及中高职三二分段专业只录取综合素质评价被评为"A""B"等级的初中毕业生①
中山市	● 评价结果"C"以上作为报考普通高中的资格。 ● （四）招生录取原则和标准。……1. 普通高中普通生计划录取时，设定录取前置条件，等级考查科目和综合素质评价须全部达到C等或以上…… ● 投档过程中，若所投档计划数末名有两人或以上计分科目总分相同的，则按"同分比较原则"找出优先者，比较顺序如下：……（4）比较综合素质评价等级，等级高的优先录取……②
珠海市	初中毕业生综合素质评价结果作为报考普通高中的资格，C等级以上为合格③
肇庆市	● （一）综合素质评价……2015年我市中考继续设道德品质、英语口语、科学实验操作、信息技术、生物和地理5项素质评价，其中英语口语、科学实验操作、信息技术、生物和地理以初中毕业生统一考试的等级成绩为准；道德品质由学校采取学生自评、互评以及教师评审等多种形式进行评定④ ● 肇庆市端州区对综合素质五项（思想品德、生物和地理、英语口语、科学实验、信息技术；简称"五项"）要求，根据不同学校划分层次要求：广东肇庆中学，正取生，"五项"至少有2个A级，且思想品德必须B级以上（含B级）；指标生，"五项"至少有2个A级，且都在C级以上（含C级）。肇庆市第一中学，正取生，"五项"至少2个A级，且思想品德必须B级以上（含B级），都在C级以上（含C级）……⑤
江门市	● 初中毕业生综合评定工作按《初中毕业生综合评定实施方案（试行）》的有关要求进行，评定结果供录取学校参考……⑥ ● （二）评价结果的应用。1. 通知学生个人及其家长。2. 作为学生是否达到毕业标准的依据之一。C及以上等级为合格。3. 作为高中阶段教育学校招生的重要依据之一。一是用于划定招生学校最低录取标准。其中，省一级普通高中最低录取标准为综合素质评价C级以上。二是在学生学业考试成绩同等的情况下，综合评价等级高者优先录取。三是作为保送生条件之一⑦

① 东莞市招生委员会. 关于印发《东莞市2015年初中毕业生学业考试与高中阶段学校招生工作意见》的通知（东招〔2015〕1号）［Z］. 2015-03-26.

② 中山市高等中专学校招生委员会，中山市教育和体育局，中山市人力资源和社会保障局. 关于印发《2015年中山市初中学业水平考试与高中阶段学校招生工作意见》的通知（中招委〔2015〕2号）［Z］. 2015-03-03.

③ 珠海市教育局. 珠海市教育局关于印发《珠海市2015年初中毕业生学业考试与高中阶段学校招生工作实施细则》的通知（珠教招〔2015〕1号）［Z］. 2015-01-16.

④ 肇庆市教育局. 肇庆市教育局关于做好2015年我市高中阶段学校招生考试工作的通知（肇教招〔2015〕1号）［Z］. 2015-03-02.

⑤ 肇庆市端州区教育局. 2015年肇庆市端州区普通高中、职业高中招生录取分数线公布［Z］. 2015-07-06. 肇庆市实施分区县制定录取分数的政策，此处仅选取端州区为代表。

⑥ 江门市教育局. 关于印发《江门市2015年高中阶段学校招生考试工作意见》的通知（江教发字〔2015〕9号）［Z］. 2015-03-06.

⑦ 江门市教育局. 关于印发《江门市2007年初中毕业生综合素质评价实施方案（试行）》的通知（江教发字〔2007〕17号）［Z］. 2007-03-26.

续上表

地区	综合素质评价要求与使用
惠州市	• （二）录取的依据和原则。…… 4. 学生综合素质考核作为普通高中录取的参考依据①

二、存在的问题

综合素质评价不仅是评价学生的一种方式，而且作为招生考试制度的一部分，给现有教育评价体系和人才选拔机制注入了新鲜血液。珠三角9市开展综合素质评价，相对于传统单纯以学业分数评价学生，是一大进步，更有利于客观地评价人才。然而，实践中也出现了一些不合理的地方，削弱了评价的意义，笔者对此进行讨论。

（一）行政执行不到位

综合素质评价结果，作为升学的一个重要依据，必然要求其结果的产生具有科学性和公平性。初中阶段升学在地级市开展，则理应由相关的行政部门依照一定程序和标准组织评价或者授权评价。2015年，珠三角9市中大部分城市虽在招生工作中强调了综合素质评价的重要性并要求学校等单位组织开展，但往往缺少具体的评价方案与措施。地市级教育部门或者招生委员会虽制定了综合素质评价的政策，但人力财力有限，缺少具体工作的指导，直接导致综合素质评价工作在学校层面上往往只是走过场或者被忽略。

多头评价，标准不一，尺度不同，主观性大，赋分松紧存异，这势必导致社会对评价结果使用的质疑。

（二）评价标准存争议

关于综合素质评价的内容，珠海、广州、佛山、中山等多数城市都大致根据教育部的指示进行：主要包括"基础性发展目标和学科学习目标两个方面"②，"道德品质、公民素养、学习能力、交流与合作、运动与健康、审美与表现等六个方面的基础性发展目标为基本依据，各地可结合实际情况将其具体化，使综合素质评价的方法具有可行性，并力求评价结果的科学和公正"③。然而，实际上教育部综合素质评价的内容分类也并不完美。

第一，人的能力体现为综合能力，难以进行切割分析。如果评价的内容分类不当，则会导致重复考核。比如，"审美与表现"的提高，受"学习能力"和"学科学习目标"

---

① 惠州市教育局. 关于做好2015年普通高中招生工作的通知（惠市教基〔2015〕9号）[Z]. 2015-03-11.

② 教育部办公厅. 教育部关于积极推进中小学评价与考试制度改革的通知（教基〔2002〕26号）[Z]. 2002-12-27.

③ 教育部办公厅. 教育部办公厅关于印发《国家基础教育课程改革实验区2004年初中毕业考试与普通高中招生制度改革的指导意见》的通知（教基厅〔2004〕2号）[Z]. 2004-02-25.

的作用,而"学习能力"与"学科学习目标"又密不可分,彼此相互渗透、交叉影响。因此,2015 年中山市要求"音乐与美术……等纳入考核科目。成绩分合格和不合格两个等级"① 的做法就值得商榷了——综合素质评价已经对"审美与表现"进行了考核评价,若仍对音乐与美术科目等进行考核,则会导致具有此种优势能力的学生无形中得到优待,此种能力稍弱的同学雪上加霜,这无助于考试公平。同理,体育考试也存在这种情况,各市既然都进行体育考试,那么综合素质评价是否有必要又对"运动与健康"进行评价呢?笔者认为,妥善解决中山市的这个问题,首先应明确综合素质评价内容和学业考试(考核)科目各自的评价重点:前者重在形成性评价,注重学生平时的发展表现,尤其是用好档案袋等实证材料;而后者如美术、音乐、体育等学业考试(考核)科目则采用终结性评价,两者互补,最后把结果运用于艺术或体育等特长生的录取上。

第二,人都是独特的个体,气质和能力各不相同,人的综合素质并非各种能力的简单相加。综合素质评价对学生的能力和素质求全求好,诚然,德智体美等全面发展的人一般不差,但不一定是杰出人才。9 市的招生政策中都招录体育与艺术的特长生,体现了对"运动与健康"或"审美与表现"拔尖的学生的重视;然而却几乎没有给予"学习能力""科研能力""创造能力"等仅某方面超强的"奇才"("怪才""偏才")招生照顾,也没有地方大胆地将"道德品质"高尚的且社会影响好(比如见义勇为、乐于公益等)的学生给予招生照顾。其实,这个方面是可以通过优质学校自主招生实现的,自主招生保证公平公开公正,不拘一格选拔人才,避免综合素质评价本身又变成新型的"应试"机制,同时避免将综合素质评价内容进行简单相加而变成新的终结性评价。而教育的目的是发展人,而不是淘汰人。综合素质评价的内容往往都是从一个健康的、全面的、完美的人角度上去设计的,应该给予某些特殊体质和身体伤残的学生更多的关照,否则就容易产生新的不公。

(三) 参评人员争利益

理论上说,多元评价可以从多个维度发现学生的能力,可以避免只关心学生学习成绩的不良做法。然而,综合素质评价多元化,随之而来的则是参评角色繁多,权责不清:学生自评、同学互评、家长参评、学校(班主任、科任老师、学校领导)评价。综合素质评价结果牵涉到升学的利害,则可能出现学生自评拔高,同学互评贬低,家长参评争利,学校评价保利(特别是民办学校)——多方利益关系人相互制约,最后往往是相互妥协折中,评价结果未真正达到教育改革的初衷。在 9 座城市中,有些城市评价方案不成熟,评价形式化,但是却又要求学生达到某一等级方能被重点中学录取或者被普通高中录取,于是家校各方为了学生升学原因而相互妥协,最后削弱了综合素质评价的意义,造成人力、物力、财力和时间等方面的浪费。

---

① 中山市高等中专学校招生委员会,中山市教育和体育局,中山市人力资源和社会保障局. 关于印发《2015 年中山市初中学业水平考试与高中阶段学校招生工作意见》的通知(中招委〔2015〕2 号)[Z]. 2015 - 03 - 03.

（四）结果使用待完善

在综合素质评价结果的分级上，9座城市基本都采用A、B、C、D四级分法，分别对应优秀、良好、合格与不合格（或者待合格）四个层次。关于结果的使用，珠三角9市也都将综合素质评价作为普通高中录取的参考依据，它决定了升学，事关千家万户，因而对结果的使用则需要慎重。

第一，要客观评价和妥善使用D级等次（即不合格或者待合格）的评价结果。中山市、珠海市等部分城市要求评价结果为"C级等次及以上"的方能被普通高中录取，这样的招生要求有助于地方教育工作，本身无可厚非。但是，假如相关城市的评价工作不成熟，缺乏配套措施，则需要慎重执行。首先，学校本着实事求是的原则，并非不能把思想道德素质等存在严重问题的学生评价结果定为D级。但是，如果该录取规则被学校过度运用于教训惩处那些行为道德品质欠佳的学生的话，则恐怕违背了教书育人的本意，也加剧了家校矛盾，因而，学校评价应该慎重和客观公正，教育行政部门也应该进行必要的复核。

第二，道德品质和公民素养难以量化，综合素质评价不宜片面化，应该做到评价科学合理。道德品质、公民素养等评价内容一直是评价中最难把握的，因为它不能量化，很难定量评价，在初中学生中定性评价却又较难起到区分意义，这导致在某些城市的实践中产生问题。肇庆市规定了道德品质、英语口语、科学实验操作、信息技术、生物和地理5项素质评价，其中英语口语、科学实验操作、信息技术、生物和地理以初中毕业生学业统一考试的等级成绩为准；道德品质由学校采取学生自评、互评以及教师评审等多种形式进行评定。[①] 参照教育部的评价分类，暂且不论肇庆市自主修订后的"5项素质"是否体现学生的综合素质，值得商榷的是，肇庆市的做法，在实践中容易导致综合素质评价被窄化成"道德品质"评价。如果肇庆市对"5项素质"的结果使用不是采用"多项选择"[②] 的话，那么，这样的评价和录取方式仍须完善。

第三，综合素质评价工作相对滞后，结果使用并不乐观。当前，综合素质评价体系在我们国家尚未健全，珠三角城市义务教育阶段开展综合素质评价也一直在试点摸索。从各市中考和高中学校录取工作来看，对综合素质评价结果的使用，大家都是相当迟疑和慎重的，重视的程度各不相同。惠州市对结果的使用限于"参考"，在录取分数线等文件中也没有体现综合素质评价的要求，基本上等于没有使用综合素质评价。广州市力图"改变高中招生仅以升学考试科目分数简单相加作为唯一录取标准的做法，力求在改革初中毕业生学业考试、综合表现评价、高中招生录取三方面予以突破……"[③]，但最后招生录取工作主要还是以分数为主。从表1-2可以看出，广州市综合素质评价的使用仅

[①] 肇庆市教育局.肇庆市教育局关于做好2015年我市高中阶段学校招生考试工作的通知（肇教招〔2015〕1号）[Z]. 2015-03-02.

[②] 肇庆市端州区教育局.2015年肇庆市端州区普通高中、职业高中招生录取分数线公布[Z]. 2015-07-06. 肇庆市实施分区县制定录取分数的政策，此处仅选取端州区为代表。

[③] 广州市教育局.广州市教育局关于印发《广州市高中阶段学校招生考试工作意见》的通知（穗教发〔2014〕36号）[Z]. 2014-04-28.

限于参考,而且在出现考生"同分"的情况下,把综合素质评价结果作为招生录取参考要素时,实际上却仅是作为第九个要素(各单科成绩依次比较,基本也无须再比较综合素质评价了),相比于深圳市的第二、佛山市的第一,广州市还有可以大刀阔斧改革的空间。珠海市与中山市的做法比较具有探索意义,将综合素质评价结果直接与普通高中的升学完全联系起来,没有达到 C 等级及以上不能被普通高中录取,但是,这一录取原则对学生和学生家庭影响较大,反而也容易导致学校评价失真。深圳、东莞、佛山、江门、肇庆等 5 市,录取原则采用"分层参考""优等优录""优校优录"之类政策,具有一定的柔韧性,做到人尽其才,但是,还可以大胆一点推进。比如,在保证公平、公正、公开的前提下,大胆开展高中学校"自主招生""直升生"等尝试,试点以综合素质评价方式招生等,这些都是非常值得去探索的。

三、几点建议

(一) 行政组织到位,保证公平公正

中考事关千家万户。目前,中考综合素质评价工作的开展,主要依靠地市级教育局或招生委员会领导,因而,要建立地市、区(县)、村镇、学校等全方位的联络和管控机制;要以地市教育行政部门为领导,由中学组织实施;要明确各级部门的权责,在制度上规范评价工作的开展和执行,在具体业务上加强对学校的指导和检查,在评价内容、项目和信息管理系统平台方面做到统一规范,在数据档案录入、存储方面做到准确、具体、翔实和安全,在数据档案的检索使用上做到便捷,在评价过程中落实公示、督查、复核及责任追究等措施,进行有力的管理,保障评价工作和内容的公平、公正、公开。

在这个方面,深圳市的实践探索具有一定的借鉴意义,该市的综合素质评价不仅有行政部门的系列文件和具体要求,而且有"运用专门软件,实行上机评价,校内联网管理"[①] 等现代技术支持,同时开辟了监督申诉渠道,这在一定程度上保证了综合素质评价结果的公正性。江门市则还出台了一系列的监察保障制度,比如"市、区评价工作检查组将在各初中段学校按照一定的比例抽样并对评价结果进行核实,尤其要对获得'A'、'D'等级学生的状况进行复核"等工作。[②]

(二) 提高科学认识,大力推进改革

综合素质评价存在一些学术争议,特别是综合素质评价有关人的能力界定、划分和评价等问题,如何做到科学划分,目前还没有最佳的答案。然而,教育部提出义务教育阶段学生的综合素质评价分为道德品质、公民素养、学习能力、交流与合作、运动与健康、审美与表现等六个方面,高中阶段学生评价分为思想品德、学业水平、身心健康、

---

① 深圳市教育局. 关于印发《深圳市 2006 年课改实验区初中毕业生综合表现评价方案》的通知(深教〔2006〕111 号)[Z]. 2006-03-29.

② 江门市教育局. 关于印发《江门市 2007 年初中毕业生综合素质评价实施方案(试行)》的通知(江教发字〔2007〕17 号)[Z]. 2015-03-22.

艺术素养、社会实践五个方面①，两者还是具有相对合理性，可以作为各地政策制定的依据或者参考。

综合素质评价，教育部虽然已经提出10多年，但是珠三角9市的执行与落实情况，并不尽如人意。实际上，一方面，人们的观念需要改变，认识要提高，顺应时代发展，推进改革。地市教育行政部门要发挥科研专家的积极作用，组织本市的教育专家、教师，深入学习与研究综合素质评价的内涵，科学地制定评价内容、项目和条款。另一方面，通过各种媒体大力向社会宣传综合素质评价的意义，努力扭转应试教育唯分数论的不良风气，让人们认识到综合素质评价与考试成绩相结合，既有利于人才的培养和选拔，更有利于学生健康成长和能力发展。同时，及时将相关方案进行社会公示，广泛听取社会、家长和学生的意见，多方综合，然后形成比较科学的评价体系，大胆开展和使用综合素质评价。

（三）改革录取方法，丰富招生形式

贯彻教育公平理念，推进教育均衡，制定公平、公正、公开的录取办法和程序，合理核定普通高中和职业高中的招生人数，逐步减少优质学校与普通学校的差距。科学分配学业成绩和综合素质评价的考核比例，降低学业成绩的甄别选拔作用，提高综合素质评价在录取中的地位。取消体育、美术、科技创新等竞赛或者特长的加分，将它们纳入综合素质评价，作为招生录取的参考因素。

积极试点探索新型录取方法，从学生平等的受教育权出发，兼顾特长和个性发展，稳中求进，积极推进招生录取改革。给予部分学校自主招生名额，扩大其自主招生范围，在公平、公正的制度下，录取在道德品质、学习能力、社会实践、运动与健康、审美与表现、创新创造等方面中某个方面异常突出的学生。同时，改革录取方法可以由省级部门统筹，在珠三角个别城市试点学生选择优势学科成绩计分申请入学的做法，学生参加学业考试后，凭优势学科的成绩和综合素质评价，参加学校自主招生；也可以给予个别有条件的学校一定的自主招生名额，学生通过试点学校提前进行入学考试后，凭综合素质评价参加学校的自主面试招生。

（四）完善评价体系，进行科学评价

地市级教育行政部门统一管理学生的综合素质评价工作，科学制定出评价内容，严格督促检查学校开展评价，及时查处违规违纪行为。学校为评价主体，学生为被评价对象，学校着重对学生的全面发展情况和个性特长进行评价，学校评价必须公平公正、科学透明，同时要有公示和申诉机制。

学校必须做到科学评价，要做好学生在校期间的形成性评价，特别是保管好学生过程性资料，平时及时汇总整理各种实证材料，建立学生档案袋（最好是建设电子档案）。比如，深圳市就重视考核资料的整理，要求"班级评价小组对毕业班学生的三年学业成

---

① 教育部. 教育部关于加强和改进普通高中学生综合素质评价的意见（教基二〔2014〕11号）[Z]. 2014-12-10.

绩、个人特长、获奖情况及成长记录等资料进行汇总、整理，经核定确认后录入电脑"①的做法，有很大的借鉴意义。

学校必须尊重学生的知情权，尽到告知义务，在入学时即告知学生和家长有关综合素质评价的事宜。学校要分学期严格做好阶段性评价，不把综合素质评价变成三年一次的评价。在无法量化的内容上定性评价，在具体可以量化的内容上做到材料翔实具体，定性评价与定量评价相结合，建立申诉保障机制，方能减少评价过程中遭到无理的干预。

推进综合素质评价，探索多样的选拔机制，有利于我国教育制度的改革。理论上说，综合素质已经足以评价一个人的能力，取消中考，在保证评价的科学公正前提下，探索以综合素质评价来替代学业考试，其实是可行的。随着时代的发展和教育改革的推进，对于综合素质评价，学校和社会应该予以积极态度，乐见其成，共同呵护它的成长。

---

① 深圳市教育局. 关于印发《深圳市2006年课改实验区初中毕业生综合表现评价方案》的通知（深教〔2006〕111号）[Z]. 2006-03-29.

试论 PYP 国际课程背景下小学生综合评价体系构建与实施

佛山市顺德区陈村镇碧桂花城学校　夏　娟

摘要：小学教育阶段学生综合评价要体现对学生综合素养的关注。本校在开展 PYP 国际教育课程的背景下，通过建立更加多元化、阶段化，操作性更强的评价体系，用来评价、记录和报告学生综合素质的发展情况，为开展国际教育教学工作提供诊断分析和策略指导。

关键词：PYP 国际课程；学生综合评价；综合素质评价；小学生

评价是所有教学活动不可分割的一部分，对于实现教与学的目标至关重要，它牵涉到收集和分析有关学生表现的信息，并为学校实践提供有用的信息。评价能够确定学生在不同的学习阶段知道什么、理解什么、有能力做什么，以及能感受到什么。

不同教育的价值取向，决定了教育活动中对学生的综合考查趋向，传统教育的价值取向偏重于知识——推崇记忆力，现代教育偏重于能力和人格——重视想象力。有形的东西都是可见的，由具体的媒介承载的，比如：知识的掌握可以呈现在一张试卷上，技能的习得可以用一项具体操作实验来考查。但是情感态度、综合能力这些要素却是看不见、摸不着的。在传统课堂中我们只重视知识和技能的掌握，以分数衡量一切，学生在以分数为综合评价的唯一目标的学习过程中淡漠了与同学、老师、家长的情感交际，这样的教育是不成功的，这样的教育评价方式忽视了学生作为自然人的情感需要，割裂了学生作为社会人的社会交际情感。

我校开展的国际教育已经进入到第 7 个年头，现在进行 PYP 国际课程是国际文凭组织为 3~12 岁学生设计的，它是一个国际性的、强调学科交叉的项目，通过课内、课外多种学习方式促使学生全面发展。PYP 项目不仅关注书本知识，更关注社会知识、身体成长、健康的情感和文化背景知识。PYP 项目汲取了众多国际学校的优势，是一个面向所有儿童的教育方案。PYP 国际课程包括"五个发展要素""六组学科"和"六项跨学科主题活动"，强调学科交叉和主题渗透。"五个发展要素"是：知识（knowledge）、概念（concepts）、态度（attitudes）、技能（skills）、行动（action）。"六组学科"是：语言（language）、数学（mathematics）、社会（social studies）、科学与技术（science and technology）、艺术（arts）、个人/交往/体育（personal, social and physical education）。"六项跨学科主题活动"是：自我认识（Who we are）、自我表述（How we express ourselves）、自我管理（How we organize ourselves）、生活时空（Where we are in place and time）、世界运转（How the world works）、共享地球（Sharing the planet）。

为有效培养学生综合素养而提供更加全面、科学、切实可行的评价体系，为学校教育教学工作提供诊断分析和策略指导，结合本校开展国际教育的实践经验，我们尝试建构多元化、阶段化、数据化的小学生综合评价体系。

一、国际课程背景下的评价体系的构建

（一）做好评价体系构建的前期准备

1. 评价理念的更新

在选择和设计评价方法之前，教师需要明确学生打算回报的具体学习成果。由于各个学生的学习方式多种多样，非常复杂，教师们需要考虑到这些因素，并运用一些技巧评价学生的学习表现。此外，学校在评价体系时应强调教师和学生双方的自我评估与反思。

与评价相关的每个人，包括学生、教师、学校管理人员，都应该很清楚评估自己的原因、评价的内容、成功的标准与评价的方式。

2. 评价体系的建立

评价学习过程与评价学习结果同样重要，应试图把两者结合为一个整体，给予同样的支持。教师应该记录由学生主导的探究的细节，而且在制定评估体系时需要考虑以下几个问题。

（1）学生是否逐渐认识到解决真实的问题需要综合利用各个领域的知识？
（2）学生是否正在展示掌握了的技能？
（3）学生是否正在积累综合全面的知识，他们是否能够成功地将理解运用于自己的学习探究？
（4）学生是否具备了开展独立学习和集体协作的能力？

学校评估制定的评估体系还可分为以下几个关系密切的分支。

（1）评估——我们如何了解学生知道并学会了什么。
（2）记录——我们如何收集与分析评估数据。
（3）报告——我们如何传达评估信息。

（二）建立多元化的国际课程评价体系

要提升学生的学习能力，就要通过细心的计划和完善的教学、学习过程来满足学生个人或集体的需要。在教学的过程中，既要评价学生已有的知识与经验，也要跟踪在教学过程中学生取得的成绩，这样一来，教师才能够相应地计划和完善教学。教师要时刻牢记：设计良好的学习体验能够为教学提供有关学生的知识、技能与概念理解方面的数据，从而成为总结性评估与形成性评价的载体。

1. 总结性评价和形成性评价

总结性评价旨在使教师和学生都能够清楚地了解学生的理解程度。总结性评价是课堂上教学与学习过程的尾声，使学生有机会展示自己所学到的东西。总结性评估可以同时评估若干要素：为改进学生的学习和教师的教学过程提供信息，测评学生对中心思想

的理解并促使学生采取行动。

形成性评价为计划下一阶段的学习提供信息。形成性评估与学习相互交织，帮助教师和学生双方了解学生已经学到了什么以及有能力做什么。形成性评价与教学直接相关，根据目的同步进行。形成性评价旨在通过提供定期的、经常性的信息反馈来促进学习。形成性评价有助于学生扩充知识、提高理解力、增强对学习的热情、积极反思、提高自我评估能力并认识到成功的标准。有证据表明加强使用形成性评价尤其能够帮助那些程度差的学生显著地提高理解力。

课堂评价包括以下内容。

（1）利用具有代表性的学生作业案例或表现来提供有关学生学习情况的信息。
（2）收集能够体现学生理解与思维情况的证据。
（3）记录小组与个人的学习过程。
（4）鼓励学生反思自己的学习。
（5）学生评估自己完成的作业，并开展互评。
（6）制定清晰的评估细则表。
（7）确定可作为案例的学生作业。
（8）保存测验与作业的成绩记录。

上述评价我们都能做到，但是评价结束后，进一步跟踪评价结果更重要，我们往往忽视了以下后续工作。

（1）该作业是否提供了足够的信息以判断是否达到了学习目的或目标？
（2）学生的表现是否体现了他们的理解水平？
（3）是否出现了超出预料的结果？
（4）应对评价过程需做哪些改进？
（5）作为评估结果，教学与学习过程应有何改进？

2. 有效评价

有效评价适用于形成性评价与总结性评价。它对学生的发展、教师的教学、家长的教育都起到积极的促进作用。

（1）有效评价使学生能够：①与他人分享交流自己的学习与理解；②展示一定范围的知识、概念理解与技能；③运用多种多样的学习方式、多重的智能和能力来表达他们的理解；④提前知晓并明白要使作业或表现达到优秀需要符合的标准；⑤参与反思、自我评估和同学互评；⑥将学习基于那些能够引出更深一步探究的实际生活经历；⑦表达不同的观点和阐释；⑧分析自己的学习，并了解需要改进之处。

（2）有效评价使教师能够：①获得关于教学与学习过程中各个阶段的信息；②针对学生和教师的探究制订计划；③制定出优秀作业或优秀表现的标准；④收集可依据它们得出合理结论的证据；⑤提供可以做出有效报告的、能为整个学校社区所理解的证据；⑥集体回顾和反思学生的表现与进步；⑦考虑到具有各种文化背景的学生具有不同的学习方式、多重的智力和能力；⑧既使用解析性评分方法（分别评判作业各个方面的分数），也使用整体性评分方法（只打出一个分数）。

（3）有效评价使家长能够：①看到学生学习和成长的证据；②深入了解学生的进步过程；③有机会支持和表扬学生的学习。

3. 观察评价

教师应在多种不同的情境中观察学生,并实施多种评估策略。教师观察学生是为了:①清晰地了解学生以及他(她)的兴趣爱好;②了解学生们在思考和学习什么,以及如何思考和学习;③评价学生学习环境的有效性;④拓展学生的学习。

观察时,教师应记录学生的话语。通过认真倾听学生之间的对话,尤其是在戏剧表演中的对白,教师可以了解学生当前的兴趣爱好、知识基础、参与程度以及社交技能。教师应该与学生、同事和家长沟通这些观察结果,以更好地探知学生的内心世界,分析学生在集体中的互动表现,发现学生的优点与弱点,反思在实施探究计划和开展其他课堂活动时所采取的措施的有效性。

对学生的评价重要的是要明确每个学生的需要,要把学习看作是一个连续统一的过程,每个学生均以不同但相关的方式达到各自成长道路上的各个里程碑。通过倾听与观察,可以了解学生对哪些学习领域特别感兴趣,然后就可以据此来设计具有启发性的学习活动,从而进一步巩固或拓展学习内容。

二、国际课程背景下的评价体系的实施

(一)记录——收集、分析评估数据

评价策略与工具构成了综合全面的评估方法的基础,并代表学校回答了"我们如何评估教学的效果"这个问题。

评价策略是教师收集有关学生学习信息时所用的方式、方法。教师可以使用多种多样的工具收集、记录这方面的信息。

选择合适的评价策略时,必须要考虑哪些评估工具最适用,与评价策略最相关。这有助于确保针对学生学习体验进行有效评价,因此要合理使用各种评价策略与评价工具。

1. 评价策略在评价过程中的科学实施

各种评价策略已被确认在评估过程中起着核心作用。它们涵盖了多种方法,从比较主观、直觉的方法到更加客观、科学的方法。这些方法必须被视为一个整体,因为它们能够提供多种评估方法而且能够平衡地反映学生的情况(见表1-3和表1-4)。

表1-3 评价策略与工具

评价策略	评价工具				
	评估细则表	案例	考核表	轶事记录	连续发展阶段表
观察和评论			√	√	√
整体表现评价		√			√
注重过程的评价	√		√	√	
有选择的反应(限定性测试)		√	√		√
开放式作业(非限定性测试)	√	√		√	√

表1-4　评价策略与内容

评价策略	具体内容
观察和评论	要经常定期地对所有学生进行观察和评论，教师既可以重点进行广角观察（例如将焦点置于整个班级），也可以进行细致观察（例如聚焦于一个学生或一项活动）；既可以旁观者的身份进行观察和评论（只进行观察和评论但不参与学生的活动），也可以参与者的身份进行观察和评论（既进行观察和评论又参与学生的活动）
整体表现评价	依据已制定的标准，评估针对学习目标制定的作业。这些作业提出的挑战与问题都非常真实且意义重大。这些作业会有多种多样解决问题的方法，只有一种正确答案的情况非常少。解决这些问题通常有多种模式，需要运用多方面的技巧。开展这种评价时，经常需要采用录音、录像和口述记录等方式
注重过程的评价	经常和定期地对学生进行观察，详细记录观察到的学生所有典型与非典型的行为，收集多方面观察的数据以提高观察结果的可靠性，综合来自各种不同情境的证据以提高观察结果的有效性。要创建一套记笔记与保存记录的制度，以便尽可能缩短书写和录音的时间。收集观察数据的常见方式有考核表、总结表和叙事描述（例如学习日志）等
有选择的反应（限定性测试）	在单一场合、单一维度中的评估活动。测验和测试是这种评估策略最常见的方式
开放式作业（非限定性测试）	教师向学生提出一道启发题，要求学生给出属于自己的答案。既可以是简短的书面答案也可以是一幅画、一张图或一种解决方法，还可以将布置的作业连同评价标准一起存档

2. 评价工具在实施过程中的具体应用

评价工具与内容见表1-5。

表1-5　评价工具与内容

评价工具	具体内容
评价细则表	确立一套评价标准，用于评定学生在所有学习领域中的成绩等级。评价标准的细则要能反映学生作业中的具体特征或迹象，并能依据预定的成绩评定尺度确定作业的成绩水平。评价细则表可以由学生或教师制定
案例	学生作业样本，可以用作评判其他作业的具体标准。一般来说，在一个成绩水平细则表中每一个成绩水平都有一个评判基准。鼓励各校确立适合本校具体情况和行之有效的评判基准
考核表	表中列出应展现的信息、数据、品质或因素。评分方案就是一种考核表
轶事记录	轶事记录是根据对学生的观察而撰写的简短书面记录。"学习中的小故事"是有重点的、经过充分观察的结果，可留待以后分析。需要对这些记录进行系统化编辑整理
连续发展阶段表	这是对各个学习发展阶段的视觉展示。它们展示出学生的学业进步情况，或明确学生在学习进程中所处的位置

为了评价学生的学习和体现教学效果，可以将上述评估工具与其他评价形式一起使用，例如标准化测验。除表格中列举的评价策略的实施方法之外，还有对学生学习过程进行连续性评价的策略。

（1）建立文档。

建立学生学习情况证据的文档也是一种与全体学生相关的评价策略，并贯穿小学国际课程阶段的始终，教师可以利用多种方法记录学生的学习情况，作为评估学生理解的手段。这些方法可以包括（但不局限于）录像、录音、照片以及图表展示。

教师也可以笔头记录学生的对话、评论、解释与假设，或在学生作业中添加批语，这些材料都可以存入学生的学习档案。

（2）建立学习档案。

学校有责任展示学生学习情况的证据。作为案例，学习档案是一种收集并存储信息的方法，可以用来记录和评估学生的进步和成绩。

学习档案记录学生对学习的参与，根据设计，它将展示学生的成功、成长、更高层次的思考和创造力、评估策略和反思。学习档案是对学生积极主动参与学习的肯定和褒奖。它全面体现了一段时期内学生作为个人与小组成员所取得的进步和成长，使学生能够和教师、家长、同学一起明确自己的优势与成长，以及还需要改进的地方，之后就可以确立个人的目标并制订教学与学习计划。

学习档案中的学习证据应该来自各种学习经历和课程领域。学习档案是用来展示一个时期内学生在知识、概念理解、跨学科技能、态度，以及学习者培养目标中各项品质等方面的发展情况。学习档案也用来记录学生开展的活动。学习档案中的内容既包括学习的过程也包括学习的成果，以及在形成理解的过程中学生提供的图像与证据。学生、家长、教师、学校管理者也可以将学习档案用作评估与报告的工具。

采用学习档案的学校需要对其用途和用法达成共识，需要考虑的因素包括：①选择存档作业的标准；②由谁来选择这些作业；③与选定的作业同时存档的有哪些材料（如自我评估结果、反思材料、所采用的评估工具、教师的评语）；④如何确定哪些材料需要加入，哪些将被撤出；⑤何时以及如何使用学习档案（如用于做汇报、由学生主导的会议、教师与家长的会谈、撰写成绩报告）；⑥学习档案所要采用的形式（如电子文档、装订文档、活页文件夹）；⑦学习档案被存放在哪里；⑧谁可以查阅这些档案；⑨档案最终属于谁；⑩档案如何与学生随行。

（二）报告——重视评价体系实施的表现汇报形式

报告评估的结果就是传达学生知道什么、理解了什么以及有能力做什么。评估报告要描述学生学习的进步，指出需要改进之处，以助于改进小学项目的功效。缺少信息反馈的评价就仅仅是评判而已；信息反馈是评估的重要组成部分，可以帮助我们解读评判结果并改进工作。报告可能是学校评估政策最公开的一个方面了，因此需要认真加以考虑，以确保为学生和家长提供有用的、清晰的信息。报告可以采取多种形式，包括会议报告与书面报告。

有效的报告应该做到：①家长、学生和教师都以合作者的身份参与其中；②反映学校社区的价值观；③全面、坦诚、公正、可信；④对所有人都一目了然、清晰易懂；⑤使教师能够把报告过程中的收获运用到将来的教学与评估实践当中。

学校必须根据培养目标中的各项品质，报告每一位学生的成长进步。然而，这种信息反馈不必写在报告单上，教师也不需要在每个报告期结束时报告每一项品质的养成情况。为学习者培养目标中每一项品质评定成绩等级或打分的做法是不恰当的。

学生也应该有机会在学习情境中对培养目标中列出的品质考虑自己的进步。学校可以将对学生本人表现的观察和轶事记录存入他们的学习档案。学生也可以参与向家长报告的活动，活动可以采用填写报告单和（或）由学生主导的会议的形式。

关键是家长需要了解学习者培养目标中的内容，因为学校社区极其重视这些目标，学习者培养目标影响着学校所重视的实践方法和文化准则。这是一个学习过程重于学习结果的范例，也是一个加强和明晰学生在学习过程中的作用的范例。

1. 会议

会议的目的是让教师、学生和家长三方分享信息。为了妥善安排会议，学校应明确会议的作用，包括设定会议的目标。会议可以采取以下正式或非正式的形式。

（1）教师会见学生。

这类会见的目的是为学生提供信息反馈，从而使他们可以反思自己的学业，进一步完善和发展自己的技能。重要的是要保证这些单独的会见经常举行，以支持和鼓励学生的学习和教师的课程计划。

（2）教师会见家长。

这种会见方式是为家长提供信息，使他们了解学生的进步过程与需要，也了解学校开设的项目。教师应利用此机会收集学生的背景信息，解答家长的疑问，解决家长所关切的事情并帮助家长明确他们在学生学习过程中的作用。家长也应借此机会向教师提供学生学习的文化背景情况。

（3）由学生主导的会议。

学生主导的会议由学生和家长参加。学生负责主持会议，向家长报告学习过程，并为自己的学习负责。在会见过程中，学生可以展示自己在不同的学习情境中获得的理解。由学生主导的会议可以多场同时进行。

在会议上，学生要讨论和反思自己事先选定的作业样本，并与家长交流意见。这些作业样本是在教师的指导和帮助下提前选好的，可能出自学生的学习档案。学生可以说明自己的优点以及仍需改进之处。这使家长能够清楚、深入地了解自己的孩子所完成的作业类型，并有机会与孩子一起就这些作业进行讨论。会议必须经过精心准备，还须留出时间让孩子们练习他们的展示活动。会议的形式可视学生的年龄而定，会议开始之前所有与会者都必须了解会议的安排以及自己在会议上的角色。

（4）三方会议。

三方会议由教师、学生和家长三方参加。在会议上，学生与家长和教师讨论自己的学习和理解，在这一过程中教师负责协助学生。学生负责反思和讲解自己事先选定的作业样本。学生、家长和教师三方协作找出学生的优点以及仍需改进之处。这样就可以确立新的学习目标，以及各自如何支持实现这些目标的做法。在整个过程中，教师是不可或缺的角色，并且要做讨论记录。这些记录可用于会后形成的书面报告。所有与会者都必须提前了解会议的安排以及自己在会议上的角色。

2. **书面报告**

对于学生、家长和学校本身来说，报告均被视为关于学生进步的总结性记录。但不管怎样，有效的报告措施的形成性潜力不应被忽视。报告应明确地阐述学生的优点、弱点以及学生（通过自我评估）如何参与评价工作并做出贡献，这非常有助于学生未来的发展。

学校的报告制度和程序都应强化教育教学效果的内在价值。学校能遵循顺德区当地的要求，灵活采用标准化的报告或标准形式。

学生综合素质评价是全面实施素质教育的基本要求，是对学生个体在校学习期间全方位、全过程、发展性的综合评价，是对学生成长历程的真实记录，是衡量学生综合素质的重要指标。在对学生实施综合素质评价时，学校结合国际课程的背景力求内容全面、客观，程序科学、规范，关注学生全面协调发展，关注学生的特长和潜能，使之更具意义。

参考文献

[1] 原兰兰，卢文汇，连仙枝. 构建九年义务教育学生综合素质评价体系 [J]. 教学与管理，2011（27）：54-55.

[2] 袁建林，景润凤，赵殿玉. 学生综合素质评价的理论与方法研究 [J]. 职教论坛，2004（8）：8-9.

[3] 张杰，李晗. 学生综合素质评价指标体系的构建及应用 [J]. 教育与职业，2014（3）：174-175.

多元智能理论视角下我国义务教育阶段学生综合素质评价探析

佛山市顺德区勒流育贤实验学校初中部　刘　珍

摘要：学生综合素质的评价，是整个教育和教育评价的出发点和归宿，是整个教育评价体系的研究重点和教育质量规范化研究的核心。九年义务教育阶段学生综合素质评价是立足于学生综合素质发展，旨在促进学生全面可持续发展的评价模式。目前，我国的义务教育阶段学生综合素质评价体系尚处于初创建构阶段，还不够成熟。随着课程改革的深入，教育基础理论和教育发展理论的创新与教育评价的滞后形成了比较鲜明的矛盾。多元智能理论作为一种新的教育理念已逐渐成为教育领域关注的焦点之一。因此，本文试从多元智能理论的视角来探析义务教育阶段学生综合素质评价体系，希望能够在心理学理论的指导下更为系统地丰富学生的综合素质评价体系，从而推动素质教育发展。

关键词：多元智能理论；义务教育阶段学生；综合素质评价

随着信息社会和知识经济时代的来临，人才综合素质的提高越来越受到人们的高度重视，素质教育的观念也越来越深入人心，我国新一轮课程改革也把提高学生的综合素质作为发展目标检测的内容之一，评价素质教育的效果是促进学生全面发展的一个助推力。义务教育阶段学生在不久的将来步入社会，拥有什么样的素质，很大程度上取决于学校为他们提供什么样的基础教育，而评价和考试制度变革又是完善基础教育的一个重要环节，也是当前课程改革的关键环节。然而，目前我国评价改革无论是在理念上、方法上还是在功能上都不完善。因此，义务教育阶段学生综合素质的评价工作如何顺利开展，以促进每个学生综合素质的提高，便成为当前需要研究的一项重要内容。

本文试图在反思我国义务教育阶段学生综合素质评价中存在的问题的基础上，从多元智能理论的视角探析学生综合素质评价的方式，建立和完善新型评价体系，从而推动素质教育发展，促进学生全面而有个性的发展。

一、现有义务教育阶段学生综合素质评价存在的问题

目前，我国的义务教育阶段学生综合素质评价体系尚处于初创建构阶段，还不够成熟，随着课程改革的深入，教育基础理论和教育发展理论的创新与教育评价的滞后形成了比较鲜明的矛盾。传统评价观是建立在一元性智能理论的基础上的，这种理论认为智能是以语言和逻辑数理能力为核心的，并以整合方式存在的一种能力。在这种智能观念

的影响下,传统教育评价学生的主要标准是考试分数,讲究科学的量化评价,把升学考试作为教育的出发点和最后归宿;它看重的是学生的知识和逻辑数理智能,却忽视评价客体的差异性以及通过评价来促进学生发展这一重要方面。① 这种评价体系存在的问题主要表现在以下方面。②

第一,在评价内容方面,注重对逻辑数理智能和言语语言智能的评价,而对其他智能却关注很少。目前,对学生的评价主要还是围绕学业成绩进行,对学生在教育活动中表现出来的学习积极性、创新精神、实践能力、道德品质等方面不够重视。

第二,在评价功能上,过分强调选拔功能,忽视激励和反馈功能。正如美国教育学家戴维·拉齐尔在《智慧的课程:利用多元智力发掘学生的全部潜力》中所说的:"评估应该是一个增加学生学习信心、强化学生学习动力以及重视学生学有所成的机会。"③而传统教育比较注重分数和升学率,按考试分数给学生排名和录取,却不太关注考试中反映出来的学生发展中存在的问题,而且常常忽略学生在各个时期的努力程度及进步状况,因而不能很好地发挥评价的激励、发展等功能,这种做法也挫伤了学生的积极性。

第三,在评价标准方面,强调相对性评价,忽视个体内差异评价。按学生分数排名次,非常注重学生的相对位置,这种做法只是反映出了学生与分数、学生与同学之间的比较结果,却忽视了以学生的进步为参照标准进行评价;而且过多强调共性和一般趋势,学生的个性发展和个体间的差异常常被忽略。

第四,在评价方法上,缺乏有效的评价工具,不是多元的,而是比较单一的评价。以书面纸笔测验和标准化考试作为唯一的评价方法,重视定量评价而非定性评价;学生评价是在人为的非自然情境下进行的,重理论轻实践,反映的是学生对知识的记忆能力而非学生在实际生活情境中运用知识的能力。

第五,评价主体单一。以教师评价为主,很少有家长、学生自己、同学、教育专家及社会人士等的参与。这就忽视了评价主体多元、多向的价值,特别是忽略了自我评价的价值,未能形成多主体共同参与、交互作用的评价模式。

二、多元智能理论概述及其对学生综合素质评价的启示

(一) 多元智能理论概述

1. 多元智能结构

美国哈佛大学教授加德纳于1983年出版的《智力的结构:多元智能理论》一书中最早系统地提出多元智能理论这一概念,他对智能的分类目前已经发展到9种④。第1至第7种智能是加德纳在1983年至1993年间提出的,第8种和第9种智能是加德纳在1998

---

① 黄光扬. 教育测量与评价 [M]. 上海:华东师范大学出版社,2002:269.
② 冯春巧. 多元智能理论与新课改中的学生评价改革 [J]. 世界教育信息,2009 (11):45-48.
③ 拉齐尔. 智慧的课程:利用多元智力发掘学生的全部潜力 [M]. 缪胤,译. 北京:教育科学出版社,2003.
④ 加德纳. 多元智能 [M]. 沈致隆,译. 北京:新华出版社,1999:10.

年和 1999 年提出的。这 9 种智能分别是：言语语言智能、逻辑数理智能、视觉空间关系智能、音乐智能、身体运动智能、人际交往智能、自我反省智能、自然观察智能及存在智能。这打破了传统地将智能看作是以语言能力和逻辑—数理能力为核心的整合的能力的认识，并从新的角度阐述和分析了智能在个体身上的存在方式以及发展的潜力等。①

加德纳认为，智能不是抽象之物，而是一个靠符号系统支持和反映出来的实在之物，多元智能中的每一种智能都是通过一种或几种特定符号系统的支持反映出来的。例如，言语语言智能是靠语言符号支持和反映出来的，视觉空间关系智能是靠图像符号支持和反映出来的，画家通过他们的画笔描绘出世界的百态，而我们也是通过他们的画作知道他们对世界的感悟。不同的智能领域有着自己的相对独立性，这种不同智能领域的相对独立性导致了不同符号系统的相对独立性，使得每一智能领域都有自己特定的接受和传达信息的方式以及解决问题的特点。②

2. 多元智能理论视野中的评价观

学生评价是指在一定教育价值观的指导下，根据一定的标准，运用现代教育评价的一系列方法和技术，对学生的思想品德、学业成绩、身心素质、情感态度等发展过程和状况进行价值判断的活动，简言之，就是在一定的价值观指导下对学生的综合素质做出价值判断。学生评价是学校教育的一项重要工作，也是学校教育评价的重要内容。如何合理、准确地评价学生，不仅是教育者们必须回答的问题，更是教育评价面临的首要问题。多元智能理论视野中的学生评价，简称多元智能学生评价，即通过多种途径获取学生信息，着重发现学生的智能强项，提升学生的自信，最终促进学生全面、健康和个性化发展的建设性评价。

加德纳在 1993 年指出多元智能评价的特色，具体归纳如下七点③。

第一，重视评价而不是测验。评价是获得个人技能和潜能资讯的工具，它是在正常表现过程中汲取资讯的技术。

第二，评价的发生应该是简单且自然的。在教学中很重要的一环就是评价，评价应该成为自然学习情境的一部分，而不是教师为了评价而评价附加进来的，评价应该无时无刻存在着，"为评价而教学"是不应该的。

第三，具有生态效度。当评价是在平常的学习状况下或者和平时的学习形态相似的状态下进行时，对学生的最终表现就能做出较好的预测。

第四，设计智能公平的工具。利用智能公平工具直接观察操作中的智慧，而不必透过某一种或者两种单一智能来评价学生。

第五，使用多元化的评价工具对学生学习中的各种形态进行评价。

第六，考虑个别学生学习不同问题的个别差异性、发展阶段及数学知识形成的多样化。

第七，为了学生的利益而实施评分。评分应该用来帮助学生发现自己学习中的不足

---

① 霍力岩，等. 多元智能理论与多元智能课程研究 [M]. 北京：教育科学出版社，2003：14.
② 加德纳. 多元智能 [M]. 沈致隆，译. 北京：新华出版社，1999：8.
③ 蒋琳. 多元智能理论指导下的学生评价 [J]. 教育探索，2007（1）：67-68；郭红霞. 论多元智能理论对教学的启示 [J]. 湖南第一师范学院学报，2004（1）：28-29.

之处,发现教师在引导学生学习的问题所在,而不是用来打等第、比高低、排名次。因此,教师、家长有义务提供对学生有益的反馈。

(二) 多元智能理论对学生综合素质评价的启示

自加德纳于1983年系统地提出了多元智能理论后,即在全球的教育界产生了巨大的影响,得到了各国教育界人士的积极响应。此后关于多元智能的各种理论著作如雨后春笋,对多元智能理论的教育实践探索亦是如火如荼地进行。当下,在经过了20多年的发展后,"多元智能热"现象有所降温,许多心理学家和教育学家对该理论提出批判意见,开始从盲从走向辩证和理性地认识。多元智能理论涉及了智能观、学生观、教育观、评价观等教育理念,为各国的教育改革提供了新的思维方式,同样,多元智能理论与我国新课程改革的理念和目标有诸多共通之处。① 目前,正值新课程改革全面铺开之际,多元智能理论可以为其提供坚强的理论支撑,尤其是对教育评价的改革犹如注入了一股春风。针对我国学生评价存在的弊端,结合我国的教育实践,积极探讨多元智能指导下的学生评价理念及其应用是非常有必要的。这在一定程度上能削弱学生评价中过分注重甄别和选拔的功能,改变学生评价脱离社会生活实践的状况,能使学生评价更具人文关怀,真正发挥评价促进学生个性化发展的功能。

按照多元智能理论,我们每一个人身上都有这样的一些智慧的潜能,我们每个人都有这9种智能(甚至更多),只不过不同智能的组合出现在不同的人身上会表现不一样。对于有的人来说可能某些方面是长项,某些方面是弱项;某些方面有优势,某些方面又存在弱势。因此,我们应对所有学生都抱有热切的成长希望,充分尊重每个学生的智能特点,使教学真正成为愉快教学、成功教学,而不是把学生分为三六九等。与此同时,我们应该建立新的评价体系,评价方式综合化、评价方法多样化、评价内容多元化,构建发展性评价,促进学生发展和教师提高。从传统的一元智能、二元智能到加德纳提出多元智能理论,无疑标志着人类智能研究领域的一场革命。多元智能理论倡导积极乐观的学生观、科学的智能观、因材施教的教学观、多样化的人才观和成才观,对我国当前的教学改革有重要指导作用。

三、运用多元智能理论构建学生综合素质评价体系的可行性

多元智能理论在教育界的发展经由炽热到慢慢冷却,经由学者们的极力推崇到辩证的批判,虽然存在较多不足,但它给教育带来了思维冲击和视野拓展,特别在以下两个方面很有研究意义。②

一是强调智能多维。多元智能理论强调智能的多维度,打破了传统认知理论的以言语语言智能和逻辑数理智能为核心的框架,解除了传统智能理论对我们的思维封锁。智

---

① 李子华. 多元智能理论对当前学校教育教学改革的启示 [J]. 教师教育研究, 2004 (2): 68-72.

② 李旭倩. 多元智能理论对新课程学生评价的启示 [J]. 西北成人教育学院学报, 2003 (1): 56-57.

能的多维度为学校教育提供了新的视角，有助于树立积极的学生观，启发教师树立"为多元智能而教""通过多元智能来教"的教学观，同时倡导差异性、发展性、多元化、情境化及体现人文关怀的学生评价。在以上这些方面，多元智能理论的革新作用是非常凸显的。

二是为新课程改革提供理论支撑，一定程度上弥补传统学生评价的不足。我国的新课程改革是在积极借鉴当今世界上优秀的哲学、社会学、教育学和心理学成果的基础上进行的。作为新课程改革三大基础理论之一的多元智能理论，对新课程改革的影响是广泛而深刻的，特别是在学生评价领域。

《基础教育课程改革纲要（试行）》指出："建立促进学生全面发展的评价体系。评价不仅要关注学生的学业成绩，而且要发现和发展学生多方面的潜能，了解学生发展中的需求，帮助学生认识自我，建立自信。发挥评价的教育功能，促进学生在原有水平上的发展。"① 基于此，新课程理念倡导下的学生评价就必须改变过去以缺陷本位为发展本位的评价，呼吁评价要保障学生的主体地位，尊重学生间的差异，关注学生人性等情感方面的因素。② 同样，在多元智能理论指导下的学生评价中，要求从过分强调甄别与选拔功能转为改进与激励功能，倡导以更积极的、欣赏的眼光来看待学生的成长，要竭尽全力挖掘学生的强项，力求让学生在自信与乐观的心理氛围中获得发展。可见，二者都是追求一种更为人道、更为宽泛、更具有发展性的学生评价体系。又因为新课程评价改革更多的是来自实践层面的推动，所以，多元智能的引入能为其提供坚强的理论支撑。

四、多元智能理论视野下构建学生综合素质评价体系

建立在深刻的心理学、生物学、艺术学、历史学等自然科学和社会科学的理论与实证基础上的多元智能理论对构建学生综合素质评价体系具有积极意义，不仅可以提供深入理解综合素质评价体系的知识养料和理论指导，也可以为构建科学的学生综合素质评价体系提供借鉴的研究方法和思路。

传统的课程评价观是以学生掌握多少知识和考得多少成绩为核心的，新课程实施后对课程的评价应把形成性、发展性评价和终结性评价结合起来，在实践中应从以下几方面进行评价：第一，在自主学习和合作学习过程中学生所表现出来的主动性、积极性、投入性、团结协作精神和创新能力。第二，学习过程中情感态度和价值观的变化情况。第三，在学习过程中学生对身边事物、社会现实体现出的关注度。第四，在学习中各种能力的发展情况，像表达能力、想象能力、动手能力、思维能力、自学能力、创新能力等。第五，在学习中以及课后自我学习中积累的资料成果，比如完成教师发的学案，制作上课时需要用到的学具，绘制的图表（在统计中需要得更多），完成的家庭作业，期中、期末考试等。第六，从学生成绩的横向、纵向对比看学生的进步情况。众多的评价标准中，最重要的是以下两个方面。

---

①② 教育部. 基础教育课程改革纲要（试行）（教基〔2001〕17号）[Z]. 2001-06-08.

(一) 首要目标：因材施教

义务教育阶段学生综合素质评价体系构建的首要目标应提供因材施教的依据，促进个体多元发展。因材施教历来是中西方十分重视和推崇的教育原则，多元智能理论的提出为教育者全面测评每个人的智能轮廓提供了科学的依据，能使学校针对学习者不同的智能轮廓采用不同的教材和教学模式，使因材施教名副其实。①

因材施教是中华民族代代相传的教育瑰宝中一个颇具特色的教育理论。它是孔子在春秋时期兴办私学、教授诸生的实践中创立的，之后又被我国历代的教育家所继承、发展。运用至今，因材施教很多时候仍被奉为教育方面的典范，更多时候因材施教成为教师必须掌握的教学原则。在学习多元智能理论的过程中，笔者发现这两者有很多共同之处，多元智能理论的一个非常重要的价值在于，凸显学生的智能在横向结构上的不同之处。因此，我们既要纵向也要横向比较学生的进步，不能单纯地看水平上的差异，更重要的是看到不同孩子的不同的智能结构的差异。

(二) 评价主体多元化，评价方式多样化

学生综合素质评价体系构建的评价主体应当多元化，评价方式应当多样化。② 评价主体多元化是指对学生能力的评价不应仅由教师单一主体构成，还应把同学互评与自评引入，甚至可以把学生家长引入作为学校评价主体。评价主体的多元化还可以对学校的教育构成有效的监督，从而使评价的约束和激励作用不仅指向学生本人，也指向培养单位。此外，每种方式都应该是平等的，具体采用哪种方式应该视具体情况而定。

总之，学生综合素质评价体系构建的评价过程应当动态化。评价主体多元化和评价方式多样化使评价处于动态发展中，评价结果应及时地反馈给被评价者，使其能及时认清自己、调整自己。这样的评价就能对学生进行持续的动态激励。动态的评价不是终点，而是起点；不是结果，而是手段。注重的不是评价的终结性，而是其建设性与发展性；不是把人定格，而是通过观察总结发现每个学生的潜能，提供必要的指导与创设适当的环境把人推向动态的评价，将学生成长与评价纳入良性的互动体系中，将评价纳入学生的动态成长过程中。

五、运用多元智能理论构建学生综合素质评价体系可能存在的问题

本文只对多元智能理论运用于义务教育阶段学生综合素质评价体系进行理论上的初探，很多问题还需要在今后的教育工作中继续研究和探索。

（1）加德纳在1983年提出了多元智能理论。其理论所定义的"智能"含义为：在特定的文化背景下或社会中，解决问题或制造产品的能力。后来由于加德纳认为精神智能涉及宗教，很多时候讨论关于精神、宗教方面的内容比较容易让人迷惑，于是放弃了

---

① 王统永. 现代大学课程评价理论研究综述 [J]. 临沂大学学报，2009 (5)：40-43.
② 居玲. 我国研究生教育质量评价主体探析 [J]. 重庆邮电大学学报（社会科学版），2010 (5)：124-128.

这智能的提法。① 在学习、运用多元智能理论的过程中，这一理论似乎还在逐步完善，因此也会存在一些不足之处。

（2）加德纳多元智能理论的提出，得到了社会各界的广泛关注，在心理学界和教育学界都有着强烈的反应。近年来在我国教育领域内，多元智能理论为教育学理论和教育实践拓展了研究的视野，打开了研究教育的新思路。但是，真正工作于教育前线的一线教师对此理论却知之甚少。因此，真正展开的工作很难得到教育者的配合。

（3）多元智能理论的发源地在美国，美国的中学教育大都实行的是小班教学，人数在 18 人左右。而我国国情不同，大部分学校都是大班教学。因此，教师要在一节课的时间里运用多元智能理论于实际教学评价关注班级学生的多种智能的体现，容易受到班级人数的限制，很难顾及所有的学生。

参考文献

[1] 查普曼. 在课堂上开发多元智能 [M]. 郅庭瑾, 译. 北京: 教育科学出版社, 2004.
[2] 张国祥. 从后现代多元智能角度分析中国数学课程新标准 [J]. 数学教育学报, 2002 (4): 12–15.
[3] 坎贝尔, 等. 多元智能教与学的策略 [M]. 王成全, 译. 北京: 中国轻工业出版社, 2001.
[4] 加德纳. 重建多元智能 [M]. 李心莹, 译. 台北: 远流出版事业股份有限公司, 2000.
[5] 郭福昌, 王长沛. 多元智能在中国 [M]. 北京: 首都师范大学出版社, 2004.
[6] LAZEAR D. 多元智能教学的艺术: 八种教学方式 [M]. 吕良环, 等译. 北京: 中国轻工业出版社, 2004.
[7] FOGARTY R. 多元智能与问题式学习 [M]. 钱美华, 等译. 北京: 中国轻工业出版社, 2005.
[8] 陈爱苾. 课程改革与问题解决教学 [M]. 北京: 首都师范大学出版社, 2004.
[9] 梅汝莉. 多元智能与教学策略 [M]. 北京: 开明出版社, 2003.

---

① 加德纳. 多元智能 [M]. 沈致隆, 译. 北京: 新华出版社, 1999: 10.

初中生综合素质评价策略研究
——以顺德区W、Y、S中学综合素质评价手册为例

佛山市顺德区翁祐中学　胡婷婷

摘要：随着教育技术的进步，教育的质量日益追求"全面、和谐、可持续"，也就是我们通常所说的"素质教育"，与之相辅相成的必然是学生综合素质评价体系的改革，这也是课程改革的重要环节。本文以广东省佛山市顺德区为例，对义务教育阶段W、Y、S中学的学生综合素质手册进行对比研究，分析实施过程中可能出现的问题，从资料的科学整理、评价标准的制定、评价反馈与应用等三个方面对初中生素质评价工作的开展提出一些建设性的建议。

关键词：初中生；综合素质评价；策略研究

初中阶段，当课程改革如火如荼进行时，为了学生的全面发展、教师的教育教学、高中的人才选拔，学生综合素质评价的改革势在必行。但是，在当前学生综合素质评价改革来临之际，前进道路上仍有许多绊脚石。一方面，是因为教师、学生、家长整个教学体系内的成员对学生综合发展的认知态度还有偏差，"成绩至上"的认知观大大地影响了孩子的能力的培养与发展；另一方面，是因为"心有余而力不足"，在组织学生综合素质评价的时候欠方法，有资料收集不齐全、评价方法过于简单、评价结果没反馈没反思等弊端。这一系列原因导致学生的综合素质评价没有说服力和缺乏实用性，最终流于形式。

一、资料的科学整理

在20世纪六七十年代教育改革形势下，人们纷纷反思性地批判传统以纸笔测量、量化评价为范式的考试评价体系，并在此基础上探索新的考核与评价方法。西方国家的"评价改革运动"催生了一系列新的"质性"评价方法，即通过建立动态的、连续的资料库对学生进行连续性不断反馈的评价模式。美国《国家科学课程标准》中提供了除笔纸测试以外新的评价方法，如收集"课堂观察记录表"（又名"课堂行为记录"）、"学生档案袋"（又名"成长记录册"）、"学生日记"、"情景测试"答题卷等质性评价资料等。

（一）学生档案袋

学生档案袋被我国广泛借鉴，因其有多种优势和便利：①反映了学生在学习过程中做出的努力和成长的经历；②记录学生在各学科中的学习成就；③收集教师需要的支持

性的教学改进信息；④弥补其他评价方法在内容上的不足；⑤提供有关学校教育质量的证明。随着教育技术的发展，电子档案袋取代纸质档案袋，显得更为快捷、迅速，也方便与学生、家长交流共享。

学生档案袋主要包括测试和考试成绩单、课堂表现记录、个人作品、反思材料、同伴的观察和评价、家长教师等人对其的评语等。张华毓在其学位论文中科学、详细地介绍了学生档案袋的资料整理方式，在此可做参考。

学生信息表：学号、姓名、班级、学校、性别、生日、住址、照片、家长联系方式、自我简介、班主任评语、自我评语、家长评语、学生评语。

班级信息表：学号、姓名、班级、班级成员。

课程信息表：学号、姓名、班级、课程、上课老师、上课时间地点。

课程作业结果表：学号、姓名、班级、作业成绩、教师相关评语。

课堂表现表：学号、姓名、班级、回答问题情况、与同学合作情况。

课程考试表：学号、姓名、班级、考试课程名称、考试成绩、老师评价、学生反馈、家长看法。

展示作品表：学号、姓名、班级、展示作品名字、作品类别、作品内容、作品内容类型、自己总体评价、教师总体评价及家长总体评价。

学生日志表：学号、姓名、班级、日志名称、发布时间、日志内容、是否公开。

张永丰在其论文《成长记录袋的设计、使用与反思》中也设计了学生档案袋的多种类型。

利用学生档案袋进行测评最大的优势是向教师、家长和学生展示出一个真实、丰富的学习过程，最大限度地提供有关学生学习和发展的重要信息，而且，学生作为成长记录袋评价的主人，能够通过自我反思和自我评价，加强学习过程中的能动性，提高测评的效度。如果对表1-6中的资料进行动态、有效、科学的整理，这将会对我们一学期、一学年甚至初中阶段三年的学生综合素质评价发挥极其重要的作用，也是我们评价孩子除了成绩以外其他项目的重要评价资料。

表1-6 （学科）学习档案袋具体栏目填充样例

编号	材料名称	具体内容
1	学习资料	新学期承诺、最优秀的作业、单元评价表、收集的学科资料、受到的奖励纪念等
2	学习反思	学习过程中对自己的学习方法和学习习惯等方面及时地反省和纠正
3	测试成绩	单元测验及阶段性测试
4	可贵的发现	学习中发现的有价值的思路和方法以及对教育教学和学习内容的好建议等
5	问题讨论	学习中难忘的、有意义的问题讨论记录
6	点滴进步	学习中的习惯、方法、态度、成绩等方面的小进步
7	师生交流	师生之间的学习活动、谈心、讨论问题、课堂对话等热烈交流场面的记录
8	自我评价	阶段性地对自己的学习找出优点和不足
9	家长对我说	父母对我学习方面的看法和要求
10	老师对我说	老师对我学习的肯定、鼓励和要求

续上表

编号	材料名称	具体内容
11	同学对我说	同学对我的赞赏和激励
12	我的作品	学习中值得骄傲的绘画、摄影作品、创意设计、文章发表、小制作、小发明等
13	评价情况一览表	主要指期中、期末时,学校、班级、老师、家长、同学等对我的综合评价
14	其他	与学习有关的另外记录

(二) 课堂观察记录表

课堂观察记录表(见表1-7),相对学生档案袋来说,更加具有针对性,只针对某一两个学生在课堂上的注意状态、参与状态、交往状态、思维状态、情绪状态、生成状态等方面的表现,记录在表里,长期观察以此评价学生在课堂上的学习效能。这种观察评价的信息反馈非常及时,不需要繁杂的步骤,只需要根据已经制定好的课堂观察记录表进行打分,每一方面分为"抵制—完成任务—冲突—投入—入迷"几类,根据学生等级变化来评判该时间段学生的学科情感水平的高低。

(1) 入迷。学生基于内在动机喜欢上课,在课堂上表现出主动性与积极性,从学习本身获得快乐,对这门学科有较强的自信。

(2) 投入。学生喜欢上课,在课堂上以提高自己在班级中的地位,取得高的考试成绩,获得教师表扬为导向。

(3) 冲突。学生基于内在动机喜欢这一学科,但对上课内容不感兴趣,在课堂上表现得较游离、冷漠。

(4) 完成任务。学生认为上课是必须完成的任务,课堂情感不是很稳定,受具体教学情境影响较大。

(5) 抵制。学生讨厌上课,不愿完成相应的作业,对所学内容不感兴趣,在外界的强迫下学习。

表1-7 课堂观察记录表

观察对象:	观察时间:	观察地点:	观察者:
项目		评价	
观察学生知识、技能掌握情况(解答问题的情况、学生的表情状态)			评价分类:抵制、完成任务、冲突、投入、入迷
观察学生操作技能掌握情况(能判断操作的正误、独立准确有条理地进行操作)			
观察学生的注意力(整堂课集中注意力、大部分时间集中注意力、该集中注意力时能够集中、有时候集中注意力、注意力涣散)			
观察学生学习的参与情况(课堂提问回答的主动性、课堂讨论参与的积极性)			
观察学生的合作性(听别人意见、积极表达自己的意见)			
观察学生的思维状况(能有条有理地表达自己的意见、用不同的方法解决问题、解决问题的过程清楚、独立思考、做事有计划)			
总评:			

科学有效地整理学生的课堂表现，既可以直接呈现学生的学习态度、学习习惯，又可以有效地反馈学生在课堂学习中讨论、交流、合作的参与程度，在思考、获取知识的过程中提出问题和解决问题的能力，在操作过程中的动手能力、表达能力。因此，课堂观察记录表是进行学生综合素质评价的又一重要参考资料。

二、评价标准的制定

"素质"的定义有多种，刘妍在其学位论文中结合《辞海》和《教育大辞典》等给出的解释将素质总结为"具有先天生理特点，在后天可以得到发展的社会心理品质"。这一解释是比较符合教育特点的。那何为"综合素质"呢？每个城市在设计学生综合素质评价体系这一点上莫衷一是。

教育部发布的《教育部关于积极推进中小学评价与考试制度改革的通知》（教基〔2002〕26号）提出了中小学要建立以促进学生发展为目标的评价体系，具体规定了评价的内容、评价的标准、评价的原则、评价的方法和评价的改进计划。评价标准主要包括基础性发展目标和学科学习目标两个方面。其中，基础性发展目标包括道德品质、公民素养、学习能力、交流与合作能力、运动与健康、审美与表现共六个方面。同时，也对各学科的学习能力做了各个层面的界定。

（一）基础性发展目标评价标准

根据这一通知的基础性发展目标规定，顺德区W中学制定了相对应的学生综合素质评价表（见表1-8）。

表1-8　顺德区W中学学生综合素质评价表

	评价项目	自评	他评	师评
思想品德素质	1. 热爱祖国，热爱集体，热爱学校，热爱家庭			
	2. 遵纪守法，遵守公德，诚实守信意识			
	3. 文明礼貌，关心集体，友爱同学，乐于助人			
	4. 尊敬师长，孝敬父母，生活俭朴			
	5. 按时上学，不迟到，不旷课			
	6. 爱护公物，保护环境			
科学文化素质	1. 学习态度端正，学习注意力集中，有钻研精神			
	2. 学习习惯良好，作业细致认真			
	3. 有较强的思维能力和动手能力，各科成绩均衡发展			
	4. 兴趣广泛，爱观察，爱思考，敢于发表自己见解			
	5. 喜欢阅读课外书，不断丰富知识			

续上表

评价项目		自评	他评	师评
心理与审美素质	1. 团结合作精神和坚强意志毅力			
	2. 情绪乐观，主动活泼，积极参加集体活动			
	3. 胜不骄，败不馁，有了错误，敢于承认敢于改正			
	4. 语言文明，热情大方，性格开朗			
	5. 对艺术有兴趣，并有一定欣赏美和表现美的能力			
体育与劳动技能素质	1. 积极锻炼，身体健康			
	2. 热爱体育运动，认真上好体育课			
	3. 动手能力强，有生活自立能力			
	4. 爱清洁，讲卫生，养成良好的卫生习惯			
	5. 热爱劳动，珍惜劳动成果			
班主任评语				
学生自我评价				
家长意见				

通过表1-8得知，W校学生综合素质评价表的优点在于，将学生综合素质分为四大类：思想品德素质、科学文化素质、心理与审美素质、体育与劳动技能素质，能够较全面地评价学生的素质培养情况。同时，该表还采用了多元主题评价，涵盖"自评""他评""师评"三个角度，能够体现评价主体多元化。只是，不足的是此项评定等级区分不明显，是"A. 好，B. 较好，C. 一般，D. 需努力"呢，还是"优秀，良好，及格，不及格"呢？等级无从评定。另外，关于"班主任评语"和"学生自我评价"项目比较简约，没有规定评价范围，无法做出规范的有效的评价。

相对而言，表1-9中的Y中学的"学生自我评价表"比较可取。

表1-9 顺德区Y中学学生自我评价表

学生自我评价	1. 最喜爱的学科	
	2. 成绩最好的学科及体会	
	3. 最薄弱学科的学习方法	

续上表

学生自我评价	4. 发现哪些好的学习方法	
	5. 对自己教育最深的集体活动	
	6. 最喜欢参加的文体活动	
	7. 对集体做出哪些贡献	
	8. 下学期计划发展的特长	
	9. 对今后人生道路上自身优势和劣势的剖析	
	10. 领悟到的做人道理	

表1-9中，Y中学列定了10个细致的问题，考查了学生对自身学科学习、班级集体活动、学校文体活动、特长发展、优势劣势认知等方面的情况，真正做到了"自我评价"。而表1-10中，S中学则附带了"社会实践活动"的统计表，统计一个学期学校的活动安排。可见，S中学非常注重学生社会实践能力的培养。

表1-10　顺德区S中学学生社会实践活动记录表

时间	内容	地点	基地、接收实践单位负责人或学校领导签名盖章
月　日至　月　日			
月　日至　月　日			
月　日至　月　日			
月　日至　月　日			
月　日至　月　日			
月　日至　月　日			
政治、思想、道德和心理品质突出情况综述	德育总评等级	班主任签名	年　月

总体而言，三间中学的评价表各有千秋，无论是W中学、Y中学还是S中学，都用自己的评价体系诠释了对"基础性发展目标"的理解。

（二）学科学习目标评价标准

作为中考考试制度甄别、选拔人才的参考条件之一，初中生综合素质评价表关于学科学习情况的记录必不可少。S中学的各科学习成绩评价表只罗列本学期的学科期末成绩，比较单一的成绩数据不能给学生和家长提供连续性的纵向发展评价体系。而W中学一改各科"平时、期中、期末"的传统形式，注入了个人与年级平均值的比较，让学生对自己一学期的学科学习情况有了更加清晰的了解。

如表1-11所示，W中学的学科成绩表涵盖了学生平时、期中、期末和年级平均成绩的情况，一目了然地展示了学生自身纵向比较和年级横向比较的学习成绩情况。

表1-11 顺德区W中学学生学科课程成绩表

科目	平时成绩	中段成绩		期末成绩	
		个人	年级平均	个人	年级平均
语文					
数学					
英语					
道德与法治					
历史					
地理					
物理					
化学					
生物					
体育					
音乐					
书法					
美术					
信息技术					
综合实践					

尽管如此，传统的考试和分数仍然无法考查学生在动态学习过程中运用知识和技能的情况。因此，我们应该更加注重表现性评价，即关注学生解决问题的过程和使用的方法技能。Y中学在学科课程成绩表中也加入了评价栏目，使对学生的评价实现由定性评价到质性评价的转变（见表1-12）。

表1-12 顺德区Y中学学生学习成绩评价表

科目	成绩	评价		
道德与法治		思想素质	基础知识	理论联系实际能力
语文		基础知识	阅读能力	表达能力

续上表

科目	成绩	评价		
数学		基础知识与运算能力	逻辑思维能力	分析解决问题能力
英语		基础知识	听说能力	读写能力
物理		基础知识	实验能力	综合运用能力
化学		基础知识	实验能力	综合运用能力
历史		基础知识	理解能力	综合运用能力
地理		基础知识	识图能力	综合运用能力
生物		基础知识	实验能力	综合运用能力
体育		身体素质	运动技能	特长
美术		欣赏能力	创作能力	特长
音乐		乐理知识	乐器演奏水平	特长
信息技术		基础知识	操作能力	创造能力

当然，表1-12中虽然添加了有关学科教学能力培养的评价类别，可以针对特定的项目进行评价使评价层次分明，但是，它缺少了相应的评价等级且无法判断学生的这些能力在一个学期或者一个学年之后的动态变化。因此，表1-12空缺的评价内容可以呈现"C—A"或者"良好—优秀"的动态评价模式。

三、评价反馈与反思

所有的学生评价体系最终都是为了实现学生全面而有个性的发展，为了促使学生有想学的愿望，为了帮助学生掌握相应的知识、技能和学习方法，为了让学生感受到学习是非常有意义的活动。因此，学生综合素质评价应该"取之于生，用于生"，更好地教育与管理学生，最终实现评价目标。

（一）及时进行针对性的反馈

反馈是教育评价的重要环节。为了提高学生综合素质评价手段的有效性，反馈必须做到及时有针对性。每个评价项目切记不可没有针对性地泛泛而谈，必须实时连续更新评价内容，呈现评价的动态变化过程。

初中学校通过分析学生综合素质评价的结果，可以发现学生的进步与发展潜能，发现其在学习与发展过程中的优势与不足，发现其在成长过程中所做出的努力与进步。同时，学校也可以发现其存在的问题，进行有针对性的教育，不断地改进学校教育管理工作。

顺德区大部分学校的学生评价系统已经建立好专门的网络平台，学生、家长、教师可以登录账户进行查询。因此，新型的学生综合素质评价体系不应该建立在传统的纸质书写、期末反馈的基础上，而是应该突破地点、时间的限制，实现网络的实时更新和随时反馈，教师可以第一时间填写学生评语，学生和家长也可以第一时间查看他人写的评价。当然，每个人使用的权限不同，以保护个人的隐私。

（二）评价过后应该予以反思

我们强调学生的全面发展，并非不顾学生个体特点的"一视同仁"，而是非平均的发展，强调学生的全面且有个性的发展。那是不是所有地区的学生综合素质评价体系都可以照搬呢？不是的。我们应该结合本土特色"因地制宜"，制定适合本地学生发展的评价体系。

一方面，教师应该根据学生综合素质评价结果反思自身的评价观念、评价标准、评价方式与评价能力，及时检查学生问题的出处进而改进教学，以明确日后的工作目标。教师的反思可以通过写教育反思、教育博客、开研讨会、与同事交流等方式进行，不断从思想落实到行为，不断地自我改善。

另一方面，学生可以与家人、同伴进行交流，或制作学生反思记录卡（见表1-13）进行自我反思。

表1-13　学生综合素质反思记录卡

姓名：	日期：
问题	反思
1. 我有没有积极主动地帮助同学？ 2. 最近学习上有没有遇到什么问题？解决得怎样了？ 3. 课堂上，我有没有主动与同学交流合作，完成老师的任务呢？ 4. 我在遇到问题的时候，有没有主动寻求同学的帮助呢？ 5. 我最近有没有主动参加体育锻炼？ 6. 我有没有积极参加学校组织的文体活动？ 7. 我最近的清洁工作和内务整理做得好不好？ 8. 最近我有哪些方面需要改进？	

学生综合素质评价具有积极的激励作用,不但可以促使学生客观而全面地认识自己,发现自身的优势放大自身的优点,从而建立学习和生活的自信;还可以促进教师教育观念的改变、教育教学工作的不断改进;更可以促进学校特色办学,建立新型高素质、宽平台的学校。因此,推进素质教育的必然趋势就是不断优化评价体制,推出与之相适应的学生综合素质评价制度。

值得注意的是,无论是何种评价体制,我们都应该尊重学生个体差异,不能忽略科学规律,割裂学生的个体实际情况为发展而发展。教育只有在了解这种个体差异的基础上,通过改善个体差异的教育方法,才有可能获得成功。"路漫漫其修远兮,吾将上下而求索",初中生综合素质评价的领域还有很广泛的空间值得我们去探索,望我们能在此小径上寻觅出一条通往光明的康庄大道。

参考文献

[1] 张华毓. 中小学生新型档案袋的建模及管理系统的实现 [D]. 上海:华东师范大学,2010.

[2] 刘妍. 初中学生综合素质评价研究 [D]. 吉林:东北师范大学,2009.

[3] 王双喜. 初中生综合素质评价问题及对策研究 [D]. 重庆:西南大学,2013.

[4] 张永丰. 成长记录袋的设计、使用与反思 [J]. 当代教育科学,2003(22):45-46.

[5] 蔡敏. 当代学生课业评价 [M]. 上海:上海教育出版社,2006.

[6] 教育部办公厅. 教育部关于积极推进中小学评价与考试制度改革的通知(教基〔2002〕26号)[Z]. 2002-12-27.

谈谈初中生综合素质评价
——基于小组合作的教学模式

佛山市顺德区周君令中学　洪惠兴

摘要：随着社会的进步和人文意识的发展，人的综合素质越来越引起人们的高度重视，全面推进素质教育，培养学生的高素质，是时代的需要、也是形势的需求。对初中生进行综合素质评价是全面反映初中阶段发展状况的重要手段。评价的结果不但要作为高中阶段学校招生录取的重要依据，而且对于初中乃至小学的教育教学有重要的导向作用。文章基于小组合作的教学模式，在开展小组合作的过程中，尝试多种评价的手段，在班级管理的各项活动中渗透综合素质评价，积累了一定的经验。

关键词：初中生；综合素质评价；小组合作

教育是助人成长的过程，在此过程中，不但要教人知识，让孩子具有知识技能，更要育人品德，让孩子学会做人，具有爱心和个性。因此，综合素质的培养十分必要，我们也需要在教育的过程中找到一个较好的评价载体，尝试运用多种方法与手段，不断地反思与总结，以求更好地发挥出综合素养评价应有的作用。

一、综合素质评价的必要性

综合素质评价是改革考试制度的有力举措，其核心思想是促进教育公平，培养德、智、体、美、劳全面发展的学生。它的目的是通过降低选拔作用，重视改进和激励的功能，弱化只注重学习成绩的现象，重视学生全面发展和个体差异，不仅关注结果而且更注重过程的有效手段，改变评价方法单一的现状，逐渐健全教师、学校评价制度，促进教育创新，推进素质教育。反思当前我们中学生综合素质评价的现状，到底怎样将中学生综合素质评价工作落到实处，从而达到预想的教育目标？我认为可以结合学校自身的教学模式对初中学生进行综合评价。

二、综合素质评价的载体——小组合作

"自主、合作、探究"的新课改理念的核心之一就是小组合作学习，而要让小组的合作学习起到实效，就必须建立一个良好的学习团队——学习小组。因此，学习小组的建立是实施新课程理念教学的重要环节。

（一）合作小组的组建——初步评价

学习小组并非几个学生的简单组合，而应由教师根据"组内异质，组间同质"的原则，精心分配、合理组成。但如何挑选？如何组合？这涉及一个评价问题。即对学生的初步的评价——学习成绩。首先把全班同学按总分排名（非公开），初步按照成绩、男女搭配把他们划分为四个等级，A、B、C、D（见表1-14）。

表1-14 实验班小升初部分学生成绩表（非公开）

姓名	语文	数学	英语	总分	等级
小刘	94	96.5	100	290.5	A
小彭	97.5	95.5	96.5	289.5	
小杨	98	92.5	99	289.5	
小唐	93	95.5	100	288.5	
小张1	95.5	94	99	288.5	
小梁	93.5	97.5	97	288	
小陈1	98.5	90	99	287.5	
小庞	93.5	96	98	287.5	B
小张2	96.5	91.5	99	287	
小黄	97	93	96.5	286.5	
小陈2	94.5	92.5	99	286	
小李	92	93.5	100	285.5	
小张3	95.5	93.5	96.5	285.5	
小邱	92	89	97	278	
小王	95	87.5	95	277.5	
小黄2	95	80.5	99	274.5	C
小严	90.5	89	95	274.5	
小吴	92.5	82	100	274.5	
小罗1	90	88.5	95.5	274	
小方	92.5	85	95.5	273	
小张4	93	81.5	98	272.5	
小莫	95.5	76	99	270.5	D
小罗2	89.5	91	89.5	270	
小张5	88	89.5	90.5	268	
小张6	87.5	84	96.5	268	

然后按照"组同异质，组间同质"的原则，从每个板块中挑选一个同学，组合成一个小组，进而将班级49人，组合成12个小组，并且使每个小组的总分基本一致。初步形成座位表，对组内4人进行编号，成绩最高为④，而后依次为③、②、①（见表1-15）。①

表1-15 实验班部分座位表

②小陆	①小曾	12	③小肖	④小沈（小组长）	9	②小吴	④小梁1（小组长）	6	④小杨	②小莫 ⑤小彭（小组长）	3
③小郑	④小孙（小组长）		②小谢	①小岑		③小张3	①小方		③小李1	①小张5	
②小陈3	④小杜（小组长）	11	②小王2	④小王3（小组长）	8	②小罗1	④小张（小组长）	5	②小吴	④小陈1（小组长）	2
③小李2	①小曹		③小苏	①小严		③小黄	①莫罕奇		③小庞	①小张6	
②小孔	④小唐1（小组长）	10	②小唐2	④小梁2（小组长）	7	②小陈2	④小黄1（小组长）	4	③小邱	④小刘（小组长）	1
③小黄6	①小黄5		③小黄4	①小黄3		①小张4	③小张2		②小王1	①小罗2	

（二）合作小组的运作——综合评价

1. 评价准则的出台

综合素质评价分为日常评价和总结性评价。前者在日常教育教学中进行，后者在学生学期结束时进行。两者的评价指标在丰富度和可比性上要有所侧重，在基本内容上要保持内在一致性，而且要相辅相成。学校要每学期组织一次学生综合素质评价工作，每学年第一学期在1月、第二学期在7月完成。在这评价开展前，必须制定出相应的评价标准。那么，评什么？怎样评呢？经过一年的摸索，笔者将个人的综合素质评价与小组的总评价结合在一起，并结合学校开设的德育评价系统和小组评价系统，制定出评价准则（见表1-16）。准则主要包括道德品质、纪律习惯、学习能力、交流与合作四个方面。

表1-16 小组及个人德育系统加扣分说明

违规情况	个人德育分	小组分	附加
迟到（早读）	-1	-3	补早读20分钟
作业（回校补作业、迟交）	-1	-3	补交
作业（欠交）	-1	-5	

---

① 因为全班49人，分为12组，所以有一组为5人。

续上表

违规情况	个人德育分	小组分	附加
作业（抄袭）	-3	-8	
作业被抄袭者	-2	-5	
课堂讲话、睡觉、起哄，影响他人等违纪情况（包括无老师在场的情况下）	被老师点名一次-2；被值日班长记名一次-1	被老师点名一次-5；被值日班长记名一次-2	根据违纪情况而定
值日清洁无故不值日或被学校扣分	-1	-3	补值日，听安排
说脏话、没带校卡、没穿校服	-1	-3	根据情况而定
每周小组得分第11~12名	-2		

说明：上面未写到的情况，根据情况而定。主动向班主任说明情况者，会视情况在小组分及附加惩罚上进行减免（根据情况可不扣小组分）

奖励情况	个人德育分	小组分	附加
每周小组得分第1~4名	+3		
每周小组得分第5~8名	+2		
每周小组得分第9~10名	+1		
本周小组作业全交齐	+4		
本周小组作业，只有一个人一科没交	+2		
本周小组作业，两科没交	+1		
好人好事被广播	+1	+1	

说明：上面未写到的情况，根据情况而定。

2. 评价准则的运用

小组4人的分工要明确。④号或⑤号同学为该组学习组长（主持人），负责小组讨论的组织、纪律等。③号同学负责收发作业，记录下当天没有交作业的同学名单并交给科代表转交老师；该组的同学如果超过两次没有准时交作业，就负责联系告知家长。②号同学为记录员；负责该小组同学加分扣分的记录，并在当天汇报给学习委员录入电脑。①号同学为汇报员（总结发言人）。此外，分工明确后，一切可按准则展开评价。经过一年的实践，得出表1-17的部分综合评价。

按照评价的标准，设计成小组与个人的表格（见表1-17），直观地体现了对学生的综合评价，同时在一定程度上规范了学生的日常行为，为班级的管理提供了方便。

表 1-17　实验班七年级期间部分学习小组评价表

初一某班学习小组评价公布第__5__周

组别	组长	组员	编号	课堂表现							纪律表现			扣分	个人得分	小组总分	本周排名
				语文	数学	英语	道德与法治	历史	地理	生物	仪表	课间	卫生				
1	小刘	小罗2	1			3	3								6	22	2
		小王1	2	3	1	3		1	3	1					12		
		小邱	3			1									1		
		小刘	4	3		4									3		
2	小陈1	小张5	1			3		1							4	8	10
		小吴	2	1											1		
		小庞	3			3									3		
		小陈1	4												0		
3	小黄	小张4	1		1										1	8	10
		小陈	2			3			3						6		
		小黄	3												1		
		小张2	4												0		
4	小梁	小方	1					1	3						4	10	7
		小吴	2			3									3		
		小张	3												0		
		小梁	4	3											3		
5	小梁2	小严	1	3		1	11		3						18	58	1
		小唐	2	1		1	8		2						12		
		小苏	3	1		1	8					2			12		
		小梁2	4	4		1	11								16		

三、综合评价的方法

（一）学生自评

学生自评原则上以评语的形式，根据自己的日常行为规范，参考每月的德育评分系统，进行综合性评价，不纳入等级计算。学校可结合本校实际，以主题班会等生动活泼的形式，组织学生逐一向大家做描述性的自我评价，充分发挥自我评价对学生的自我教育、自我激励作用。

（二）学生互评

学生互评可以采取班委会成员互评和小组互评的形式。如果采取小组互评，则每组的 3 名同学对其中 1 名同学评价。班主任组织召开班委会成员互评讨论会，要求全体学生干部参加。学生互评可与学生自评结合起来，在学生做描述性自我评价后，由小组同学或班委会干部对评价要素和主要行为表现进行评价，评定等级。

（三）教师评价

由班级评价小组负责，每个班成立一个由班主任和本班科任教师组成的评价小组，建议人数在 5 人以上。小组成员在本班级授课时间一般不少于一年，对学生有充分了解，为人诚实、责任心强。班级评价小组应参考学生自评、互评所提供的信息，对每个学生进行终结性评价，评价结果包括综合性评语、评定等级两部分。

（1）综合性评语。由班主任参考学生自评和教师评价以及学生成长性记录等情况，对每个学生的综合素质予以整体描述，重点突出学生的特点、特长和潜能。评语以定性描述为主，同时还要根据学生各方面的评价准则的具体表现给予定量评价。最后，经班级评价小组讨论通过。评定时要注意对原始资料的分析与概括，避免以偏概全。

（2）评定等级。分为 A、B、C、D 四个等级，分别表示优、良、合格和不合格。一般情况下，获得每个评价维度 A 等级的人数要控制在班级学生总数的 20%～25%，获得 B 等级的控制在 45%～50%，其余 35%～25% 为 C 和 D 两个等级。

四、综合素质评价的作用

第一，开展中学生综合素质评价，尤其是在小组合作的教学模式下，教师可以更全面地观察小组内成员的行为，也更容易观察小组间的变化，是进步还是退步。借助评价，学校和教师可以及时了解学生思想、行为情况，使德育工作更具针对性，为进一步检验和改进学校德育工作，教育学生提供科学的依据。

第二，开展中学生综合素质评价，是搞好德育工作的重要环节。目的在于构建和完善学校德育目标体系。并为全面了解和检验学校德育工作的实际效果、更好地组织开展德育序列化工作、促进学生健康成长提供了科学的管理方法。过去对学生思想品德的评价通常只靠班主任写评语，致使学生之间思想品德行为表现的优劣很难比较。素质评价为德育工作者测量和评定学生的表现，提供了较为科学的组织管理方法。

第三，开展中学生综合素质评价，具有导向功能和诊断功能。学生综合素质评价既可以指导学校德育工作，使学校德育工作有更加明确的工作方向；也可以指导学生的思想行为朝着社会所期望的方向发展，它能对合乎社会规范的行为给予肯定，不符合的予以否定，引导学生思想行为的发展。学生综合素质评价的诊断功能表现在它可以鉴别学生思想、行为的优劣，让学生及时了解自身的优缺点，促进学生的自我认识、自我教育、自我控制，帮助学生逐步养成良好的思想品质。

浅析影响初中生综合素质评价的因素
——以周君令中学为例

佛山市顺德区周君令中学　李莫颖

摘要：综合素质评价的理论基础主要是多元智能理论、建构主义理论、人的全面发展理论和发展性评价理论，其基本内容包括道德品质、公民素养、学习能力、交流合作与实践创新、运动与健康、审美与表现能力等方面。本文以中学为研究层面，以周君令初级中学为调查对象，采用文献法、问卷调查法、个别访谈法、逻辑法等研究方法，就初中阶段学生综合素质评价进行现状分析和实证研究，并完成对初中生综合素质评价相关影响因素的探讨，以期完善初中阶段综合素质评价体系。

关键词：初中生；综合素质；评价；影响因素

一、综合素质评价的内涵

"综合素质评价"是指在每个学期或每个学年的期末，全国各地的学校组织的一次对全体在校学生全面的综合素质和能力评价的测评任务。[1] 建立完善学生评价体系是德育工作、教学工作亟待解决的问题。迄今为止，综合素质评价通常分为六个维度——道德品质、公民素养、学习能力、交流与合作能力、运动与健康、审美与表现。要使评价更加公正、公平、客观，就应该追本溯源，明确学生综合素质评价的影响因素。

我国学者李雁冰认为综合素质评价既是一种评价观，又是一种评价方式。作为一种评价观，它是素质教育评价体系的基本价值取向。作为一种评价方式，它与中考、高考等外部评价互动、结合，共同构成素质教育评价体系的基本内容。综合素质评价的本质是个性发展评价，也是真实性、过程性评价，还是内部评价。[2]

二、初中生综合素质评价现状分析

（一）国内初中生综合素质评价现状分析

国内学者马跃认为近年来，综合素质改革在各地迅速开展起来，各省份相继制定了

---

[1] 朱福荣. 对初中生综合素质评价的思考［J］. 当代教育论坛（学科教育研究），2007（4）：37-38.

[2] 李雁冰. 论综合素质发展的本质［J］. 教育发展研究，2011（24）：58-64.

适应本省特点的综合素质评价方案,取得了初步成效,但也存在一定问题,如评价指标体系尚不完善,评价技术支撑不到位,相关培训不足,未建立完整的指标整合体系,评价标准不明确,诚信问题突出等。①

学者靳玉乐、樊亚峤认为,目前中小学实施的综合素质评价还存在着价值偏差导致的目标与方法错位、权力分配造成的教育不公平、心理定式引发的抵制行为、实际障碍减弱改革的力度等问题。②

学者李雁冰认为,我国当前教育评价改革的误区是依然坚持具有"应试教育"性质的"工具主义素质观和评价观",致使综合素质评价蜕变为"强化的外部评价",进而使其成为"变相应试教育"。

综合我国学者对义务教育阶段学生综合素质评价体系研究结果,我国初中生综合评价体系在教育改革后得到快速发展,但是尚未完善和成熟,在评价实施的过程中仍然有许多问题亟待解决。

(二)周君令中学综合素质评价现状分析

周君令中学教学方式为"自主—合作—展示",这大大地锻炼了学生的"自主学习能力""表现能力""交流合作与实践创新能力",相应的德育量化评价体系也日趋完善,但建立更严谨、完善的学生综合素质评价体系依然任重而道远,主要有以下三个不足之处。

1. 评价指标体系不够完善

问卷调查发放对象为周君令中学各班班主任,结果显示,周君令中学对学生综合素质评价切实做到以发展性理论为基础,以激励性评价为主,以学生综合表现为评价依据,做到了诚信、中肯评价,在评价时涉及的因素主要有"道德品质""公民素养""学习能力""表现能力",相对而言,评价中较少涉及对学生"交流合作与实践创新""运动与健康""审美"指标的评价,事实表明当前的评价标准不够明确。

2. 教师相关培训较少

调查显示,周君令中学每个学期期末都对全体学生进行综合素质评定,从2015学年下学期起,根据相应素质教育要求,将学生的期末各个科目的成绩主要划分为四个等级——优秀(90分以上)、良好(80~89分)、合格(60~79分)、不合格(低于60分),而在评语部分主要以定性评价为主,评价指标无法做到定量评价。

另外,调查表明,目前在初中阶段与学生综合素质评价相关的培训、讲座、经验交流会比较少,教师缺乏相关理论的学习,导致评价理论支撑不到位。

3. 评价标准不够明确

根据实际调查,目前各个学校主要由班主任对学生的学期表现进行评价,评价没有统一的标准,也缺乏完善的指标整合体系。

---

① 马跃. 中小学综合素质评价的现状、问题与对策[J]. 教育测量与评价(理论版),2015(6):18-23.

② 靳玉乐,樊亚峤. 中小学实施综合素质评价的意义、问题及改进[J]. 教育研究,2012(1):69-74.

三、横向分析影响因素

（一）刻板印象影响评价方向

"刻板印象"，也叫"定型化效应"。教师对学生进行评价，往往会对学生"贴标签"。受刻板印象影响，当教师通过学生档案对学生的家庭情况、获奖情况、以往的在校表现等对学生进行初步了解的时候，对荣誉较多、评价优秀、成绩优秀的学生就会先入为主地进行判断，给予好评，形成固定的看法；反之，就会纳入关注对象，学生一旦有"风吹草动"，教师就会对其做出消极的评价。刻板印象影响学生综合素质评价的初步印象，指引教师对学生整体的评价方向。

（二）光环效应影响评价内容

"光环效应"也称为"晕轮效应"。在对学生进行评价的过程中，教师也会受光环效应的影响，对学生陷入"一好百好，一坏百坏"的以偏概全的认知偏差里。在访谈中发现，成绩优秀、纪律表现良好的学生评价较为积极、评价角度较多，而纪律散漫的学生评价往往以激励性语言为主，评价内容较为单薄，一般缺乏对学生"交流合作与实践创新""运动与健康""审美""表现能力"等方面的评价。

（三）传统招生考试办法影响评价效果

2004年国家进行基础教育改革以来，全国各地对考试制度、选拔制度进行了探索和改革，学生综合素质评价也有了改革。评价主要以多元智能理论、建构主义理论、人的全面发展理论和发展性评价理论为基础，理论上应该以促进学生全面发展为根本目的，然而受中考考试招生制度的影响，家长、教师、学生往往以学生的学习成绩为关注点，这就与"以人为本"的教育理念相背离，同时也使评价中反映的其他方面的意见和建议失去了应有的作用。为促进学生的全面发展，我校极力推行"学生德育量化评分制度"，而如何让这个评分制度充分发挥监督、激励、考察等作用还待相关工作的进一步推进、落实和完善。

四、纵向分析影响因素

（一）追踪评价机制缺失影响评价效果

教师每学期期末对学生进行一次综合素质评价，为了使评价发挥最大的作用，评价过后教师、家长应该有针对性地、系统地对学生进行监督，促使学生不断地完善自我，达到全面发展的目标。这个过程实现了对学生综合素质评价的追踪观察。当下，学生综合素质评价这一个环节比较薄弱。追踪评价机制的缺失弱化了评价效果，使评价滞留在反馈、考察的层面，只有完善、实现、强化追踪评价机制，才能把对学生的评价有效地提升到促进学生发展的层面上。

（二）年级差异影响评价维度

访谈表明，评价的维度与年级的差异有关。七年级上、下学期与八年级的上学期对学生评价的维度基本没有什么差异，而从八年级下学期开始教师较多地把评价的关注点放在与学习相关的维度上，比如侧重评价学生的"学习习惯""努力程度"等方面。究其原因，这与学生的升学有密切的关系。

五、结语

在推进初中阶段学生综合素质评价的过程中，出现多种因素影响评价的维度、方向、内容以及效果，只要找到相关的影响因素，就能更有效地突破建立综合素质评价体系的"瓶颈"，充分发挥综合素质评价的作用，促进学生的全面发展。

浅谈小学和初中阶段学生综合素质评价的侧重与延伸

佛山市顺德区容桂南环小学　黄小娟

摘要：义务教育阶段学生综合素质评价指标体系已经施行多年，但是，由于标准过于宽泛，评价结果趋于雷同，导致大部分评价体系失去应有的指引性和鼓励性的作用。文章结合新课程改革的理念，义务教育阶段综合素质评价，应该根据学生身心发展特点、学习能力和学习内容的变化，划分为小学阶段和初中阶段，两个阶段的评价内容应该各有侧重，并且和更高学段学校的学生录取条件、学习能力等要求有所延伸和联系，关注学生的个性发展和整体发展过程。

关键词：义务教育阶段；课程设置；评价内容；评价主体；评价方式；评价目的

在最新一轮的基础教育课程改革中，中共中央、国务院提出要"深化教育改革，全面推进素质教育"，目的就是要在21世纪构建起符合素质教育要求的基础教育课程体系。与人们常常以为"课程改革就是改换教材"的观念不同，新课程改革不仅要进行教学内容与方法的变革，而且也必须以综合素质评价取代以往的片面、单一评价。综合素质评价是深化素质教育，促进学生全面发展达到新课程改革目标的重要措施，也是新课程改革的最大亮点。[①]

为使综合素质评价具有可行性和可操作性，各地根据实际情况，按照2002年《教育部关于积极推进中小学评价与考试制度改革的通知》（教基〔2002〕26号）中提出的道德品质、公民素养、学习能力、交流与合作能力、运动与健康、审美与表现等六个方面的基础性发展目标（简称"六大发展目标"），对国家规定的综合素质评价六个维度做了适当修改。[②] 到目前为止，北京、天津等城市纷纷出台了初中阶段学生综合素质评价的体系和内容指引，部分城市也把初中阶段综合素质评价结果，纳入到高中的录取考虑条件之一，相比之下，全国各地对于小学阶段的综合素质评价的研究和应用还是处于相对空白的阶段。

笔者认为，义务教育阶段的综合素质评价，不能仅仅着眼于高中阶段的升学录取工作，使综合素质评价内容过于注重选拔和甄别，背离了综合素质评价六个发展目标维度的平衡。义务教育阶段综合素质评价，应该根据学生身心发展特点、学习能力和学习内容的变化，划分为小学阶段和初中阶段，两个阶段的评价内容应该各有侧重，并且和下

[①] 田红芹，孙俊平. 学生综合素质评价的实践与认识［J］. 中国教育学刊，2010（6）：29-31.

[②] 马伟彬，苗培周. 学生综合素质评价改革的进展、问题与建议［J］. 现代中小学教育，2009（9）：76-79.

一个学段的学业录取条件、学习能力等要求有所延伸和联系,关注学生整体发展过程,为学生的终身发展提供一定的指引作用。

一、综合素质评价内容侧重点应有所不同

教育的价值在于促进人的全面、主动、持续发展,而发展的重点是人格的完善与学力的不断再生。[①] 按照 2002 年《教育部关于积极推进中小学评价与考试制度改革的通知》提出的六个基础性发展目标,学习能力只是其中一个方面。当前义务教育阶段综合素质评价主要问题有两个:一是不同的学段的评价内容基本相同,无法体现学生在不同学段的能力变化发展;二是表面上评价体系按照国家"课程标准"衡量德、智、体、美等各方位综合素质发展状况,但除学习成绩外,其他评价标准过于空洞宽泛,没有具体的事例或参加活动的证明,学生评价结果基本相同,参考意义不大。

因此,笔者建议应该从不同学段的课程设置特点出发,对不同学段的评价内容侧重不同,从而综合体现学生不同阶段的能力发展。

小学阶段的课程设置较为简单,是重要的学习习惯和基本素养的养成阶段,因此,在学习压力相对较小的情况下,培养学生的公民意识、守法意识和公德意识是奠定学生终身发展和幸福人生的基础。笔者建议,在现有的小学课程设置的基础上,加入如香港地区的家政课之类的基本生存技能课程(如基础烹饪课、手工课、基础缝纫课),同时学习新加坡、德国等国家的基础教育阶段的公民教育课程,带领学生去体验生活(如买菜、买车票、学会垃圾分类等),到社会团体(如到垃圾厂、水厂、敬老院等)当中学习社会各种机构的基本职能和运行机制,从而在现有的评价内容基础上,具体化并加大六大发展目标中道德品质、公民素养、审美与表现的比例。

小学阶段综合素质评价内容体现社会实践与动手能力的培养,能够指引学生在小学阶段开始关注社会,关心他人,在参与社会活动、志愿活动和集体活动中,不断增强团体合作能力、创新能力、沟通能力和实践能力。同时,参与的社会机构,可以提供参加活动的证明,包括参加活动的具体内容、次数、持续时间和个人评价等,突出学生的个人表现,使综合素质评价结果更有公信力。

初中的课程设置与小学相比增加了物理、化学、生物、道德与法治、历史等多个科学和人文学科,这要求对学生的综合素质评价从单纯的知识能力的考查拓展到对学生全方位的考查,侧重考查学生"发现问题,探究问题,解决问题"的可持续发展"学力"。[②] 同时,经过文科、理科思维的学习与训练后,不少学生开始逐步找到自己的学习兴趣,因此在综合素质评价中,应关心学生个性特长的培养,充分体现和肯定学生的研究性学习和各种学科竞赛的表现,对参赛作品和获奖作品进行详细的资料记录。

故此,笔者认为,综合素质评价内容,小学阶段应该侧重于公民教育等基础素养评价,初中阶段应侧重于学习能力和学习兴趣评价。

[①][②] 朱福荣. 对初中学生综合素质评价的思考[J]. 当代教育论坛(学科教育研究),2007(4):37-38.

二、综合素质评价主体的组成应有所不同

现行的义务教育阶段综合素质评价主体在于教师,尽管部分地区初中综合素质评价加入了学生自评,但整体而言,评价主体过于单一。同时由于教师精力有限,对每个学生各方面的关注不可能面面俱到,评价结果偏向主观,也容易导致不公平现象的产生。笔者建议,由于小学生和初中生的自我认识水平不同,小学阶段学生综合素质评价应该由学生自评、家长提供材料、学校测试和教师撰写材料共同组成,初中阶段综合素质评价应该由学生自评、学生提供材料、同学互评、学校测试和教师撰写材料共同组成。

在小学阶段,学生留在学校学习的时间较短,有更多的时间参加课外活动发展文体兴趣,因此相比初中阶段,在评价主体中增加家长提供资料这个板块,家长可以把学生在家参加家务劳动、参加课外活动和各种比赛的照片和获奖证书统一整理上交,教师不得对这个板块进行任何内容的更改,可以弥补当前小学阶段综合素质评价过于注重在校成绩和在校表现的片面性,更加贴近学生全面的实际情况。

在初中阶段,学生在校互相协作、互相学习的机会增多,通过学生自评和同学互评,既可以让学生全方位地审视自己,又能够在与同学的互评中进行对比反思,加大了六大发展目标中"交流与合作、审美与表现"的比重。同时,把小学阶段"家长提供材料"转变为初中阶段"学生提供材料",培养学生在日常学习生活中注意进行资料搜集和阶段性总结,引导学生不仅仅关注学习成绩,更关注学习的整体过程与步骤、获取知识的方法与技巧以及其他方面的发展,加深对自己的全面认识。

由此,综合素质的评价主体,小学阶段由学生、家长、教师共同组成,初中阶段由学生、同学、教师共同组成。

三、综合素质评价方式的采取应有所不同

当前义务教育阶段学生综合素质评价多采用等级评价划分制度,评价结果呈现在学期末素质报告册中,并且大部分教师只关注学生的学习成绩,导致几乎全部学生在六大发展目标中的"道德品质、交流与合作、运动与健康、审美与表现"方面结果相同,缺乏综合素质评价的指引性作用,不利于学生的个性发展体现,对更高学段的学校录取环节没有参考价值。

因此,笔者建议,小学阶段综合素质评价,可以参考《北京市初中学生综合素质评价指标体系》(见表1-18),针对六大发展目标中的不同维度,采取情境测验、问卷调查、人物推选卡等多种测试手段。测试的结果不做等级评价,把学生的答卷统一放入学生档案中,供更高学段的学校按照自身的录取标准,对部分或者全部题目进行有选择性、有差异性、有针对性的查阅。而教师只针对学生在校期间各项表现进行过程性和结果性事实描述,也可以附上班级、年级的日常观察记录和学校的获奖记录。这种做法既避免了教师单独评价结果的片面性,又鼓励学生积极发展自身兴趣,通过参加各种活动突出自己的综合素质表现,体现了充分综合素质评价的指引性和鼓励性价值。

而现行的初中阶段学生综合素质评价由于研究和实践时间较长,不少地方已经出现

了可行性较高的素质评价指标体系。笔者建议，初中阶段的学生有一定的审视和判断能力，可以继续沿用等级划分制度，不过为了避免片面性，可以选择事实描述与等级划分相结合的方式，把学生提供的个人材料加入档案中以供参考（见表1-18）。

表1-18 北京市初中学生综合素质评价指标体系

一级指标	二级指标	评价要素	评价方法与工具
基础指标	一、思想道德	J1. 道德品质	• 爱祖国、爱人民、爱劳动、爱科学、爱社会主义 • 遵纪守法、诚实守信、维护公德、关心集体	• 情境测验 • 日常观察记录 • 人物推选卡
		J2. 公民素养	• 自信、自尊、自强、自律、勤奋 • 对个人的行为负责 • 积极参加公益活动 • 具有社会责任感 • 保护环境 • 具备奥林匹克基本常识 • 理解奥林匹克基本精神	
	二、学业成就	J3. 知识技能	• 基础知识和基本技能水平 • 在相关学科和实际生活中的应用水平	• 纸笔测验 • 情境测验 • 问卷调查 • 人物推行卡
		J4. 学习能力	• 发现、解决问题的能力 • 合作学习的能力 • 独立探究的能力 • 搜集、识别、管理、使用信息的能力 • 对学习过程和结果的反思能力	
		J5. 学业情感	• 学习态度 • 学习兴趣 • 学习意志 • 学业价值观	
	三、身体健康	J6. 体育锻炼、个人健康技能	• 体育锻炼习惯和方法 • 卫生习惯 • 保健习惯和方法 • 健康意识 • 健康的生活方式	• 问卷调查 • 身体形态测量 • 身体机能测量 • 身体素质测量
		J7. 身体形态	• 符合《学生体质健康标准（试行方案）》要求	
		J8. 身体机能	• 符合《学生体质健康标准（试行方案）》要求	
		J9. 身体素质	• 符合《学生体质健康标准（试行方案）》要求	
	四、心理健康	J10. 自我认识	• 了解自我 • 调控自我	• 情境测验 • 调查问卷 • 日常观察记录 • 人物推选卡
		J11. 人际关系	• 关心、尊重他人 • 明辨是非，正常交往	
		J12. 适应环境的能力	• 适应学习环境的能力 • 适应社会环境的能力	

续上表

一级指标	二级指标		评价要素	评价方法与工具
发展指标	五、个性发展	F1. 特长	• 学科特长 • 体育运动特长 • 艺术特长	• 事实描述
		F2. 有新意的劳动和活动成果		
		F3. 其他（自己选择）		

综上，笔者认为，综合素质的评价方式，小学阶段应侧重于多种测试手段结果呈现和事实性描述，初中阶段可以选择事实描述与等级划分相结合的方式。

四、综合素质评价目的侧重点不同

由于初中阶段学生综合素质教育的研究要早于小学阶段的研究，不少小学为了配合小学升中考试选拔的升学率，把初中阶段学生综合素质教育的评价内容直接照搬到小学阶段，这种做法是非常短视的。

我们应该看到，小学阶段的课程设置比较简单，使学生学习成绩有高有低的主要原因是学习习惯的优劣，而不是思维和能力的差异。因此，小学阶段是人生打基础的阶段，不应该过分追求考试分数的多少，而应特别注意发展学生的基本生活技能和学习兴趣，在人格完善和个性发展的基础上，培养学生的全面素质和综合素质。简单来说，就是学生的学习成绩会有高低不同，但综合素质评价体现的是公民素养和生活体验，没有高低之分，不具备明显的选拔和甄别功能。

初中阶段综合素质评价在不少地方被明确规定为衡量学生是否达到毕业标准的主要依据之一，并将学生的综合素质评价结果与升学挂钩。如 2005 年湖北武昌"新中考"中，有数十名考生因综合素质评价等级不合要求而未被报考学校录取或被降等录取；浙江省余杭区限定学生可报考某类学校的综合素质评价等级。当前，实行高中新课程改革的部分省份，如江苏、广东、山东等都已将高中生"综合素质评价"作为高校录取依据。① 由此可见，初中阶段的综合素质评价应该也需要具有一定的选拔和甄别功能。

笔者建议，从初中阶段的综合素质评价结果开始，加大体现学生的个性发展，尤其应该详细记录学生个人或团体参加各项人文科学学科的竞赛资料和研究性学习成果，同时在高中阶段综合素质评价中对已有的资料进行情况跟踪登记，对其在高中阶段的文理科选择和大学阶段的职业选择提供参考意见，弥补我国教育系统目前在高中选科和大学专业选择指导、职业指导方面的空白。

---

① 马伟彬，苗培周. 学生综合素质评价改革的进展、问题与建议 [J]. 现代中小学教育，2009 (9)：76 - 79.

故而，综合素质的评价目的，小学阶段在于全面体现学生是否具备基础公民素养和生活体验，初中阶段更侧重于为高中阶段的选拔，尤其是文理科、今后职业的选择提供方向性或指导性意见。

综合素质评价在义务教育阶段要真正发挥其全面的作用，避免成为"学业水平测试"的同义词，最关键的一点，就是转变其主要依靠学业成绩来评定学生等级的模式。更高学段的学校在录取学生的时候，应该用正确的理性态度对待综合素质评价，把它看作是学生除学业成绩外的其他各种能力的补充说明和综合体现。它不是评价某个学生聪明与否的尺度和定论，而是发掘和体现学生在哪些方面更有潜力的"探测器"，主要关注学生的个性发展和终身发展过程。

利用多元智能理论对学生的综合素质"因材评价"

佛山市顺德区容桂文华中学　陈滢宇

摘要： 学生的综合素质评价一直是社会、学校和家长都十分关注的，它影响着学生今后的发展，关乎学生的前途。如何才能使学生的综合素质评价更加合理和具体化，这是我国教育评价中的一个难题。本文从多元智能理论出发，通过实践和举例阐释"多元智能"理论对学生的综合素质评价的必要性和重要性。

关键词： 多元智能；综合素质；评价

随着国家经济的发展，国家的教育也在不断地改革。近年来，我国不断出现了"高分低能"的现象，出现这种现象的很大原因就是学校重视学生的传统评价——学习成绩的评价，而不注重学生综合素质的评价。

"高分低能"的出现，证明了传统评价体制已经不适合如今社会的发展，更不利于学生个人身心发展。学校的评价标准就是家长对孩子的一把量尺，如果以学习成绩的好坏来评价一个学生是否优秀，就会造成更多的家庭矛盾，也会影响学生的发展潜力。如今社会的竞争无非就是人才竞争，学生综合素质的提高与国家的发展密切相关。为了提高学生的创造力，教育部在《基础教育课程改革纲要（试行）》中明确提出，要"建立促进学生全面发展的评价体系。评价不仅要关注学生的学业成绩，而且要发现和发展学生多方面的潜能，了解学生发展中的需求，帮助学生认识自我，建立自信。发挥评价的教育功能，促进学生在原有水平上的发展"。

因此，笔者认为，可以把多元智能理论融入学生的综合素质评价中，使评价更灵活、更全面。

一、为何把多元智能融入学生综合素质评价

孔子在2 000多年前就提出教育需要"因材施教"，面对不同的学生，要根据学生的实际情况对其传授知识，使之学有所用。同理，对于学生也只有"因材评价"，才能让学生的综合素质得到切实有力的提高。综合素质评价是通过描述学生在校期间的学习情况、参与综合实践活动的情况，以及在校外参与社会公益活动的情况等，从德、智、体、美、劳等方面对学生的素质进行全面、客观、公正的评价。

美国哈佛大学的心理发展学家加德纳在1983年提出的多元智能理论，对学生的综合素质"因材评价"起着重要的作用。加德纳的多元智能理论认为，人的智能不是单一

的，而是多元的。人存在9种智能，分别是：言语语言智能、逻辑数理智能、视觉空间关系智能、音乐智能、身体运动智能、人际交往智能、自我反省智能、自然观察智能和存在智能。如今教育改革强调，教育要以生为本。既然要以生为本，就必须根据学生所具有的不同智能，对其因材施教，发展其各种智能，继而达到"因材评价"所需的效果，全面提高学生的综合素质。

二、如何利用多元智能对学生的综合素质"因材评价"

笔者将从下面四个层面谈谈如何利用"多元智能"对学生的综合素质"因材评价"。

（一）在学校层面，举行"多元"的学生活动以及制定"多元"的学生综合素质评价表

现在很多学生容易偏科，对于偏科的学生我们需要用正确的方式引导他们，开展他们擅长的活动，激发他们的兴趣，由此提高他们的综合素质。以活动促德育是现在很多学校进行素质教育的重要手段。

以多元智能理论为依据，根据学生的不同爱好和不同的发展，开展有利于挖掘学生潜能的各种校内校外活动。一方面可以让学生在校的生活不至于枯燥和乏味，另一方面也可以通过这些活动从侧面对学生的综合素质进行评价。

针对学生的"言语语言智能"，可以开展班级、年级或者校级的辩论赛活动，成立校级辩论组，让能说会道的学生在辩论赛中闯出自己的天地。学校也可以相应地举行读书节活动，包括朗诵比赛、演讲比赛和书画比赛等。

针对学生的"逻辑数理智能"，可以组织理科学科竞赛，或者举行"数学小老师""物理小老师"和"化学小老师"等比赛，让理科逻辑思维好的学生能有一个展现自己的平台。

针对学生的"音乐智能"，可以举办"学校好声音"等唱歌比赛，以及开设一些与乐器有关的第二课堂，比如古筝和电子琴等，提高学生的音乐鉴赏能力，继而让有音乐特长的学生能够展示自己精彩的一面。

针对学生的"自然观察能力"，可以组织"摄影沙龙讲座"和摄影比赛，教会学生去寻找自然中和社会中的美，开阔自己的眼界，继而提高自己的综合素质。

针对学生的"视觉空间关系智能"，可以在学生中进行素描教学和素描速写比赛。

针对学生的"身体运动智能"，可以开展体育节等一系列体育活动，包括运动会、毽球比赛、篮球比赛以及足球比赛等。这些活动可以让那些有体育特长的学生展示自己过人之处的一面，进而更能提升他们对文化课的学习兴趣。

除了组织"多元"的活动，学校也要制定与时俱进的"综合素质评价表"，如表1-19所示。

表 1-19　某学校的学生综合素质评价表

评价内容	评价要素	学生自评	班主任评定
1. 公民道德素养	道德品质		
	团队精神		
	法纪观念		
	环保意识		
2. 学习态度与能力	学习兴趣		
	学习方法		
3. 创新与实践	创新意识		
	创新能力		
	实践能力		
	信息技术运用		
4. 运动与健康	体质与健康		
	心理健康		
	健康生活方式		
5. 审美与表现	审美情趣		
	艺术活动与表现		
学期综合评定			

从表 1-19 中可以看出，这所学校十分重视学生的"多元"评价，相比学生学习成绩的好坏，学校更注重学生的学习兴趣和学习方法、学习态度与学习能力。而且表 1-19 中的"学生自评"，正可以促进学生进行自我反省，争取下次的进步。

（二）在教师层面，与科任老师合作，打造"多元"的评价平台

很多学校对学生的评价大多由班主任完成，例如学期末的学生评语。可一个班的学生人数比较多，而且班主任最多也只能从学生平时的表现和成绩去了解他们，并不能很清楚地知道学生在其他方面有着怎样的过人之处。因此，为了做到公平、公正，全校老师都需要参与到这个对学生的评价当中。

科任老师可以自己制定一个表格，把表现突出的学生的名字登记起来，并写下简单的个人评语，交给班主任。班主任可以将其算入学生的综合素质评价表中，给予相应的加分，期末再把每个科任老师的评语进行汇总，向学生家长反馈孩子这学期在每个科目的表现情况。这样既避免了班主任以期末考试成绩为主要依据写评语的片面做法，也可以增加学生对次科的兴趣。

（三）在班级层面，利用"多元"的班级文化墙，体现"因材评价"

班级文化墙就是班级的一面镜子，如果能够将班级文化墙设计到位，不但能增强班级的凝聚力，而且也能体现学生的整体综合素质。

打造"多元"的班级文化墙，可以有两种设计方案：

（1）把班级的文化墙划分给每个学生，"包干"到个人，让他们根据自己的特长以及爱好认真地策划自己的"文化墙"——该写什么，该画什么之类的，把属于自己的"文化墙"作为自己对外的一张名片，以给新老师留下良好的第一印象。而班主任和学校也可以通过这张"名片"对学生进行相应的综合素质评价。

（2）根据"多元智能"，把班级文化墙分为几个区域。比如可以划分为"摄影角""我型我show""表扬之星""荣誉榜""太阳屋""音乐之星""我是小画家""每日名言""每日一题"等。

"摄影角""音乐之星""我是小画家"的设置都是为了让学生发展自己不同的兴趣爱好，以及让学生知道兴趣爱好发展好了对自己也是有裨益的。

"荣誉榜"是各位佼佼者的必争之地；"太阳屋"用于激励那些成绩处于及格边缘的学生；"每日名言"就由有写作特长或者写字漂亮的学生去负责；"我型我show"鼓励学生创新，把最擅长的一面通过作品展现出来。

（四）在学生层面，借力小组合作，打造"多元"的小组文化，发展学生的综合素质

其实，在一个班级里，要评价一个学生的综合素质，还要看其在班上有没有团体合作意识。所以，实行小组合作，利用小组文化去提高学生的团体合作意识，也是十分必要的。

班主任在分配小组的时候就要注意遵循"组内异构，组间同质"原则，要把不同特长的人分在同一小组，以此提高每个学生的综合素质。小组建立后，要求组员根据自己的特长为自己的小组出谋划策，设计统一的组名、组规、小组口号等，以增强每个组员对自己的小组的认同感，进而明白团体合作的重要性，提高自身的综合素质。

在小组"多元"文化的熏陶下，小组的文化发展得比较好的，组员的综合素质也不会很低。班主任也可以将其作为评价学生平时综合素质的标准之一。

二、需要注意的问题

（一）不走形式化道路，活动要有针对性

综合素质的评价机制需要"多元智能"的融入，而这个"多元"指的是实质而不是形式，要根据学生的不同特点进行评价，而进行评价的最终目的是要促使学生去挖掘自己的"多元智能"，从而更好地指导自己的学习。不过，挖掘学生的"多元智能"，需要活动的支撑，但活动过多，反而会使文化专业课的学习质量有所下降。所以，学校在选活动的时候一定要结合本校的评价机制，不宜过多。

（二）要有适当的反馈

在对学生评价的过程中，可以建立一本"个人病历本"，将学生不好的行为习惯写在上面，督促其改正。教育评价机制之所以要改革，就是想要提高学生的综合素质，而"个人病历本"就是另一种能鞭策学生前进的评价。

（三）要注意公平性和差异性

不再以分数为主要评价标准的综合素质评价看似比较公平，但实际尺度很难把握，毕竟有些学生表现得比较突出的地方恰好是其他学生相对比较弱的，而且这种突出的表现是很难用分数去衡量的，这就需要学校或者班级制定出更符合学生实际情况的综合素质评价标准，不能"一刀切"，要注重每个学生之间的差异性。

"多元智能"给我们对学生的综合素质评价注入了新的活力，也让教师明白，新时代的教育评价机制，是不能再按照以前"成绩至上"的标准来评判的，要看到每个学生的优点，要以发展的眼光去看待每个学生。因为我们所做的每个评价都对学生有着重要的影响。

参考文献

[1] 教育部. 关于基础教育课程改革实验区初中毕业考试与普通高中招生制度改革的指导意见（教基〔2005〕2号）[Z]. 2015 – 01 – 12.

[2] 加德纳. 多元智能[M]. 沈致隆，译. 2版. 北京：新华出版社，2003.

[3] 沈启正. 多元智能理论视角下的学生综合素质有效评价[J]. 浙江教学研究，2012（2）：31 – 33.

中学生综合素质评价的探索与研究

梅州市丰顺县潘田第二学校 吴坤明

摘要：中学生综合素质评价是素质教育的灵魂。当前，中学生综合素质评价工作存在着一些突出问题，综合素质工作实效性差，陷入了困境。本文从明确中学生综合素质评价的意义出发，在此基础上提出了转变对中学生素质评价观念的策略，并探索出一套行之有效的中学生综合素质评价体系，以此来增强中学生综合素质评价的科学性、可行性和实效性。

关键词：综合评价；综合素质；评价体系

中学生综合素质评价是基础教育课程改革的一项重要内容，也是全面反映中学生的发展状况，促进中学生全面发展的重要举措。因此，随着素质教育的全面推进，中小学评价与考试制度的改革得到了社会各界的广泛重视，各地积极探索，取得了有效的经验。但是，现行的中小学评价与考试制度、全面推进素质教育的要求还不相适应，突出反映在强调甄别与选拔功能，忽视改进与激励的功能；注重学生的学业成绩，忽视综合素质评价和全面发展评价；关注结果而忽视过程，评价方法单一；尚未形成健全的教师、学校评价制度等方面。为此，构建具有可操作性的初中学生综合素质评价体系尤为迫切。那么，怎样才能有效地实施学生综合素质评价呢？下面我结合自己的教育教学工作谈一谈对中学生综合素质评价的一些认识和体会。

一、明确中学生综合素质评价的意义

中学生综合素质评价是学校素质教育过程中的一个重要环节，是以学生的发展状态与水平为评价对象的教育评价活动，是对学生素质的各个方面、各个过程进行多渠道认证的教育评价活动。而初中阶段的学生正处于青春期，富有青春个性，性格比较躁动或抑郁，对于传统的综合素质评价极不适应。那么，构建适合学生身心发展特点的综合素质评价是具有重要意义的。

（一）有利于促进学生全面发展，推进素质教育

《基础教育课程改革纲要（试行）》的课程评价部分强调指出："建立促进学生全面发展的评价体系。评价不仅要关注学生的学业成绩，而且要发现和发展学生多方面的潜能，了解学生发展中的需求，帮助学生认识自我，建立自信。"综合素质评价不仅注重知

识、技能传授，而且注重情感、态度、价值观的培养，还增加了综合实践活动、研究性学习等课程，有助于学生的创新精神、实践能力的发展，以及兴趣的激发、个性的张扬，在实际发展情况中做出更精确的分析，帮助学生自我认识、自我发展、自我完善、自我提升，从而使学生的素质得到全面综合的强化，促进学生的全面发展。综合素质评价影响着学生的学习方式、生活方式，有利于素质教育的推进。

（二）有利于改变教师评价观念，提高教师业务水平

中学生推行综合素质评价，并且加强对教师的培训，要求教师用新课程的人才观、质量观为指导，以人的全面发展理论、发展性评价理论等作为学生综合素质评价的理论基础；这些评价就加深了教师对课程改革理念的理解，促进教师教学行为的改善及其专业的成长。教师还能运用评价的诊断功能，通过反馈信息，不断改进教育教学工作，在往复的循环中不断提升，以便在理念上正确理解评价，在实践上正确应用评价。

（三）有利于选拔人才

实施素质教育是迎接时代挑战，增强综合国力，培养跨世纪人才的战略举措。对学生进行综合素质评价是实施素质教育的重要内容，它能够反映学生的发展状况，是衡量学生是否达到招生学校要求的重要依据。对评价结果的使用，有的作为前置资格条件，规定被重点学校录取必须达到某一等级；有的作为二道指标；有的则作为后置附属条件，在分数、位置的比较后仍然相同者，按综合素质评价等级排序。无论是选择何种门槛，将综合素质评价结果作为中考录取的参考，加强了对学生全面综合发展的导向作用，有利于国家选拔适应社会发展的优秀人才，实现人才强国战略。

（四）有利于学校整体工作优化，发挥学校特色

中学生综合素质评价要求对学生整体培养方式从应试教育走向素质教育，转变追求升学率，把学科成绩当作唯一目标的形势，要求对学生进行多视角的全面评价，培养学生的综合素质。综合素质评价的日常性评价突出了发展功能，评价的内容丰富，可以根据地区和学校特色，开发符合本校初中学生发展特点的校本评价，这有助于学校挖掘自身优势来达到培养人、发展人的教育目的，发挥学校特色，相互学习、借鉴，整体提高学校办学质量，形成学校间良性的竞争环境。

二、转变对中学生素质评价的观念

一直以来，部分学校片面追求升学率，家长以分数来评定自己孩子成绩的好坏，中小学已形成了一套根深蒂固的评价标准。那么如何改革这套标准，建立一套全新的适合于素质教育的评估体系？我们真的应该好好反思我们的教育教学观念和行为，尤其是改革学生评价方式，对学生进行综合素质评价。

（一）教师观念的转变

教师是学生综合素质评价的组织者和实施者，实施学生综合素质评价，关键是转变

教师观念。曾有个例子：七年级开学伊始，一位班主任想了解学生以往的表现，于是翻开《小学生素质评价手册》，看到其中一个孩子的评价时，眼前一亮，"该生在校表现优秀，是个聪明伶俐的孩子，学习成绩优秀……"再看成绩都是满分，便决定选这位同学担任班长。因为在教师眼里，表现好、成绩好的学生肯定是优秀学生。可是事实并非如此，来到教师眼前的这位学生，高度近视，拘谨而又木讷，连说话的声音都很小。当教师公布让他担任班长时，大家都持反对意见，说他是"高分低能"。在现实生活中，高分低能者并不少见。高分低能是对应试教育的批评，从一个侧面揭示了教育的弊端，人们对高分低能的感慨也在情理之中。事实上，取得高分的能力和实际上的创新能力并不完全重合，取得高分也许是应试能力强，但不一定综合素质高。教师只有认清了素质教育及课程改革的形势，更新评价观念，才能使素质教育评价之路越来越宽并不断完善和提高。

（二）家长观念的转变

作为对学生的评价方式，家长历来认可及重视的就是以学习的分数来衡量孩子的好坏。因此，要实行素质教育综合评价家长观念的转变很重要。我曾教过这样一个学生，他学习成绩很好，但是，他性格很孤僻，只是低头学习，对无关学习的事都漠不关心。就连上课时的分组讨论，他都不参与，别的同学讨论得热火朝天，他却在自己的座位上独自看书。我问他原因，他说自己已经会了，讨论也没用，只是浪费时间。针对这一情况，我找来他的家长了解情况。原来孩子的这种思想与家长的教育分不开。在家里家长什么活都不让孩子干，就连吃苹果都是家长削皮，家长只让孩子一门心思放在学习上，与学习无关的事一律不让沾边，只要学习考高分就行。为此，我跟这位家长谈了很久，告诉他这种做法的危害。孩子在成长过程中如果不能养成良好的性格，缺乏与他人合作的精神，以后就不能很好地适应社会，缺乏生存能力。家长恍然大悟，意识到问题的严重性，很感激我的提醒。过了一段时间，这位学生在教师及家长的帮助下，状况有了很大的改善，对各种集体活动表现积极了，性格活泼开朗了，学习也更优秀了。这个评价实践中成功的案例让我们看到了转变家长评价观念的实效性，因此，我们要努力探索转变家长观念的有效途径。为了转变学生家长的观念，我们要采取开家长会、座谈会、辅导等形式引导家长学习、认识综合素质评价，并且注意正确、合理地使用家长评价，使家长支持、配合教师工作。在学生综合素质评价中，转变家长观念是不可或缺的一个重要组成部分。家长观念的变革，能促进素质教育综合评价得以顺利进行。

三、构建一套行之有效的中学生综合素质评价体系

学生综合素质评价是一种"典型行为评价法"，即依据学生日常表现进行评价。其主要依据包括：日常表现、过程性材料（主要是指学生的获奖证书和标志性成果、课程考查成绩、表现性作业和成长记录袋中的其他一些关键性材料）、学生特长表现记录等能够客观、全面反映学生综合素质的关键材料。综合素质评价应该是具体的、可操作的、实践性强的、能促进学生身心发展的。因此，我们就要构建一套行之有效的中学生综合素质评价体系。

（一）创设一个科学的、合适的评价工具

规章制度要通过学生的理解才能更好地执行，评价不能再是甄别和单向的，应着眼于真实的学生，而不是用"成人的标准"去评定。因此，评价内容的设定既要有普遍性，即各级指标应准确了解和把握当代青少年学生的习惯特点（包括良好习惯和不良习惯），着眼于提高他们的整体素质，并结合我国对全国中小学生提出的总体要求；又要有特殊性，即具体评价内容、细则和操作办法应结合本校学生的实际，尊重学生的天性；避免重义务轻权利、重服从轻自主、重外在的纪律轻内在的能动；注重与学生的校内、校外生活相联系，鼓励学生发挥主动性、表现自我。

比如，在《学生综合素质评价表》中，我们可以依据国务院颁发的《中共中央、国务院关于进一步加强和改进未成年人思想道德建设的若干意见》的精神、教育部的有关文件，以及《中学生日常行为规范（修订）》（国家教委2004年9月1日颁发实行）的要求（普遍性），并通过对学生的问卷调查，更多地结合我校学生的实际（特殊性），设定了各级评价指标：①五个维度——思想道德素质（包括三个要素：法规意识、诚信礼貌、合作意识）、科学文化素质（包括两个要素：学习态度、学习绩效）、社会实践能力（包括一个要素：关心社区和参加公益活动时数）、健康素质（包括两个要素：身体素质、心理素质）、审美塑美能力（包括两个要素：审美能力、塑美能力）。②每个要素包括关键表现。③每个关键表现都有具体的评价内容。

再如，对于《学生成长记录袋建设方案》中的"学生自我展示型记录袋"，我们可以依据以下原则：收集学生最优秀或最满意的作品；尊重学生选择作品的意愿，教师不能用自己的标准代替学生选择作品；鼓励学生考虑作品选择的理由；记下相关反省记录。每个学生的成长记录袋形式可以不相同，记录袋、磁盘、光盘、网页、网站等形式均可，包括以下内容。

（1）初中三年的获奖材料及个人成功事件的记录。

（2）自我介绍。

（3）制订学习计划及未来发展规划。

（4）每学科一份最好的作业。

（5）一篇最好的作文或日记、随笔。

（6）教师写的令人记忆深刻的操行评语……

（二）采用合理的评价方式

评价方式宜主客观相结合，即"评语衡量"和"等级衡量"相结合。

（1）在"评语衡量"中，包括班主任对学生的综合评价，以及每个科任教师对学生学习该学科情况的评价。评语要求增加事实依据，注重动态发展的热情鼓励和殷切期待，减少千篇一律的、空洞的结论性概述。

（2）在"等级衡量"中，包括在一定程度上反映学生在德、智、体、美等各方面知识的掌握情况，而更多的是反映学生道德、情感与态度、学习方式的表现。比如，我们在制定《学生综合素质评价表》的过程中，考虑更多的是学生除了知识掌握情况之外的其他方面的表现。教师们充分相信学生，通过"学生自评"引导学生的自觉性、自控力，从而在心理上推动学生的进步；通过"学生互评"引导学生学会喝彩，相互欣赏。

当然，不管是"评语衡量"还是"等级衡量"，由于它们不能即时评价，而且评价主体和评价对象都不相同，所以，评价的结果难免有误差或带有一定的主观性，我们在操作过程中一定要清楚地认识到这一点，尽量减少误差和主观性。

（三）不断完善评价细则，规范评价过程

能否搭建一个人人参与、体验的平台，能否建立真实、合理、公平的评价体系，关键在于我们能否在与家长、学生、教师的协作中，构建教育团队，在评价中既分工又协作，形成合力，达成共识。

（1）要在评价过程中实现真正得到多元的支持和配合，就要充分调动班主任、科任教师、学生及家长的积极性；要尊重学生，建立平等的师生关系，让学生也有权为自己"说话"；要不断完善，建立一个公正、诚信的评价体系，因为与学生的升学相关，保证操作的真实性与公平性相当重要。

（2）不同的评价项目，评价主体应该有所不同：知识领域的评价主要由教师和学生本人完成；道德、情感与态度、学习方式则应由学生本人、同学、家长和教师共同给予评价，从而提高评价的效度，使评价真正成为教师、家长、学生共同参与的交互活动。

（3）班主任、科任教师可以根据本班学生的特点，制定具有本班特色的具体操作办法，但最终必须把评价结果汇总到学校学生综合素质评价的统一部署和要求当中。

（4）同一个学校的教师可以在一段时间的共同合作和公平评价的尝试后，不断地对评价的有效性进行反思，建立一个"观点储备库"，不断地完善评价方案，提高评价质量。

（四）注重评价结果的应用

（1）应结合学生的实际情况，从激励学生的角度出发，以不增加班主任、科任教师、学生及家长的工作量为前提，制订可行的操作方案。比如，在运用"综合评价型记录袋"进行评价时，我们结合了《学生综合素质评价表》，由班主任总负责，语文、数学、英语、科学、道德与法治、历史与社会、音乐、美术、体育、健康、信息技术等学科教师及学生个人、家长、班委会都参与实施评价。每月一小评，每学期的期中和期末进行两次总评，评价结果计入学生成长记录袋，既作为学生成长过程的记录，又作为学生中考（升学）综合素质考核的依据。

（2）每一项评价内容的"等级分值""学生互评""总评"等结果要力求容易操作，避免烦琐。比如，在"学生互评"中，依据以下办法执行：

①按照五个维度评星：守纪之星、清洁之星、诚信之星、礼貌之星、尊师之星、助人之星、勤奋之星、进步之星（学习、纪律等方面）、运动之星、友爱之星、特长之星、塑美之星（外表美、语言美、行为美）……

②赋分：获得3颗星得3分，2颗星得2分，1颗星得1分。

（3）每个学期的评价结果先以分数计算，再转换为A、B、C、D四个等级的方式呈现和公布。在升学录取中，由招生考试机构按学生实际得分计入其升学总分或作为录取的依据。

总之，中学生综合素质评价工作是一项全新的工作内容，如何搞好评价，将关系到学校教育改革的成败，因此在今后的教学工作中，我将不断总结经验，努力创新，努力向新课程理念靠拢，为学生的全面发展贡献自己的一分力量！

践行小学生综合素质评价之我见

梅州市丰顺县汤西中心小学　饶山源

摘要：作为一线教师，在长期的教育教学中，我始终坚持"以人为本"的思想，坚持以"促进学生全面发展"为目标，努力、完满地践行并完善小学生综合素质评价体系：将评价贯穿于学期的始终，联动于课堂上下之中，权衡于正反之中，取之于生活之中，结合于自我与同伴之中，连接于家校之中。

关键词：综合素质评价；评价改革；课堂内外；学校生活

《基础教育课程改革纲要（试行）》明确提出建立促进学生全面发展的评价体系："评价不仅要关注学生学习成绩，而且要发现和发展学生多方面的潜能，了解学生发展中的需求，帮助学生认识自我，建立自信。"作为一线教师，在长期的教育教学中，我始终坚持"以人为本"的思想，坚持以"促进学生全面发展"为目标，践行并完善小学生综合素质评价体系。下面谈谈我的做法。

一、评价贯穿于学期的始终

小学生综合素质评价不再只是期末时的终结性评价，而是贯穿于学生整个发展过程的评价。小学的素质教育除了教给学生应有的基础知识和基本技能外，更重要的是学生良好行为习惯的养成、良好思想品质和学习品质的形成。这就要求我们在教育过程中评价学生综合素质时要将形成性评价与终结性评价相结合，侧重于关注学生的日常学习过程和在活动中所表现出来的情感与态度，以发展性评价激励每一个学生，注重对学生心理、认知发展水平的观察与研究，促使每一位学生不仅在学习上有所发展，在德、智、体、美、劳等诸多方面也生动、活泼、主动地发展，养成良好的习惯，积极参与各种活动，在评价中享受快乐，在进步中感受成功的喜悦，增强自信，健康成长。

二、评价联动于课堂上下之中

课堂上的每一次提问与回答，都蕴含着评价的良机。教师每一次恰如其分的评价可以说都是一场"及时雨"。课堂上的鼓励性评价，可以使学生看到自己的优点和进步，从而精益求精，不断进取，但要避免一味地使用"很好""你真棒"之类单一、模式化的评价语言，应该有的放矢，使学生明确自己好在哪里。总而言之，教师应根据不同的教学情境以及自身的性格特点，灵活运用口头语言、表情语言、肢体语言，调动全身的每个细胞参与对学生的评价，把自己的情感传给学生，以自己的真情感染学生，只有这样才能把评价的作用发挥得淋漓尽致。

课余评价指的是课间、午间、上学、放学路上，甚至是节假日期间进行的评价。它具有随机、自然、信手拈来的特点。比如：放学路上，我对一向腼腆的佳娜说："你今天的课堂朗读很流利，有感情，就是有一点不足——音量能不能再放大一点呢？"她微笑着点点头。看似不经意的几句话，暗含了对学生的希望与要求。又如：课间，我看到"淘气大王"凯耀正帮一年级小学生抬水，我不失时机地表扬他说（装作对旁边的同事）："你看，我们班凯耀多懂事啊！他经常帮助小孩子做好事！以前老师们对他的评价有误区呢！"听到我给他戴上"好学生"的帽子，凯耀之后很少再淘气了，学习上也有了进步。

三、评价权衡于正反之中

《义务教育语文课程标准（2011年版）》指出："对学生语文学习的日常表现，应以表扬、鼓励等积极的评价为主，采用激励性的评语，从正面加以引导。"评价要饱含教师的赏识与期待。作为人师，要学会赞美，学会赏识。我想到这样一则小故事：一位老人将几近枯萎的花草移回家中，细心培植，等待时日，那花就好像是为了感谢老人似的，开得异常鲜艳，满院芬芳。老人说："谁爱花，花就为谁开放。"说得多好啊！给花以爱，花就会给你以爱。每一个孩子不都是我们老师手心里的花吗？我们对学生的不足之处要有信心，要时时对他们充满期待，"无药可救""破罐子破摔"这类字眼不应该出自教师之口。那么，教学中是否只能表扬、鼓励，而不能批评呢？答案是否定的。批评是学生健康成长的良药，得体巧妙的批评能医治受伤的心，使学生体验到教师的关心、信任与支持，从而迸发出改正缺点、奋发向上的决心和力量；批评时巧用幽默，不仅能避免师生矛盾，还可以使学生在愉快的气氛中受到教育，在愉悦的情境中得到感悟。然而，无论是选择正面评价还是反面评价，我们都应从对学生受教育的效果上来权衡。

四、评价取之于生活之中

我们对学生的评价是非常自然的，往往是从生活中信手拈来。口头评价是教师使用最为频繁的方式。例如，学生小颖，写作业速度很慢，我友好地评价她："哎呀，我的'小蜗牛'，你什么时候能变成'大火车'呀？"她心领神会，写作业的速度慢慢地加快了。肢体语言往往配合口头语言一同使用，比如，拍拍学生的肩膀，称赞他"你的字写得真漂亮"；孩子身体不适，轻轻地触摸他的额头；孩子扭伤了脚，心疼地抚摸他肿痛的部位……

我觉得，教育工作不只是简单的说教，而是要对学生要有关爱之心、理解之心、尊重之心。这些，有时要借助书面语言来实现：学生小洋，五年级时，父亲突然病逝，一时之间，孩子接受不了这个沉痛的打击。我怕直接找他谈话会让他难过，便在他的作业本中附了一张小纸条鼓励他："你是一名坚强的小男子汉，老师很佩服你，家庭的变故并没有影响你求学的脚步，希望你能做一只雄鹰，自由翱翔，勇敢地在风雨雷电之中搏击长空！"此后，他开朗了，与同学们有说有笑，重新树立了学习和生活的信心。

五、评价结合于自我与同伴之中

自我评价是学生自我认识、自我分析、自我提高的过程，让学生本身参与到评价活动中来，有助于学生及时发现自己的问题并予以改进，有利于消除教师与学生之间可能出现的对立情绪，使评价结果易于为学生所接受；自我评价，还有助于学生进一步明确奋斗目标，进而向目标迈进；但是也应该看到，自我评价往往带有浓厚的主观色彩，存在自我评价过高的情况，所以自我评价最好与同伴评价相结合。因为同伴之间经常在一起玩耍，彼此熟悉、了解，同伴的评价往往更加真实、中肯；同伴之间年龄相仿，有共同语言，对评价结果往往更易于接受。比如，2007年，班上有一名"学困生"小洪，每次考试都是"大红灯笼高高挂"，课下追逐打闹，挑衅滋事，老师们多次教育也无济于事。为了转变他，我在该生不在场的情况下，让同学们对其进行评价：说出他的缺点，同时至少找出一处优点，或提出希望，并用手机录了音。在课后对他的个别教育中我将饱含同学们深情与希望的录音放给他听，并鼓励他以后要好好学习，跟同学们好好相处。他从此变了，在同学、教师的帮助下，刻苦学习基础知识，积极参加集体活动。后来，他每一单元的分数都比以前有所攀升，当年以数学88分、语文89分、英语80分的成绩升入中学。后来，他还来我家找我玩，说很感激我和同学们的那番话，给了他希望，让他不放弃。

六、评价连接于家校之中

教师是引领学生健康成长的重要之人，教师的评价要倾注真爱。爱是尊重，爱是鞭策，爱是力量，爱是人间最美好的语言。教师对学生的评价，如果没有爱，就成了无本之源。因此，教师评价学生时要倾注真爱。学生都有一种希望自己的价值得到别人认可的心理，教师只要满足他们的这一心理，就能使他们获得巨大的学习内驱力；教师要善于发现学生的长处，为学生才华的显露和锋芒的显现创设一个理想的环境，为学生自信心的形成"推波助澜"，让他们在被欣赏的幸福感中时时摘取"幸福的小花"。

家庭是孩子成长的第一所学校，父母是孩子的第一任老师，家长的评价潜移默化地影响着孩子：家长的一个信任的微笑、一次肯定的点头、一个激励的眼神、一句鼓励的话语，可以使孩子感受到父母对自己的重视，感受到家的温暖。那么，怎样获得家长的评价呢？一是定期面访、信访、电访，通过这些传统的家校沟通方式，将学生在学校的表现以书面的形式记录下来，同时把对学生的要求呈现出来，让家长了解学校、了解学生，同时家长随时将对学生的希望、存在的问题反映给教师。二是用鼠标家访，即运用网络、QQ、微信等现代交流工具家访。用QQ、微信交流，时尚、快捷、高效。由于不是面对面的，有些个人情感上的、私密性的问题家长都可以和教师交流，教师可以借此了解许多有关学生的心理；我还尝试着创建网页，开设网上论坛，将学生情况定期上传到网页上，供家长随时浏览、发表言论，与家长探讨孩子的教育问题。

在实施新课程的今天，每一个育人者都应该在自己的实践中多开几扇"评价之窗"，通过自己适当、温馨的评价，尊重学生的个性差异，更多地关注学生身心的和谐发展，使每一个孩子都能体验到自身存在的价值和成长的快乐，充满自信与快乐，欣赏属于他们自己的精彩成长历程。

参考文献

［1］皮连生.实施《基础教育课程改革纲要（试行）的心理学基础》［M］.上海：上海教育出版社，2004.

［2］沈玉顺.现代教育评价［M］.上海：华东师范大学出版社，2002.

［3］杨九俊.班主任教育艺术［M］.北京：教育科学出版社，2007.

让小学生综合素质评价既可信又可用
——基于中山市石岐中心小学综合素质评价体系的思考

中山市石岐中心小学　谷信茹

摘要：我国小学生综合素质评价的研究是伴随着素质教育的全面实施和新课程改革的进一步推广而进行的，它是教育行政部门、一线教育工作者对学生发展状况的全面把握，能够客观地反映小学的教育教学效果。本文从我国小学生的综合素质评价现状出发，在肯定综合素质评价发展的总趋势的基础上，明晰尚存的共性问题；分析中山市石岐中心小学现有的学科课程评价体系、行为习惯评价体系、能力发展评价体系、家校互动评价体系来发现和认识学生，从而更好地推进小学生综合素质评价相关工作的开展，让小学生综合素质评价既可信又可用，进而使小学生综合素质评价真正落到实处，促进学生的全面发展。

关键词：小学生；综合素质评价；可信；可用

在我国，素质教育在20世纪80年代中期提出，并在80年代末90年代初在社会及教育界得到确立，它重视人的思想道德素质、能力培养、个性发展、身体健康和心理健康教育。[1] 30年来，素质教育在国内已经被争论得沸沸扬扬，学者们从理论上认为素质教育是千百年来应试教育的必然产物，施行已迫在眉睫。长篇累牍的相关论述时常见诸笔端，仅在中国知网基础教育学术库搜索"学生综合素质评价"这一关键词，就出现了602篇紧密相关的学术文章。但在现实的教育教学中，无论是基本没有升学压力的小学，还是肩负升学压力的初高中，素质教育一路坎坷，不少地方表面推行的素质教育，实质是不折不扣的应试教育，这一弊病也成为不少教育专家以及一线教育教学工作者的抨击对象。与传统的将素质教育和应试教育视为对立的观点相反，杨江南在《教学反思：高分与素质并重的学习方法》[2] 中指出，素质教育的真正障碍不在于考试的存在，而在于师资、文化与人们对素质教育的认识；素质教育能够应付好考试，而且会比单纯的应试教育做得更好，因为它能通过综合素质的提高来从长远的角度提高考试成绩。然而，笔者认为，可信又可用的学生综合素质评价体系才是推进素质教育的关键，才能真正让素质教育落地。

---

[1] 素质教育（教育模式）[EB/OL]．[2016-12-01]．http://baike.baidu.com/item/素质教育/82439?fr=aladdin．

[2] 杨江南．教学反思：高分与素质并重的学习方法 [M]．北京：光明日报出版社，2013：绪论．

一、把脉综合素质的评价现状

教育部的文件①指出，教育评价是我国中小学评价与考试制度改革的重要内容，多元的评价内容既包括新提出的学生多方面潜能的发展，还包括传统的学生学习成绩以及学生的思想道德素质。我国小学生综合素质评价的研究正是伴随着素质教育的全面实施和新课程改革的大力推广而开展的。从中国知网基础教育学术库的现有文献以及笔者在一线教育教学的观察来分析，目前关于小学生综合素质评价基本上不把应试教育与素质教育对立来看，大家正在或者已经在关注多元化评价和发展性评价，如《多元评价创新教育的有效机制》一书的作者认为应"通过多元的评价内容、多维的评价方式去发现、评价、促进学生的综合素质全面发展以及智慧的生成"②。对于综合素质评价方法的研究不仅有教育名家、学者教授，也有普通的一线教育工作者，他们努力探索综合素质评价的方法，力求使得评价能够引领学生的素质发展，适应时代对人才的培养需求。

从全国各地小学生综合素质评价存在的问题来看，我国当今小学生的综合素质评价也存在一些共性问题。一是评价的观念问题。应试教育时期以考试为导向、以分数为评价原则的现象依然存在，尚没有兼顾学生的全面发展性。二是评价的理论问题。现有的、比较完善的评价研究是针对学生的认知性评价，而对于学生的非认知性领域，如思想道德素养、心理健康水平、沟通交往能力等方面的测评理论则较为匮乏，缺少理论上的评价方法与手段。三是评价指标体系问题。国家教育行政部门出台的相关评价指标体系相对来说较宽泛，真正地落实到位需要各学校、各教育实施者在相关政策的基础上摸索、建立适合相应年龄段的具体指标体系，这在一定程度上降低了综合素质评价的可信度和可操作性。四是评价的专业性问题。小学阶段所开设的课程中，只有语文、数学、英语以统一的考试来衡量学生学业的终结性评价，而语文、数学、英语及术科的日常性过程评价更多的是依赖于教师个人的管理与操作，真正能够利用综合素质评价标准来衡量学生发展的专业教师或者其他工作人员在数量上还达不到要求，在专业素质上也难以满足日益发展与深化的教育改革的迫切需要。

综上所述，小学阶段的综合素质测评在向多元化、多维度方向发展的道路上坚实地行进，但其可信度和可用性也随着日常的教育教学管理而暴露出一定的问题，相关问题也亟须专家教育学者、一线教育教学工作者积极探索，找出真正适合小学生全面发展的综合素质评价体系，以引领学生更好地发展。

二、发掘适合学生的评价内容

新课程改革的主题是：为了每一个学生的发展。每一个学生都是具有独特个性的生

---

① 教育部. 教育部关于积极推进中小学评价与考试制度的通知（教基〔2002〕26号）[Z]. 2002-12-27.

② 潘永庆，孙文彬，路吉民. 多元评价：创新教育的有效机制 [M]. 济南：山东教育出版社，2005：204.

命个体，我们只有根据学生身心发展的规律和学生的个体差异，开展有针对性的教育，才能使学生在最适合自己成长的环境中获得最佳发展。学校作为国家课程的实施主体，在保证基本课程的基础上，也要设计和提供能够让学生发现自己专长、发挥自己潜能的机会，逐步形成既符合教育发展规律又满足学生个性需求的可选择课程体系。一方面，学校只有为学生提供多样化的学习机会，学生个人的兴趣爱好才会得到发展，另一方面，不断地给予支持与引导，才能达到促进学生更好地认识自我、全面发展的目的。因此，只有在系列活动或校本化的课程中，我们才能真正发现和认识学生，也只有做到了这一点，我们在学校的教学生活中才能够真正做到促进学生的全面发展，也才能真正做到科学评价学生的综合素质，让综合素质评价在日常的教育教学管理中既可信又可用。

中山市石岐中心小学"以人为本，打造适合学生的教育"的办学目标，注重学生个性特长的培养，为学生提供个性化教育。经过全面挖掘、深入思考、不断提炼、丰富内涵凝铸成今日的办学理念：人人有机会、人人有发展、人人能成才，全面推进素质教育。除了基本的国家课程、地方课程外，学校努力创设良好的育人环境，提供优质的教育资源。积极开展多彩的学科活动，坚持开设60多个普及型的特长培养选修课程供学生自主选择。一年一度的艺术节、科技节、体育节，孩子们可以根据自己的兴趣自愿参与；羽毛球、篮球、足球、乒乓球、定向越野等体育项目，吸引着孩子奔跑、跳跃、拼搏；舞蹈室、美术室、科学室、文学社、书法室，让人感受到校园墨香四溢。多元展示平台的创设，有效地培养学生兴趣，激发学生的潜能、学习积极性和持续发展的动力，彰显学生个性，提升学生的综合素质。学校所设计的一系列活动和课程都是为了提供适合学生发展的平台，全校60多个选修课，总有一门是学生想要去了解、发展的，这就让教师、家长逐渐地发现适合学生的教育方式，也让学生找到适合自己的兴趣点，从而真正让素质教育落实到每个学生的身上。

三、建立过程性的评价体系

在实际操作中，常常会进入这样一个误区：以课堂教学统一的课程门类来培养学生个性的自我发展。为了走出这个误区，我们必须建立过程性评价体系。

（一）探索学科教学评价模式

教学活动中，以多元化评价方式（形成性评价与终结性评价相结合，定性评价与定量评价相结合，个人、小组、教师评价相结合，口试笔试与实际操作相结合），系列化（内容包括以激励性评语评价态度与习惯，以档案袋记录知识与能力发展的点滴进步，以成果激发学生兴趣爱好发展等的评价目标）、科学化（平时考查与综合考查相结合，定性评价与定量评价相结合，等级评价与评语评价相结合）地开展评价，及时反馈评价分析的结果以调控学习活动全过程。同时我们坚持多样化评价，每周一风采（班级评比礼仪之星、环保之星、文明之星），每学期一评奖（评选进步奖等10多个奖项），每学年一大奖（每年"六一"利用奖学基金设立20多个奖项），多一把评价的尺子，多一个成功的希望，多一个角度欣赏，每一个人都有他存在的价值，有他的独特个性和潜能，每一个孩子就像校园里的朵朵木棉，最终都会以自己的方式绽放。

（二）建立教学质量评价体系

形成科学的教学质量评价观，从学生全面素质提升和为学生未来成长奠基的视角，加强学生学习质量分析。建立"校长—教导处—年级组—教师个人"四级质量监控体系，形成全员、全过程、全方位的教学质量保障体系。研究制订学校教学质量监控与评价方案，促进教学质量监控制度化、规范化。

生成课堂、开放课堂、生活课堂交相辉映。既注重课堂的科学预设、有效预设，又关注课堂的生成，努力营造生成的氛围，给生成留足空间，使课堂更灵动。课本不再是唯一的学习资源，教师、学生、家长及社会有关人士都成为教育资源的开发者，各种富有活力的教育资源的引入，使开放的课堂更精彩。打破以"题海""应试"为路径和目标的模式，将学生的经验、现实的生活引入课堂，将课本知识应用于生活实际，开拓实践途径，培养创新精神，使生活的课堂更鲜活。

（三）完善能力发展评价体系

自理能力、自主能力、自治能力分段推进。根据不同年级学生的发展水平和发展倾向，确定不同的发展目标，分阶段推进。低年级着重培养自理能力，中年级着重培养自主能力，高年级着重培养自治能力，通过教师评、同学评、家长评、学生自评等多角度、全方位的合作评价激励学生、鼓励学生，进而促进各阶段学生能力的发展。

在力求全面发展的基础上，重视学生的兴趣发展和特长发展。长期坚持开设普及型的兴趣、特长培养课程，形成以电脑机器人、电脑制作、绘画书法、定向越野、电视节目采编、棋类、球类、艺术表演、文学社等为龙头的兴趣、特长培养课程特色。而这些能力发展的相关课程注重学生的参与，教师引导学生既要评价取得的成果，也要评价思维的过程、角度、方式和走向，引导每个参与者在过程中看到各方的优劣、解决问题的不同方式方法，从而获得综合素质上的进一步提升。

（四）构建习惯养成评价体系

制定《阳光学生成长手册》，激励学生进行自我教育。从礼仪、学习、守纪、卫生四大板块，按照"班级—年级—校级"三个级别逐层评价。班级分为日评、周评，获得班级基础红花，集齐每类各四个班级奖章就晋级年级红棉奖（发年级红棉奖章）；集齐两个年级红棉奖章晋级校级红棉铜奖（发校级红棉铜章）；集齐两个校级红棉铜章晋级校级红棉银奖（发校级红棉银章）；集齐两个校级红棉银章晋级校级红棉金奖（发校级红棉金章）。评价标准按照"分年段要求、序列化安排、螺旋式上升"的原则，分低、中、高三个年段，分别提出习惯养成的评价指标。以评选"文明之星"为抓手，深入开展行为习惯养成教育。实行捆绑式教师评价制度，将科任教师与所在班级的班主任进行捆绑式量化记分，激励任课教师参与学生的习惯养成教育。

学校成立班主任"习惯养成"研究小组，通过墙报、班队会、级组会、课堂、讨论会等途径，多方位调动学生的积极性；活动做到班级一周一小结，大队委国旗下一周一小结，级组、学校一月一小结，评选出"阳光礼仪小天使""文明礼仪先进班"。这样一来，学生的行为习惯无时不在不断的激励中被强化，形成了全员参与的习惯养成评价体系。

四、形成家校互动的评价机制

家庭教育既是素质教育的重要组成部分,也是学校教育的延伸、补充和支持。① 家庭教育在学生的思想品德、心理素质、审美情操等方面起着启蒙和培养的作用,是推动学校全面开展素质教育的强大后盾。如果只有学校单方的努力,方案再好、评价再细,一切都会因为家庭教育和评价的缺位而大打折扣。因此,加强家校之间的联系,指导家长如何对学生进行正面引导与合理评价,为学生综合素质的全面发展提供良好的家庭氛围,是学校综合素质评价所必须开展的工作之一。

以中山市石岐中心小学为例,学校常年举办家长学校,深化"学校搭台,专家引领,家长唱戏"的家长学校办学模式,完善联动育人机制,形成教育合力,提升育人效果。充分发挥家庭教育指导咨询中心和家庭教育指导师的作用,组织家长学习家长学校教材,引导家长树立正确的教育观念,掌握科学的教育方法,共同做好学生的教育工作。利用班级博客、校刊、家校通、家校联系手册、阳光争章手册等载体,构建家校评价的互动平台,及时沟通学校教学和学生管理信息,激发家长关注学生,参与学生成长的评价,形成融家校于一体的互动评价体系(见表1-20、表1-21),让学生的行为表现呈现家校一致,达到"5+2≥7"的理想教育效果。

表1-20 中山市石岐中心小学学生在家情况表

日期	就寝	家务	课外阅读	语文朗读	数学口算	家长评价签名	老师评价

备注:

(1)就寝:建议在9点半以前让孩子入睡。

(2)家务:每天在家让孩子坚持做一些力所能及的家务劳动,并培养孩子扫地、拖地、收拾书包和房间的能力。

(3)课外阅读:由于孩子认字量不大,现阶段可以用讲故事或亲子阅读等方式代替。手绘本也是不错的选择。

(4)对于语文、数学、英语学科要坚持每天在家复习学过的内容。拼音字形可以用"书空"的方式加以巩固。

---

① "加强家校互动,促进学生成长"学校办学管理经验交流材料 [EB/OL]. (2014-04-02) [2016-12-01]. http://wenku.baidu.com/link?url=UQoesURrEsUM4NvE5ZacHn8kAk5HgZTj5uMfmZEgJFQs6UVEHQ2s8zH7IiTT7DInq0f6jsSBwspUy3Yw73LpHrKjpy-FsFIktUYrzgd8i7i.

表1-21 石岐中心小学学生文明习惯评价表（在校外）

我的口号：我担当我成长　　　　　　　班级：　　　　姓名：

你在家里、社会上做到了吗？	（　）月		（　）月		（　）月		（　）月	
	自评	家长评	自评	家长评	自评	家长评	自评	家长评
1. 离家、回家主动与家里人打招呼								
2. 会主动跟邻居、小区保安微笑地打招呼								
3. 外出要征得家长同意并说明去向								
4. 会使用日常礼貌用语，招待客人有礼仪								
5. 耐心与父母沟通，会倾听，有话好好说								
6. 掌握接打电话的礼貌用语								
7. 就餐时让老人、长辈先入座，用餐完毕离桌前要打招呼								
8. 公众场合见到自己认识的人，主动打招呼并且面带微笑								
9. 按要求作息（早上按时起床，晚上按时睡觉）								
10. 遵守公众场所的礼仪规范，轻声交谈，不打扰别人，不乱扔垃圾，做文明公民								
11. 按质按量完成作业								
家长总评								
备注								

我国小学生综合素质评价的研究是伴随着素质教育的全面实施和新课程改革的进一步推广而进行的，它为教育行政部门、一线教育工作者对学生发展状况的全面把握提供参考依据，能够客观地反映小学的教育教学效果。可以说，综合素质评价的指标体系越具体、明晰，我们对小学生的评价就越具有约束性、激励性，综合素质评价工作才具有可信性与可行性，最终使得素质教育真正落实在每一位有待发展的学生身上，使教育真正促进学生的发展。

参考文献

［1］教育部办公厅. 教育部办公厅关于印发《国家基础教育课程改革实验区2004年初中毕业考试与普通高中招生制度改革的指导意见》的通知（教基厅〔2004〕2号）［Z］. 2004-02-25.

［2］教育部. 教育部关于基础教育课程改革实验区初中毕业考试与普通高中招生制度改革的指导意见（教基〔2005〕2号）［Z］. 2005-01-12.

［3］梁丽群. 小学生综合素质评价研究：以湖南大学附属学校为个案［D］. 长沙：湖南大学，2013.

小学生学业质量评价体系的构建
——以中山市西区某所小学为例

中山市西区烟洲小学　唐　节

摘要：科学的学生学业质量评价，是提高教学质量的有效保证，是实施素质教育推进课堂改革的需要。建构一个动态、科学的学业质量评价体系源于问卷和实践的思考。本文从全新的视角提出学业质量评价的新定义，以实证为基础对小学生学业质量评价的现状进行问卷调查。结果表明，小学生学业质量评价在实践中存在评价标准不科学、"一考定夺"的评价方式单纯、评价内容片面、评价主体单一、纵向动态性评价不足等诸多问题。为使评价更具客观性、可视化、动态性，本文通过剖析问题并展开归因分析，基于布卢姆提出"教育目标分类法"理论，确立了学业质量评价体系及规范评价的流程，并把学业质量评价与高科技的信息技术完美结合，构建了基于信息化平台的小学生学业质量评价系统。

关键词：小学生；学业质量评价；评价系统

一、现状调查及问题分析

小学生学业质量评价是基础教育课程改革的一个重要项目，是全面反映学生发展状况，促进学生全面发展的重要举措，同时，还能从侧面反映教育质量高低，成为教育部门提出教育改革决策的重要依据。为使评价能在素质教育中起到导向、激励、多元的监测作用，评价的目的应以提高、改进评价对象的学业水平、健全学生的全面发展为出发点。然而，在传统的教育下，学业质量评价还存在着局限性，教育部门习惯性地把学生的学习成绩和升学率作为评价教育质量、教师工作业绩和学生优差等方面的唯一标准，缺乏对学生的个体发展，如学习能力、情感、学习策略、创新能力等方面的关注，这与新课程提出的"促进学生全面发展"的目标相差甚远，对教育观的误导，成为教育发展的绊脚石。

因此，笔者选取中山市西区某所小学作为研究对象。该校坐落于毗邻港澳，经济比较发达、观念比较开放的中山市。中山市是广东省一个具有代表性的地级城市，而本次研究的学校有着140多年历史，相对本区其他学校，该校的办学规范化程度较高，师资队伍稳定，办学条件相对优越。据了解，该小学正在筹备与英国多所小学开展国际交流活动，是全区、全市具有代表性的一所小学。以其作为代表实施问卷调查，具有代表性。本次调查和问卷主要从该校学生和在职在编的教师两方面入手，主要通过与相关教师访谈，了解对学生评价的标准和内容以及教师习惯选用的考核方式，进而了解评价的发展性、动态性和教师对学生日常学业评价的管理，从宏观上了解学业质量评价体系的运行状况。

笔者对这所学校的低、中、高（二、四、六）三个年级的学生进行了问卷调查，真实地了解学校评价学生的切入点。本次问卷共设计了15道选择题，发放了400份问卷，回收400份，其中有效问卷380份，回收率和有效率分别是100%和95%。从回收的调查问卷来看，得到了很多具体的、细致的数据；本次对数据结果的分析主要是通过百分比等相对数进行。调查的分析以教师的访谈为经线，以问卷调查结果为纬线，以这两个维度来反映真实的评价情况。

（一）评价标准缺乏科学性

1. 偏重"知识本位"或"分数本位"的评价观念

本问卷设计了一道旨在了解学生更喜欢哪一种评价标准的题目（第9题）："你希望把你的学业成绩和其他学生进行比较吗？"该题目从评价的参照物入手，引申出"绝对评价"和"相对评价"两个概念。按照评价的参照标准，学业评价分为相对评价、绝对评价和个体差异评价三种。三者的区别在于：绝对评价是指在评价对象的群体之外，以某一预定的目标或标准为客观参照点，确定评价对象达到客观标准绝对位置的评价；相对评价则是指评价对象群体的平均水平或其中的某一对象的水平为参照点，确定评价对象在群体中相对位置或群体中某一个体之间的差距的一种评价。个体内差异评价是以评价对象群体中各对象的过去和现在相比较或者把某一个对象的各个侧面相比较的一种评价。评价者为方便了事，只采取单一的评价标准执行评价，要么以合格、优秀分数线，即以"分数本位"来划分学生的学业质量水平，要么单一地以预先制定的目标为评价基准来区分学生。这两种情况都使得评价进入了"知识本位"或"分数本位"的误区，单一的评价参照标准也束缚了对学生客观的评价。从调查问卷第9题的结果可知，不同的学生从不同的评价参照标准获得自我发展效能感。40.09%的学生选择希望，认为相对指标评价会更好，因为与同伴比较，增加竞争的动力；而41.38%的学生选择不希望，宁愿选择固定的绝对评价，认为这样容易增强学习信心；而不确定的学生占18.53%（见图1-2），表示不愿意和任何标准相比，只希望与自己过去的学习情况比较。可见，不同的评价标准对小学生产生不同的影响。

问卷中第10题"你喜欢哪个科目的评价标准？它能提高你的学习积极性和增强你的自信（这个标准是指一种要求和水平，只要达到了就表明你是成功的）"，选择"信息技术"学科的学生占43.99%（见图1-3）。为何信息技术评价标准深得学生的欢迎？经过访谈和翻阅信息技术科目相关的评价文件显示，该校对三至六年级的学生进行了评价改革，学生平时表现与期末测评各占信息技术质量评价的50%，翻阅他们的信息技术课本，会看到目录页盖有一个个印章，这些印章原是教师给予学生的奖励，学生每掌握一节课便会得到一个印章，而这些也是期末考核的其中一个依据。每到学期末，教师还会发放问卷，让学生反思本学期的进步。这种反思，其实是个体内差异评价，因为信息技术水平的高低往往会因为家庭状况的不同，而表现出不同的水平（如有些家庭比较富裕，会支持学生接触更多高新科技的电子产品，这对学生的信息技术会产生不同的促进作用）。

通过个体自己的比较，从而让学生体验进步的快乐，这是学生比较赞同的一种评价标准。

9. 你希望把你的学业成绩和其他学生进行比较吗？

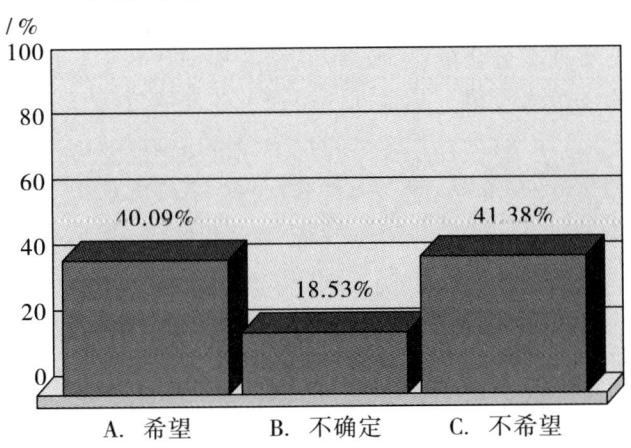

图 1-2

10. 你喜欢哪个科目的评价标准？它能提高你的学习积极性和增强你的自信。

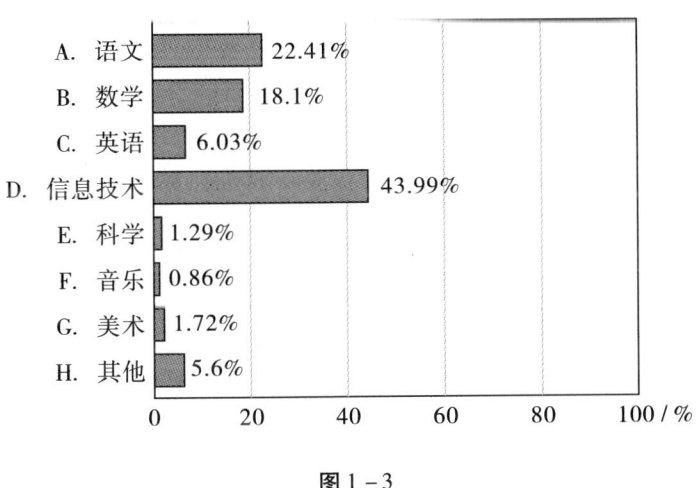

图 1-3

可见，小学生学业质量评价参照标准要从单一的"知识本位"和"分数本位"评价转移到注重"绝对评价""相对评价"与"个体内差异评价"的相互结合。

2. 评价尺度不同

从语文学科看其尺度。大部分学校都意识到单凭成绩分数评价学生的学业未免太片面，于是，纷纷进行改革，结合平时成绩、期中成绩和期末成绩对学生学业做出综合性评价；对于一些非统考学科，也采取了开放式的考试，使得学生能根据自己的学习情况，选择学习的方式，激发学生的自主探究性学习。同时，教师也可以了解学生对知识体系的掌握情况。尽管形式上有所改革，但是，平时考试、期中考试、期末考试的监考到评卷都是本校的教师，改卷过程是全开放的。试问，在这种环境下的测评，何谓公平？笔者对西区某所小学的语文科组的教师进行访谈，教师的学历、教龄见表 1-22。当被问及

"如何能确保学生作文的公平性？是否会被一些不良因素干扰？"时，受访的15位教师中有10位认为，在没有全封闭式的改卷中，或多或少存在一些同事关系较好者，评分相对偏重。如果遇到模棱两可的答案，教师阅卷会采取一刀切的方式，都给满分。这样的标准也谈不上公平了。即使有公正的教师，但从全区横向比较下，也会出现同一答案，有的考生得了分，而有的考生没得分的情况。再说，改卷的教师，又有谁不希望本校的考生成绩优秀？从这一点可以看出，无论是各自学校，还是区域内部的学业质量评价都存在标准不统一、不科学等问题。这种人工批卷方式、教师的评价态度和做法，让学生的学业评价得不到公平的对待，必然对学生的学习产生影响。真正意义上的学业质量评价要求具有很强的科学性和技术性。

表1-22 西区某小学语文教师的基本情况

研究生	大学本科	大专	高中或中师以下（含高中、中师）
1人	12人	2人	0人
6.67%	80%	13.33%	0
工作5年以下	工作5~10年	工作11~20年	工作20年以上
3人	5人	7人	0人
20%	33.33%	46.67%	0
小学高级教师	小学一级教师	小学二级教师	其他
13	2	0	0
86.67%	13.33%	0	0

笔者在平时的教学活动中对学生进行调查，当问到"你认为哪些因素会使你丧失学习的信心？"时，学生的回答显示，大部分学生虽然都能勇于承受学习上的压力，但却不能接受教师对其不公平的评价。其中281名学生重点提到教师的评价态度差，如只关注学习成绩，以成绩区分学生的层次，对成绩差的学生编排较差的座位，说一些伤害学生自尊的话，等等。小学阶段，教师是"儿童心目中的最神圣的偶像"，尤其是对于小学生，教师的评价对其影响甚深。然而我们不得不承认教师之间评价观念的偏差。教育家陶行知在《胡涂的先生》一诗中说过："你的教鞭下有瓦特，你的冷眼里有牛顿，你的讥笑中有爱迪生。"[①] 如果说评价标准、评价内容在某种程度上被不可抗拒的外界力量牵制的话，那么教师作为评价的主体，他评价学生的态度公正与否，则是完全可以自己控制的，是可变的。

（二）"一考定夺"是主要评价方式

在现行的大多数学校，评价学生学业的标准过于单一，如学校过于注重学生的考试、排名，从评价方式来分析，调查问卷第2题结果：通过考试成绩的排序来了解自己学业

---

① 卢晓晶. 新课标下如何践行人本教学［J］. 吉林教育（教科研版），2007（5）：8.

情况的学生比例占到42.24%，其次是通过课堂听课理解程度占25.43%（见图1-4）。学生自我评价学业情况的依据主要是第3题："你在什么情况下对自己的学习满意?"有54.74%的学生认为"排名在理想分数之上"就对自己的学习比较满意，14.66%的学生则认为"排名在理想位置"（见图1-5）就对自己的学习表示满意，可见具体的分数和排名的位置是学生获得满足感的标志。第11题："教师对学生的评价更多的是依据学生的学习成绩吗?"认为"是"的占37.07%，认为"有时是"的则占43.53%，合计80.60%（见图1-6），可见学生的学业成绩备受教师的关注，并以此作为评价学生的主要依据。

2. 你主要是通过何种途径了解和把握自己的学习情况?

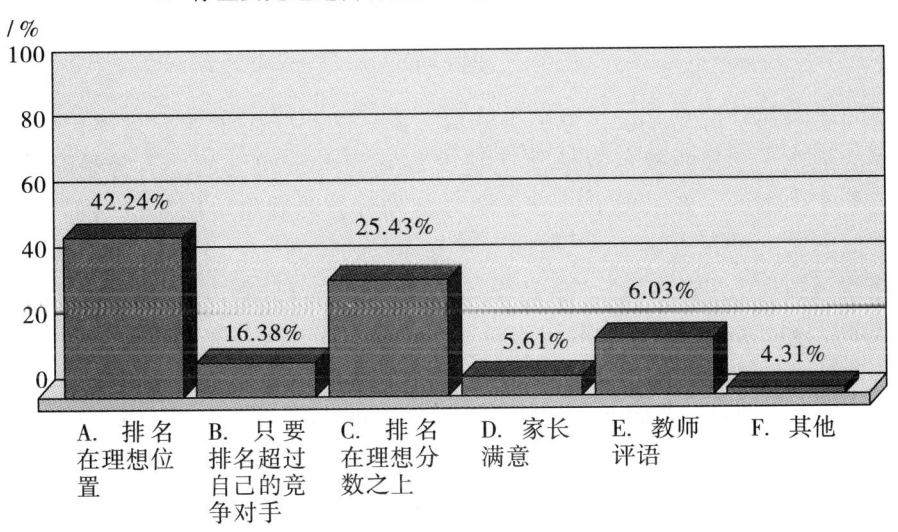

图1-4

3. 你在什么情况下对自己的学习满意?

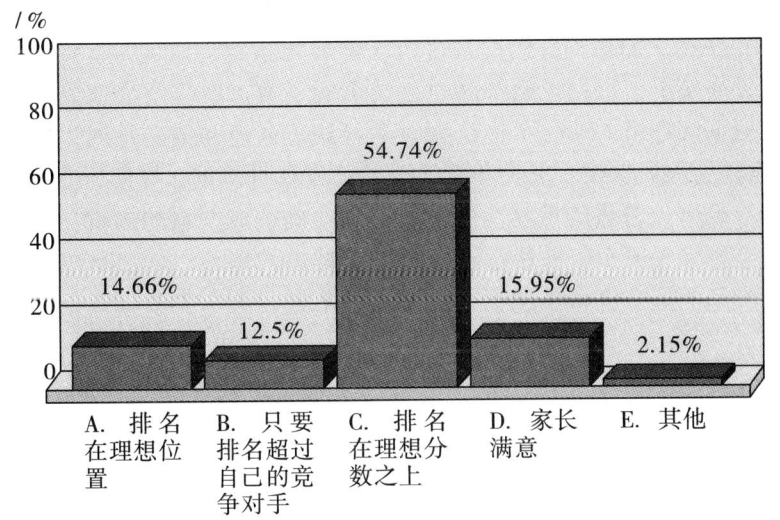

图1-5

11. 教师对学生的评价更多的是依据学生的学习成绩吗？

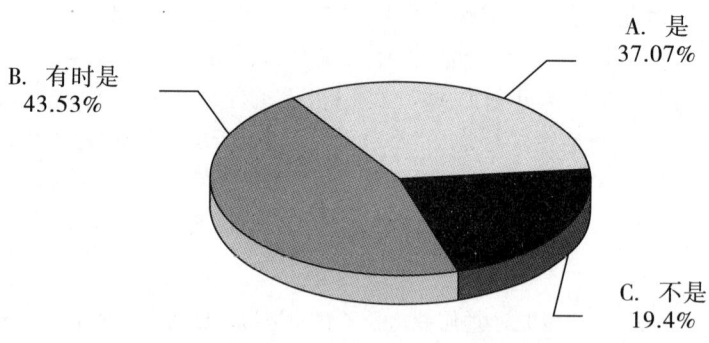

图1-6

  学生问卷的回答情况显示，考试、分数、排名在小学生学业质量评价中仍然占据十分重要的地位，学校的教育教学活动基本都是为考试而设的。不管是学校、家庭、教师，还是学生本人，都出现了过分重视考试和分数的现象。据对"目前校内考试使用哪些测试方式"的调查显示，"笔试"占93%，"口试"占37%，"实验"占26%，使用"情景模拟""人机对话""创造设计"等方法的仅分别占3%、2%、3%。

  考试难以保证很好地发挥诊断功能和导向功能。如：近几年，附近各小学基本都以中山市教育局编制的试题为蓝本，一到期末，各校为了在全市争得一席之位，纷纷让学生反复操练试卷的题目，久而久之，学生成了答题的机器。这种单纯以测试来检查学生对知识掌握情况的做法，令学生基本以死记硬背为主，而不能很好地体现学生的学习能力。这主要是因为目前我们的学业质量评价体系还没有规范化，只能实施单凭记忆的测试，但这些测试所得的数据，又难以把学生学业的实际水平真实地反映出来。考试作为考查和选拔人才的方式，具有悠久的历史。从学校教育教学角度来看，考试可以监测学生知识掌握的程度，起到查漏补缺、调节学习的作用，是一种测评学习情况的工具，而分数只是对学生学业评价的一种量化表现，对于学业评价并没有很大的意义。美国"多元智能之父"霍华德·加德纳曾经批判过传统的智力测验，他认为，传统的评价容易给学生贴上标签，事实上，限制了教师对学生的全面了解，而且还会造成被贴标签学生的自我概念化。根据问卷第12题："你认为对学习缺乏兴趣和信心是因为？"的结果所示，58.19%的学生认为因为学校、家长和教师把考试成绩看得重，导致压力太大（见图1-7）。可见过分夸大考试分数的重要性对学生心理的确造成严重的影响。这种压力一旦超负荷，学生就会越来越厌学，即使学习也是带着被迫的情绪，学习是机械性的，缺乏学习的主动性；教师的压力也越来越大，面对学习不好、厌学的学生束手无策，一味地强迫管制与约束。

12. 你认为对学习缺乏兴趣和信心是因为？

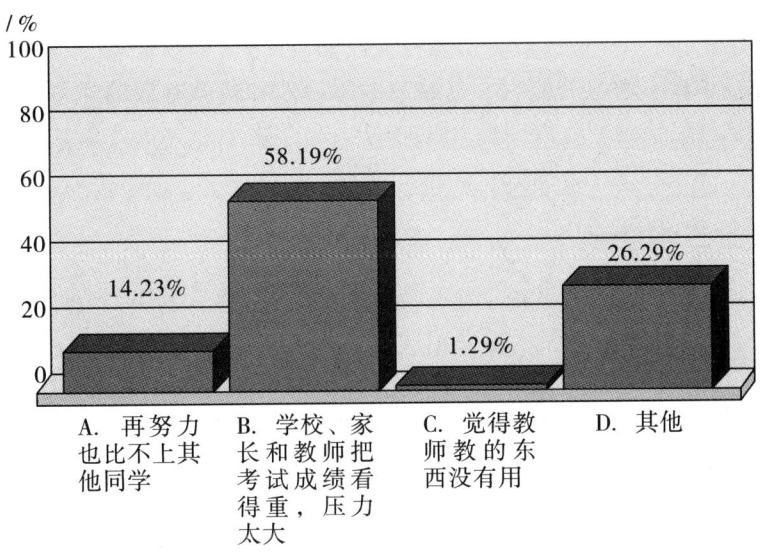

图 1-7

（三）评价内容片面

对于问卷第 15 题"现阶段，你觉得影响你学习的最主要的因素是什么？"约占 44.38% 和 43.75% 的学生分别认为是"学习习惯"与"学习方法"。学习习惯和学习方法等非认知和智力项目共占了 88.13%，即大部分学生都认为习惯和方法对学习具有重要的影响（见图 1-8）。而这又是被现时的学业质量评价所忽视的。

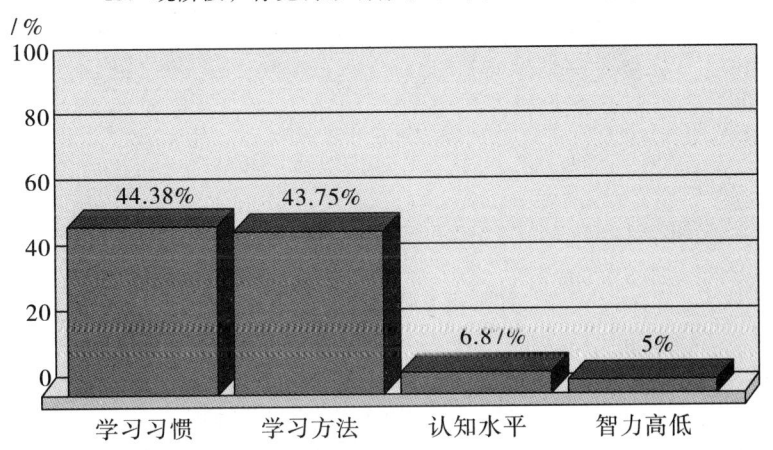

图 1-8

根据大部分教师访谈情况的反馈：小学生升到中学的时候，部分学生出现成绩下滑的一个重要的原因是，在小学阶段都是在教师或者家长的监督下进行的强迫性学习，掌握知识主要依靠死记硬背。归根究底，这与基础教育阶段应试倾向有关，传统学业评价单纯依靠学科的知识和技能，忽视了对学生的基本能力、学习策略、学习态度、情感等因素的考查。俗语说："授人以鱼，不如授人以渔。"传统的学校教育，只顾着向学生传授知识，而忽视了自主学习的能力、良好的学习习惯和科学有效的学习方法、策略等方面的培养，而这些恰恰是学生终身受用的本领。小学生学业评价改革，理应在提高促进学生学习能力、学习态度等方面进行深入的探索。

（四）评价主体单一

当问及教师采用什么方式评价学生学习时，67.67%的学生认为大部分的评价侧重教师评价，只有18.53%的学生表示是采用"自评"与"他评"相结合的评价（见图1-9）。从访谈中可知，所谓的"自评"与"他评"相结合的评价，只不过是在期末学业质量评价时，仅由学生本人和同伴填写一份简单的表格作为"自评"与"他评"的依据，教师仍以成绩的量化指标为评价标准。总的来说，教师单方面的评价占有很重要的分量，评价的主体仍然是教师。而且，当问到"你觉得老师对你的评价公平吗？"时，竟有71.55%的学生认为教师对其评价存在不公平的现象（见图1-10）。

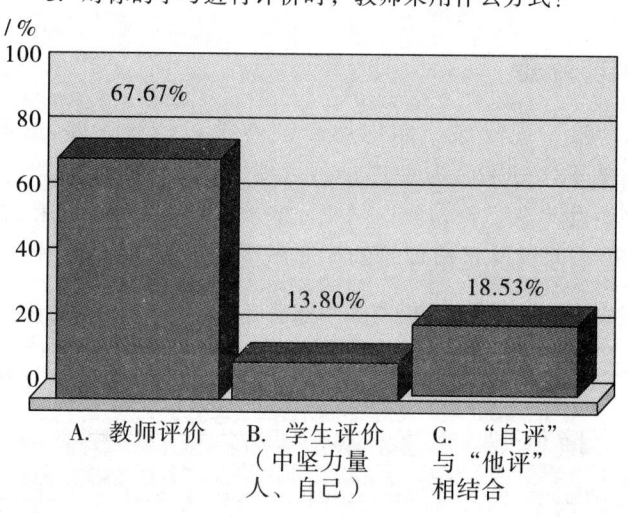

图1-9

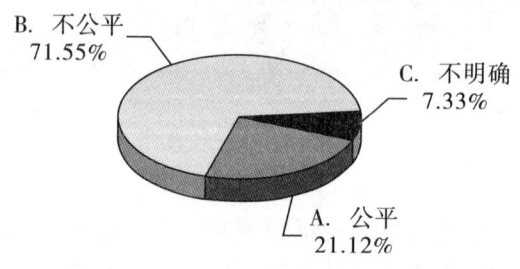

图1-10

从学生的问卷情况可知，学校存在小学生学业质量评价以偏概全的情况。学生的全面评价都由教师单方面代办，学生的"自评"与"他评"只是流于形式，家长的参与也很少。由于忽视了评价主体多元、多向的价值，因此难以形成管理者、教师、学生、家长等多主体交互式的评价模式，尤其是对学生互评和自评的忽视，导致评价信息来源单一、评价结果过于片面和主观等问题的出现，甚至出现个别学生质疑评价结果的情况。教师对学生学业评价的"霸权"特性，导致学生自我评价意识的匮乏，在学习上失去学习的独立性和自主性，不利于自我反思和自我调节的学习能力的培养。根据相关报道可知，美、英等欧洲国家的学校不但允许学生本人和家长参与学业评价，而且还乐意接受他们对评价指标和评价体系的构建等方面提出宝贵的建议。若对评价的结果有异议，还可以提出申诉，发表自己的不同见解。这样，多方主体主动参与到评价当中，综合各方面的评价，使得评价更具公平性。

（五）缺乏纵向的动态评价

自 2001 年开始，中山市西区就启用了《中山市小学生素质发展综合评价手册》（简称《综合评价手册》），从此它就成为教师、学生、家长开展素质教育的主要依据。《综合评价手册》中重要的部分是小学生学业质量评价的板块。它分为六册，一至六年级各一册。笔者以新课程标准为纲，素质教育为主导，详细分析西区某小学的学生学业质量评价体系，发现现行的评价体系还存在一定的问题。

（1）从评价项目看，难以体现评价的动态性。通过对《综合评价手册》的分析，笔者以数学学科作为研究对象，《综合评价手册》中"数学科成绩等级评定表"的评价项目包括知识与技能、数学思考、解决问题、情感与态度四个板块，对比《义务教育数学课程标准（2011 年版）》里的课程目标，两者是一致的。但是，仔细分析会发现，一至六年级的每一学科，采取的评价标准都是一样的，换句话说，不管是一年级的入门生，还是即将跨进中学学府的学生，评价他们科目的标准都一样。从三维目标"知识与技能"出发，"数学科成绩等级评定表"显示，评价只针对学生在口算与估算、笔算、空间与图形、统计与概率等方面的能力做出研究。笔者查阅教育部制定的《义务教育数学课程标准（2011 年版）》，其为体现义务教育数学课程的整体性与学生生理和心理发展特征，把九年的学习时间划分为三个学段：第一学段（一至三年级）、第二学段（四至六年级）、第三学段（七至九年级）。① 本文以小学生学业为研究对象，故只研究第一、二学段。现以表格的形式展示两个学段在"知识与技能方面"的异同（见表 1-23）。

表 1-23　基础教育数学学科第一、二学段掌握内容比对②

内容	第一学段（一至三年级）	第二学段（四至六年级）
内容一	经历从日常生活中抽象出数的过程，理解万以内数的意义，初步认识分数和小数；理解常见的量；体会四则运算的意义，掌握必要的运算技能，能准确进行运算；在具体情境中，能选择适当的单位，进行简单的估算	体验从具体情境中抽象出数的过程，认识万以上的数；理解分数、小数、百分数的意义，了解负数；掌握必要的运算技能；理解估算的意义；能用方程表示简单的数量关系，能解简单的方程

①② 教育部. 义务教育数学课程标准：2011 年版 [S]. 北京：北京师范大学出版社，2012：5-10.

续上表

内容	第一学段（一至三年级）	第二学段（四至六年级）
内容二	经历从实际物体中抽象出简单几何体和平面图形的过程，了解一些简单几何体和常见的平面图形；感受平移、旋转、轴对称现象；认识物体的相对位置；掌握初步的测量、识图和画图的技能	探索一些图形的形状、大小和位置关系，了解一些几何体和平面图形的基本特征；体验简单图形的运动过程，能在方格纸上画出简单图形运动后的图形，了解确定物体位置的一些基本方法；掌握测量、识图和画图的基本方法
内容三	经历简单的数据收集、整理、分析的过程，了解简单的数据处理方法	经历数据的收集、整理和分析的过程，掌握一些简单的数据处理技能；体验随机事件和事件发生的等可能性
内容四	无	能借助计算器解决简单的应用问题

　　两个学段的对学生知识与技能的要求，基本相同，大致分为数的运算、几何体和平面图形的学习、数据的收集和整理等。以内容二对几何建模的掌握要求，第一学段（一至三年级）要求，结合学生的日常生活，通过观察、操作具体实物及模型，使学生获得比较丰富的直观体验，并在此基础上逐步归纳出一些基本的几何事实，形成初步的空间观念。第二学段（四至六年级）则要求，进一步丰富学生有关"空间与图形"的学习经验；再通过观察、操作等活动认识三角形、平行四边形、梯形、长方形、正方形等几何形体，并进一步加强学生对图形的变换、位置的确定等内容的感受和了解，以及对测量过程的体验。第一学段要求知识停留在了解和感受的层面，是直观学习；但是第二学段已经提升到对图形的变换、位置的确定，这是对第一学段的升级学习。然而，"数学科成绩等级评定表"只从宏观上列出学生对"空间与图形"概述的掌握情况，范围未免过于广泛，而且缺乏针对性，也难以体现学生学业的动态发展。虽然评价学生的主线一致，但是由于小学阶段每个年级学生身心发展不同，因而评价也不能一刀切，不可同日而语。

　　（2）纸质的《综合评价手册》使教师的工作量大大增加。西区共10所公、民办学校，学生16 284名、教师791名。实施学业质量评定，需要进行大量的数据收集与分析整理。在采用传统的手工评定方式进行评定的实践中，出现过诸多问题，如工作量大，数据录入、保存与传输不便，难以在不同等级权限下对评定结果进行处理，难以记录评定结果的更改过程，无法智能化地对数据进行相应计算与统计，等等，而最重要的是难以体现学生学业发展的动态性。《综合评价手册》是以每一年级为单位的方式呈现的，年级与年级之间相对独立，不方便教师的跟踪，缺乏对学生评价的继承和延续性。纸质的评价手册，难以保存，况且以一学年为单位的手册，难以在图表上或者图形上描述学生发展的动向，难以体现年级的层次性要求，也难以体现评价的发展性原则。评价的作用主要是为了学生的发展，这是新一轮素质教育和新课程改革非常强调的核心问题，但遗憾的是，评价手册中发展性的特点难以体现，评价只是流于形式，没有实际效用，也难以为基础教育服务。在这种情况下，借助信息技术和网络功能对学生各项素质项目进行的评价方式应运而生。

《基础教育课程改革纲要（试行）》强调"改变课程评价过分强调甄别与选拔的功能，发挥评价促进学生发展、教师提高和改进教学实践的功能"①。马克思也提出，未来社会应该是"以每个人的全面而自由的发展为基本原则的社会形式"②。可见，素质教育下倡导的学业质量，是以促进人的全面发展角度提出的学业质量。结合本文研究，笔者把学生学业质量的评价定义为：小学生在学习过程中达到一定阶段时，评价者根据一定的学业质量标准，采用一定的测评方式，对小学生的学习成果进行价值判断和对学习过程中各种影响因素进行实证分析的过程，常用的评价方法有测试、问卷、实验、访谈等。它的目的是宏观把握学生学业质量，从整体上了解教育质量的状况，为提高、改善教育质量提供有力的佐证。因此，对学生学业质量的评价应是学习过程、情感、智慧、能力等方面素质的有机结合。

二、学业质量评价体系的构建

（一）设计依据

教育家布卢姆的"教育目标分类法"③，把教育目标分为认知领域、动作技能领域和情感态度领域三个方面，较为全面地概括了教育目标的各个层面，各目标又包含几个递进的子目标，评价者可以根据这些子目标对学习者的学业情况进行全面的评价（见图1－11、图1－12和图1－13）。

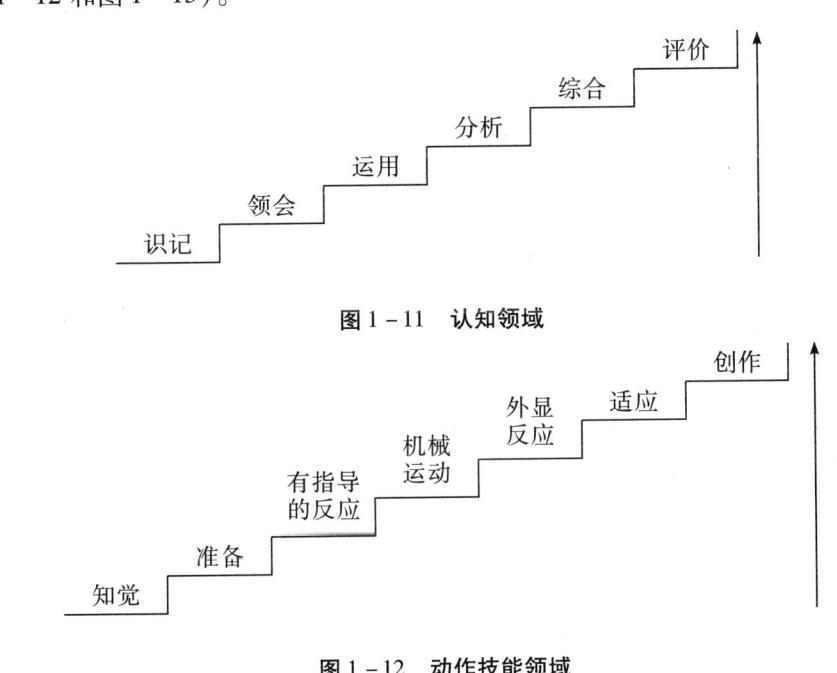

图1－11　认知领域

图1－12　动作技能领域

---

① 教育部. 基础教育课程改革纲要（试行）（教基〔2001〕17号）[Z]. 2001-06-08.
② 潘宁，周毅. 马克思主义经典作家思想研究[J]. 理论经纬，2010（1）：1-53.
③ 安德森，等. 学习、教学和评估的分类学：布卢姆教育目标分类学[M]. 修订版. 皮连生，译. 上海：华东师范大学出版社，2008：42.

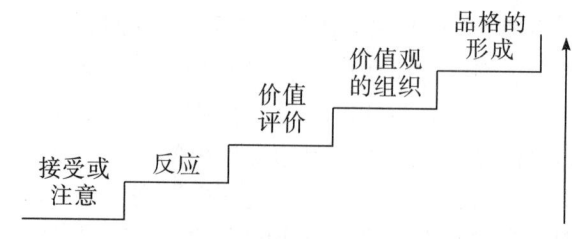

图 1-13 情感态度领域

1. 知识与技能的评价要点

传统的教育强调的是小学生对过去知识的掌握，而素质教育强调的是学生对知识、技能的运用。相对小学生来说，可以分为知识、技能在学习活动中的应用和在生活中的应用。学习和生活中的应用都是通过类比和本质推理，达到感性认同和理性认同来实现的。在知识与技能的学习过程中，还可以对学生的学业质量评价进行诊断性评价、形成性评价和总结性评价。

2. 学习能力的评价要点

学习能力的形成与发展是素质教育关注的重点之一，它是人们完成任务或达到目标的必备条件，直接影响活动的效率。因此，能力评价是学业质量评价中不可缺少的内容。而当我们谈到一个人的"能力"时，通常是就个人在某一个领域的专业知识而言的，实际上，能力的内涵应包含三部分内容，除了专业知识之外，还包括执行、处理事物的方法与经验（即"执行能力"），以及学习、反省检讨的能力（即"学习能力"）。学习能力是学习的技巧，即是"渔"的技术，有了合适的方法和技巧，学到的知识就成为专业知识；学习到执行、实施的技能就形成了执行能力。然而，学生的能力范围很广，不可能都作为评价指标。我们依据时代对学生发展的要求，选择信息能力、实践能力和问题解决能力三个代表性能力作为评价指标。

3. 学习策略的评价要点

所谓学习策略就是学习者为了提高学习的效果和效率，有目的、有意识地制订有关学习过程的复杂方案。① 克尔·帕特里克所提到的阶层评价模式，强调评价应从不同层面进行，尤其是从小学阶段开始。它包括小学生个体的反应、学习、行为和成果等层面的评价，以期了解小学生学习过程。

4. 学习情感的评价要点

"情感态度与价值观"是学生全面发展的重要组成部分，其关注的是"形成积极的学习态度、健康向上的人生态度，具有科学精神和正确的世界观、人生观、价值观，成为有责任感和使命感的社会公民等"②。情感指学习兴趣、学习责任，更重要的是乐观的态度、求实的科学态度、宽容的人生态度。价值观不仅强调个人的价值，更强调个人价值和社会价值的统一；不仅强调科学的价值，更强调科学的价值和人文价值的统一，从

---

① 丁韶锋. 中职韩国语教学中的情意策略[J]. 中国科教创新导刊, 2011 (32): 89.
② 莫显楚. 浅谈小学语文教学中学生情感态度与价值观的培养[C]//中华教育理论与实践科研论文成果选编: 第九卷. 2015: 2.

而使学生内心确立起对真善美的价值追求以及人与自然和谐、可持续发展的理念。提倡情感、价值观的评价，对于有关知识与技能转向注重发展学生非智力因素，起到导向的作用。

（二）体系概要

由于本文的研究对象是小学生本身，因此在构建小学生学业质量评价指标体系时，要考虑以下一些因素：第一，评价的指标体系要遵循教育的规律，充分认识到小学生处于义务教育的初级阶段，要求不能超越小学阶段发展的实际。第二，评价指标的确定必须从学校和学生实际出发，让评价者能通过学生在学习生活中表现出来的能力进行客观、科学的评价。第三，把握能反映小学生成长的关键指标，以免指标泛滥使得评价敷衍了事（见表1-24）。

表1-24　西区某小学学业质量评价指标体系

一级指标	二级指标	评价要素	评价工具类型
认知与技能	日常生活中应用水平	按照新课标，各学科认知水平的达标程度	情境测验试卷 实践操作方案
	学习活动中应用水平	已有知识技能在本学科中的应用，本学科知识技能在其他学科中的应用	测验试卷 作业题目
学习能力	信息能力	利用搜索信息的方法和手段，对信息进行分类、确定、管理和使用，获取信息、传输信息、处理信息和应用信息的能力	观察记录 实践操作 调查问卷
	实践能力	能通过动手操作，解决实际问题	
	解决问题能力	发现问题，包括速度和价值，归纳综合并形成结论	课堂观察检核表 情境测验试卷
学习策略	学习目的	明确学习目标	调查问卷 目标计划表
	学习计划	通过计划合理安排时间和任务，使自己达到预期目标	
	学习方法	能高效掌握知识	解决学科难题的步骤与方式 解决学习困难的情况记录表
	思维方式	为达到特定思维目地所运用的工具和手段	
学习情感	学习态度	努力、认真、主动学习	观察记录表 自我评价表 情境测验试卷
	学习兴趣	喜欢、不知疲倦学习	
	学业价值观	学业抱负、评价学业	

（三）评价流程

利用信息技术，相关部门负责信息采集，学校电教中心负责信息输入与处理。制定了《小学学生学业质量指标测试使用手册》，并建立一套行之有效的制度，以期能够真实反映评价预期要求（见图1-14）。

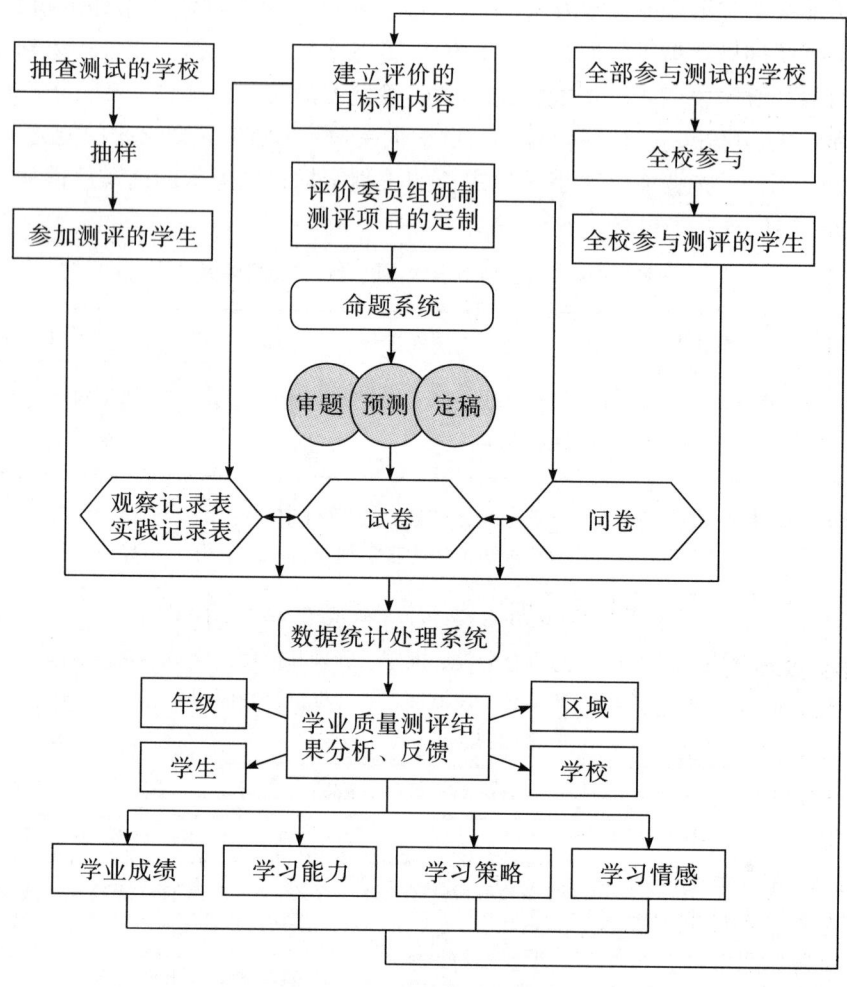

图1-14 学业质量评价流程图

在抽样、实施测评和问卷调查等数据分析的基础上，形成了小学生学业质量评估报告，主要内容如下：一是学生学业质量总体情况，其中包括各学科的学业成绩、学业质量总体情况（不同性质学校、不同性别学生的学业质量）；二是针对学科评价结果分析，包括典型题目的分析、学科考察能力表现（总体水平、不同群体学生的表现）、学科问卷分析等；三是调查报告分析，包括学习成绩以外的学习能力问卷、学习策略问卷分析、班风情况等，并分析这些因素与学业成绩的关系。

(四) 评价系统的模块分析

随着高新科技的发展，信息时代的到来，将信息技术与学生学业质量评价相结合是一个顺应发展的大趋势，但是我国在这一领域的相关研究还是比较少，所以我们从小学生学业质量评价在实践中遇到的问题入手，实现学业质量评价与计算机技术完美的结合，构建基于信息化平台的小学生学业质量评价系统（见图1-15），以期解决这些难题，并提高评价的效率和确保评价的公平性。

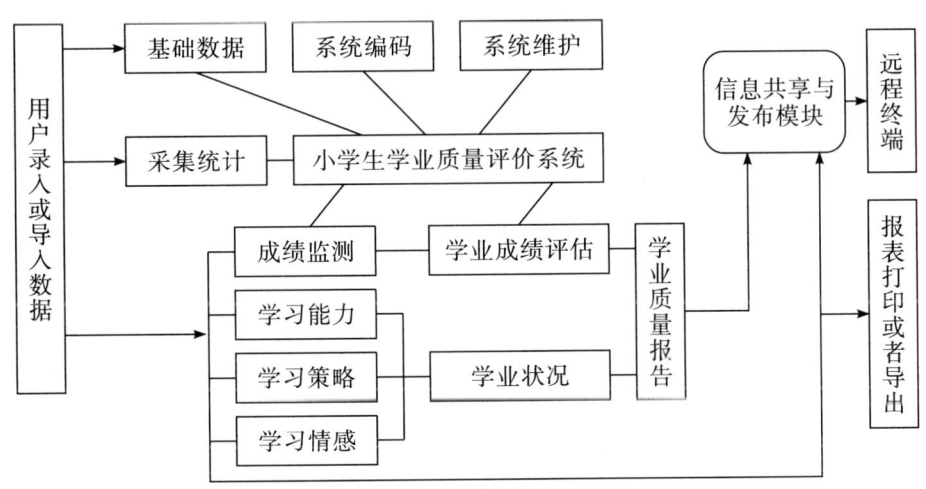

图1-15 小学生学业质量评价系统模块图

1. 学业成绩模块

主要体现网络阅卷和分析功能。在公平、公正的前提下，如何高效率地把握小学生知识掌握程度？考完试后，只要把试卷扫描生成图像放于服务器，评卷老师就可以利用充足的时间在任何网络畅通的地方，通过账号、密码登录进行阅卷工作。为确保公正性，还可以按题目或者题组的方法分工（不同学校评阅不同题目），以利于确定统一评分标准，避免因评卷人员不同而出现评卷异同的现象发生，提高评卷公平性。

学业成绩模块对小学生认知分析透彻。小学生学业质量评价系统，经实践证明，与传统人工阅卷只能统计简单的成绩分析报表不同。系统可以根据具体的教学目标和要求，以《教育测量学》为理论依据，通过设置相关的计算指标，便可自动生成大量详细、客观的成绩分析表，如学科诊断成因分析。教师可以通过网上阅卷，对学生的成绩进行数据统计，对错题进行采集、整理，按不同范围分类，从学科、年级、章节和知识点等方面查找得失分的原因。由此教师可根据学生知识缺陷表，有针对性地改善教学策略。

2. 学业状况模块

其他学业状况模块，即包括学习能力、学习策略和学习情感等方面的调查、评价。笔者以小学生信息能力评价为例进行研究。在获得学生"利用搜索信息的方法与手段"的能力评价中，让小学生根据任务的需要，熟练使用文字、图片处理等工具进行信息加工。知识的检查采用了这样的实践体验活动：4人小组协作使用文字、图片处理软件制作一份环保电子板报。这是一个拓展性的评价，主要评价学生对信息的获取、加工，表达能力,合作情况以及使用信息技术解决学习、生活问题的能力,评价贯穿整个实践活动。

利用系统的网络数据处理功能,在系统题库中有针对性地设置好各方面的调查问卷或者学习任务,如学生的现有认知水平、能力、学习策略和学业情感等,面向学生开放使用。

3. 小学学业成绩与其他学业状态调查两个模块双向进行

系统模块(见图1-16)的雏形来自于高考模拟考试系统,它以快速、高效的评卷功能而著称,偏重于接轨高(中)考、成绩数据发掘、校际间跨地区互联考阅卷,以高(中)考横向比较为目标。而小学是基础教育的起步阶段,理应更注重学生能力的培养。虽然已有现成而且受到好评的模拟考试系统,但是,基于这个出发点,我们不得不重新研究适合小学生使用的学业质量评价系统。以学习情感子模块为例,在参与系统模块分析时,大部分成员都认为小学生学习情感的评价纯属质性评价,与简单的知识、技能的学习,低级的思维过程相比,难以量化。笔者从多年的信息技术教学中体会到,技艺精湛的学生也会有情感缺失的时候,即对"人"的关注,而这些往往是教育中最有意义、最根本的内容。因此,学习情感评价作为子模块成为小学生学业质量评价的有机组成部分。

对于学习情感的调查,在学生按照网络上的问卷进行测试后,系统将自动统计和分

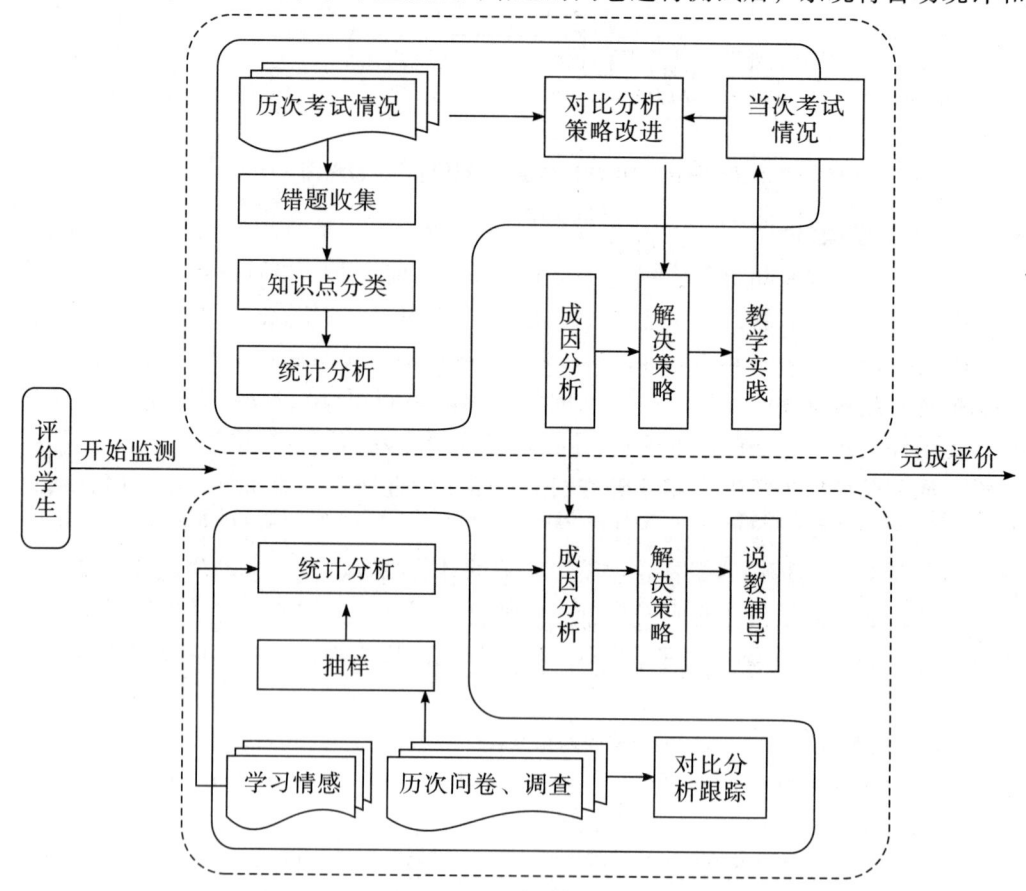

图1-16 小学生学业质量测评系统模块图

析,并马上反馈给学生本人和各科教师作为档案的跟踪记录。一方面,学生可以根据自己的情况,选择适合的方法对症下药,如果学生本人调整不来(这个调整是针对小学阶段高学段的学生),他们可以向班主任或者科任教师请求帮助。另一方面,班主任可以根据该生的表现和其他科任教师的评价,全方位了解该生,再利用系统量化学生的学习情感,比对学业成绩与学习状况,把两者的成因分析反馈到学业归因范畴。这使得对学生学业成绩的分析更全面和更高效。

以高科技的信息技术为依托,结合相关教育价值观为指导的动态性、发展性的学业质量评价,为我们一线教师在测评学生、修正教学等方面提供了可行性。我们要继续勇于探索,不断完善,大胆实践,为适应素质教育,推进课堂改革,探索一条有自己特色的教学质量监测有效之路,为进一步全面提高教学质量奠定扎实基础。

参考文献

[1] 汪贤泽. 基于课程标准的学业成就评价的比较研究[M]. 北京:教育科学出版社,2010.

[2] 崔允漷,王少非,夏雪梅. 基于标准的学生学业成就评价[M]. 上海:华东师范大学出版社,2008.

[3] 陈玉琨. 教育评价学[M]. 北京:人民教育出版社,1998.

[4] 季明明. 中小学教育评估[M]. 北京:北京师范大学出版社,1997.

[5] 陈文贵. 动态评价小学生学业成绩的优秀率[J]. 宁夏教育,2009(Z1):65.

[6] 刘尧. 中国教育评价发展现状与趋势评论[J]. 中国地质大学学报(社会科学版),2003(5):59-62.

[7] 程仪容. 建立科学的评价机制是实施素质教育的根本保障[J]. 理论导刊,2001(7):25-26.

[8] 黄宪,张经纬,钟阳,等. 构建区域中小学生学业质量管理体系的实践与思考:以广州市为例[J]. 基础教育课程,2010(11):57-59.

[9] 母小勇,薛菁. 课程评价:从学业成就评价走向学业评价[J]. 教育理论与实践,2007(13):46-49.

[10] 张爱兰. 小学生学业成就评价指标体系初探[J]. 中小学管理,2004(6):47-49.

[11] 杨佐荣,张红梅. 新课程背景下中学教师学业评价现状调查与反思[J]. 现代教育,2010(Z1):27-33.

[12] 郭娅. 运用多元智能理论构建学业评价体系:新课程背景下县级小学生综合素质评价体系初探[J]. 科学咨询(教育科研),2010(1):64.

[13] 张玉凤. 扎实开展学生综合素质评价,促进学生全面发展[J]. 新课程(教研),2011(11).

[14] 上海市黄浦区教育局,上海市学业管理与评价研究所. 学业管理与评价改革:全面推进素质教育的突破口[J]. 上海教育科研,2005(9):4-9.

[15] 陈东华. 利用学分制对初中生进行发展性评价的探索[D]. 武汉:华中师范大学,2011.

[16] 郭红. 高等教育大众化对基础教育阶段学业评价改革的诉求:一所民办院校学生学习情况的启示[D]. 南京:南京师范大学,2004.

[17] 周轩. 高等招生中的学生学业评价研究[D]. 石家庄:河北师范大学,2011.

[18] 张琦. 高中信息技术课程学生学业评价的研究[D]. 上海:华东师范大学,2006.

[19] 白玉珊. 基于电子平台的学生综合素质评价研究[D]. 石家庄:河北师范大学,2009.

中学生综合素质评价的成效与问题思考

汕尾市陆丰市城东镇水墘中学　陈国延

摘要：中学生综合素质评价是对中学生思想品德、学业成绩、身心健康、实践能力、个性发展等方面客观、公平、公正的评定，它能够淡化评价的甄别与选拔功能，充分发挥评价的激励与导向功能，有利于引导学生实现自我认识、自我教育，明确发展方向，在原有基础上全面、和谐、可持续地发展。然而在中学生综合素质评价中，取得成效的同时，也存在一些问题，这就要求教育者要拥有清晰的思路，提出建议和对策，让中学生综合素质评价更加有效地发展。

关键词：中学生综合；素质评价；成效；问题；对策

《基础教育课程改革纲要（试行）》指出："建立促进学生全面发展的评价体系。评价不仅要关注学生的学业成绩，而且要发现和发展学生多方面的潜能，了解学生发展中的需求，帮助学生认识自我，建立自信。发挥评价的教育功能，促进学生在原有水平上的发展。"

开展初中学生综合素质评价，既是进行中考改革的迫切需要，也是实施新课程与落实素质教育，促进学生德、智、体、美、劳等全面和谐发展的迫切需要，初中学生综合素质评价结果也将与初中学生毕业和升学挂钩。

如何进行初中学生综合素质评价特别是如何进行初中毕业生的综合素质评价，不仅是摆在校领导，也是摆在我们每一位普通教师面前必须破解的一个重要问题。同时，进行初中学生综合素质评价特别是进行初中毕业生的综合素质评价，也是摆在我们面前的一项刻不容缓的工作。

一、国内外中学生综合素质的评价标准

（一）国外中学生综合素质评价

20世纪80年代，在国外，建立学习档案袋，注重学生综合素质全面均衡发展就已成为趋势，并形成规模体系。

美国：倡导情感教育，注重在逆境中塑造孩子的独立性。

英国：提倡"餐桌上的课堂"。

日本：时兴乡下留学，重视孩子毅力的培养。

俄罗斯：最重要的一门课——"周围的世界"。

新加坡：课外活动也能拿学分。

德国：诚实是一个人最重要的素质。

某国际机构在全球 200 名杰出人物调查中发现，这些人从小自信，爱学习，综合素质好，但 50% 的人学习成绩并不理想。德韦克和艾利奥特明确提出"能力观"，使学生认识到能力是发展的，通过努力和练习可以改变，从而进一步引导学生的有效学习行为。

（二）国内中学生综合素质评价

我国在这方面才刚开始起步，没有形成体系，处在探索阶段。其指导思想是：按照新课程理念的要求，以道德品质、公民素养、学习能力、交流合作与实践能力、运动与健康、审美与表现为基本内容，以学生的实际表现为依据，把学生的全面发展与个体差异相结合，以学校评定为主体，以专业支撑与制度建设为保障，采用多元化的评定方法，力求全面反映学生的综合素质状况，推动素质教育的实施。教育方针也明确提到：要培养德、智、体、美、劳全面发展的五好新人。

北京市、上海市早在 20 世纪 90 年代末，就已制定了"义务教育阶段六至九年级学生基本素质培养目标"，开始实行中学生评价手册。上海市于 2003 年开始在高中实行中学生综合素质评价手册。上海大同中学 2001 年开始着手"研究性学习档案袋"，湖南省长沙市雨花区 59 所中小学实行"新概念三好学生"评比，2001 年上海市闵行区着手进行"新基础教育实验"。我校 2002 年开始建立学生成长档案袋，研究、探索"中学生综合素质评价方案"。2004 年上海市闵行区"中学生综合素质评价"占中考总成绩的 30%，真正实现从应试教育到素质教育的转变。

在新的历史时期，"好学生"的标准是什么？教育部原副部长韦钰认为：好学生要有学习的兴趣和能力，有良好的情绪控制能力。复旦大学原校长王生洪认为：好学生要有高尚的情操，高度的社会责任感，有比较宽厚的专业知识，要有创新精神，具有分析问题的能力、组织活动的能力、全球意识、国际意识和及时获取大量信息的能力。

综上，综合素质评价是对学生思想品德、学业成绩、身心健康、实践能力、个性发展等方面客观、公平、公正的评定，它能够淡化评价的甄别与选拔功能，充分发挥评价的激励与导向功能，有利于引导学生实现自我认识、自我教育，明确发展方向，在原有基础上全面、和谐、可持续地发展。然而，在中学生综合素质评价中，取得成效的同时，也存在一些问题。

二、成效和问题

（一）中学生综合素质评价带来的成效

1. 促进了价值取向和更新育人观念

综合素质评价极大地唤醒了教师的"人本意识"，评价的价值取向集中体现了"一切为了学生发展"的教育理念，评价的内容、方法和目标等正朝着一个多样化、多元化、全息化、发展性的方向发展。评价主体由单一转向多元以及自评、互评相结合，强调多方参与和互动；评价内容由以偏概全转向全面综合，既考虑学生的全面发展，又关注学生的个体差异和特长；评价方法由注重量化转向质性与量化结合；评价者与被评价者的关系由主动—被动转向平等、理解以及互动等。这种评价观念和方式的转变，不仅对教师具有导向作用，对学生、家庭教育也有非常明显的指导作用。过去，学校、教师、家长只关注"分数"和升学，忽略了学生的能力、智慧、情感等方面；现在，他们从关注"分数"转到关注学生的"综合素质"上。

2. 推进了学校素质的教育和谐

综合素质评价是素质教育评价观的直接表现，是学校实施素质教育的有效载体和有力抓手。综合素质评价的内容，涵盖了科学、人文、艺术等国民基本素养的基本要求。评价的关注点从单一的分数变成了多元的素质评价，这对学校改革办学思路，形成办学特色，提升教育品质起到了积极的推动作用。学校实施综合素质评价的过程，就是推进素质教育的过程。在综合素质评价的过程中，评价方式更人文、更民主、更开放。评价者与被评价者是平等的，通过学生自评、互评和他评，生生互帮互学，师生共同成长，教师与家长互动协作，学校与社区和谐相处，在这种和谐的氛围中，校风校貌大有改观，不良现象明显减少，学生自律意识逐步提高，师生关系得以改善，新课改、新评价奏响了教育和谐的旋律。

3. 促进了学生多方面潜能的发展和转变

由于综合素质评价不再只关注分数，而是全面关注学生道德行为、心理品质、学习方法、实践创新、艺术修养等，因此这种关注和导向给了学生广阔的发展空间。综合素质评价的内容亦成为学生发展的坐标，每一项指标对于学生来说都是行为标尺和行动指引。学校因势利导，每年举办体育节、艺术节、英语节、科技节等，为学生搭建实践与创新的平台，促进学生潜能的开发和多种能力的发展，促进学生成长方式的转变。学生根据评价和建议重新审视自己的表现和价值，及时调整行为方式和心态，主动提升自我、发展自我。许多中学生认为，他们成长的动力是综合素质评价的导向和引领。

4. 在一定程度上推动了课程改革的进程

综合素质评价的结果与学生的毕业和升学"挂钩"，推动了课程改革与中考、高考改革的有机衔接，动摇了"唯考分是举"的传统。综合素质评价的结果在中考、高考中的运用就是让中考、高考这个现实的指挥棒推动中学全面实施新课革改革，引导课程改革朝着素质教育方向发展，它在一定程度上推动了课程改革的进一步深化。

（二）中学生综合素质评价存在的问题和不足

1. 社会、学校、教师的认识有待提高

受传统的评价学生的单向评价观念的影响，学生、家长和教师参与评价的积极性不是很高，评价主体多元化的舆论环境尚未真正形成。"唯分数论"在人们头脑中已形成思维定式，要想改变，难度很大。家长最为关心的是学生的考试成绩，对学生综合素质关注明显不足。教师对学生成绩记录习以为常，而对其他方面的记录或描述不太积极，甚至认为是一种负担，产生了很大的消极情绪。笔者就本地评价方式进行了调查，发现几乎所有学校都是走过场，奔着成绩好的学生评定等级高的原则，在学生毕业之前按照一定的等级比例一次性填好，有的学校甚至由教师全盘代填，致使评价体系形同虚设。

所以，如果评价的社会大环境不改变，即评价学校、评价教师、评价学生的方法、方式、内容、标准不变，家长、学校、教师的思想观念、认识、行为均很难转变，综合素质评价只会流于形式。

2. 操作难度系数大，教师负担重

课程的不断改革对教师提出了各种新的要求，教师既要忙于繁重的教学工作，又要不断接受各种学习培训以应对新课程改革的要求，还要充分了解每一名学生的个性特点。综合素质评价要求教师在教学中不仅对学生学习能力进行观察记录，而且还要对学生道德品质、公民素养、交流与合作、创新与发展、运动与健康、审美与表现等方面的变化进行观察和记录，进行质性评价。这就需要教师付出更多的时间和精力，使教师处于教学工作和进行评价的双重重压下，因此，不但导致教师对教学投入的精力不足，而且造成评价失真或不全面。

3. 评价效果难以保证

综合素质评价既有对学生共性的记录与评价，又有对学生个性特点的记录与评价。而反映学生个性特点的记录与评价在个体之间难以比较，作为升学录取时的一种评价依据，评价标准难以把握。因而，综合素质发展评价内容、标准的丰富性、项目权重分配、结果合成的复杂性以及教师素质等因素，使评价的可信度和效果很难达到一个理想水平。

另外，评价结果与高中录取的松散关系不能从根本上改变高中招生制度，这种评价结果形同虚设。笔者对当地的评价结果调查发现，除极少数的重点高中招生中要求必须达到 A 级外，一般的高中对评价结果基本不予考虑，如在生物、地理科目只要求 D 级等，大部分还是根据中考成绩的高低来决定是否录取。这样导致了综合素质评价的形式主义倾向，人们对综合素质评价乃至对课程改革失去信心。这些问题和不足如果不能及时得到解决和完善，必将影响素质教育进程，使课程改革再度陷入应试教育的泥潭。

三、对策和建议

初中生综合素质评价是一项复杂的系统工程，它势在必行而又任重道远，特别是在一些关键的认识没有突破，正确的理念没有形成，改革的政策没有被深刻领会之前，很多做法都可能会流于表面和形式。因此，我们只有克服浮躁情绪和功利主义思想，脚踏实地，认真实践，才能使课程改革实现质的飞跃。

（一）正确地认识综合素质发展评价报告册的功能

综合素质发展评价主要通过观察等手段搜集信息、描述学生成长，更多的时候是一种学生自身前后差异评价，而很难进行学生之间的价值比较判断。其实这正体现了学生综合素质的"发展"，即它对学生的价值发现和提升的功能。

（二）构建新的学校管理机制，使各种机制可以相互联系

学校作为实施综合素质发展评价的主体，必须有相应科学的管理机制。首先，需要建立一套科学的、系统的评价制度。尤其是对教师的考评制度、奖励制度应加以调整，以通过评价教师来促进教师更好地评价学生，同时学生学籍管理与综合素质发展评价应

相结合。其次，建立和完善学校评价组织，培养一支素质良好的评价队伍，一支专业的、有权威的、相对稳定的评价小组，并有严格的操作流程和规范，从而保证学生的特长认定和升学尽量公平公正。再次，加强校园诚信文化建设，无论学生的自评、互评还是在具体活动中教师的评价，诚实守信都应成为首要的指标与原则。最后，开展以对综合素质发展评价、强度和信度的研究，建立有效的公示制度、监督制度、制约制度和诚信制度。

（三）提高教师评价的专业素质

教师是实施综合素质发展评价的组织者、参与者、操作者，教师专业素养的提高是实施综合素质发展评价的根本保证。因此，首先，应对报告册本身进行修订，使之操作更为简捷方便；其次，学校也应加强对教师使用综合素质发展评价报告册的培训，加强对教师的诚信教育；最后，应给予教师这项工作量的核定，充分考虑到教师在实施综合素质发展评价过程中投入的大量时间和精力。

（四）在招生制度中合理、有效地使用综合素质发展评价报告册

报告册在中考升学中能否起作用，起多大作用，是人们衡量其重要性程度的关键。在当前其信度和效度尚未达到一个理想水平的情况下，在招生考试中使用它可以分出明确的招生录取的"直接依据"和"间接依据"，直接依据主要是对学生各科学习状况量化赋分和等级表现，其他方面评价可作为"间接依据"，作为同等条件下的参考依据。

（五）在评价中突出学生的主体性

1. 把握对学生的养成教育最有效的评价方式

教师的口头评价不应该太随意，要做到慎表扬、多鼓励、少批评。对学生的评价也应以鼓励引导为主，使学生找准自我努力、发展的方向，激励学生更快地进步，调动学生的积极性。如果表扬太泛滥，容易使学生盲目乐观，不能正确地评价自己。在发现问题时应委婉地指出学生存在的问题，提出改进的方式方法，使学生在教师善意的提醒下不断完善自己。所以，教师的口头评价，应该是在学生最需要的时候，以有声的语言、丰富而细腻的情感，对学生进行心灵的感染，满足学生的心理需求。

2. 学生自评和互评应该注重实效，避免流于形式

在评价中，教师应该提醒学生尽量寻找自己的不足和他人的长处，以利于自己的不断提高。同时，学生通过角色互换、互相交流，既要学会发现别人的长处，又要勇于说出对某个同学、某件事的不同意见和看法，从而提高鉴别、评判是非的能力。

3. 关注过程，发挥评价的促进发展功能

教师应充分利用《中学生综合素质评价手册》，记录并反映学生的全面发展、健康成长、逐渐长大的历程，在综合评价的基础上，更关注个体的进步和学生多方面的发展潜能。

4. 尊重学生个体发展，实现评价指标多元化

素质教育要求每个学生德、智、体、美、劳等诸多方面都得到发展，但要全面发展却不是一朝一夕的事，也不可能同步、划一地实现全面发展。苏联教育家苏霍姆林斯基

说过,重要的是在每一个孩子身上发现最强的一面,找到他作为人发展根源的"机灵点",做到使孩子在他能够最充分地显示和发挥他的天赋的事情上,达到他们年龄可能达到的最卓越的成绩。这段话的核心就是要尊重学生的个体差异,让他们在不同项目上表现或展示自己的特长和优势,而当这某一方面取得成功时,必须予以充分肯定,只有这样,才能继续不断地引导,激励学生一项又一项地努力争创,直到取得成功。

参考文献

[1] 克拉克. 教育的55个细节 [M]. 汪颖,译. 北京:电子工业出版社,2004.

[2] 中华人民共和国基础教育课程改革纲要(试行)[S]. 2001.

[3] 吴熙龙. 新课改背景下中学生综合素质评价的成效及问题审视 [J]. 教育测量与评价,2009(6):23-26.

[4] 赵德成. 初中毕业生综合素质评价实践的问题与思考 [J]. 中国教育学刊,2007(7):49-52.

核心素养下中学政治学科学业评价的实践研究

广州市番禺区钟村中学　谭日新

摘要：核心素养主要是指学生适应未来社会发展以及终身学习的主要能力与素质。当前，以思想政治学科核心素养为引领的新型课程标准不仅是课堂教学遵循、学生学习的标准，而且是考试命题的依据。构建中学政治学科核心素养评价，主要是解决中学政治学科核心素养从哪些方面评价、如何评价的问题，必须有科学的理论依据和应遵循的基本原则。文章从学科核心素养的内涵分析着手，认为中学政治学科的核心素养的学业评价体系构建应从纸笔测试与非纸笔测试两大内容去评价学生的综合素质。

关键词：核心素养；纸笔测试；非纸笔测试

构建全面、科学、合理的中学政治核心素养评价，不仅对中学政治教学具有重要的导向功能、考核鉴定功能、信息反馈功能和激励功能，而且是落实新课程改革、引导学生发展政治核心素养的强有力手段，是"培养现代公民必备政治学科素养"的重要环节。评价能否把学生的政治核心素养情况反映出来，直接关系到政治教学中能否真正落实对学生政治核心素养形成的培养。因此，研制一份具有可测性和可操作性的评价体系，是思想政治学科评价研究面临新问题新挑战的过程中，需要突破的核心问题。

一、核心素养内涵与构建中学政治评价体系遵循的原则

（一）核心素养的内涵界定

核心素养主要是指学生适应未来社会发展以及终身学习的主要能力与素质。思想政治学科核心素养，是指个体在面对复杂的、不确定的现实生活情景时，综合运用本课程的学习所孕育出来的学科知识与技能、学科思想与观念；在分析情景、应对挑战、发现问题、确认问题、思考问题、解决问题的过程中，表现出来的参与经济、政治、社会、文化生活的关键能力和必备品格。它包括政治认同、理性精神、法治意识、公共参与等基本素养。

（二）中学政治学科评价遵循的原则

中学政治核心素养评价的构建应遵循五个原则：第一，明确性。评价必须非常明确，不能产生歧义，更不能具有双重含义。对于在理解上可能引起误解的，应做出详尽的解

释或具体的规定。第二，可测量性。评价指向的对象、规定的要求必须尽量用操作化的语言表述，以便评价者能直接进行对照测量，从而获得确切结论。第三，可接受性。制定的评价指标必须符合学生的实际状况，考虑学生的现有学习水平，从而为评价对象所接受。评价指标还须顾及评价的方便和效率，既要确保质量，又要省时省力，从而为评价者所接受。第四，科学性。评价要科学，指标要能全面反映学生学习的状况，要抓住那些影响学生政治核心素养形成的主要因素和主要矛盾。第五，特色性。评价要体现学科特色。要使评价结果做到科学、合理，必须根据政治学科实际，考虑评价指标体系的构建，使政治学科的个性、特色在评价指标体系中鲜明地体现出来。

二、中学政治学科核心素养学业评价纸笔测评设计的实践探索

中学政治学科核心素养禀着培养学生完美人格的宗旨，指导学生从更广阔的视野和更高的境界上关注社会和人生，养成思考的兴趣和品质，培养公民责任感，从而形成良好的思想道德修养和心理素质。基于这一内涵，中学政治学科核心素养学业评价的纸笔测试评价宗旨是：围绕学生的政治学科能力立意，努力创新题型，强调能力题的真实性、情境性、多样性、开放性以及有效性；不断强化思维能力（分析、判断、推理、概括、综合和应用）的考核。纸笔测评设计总体思路是：立意定调（围绕学生道德素养、法律素养、分析与解决问题能力等政治学科核心素养）—情境选材（选取最新的能体现立德树人的时政素材）—设问（紧扣学科素养）。

（一）纸笔测评设计体现学科核心素养——"获取和解读学科信息能力"

"获取和解读学科信息能力"是中学政治学科的重要核心素养之一。对这一素养的测评设计一般都是通过图表、材料信息的呈现，着重测评学生连续文本与非连续文本（图表）的素养。通过测评，促使被测评对象得到获取和解读材料的能力、调动和运用知识的能力、描述和阐述问题的能力、论证和探讨问题的能力。

【测评设计例题】

例1：建设生态文明，建设美丽中国，是关系人民福祉、关乎民族未来的长远大计。阅读材料，回答问题。

材料一：近年来，"镉大米""重金属蔬菜""血铅事件"等土壤污染案件频频见报，引起公众极大关注。图1-17中的调查结果来自环境保护部与国土资源部2014年4月联合发布的《全国土壤污染状况调查公报》。

图1-17

(注：长江三角洲地区、珠江三角洲地区、东北老工业基地等地区人口稠密，经济发达，还是国家主要的粮、棉作物产区)

材料二：据有关调查，在珠江三角洲地区，不适宜种植农作物的污染土壤占到土壤总面积的22.8%，工业污染是最大祸首，一次性餐具造成的白色污染及居民生活污染也不容忽视。针对上述问题，政府有关部门回应，当前我国土壤污染防治法尚未出台，土壤污染修复的技术规范还没建立，现有的土壤修复技术也不成熟，治理土壤污染任重道远。

（1）结合材料一，描述我国土壤污染的现状并简要分析其危害。
（2）结合材料二，就政府和公民应如何保护土壤资源提出建议。

测评设计点评：图表题是一种很重要的题型，对于培养学生阅读和获取信息的能力非常重要，这是课标要求的信息能力和媒介素养的要求（PISA阅读素养），对于一线教师的教学具有重要的引导作用。从学科知识的角度看，倡导多用数据说话，用事实说话，用比较说话，多用数据、图表、漫画等形式。这也是重要的教学导向。本题的两个设问都需要结合材料概括推理才能正确回答，很好地考查了学生的阅读与获取信息解决问题的能力。

（二）纸笔测评设计应体现学科核心素养——"理性精神"素养

理性精神是人们在认识和改造世界的过程中表现出来的理智、自主、反思等思维品质和行为特征。理性精神作为中学政治学科核心素养是指学生能够运用马克思主义哲学的观点和方法观察事物、分析问题、解决矛盾，面对经济、政治、文化、社会和生态文明建设中的问题，做出理性的解释、判断和选择。对学生理性精神核心素养的测评设计应着重情境材料选取与有效设问，达到对思辨的效果。从题型设计来看，多通过情境设置进行辨析。

【测评设计例题】
例2：（2016年广州市初中毕业生学业考试思想品德试题第25题）任何社会都会存在不公平现象。一些人遭遇不公，往往会问计于网络，希望借助"网络大V"（一般指获得个人认证，拥有众多粉丝的微博用户）的关注和众多粉丝的强大传播力，形成舆论压力，达到个人目的。阅读材料（图1-18），回答问题。

网络空间是亿万民众的共同精神家园。请结合上述案例，运用网络交往和社会公平的有关知识，谈谈如何理智看待"有事找网络"这一社会现象。

测评设计点评：本题属于"互联网"这一知识点，需要在掌握遵守网络规则、公平的含义和相对性、依法行使批评和建议权等相关知识的基础上，对材料进行深入的分析，从而得出结论。

（三）纸笔测评设计应体现学科核心素养——道德素养

道德素养是一个人最基本、最核心的素质，是中学政治学科核心素养的重要组成部分。中学政治学科作为"德育""公民"教育学科，理应把"诚信""责任""友善"等道德素养作为学科的核心素养的重要组成部分。道德素养的纸笔测评着重立意定调落实立德树人的导向功能，从情境材料中选取围绕"诚信""责任"等最新时政材料。

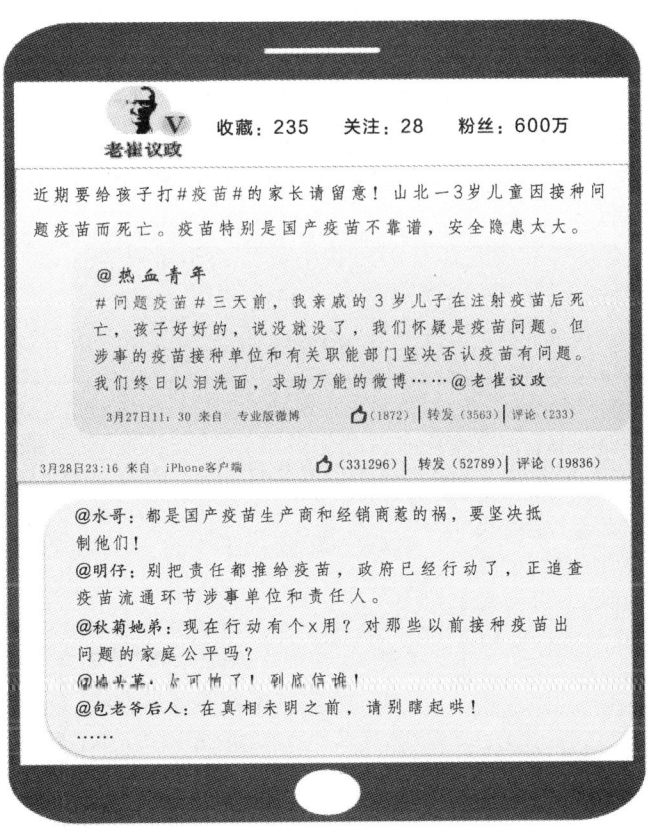

图1-18

【测评设计例题】

例3：阅读材料，回答问题。

在广州南岸路有一个报刊亭，经营者欧婆婆因经常离开报亭，便在报摊上放置木箱让顾客自觉投币，13年来极少发生不投币现象。自设投币箱的报亭主人，至诚至信，坦坦荡荡；自觉投币的广州街坊，以诚换诚，以信获信，小小报刊亭洋溢着人们立世之本的道德光辉。

（1）欧婆婆和广州街坊向我们传递了什么立世之本？

（2）为什么说诚信能互换？中学生该如何诚信做人？

测评设计点评：诚信是社会主义核心价值观的个人层面要求，本题以考生熟悉的热点素材"无人报亭"为切入点，所选用的素材，基本上来自考生生活，能使考生身临其境，倍感亲切，拉近了试题与学生的时空距离，增强了试题的亲和力，既符合当代初中学生的特点，又坚持了道德践行，很好地体现了思想品德课的特色。

（四）纸笔测评体现学科核心素养——"法治意识"素养

法治意识是人们对法律的认可、崇尚与遵从，是关于法治的思想、知识和态度，主要包括规则意识、程序意识和权利义务意识等。党的十八届四中全会明确提出了实行依法治国，建设社会主义法治国家的目标。构建法治中国，必须有良好法律素养的公民。

因此,加强中学生法律素养问题,显得尤为重要。法律问题的核心是法律权利义务问题,权利义务观贯穿整个法制教育的整个过程,它既包括对自我权利的认识和要求,也包括对他人权利的认识和尊重;既包括权利的行使,也包括义务的履行。对"法治意识素养"的测评一般通过案例情境呈现,立意在于选取法律素养的核心关键词,例如从"权利""义务""对法的态度"等方面设计。

【测评设计例题】

例4:在关于"如何正确理解权利义务关系"的小组研究性学习中,组长展示了表1-25的素材,现请你作为小组成员进行研学探究。

表 1-25

素材一	素材二	素材三
某中学九年级小张同学中午让酒后的爸爸开车送自己上学,因途中爸爸酒驾被交警拘留导致自己上学迟到而非常生气,于是在自己的微博上传了一张在网上随便找的照片,并发布虚假消息:臭交警野蛮执法,殴打司机,受伤严重……他的帖子被迅速转载…… 好友小李看到后认为小张的做法不妥,但小张同学却认为:"我国公民享有言论自由,在虚拟的网络世界想怎么说就怎么说。"	2012年4月11日,上海浦东机场20多名乘客因航班延误、航空公司没有给予及时、合理的解释和赔偿而情绪失控,冲入跑道逼停飞机,上演了"拦机维权"一幕。结果因违反了《中华人民共和国民用航空安全保卫条例》被处以治安处罚。但他们依然认为拦机是为了维护自己的合法权利	2014年9月28日凌晨,香港激进分子骤起"占中",在香港非法"占中"事件中,一些集会者冲破警戒线,制造暴力冲突;设置路障,阻塞交通;中外游客钟爱的"购物天堂"风采不再。香港是一个开放、自由的社会,香港市民对政改问题有不同意见和诉求,完全可以通过各种合法渠道和方式来表达

(1)如何评析素材一中小张同学的言论:"我国公民享有言论自由,在虚拟的网络世界想怎么说就怎么说。"

(2)从素材二乘客维权反而受到处罚的教训中,你得到什么启示?

(3)非法"占中"活动给香港造成了不良影响,请运用所学知识,说明公民应该如何正确行使自己的民主政治权利。

测评设计点评:本试题设计以当前时政热点生活问题作为资源素材,探讨当前公民权利义务观这一法律核心素养,通过试题探究着重得出——作为公民必须正确行使权利,自觉履行义务这一道理,具有很好的教育意义。在研学问题的设计上,通过漫画图片、时政素材等形式呈现,更好地体现学科特色。

三、中学政治核心素养学业评价非纸笔测试实践探索

《基础教育课程改革纲要(试行)》要求我们"建立促进学生全面发展的评价体系。评价不仅要关注学生的学业成绩,而且要发现和发展学生多方面的潜能,了解学生发展中的需求,帮助学生认识自我,建立自信"。创新精神、实践能力、口语交际水平、合作意识、情感态度等,都是决定孩子未来发展的重要因素,而这些因素又往往是纸笔测试难以有效评价的。实施非纸笔测试,最重要的原因就是要"发挥评价的教育功能,促进

学生在原有水平上的发展",用评价来促进学生的全面发展。核心素养下的中学政治学科非纸笔测试操作主要体现以下几个方面。

(一) 课前5分钟时政点评

让学生上台演讲,这是一条锻炼学生技能、培养学生能力的极佳途径,教师可根据教学内容,指导学生收集时政要闻。内容包括国内国际,涉及政治、经济、科技、军事、体育等各个领域,也可讲有地方特色的内容,要求学生事先做好卡片,在内容相对全面的基础上,突出重点。上台演讲,开展小组竞赛,教师要做演讲小结,肯定学生成绩,指出不足。经过长期训练,不仅锻炼了学生,更重要的是使学生在演讲过程中受到教育。(见表1-26)

表1-26 非纸笔性测试系列之一——时政小评论记录及评价表

学校		班别		姓名		学号	
指导教师		活动类型(专题名称)				日期	
时政小评论记录							
选题(5分)	表情(5分)		是否脱稿(5分)		点评情况(10分)	整体评价(10分)	

实施效果:

课前5分钟时政点评,培养了学生的口头表达能力,收到了较好的测试评价效果,改变了多年以来单一的纸笔考试模式,学生感觉很新鲜。这种考试方式极大地丰富了对学生全方位多元化的评价体系,体现了新课标对学生情感、态度、价值观方面的人文关怀,关注了学生表现性过程评价,给学生一个自我导向性的发展评价。

(二) 模拟法庭活动

模拟法庭活动是指在教师的指导下由学生扮演法官、检察官或律师、案件的当事人、其他诉讼参与人等,以司法审判中的法庭审判为参照,模拟审判某一案件的活动。模拟法庭活动的开展,使学生能直观形象地学习法律知识,增强他们学习法律知识的积极性和自觉性。同时丰富政治课的教学方式和教学内容,提高学生的综合素质和能力。

操作过程如下。

1. 前期安排

选择教师给出的一个案子,进行模拟演出。每个班演一场,由课代表、组长和班长负责,每个班演出时间不少于20分钟。(注:在当天课上必须完成,不能拖延到下次上课演出,否则以零分计,有不可抗力事件除外)期中作业分数计入平时成绩,占1/3,另外2/3是出勤率与新闻汇报。

2. 角色确定

确定案例后,进行演员的选拔,确定人物性格。

（1）事实部分。

事实演绎应尽量与实际相符，也可加入夸张或搞笑的表演。

（2）庭审部分。

根据自己队的演出事实来审案子。审判的诉讼参与人初步确定为：一名审判长，一名审判员，一名陪审员，两名书记员；一名原告，两名诉讼代理人。若是刑事案件，加入两名检察官，一名法警；一名被告，两名诉讼代理人；证人若干。

由课代表召集所有演员开会，布置具体任务。让演员们彩排。

①审判、起诉、答辩三方完成所需要的司法文书。同时审判方根据案件实际情况对判决形成初步意见并列出提纲。

②向各位演员交代庭审程序，让各自清楚自己的出场顺序。

③要求：在正式演出前，原告、证人、被告、受害人等要将自己的台词理解透彻；各演员对自己的出场先后以及发言内容十分清楚。要达到可以使庭审完整、顺畅地完成的目的。

3．庭审点评

进行公开庭审，并由指导教师做点评，同时可以邀请部门领导或相关社会单位的有关人员做点评。

4．庭审现场流程

（1）主持人介绍相关人员及嘉宾，介绍此次庭审案件的相关情况，宣布活动开始。

（2）庭审程序：庭前准备—法庭调查阶段—法庭辩论阶段—法庭判决。

（3）庭审结束后由教师点评并做总结。

实施效果：

模拟法庭活动通过分析和研究案例，模拟案件的发生经过，再以此为依据进行庭审处理，解释法律规定，掌握案情与法律之间的关系，让理论活学活用，达到理论和实践相统一。同时，学生的亲身参与，可以将所学到的法律知识、基本法律技能等综合运用于实践，从而提升学生的法律素养。

（三）辩论赛

中学政治课堂辩论是指在课堂上，全班学生围绕同一辩题形成正反两方，在教师的组织下，各方运用事实来阐述自己的观点，并驳斥对方论点的一种思想品德教学活动。这种交往形式可以充分展开对立双方的观点，相互比照，是双方思想、智慧的直接、激烈撞击，能在短时期内激发参与者思维，给课堂提供或制造大量的、有效的、高质量的课堂信息。同时辩论中要求辩论者冷静平稳、快速反应，调动以往的知识资源做有效的回应及队员之间配合默契等对参与者的心理素质的提高、思维品质的提升、合作精神和意识的培养，具有很好的推动作用。

操作过程如下。

1．精心准备

首先，选择、确定辩题。在选择辩题时，必须考虑辩题的辩论价值、学生的兴趣程度、资料的多寡和收集的难易度，以及对思想品德教学内容的适时配合等因素。其次，指导收集资料、分析整理资料信息。只有充分掌握正反两种观点的论据，思想品德课堂辩论论证己方观点时才能全面而深刻，批驳对方观点时才能有的放矢、切中要害。最后，辩论组织的确定。正反方成员确定，观众以及评委组成人员等都要进行事先的精心准备。

2. 课堂辩论

首先，创设辩论场景。制造出真实的辩论情景，使学生有适度的紧张感，促使他们加快思维速度，引发灵感，以激发出学生创新思维的火花。以进行"中学生上网的利大于弊还是弊大于利"的课堂辩论为例，辩论会场布置：黑板上醒目地标出辩题，右下方注明班组和日期。讲台为主持人席位，课桌一分为二，学生相向而坐，形成两军对阵、剑拔弩张的氛围，主辩手席位在各方前排正中位置，并且是面对面。其次，把控辩论过程。仍以上例为例加以说明。这堂课堂辩论的过程可以这样操作：主持人（由班长担任）先致简短的开场白，宣布课堂辩论开始。接着由双方代表抽签决定正反方，并通报正反方的观点。正方主辩手阐述"中学生上网的利大于弊"的观点，反方主辩手阐述"中学生上网弊大于利"的观点。接着双方辩论，人人都可举手发言，但必须经主持人同意。主持人持中立态度，辩论双方有对等的发言权，窥觑任何一方为犯规行为。在冷场时，主持人适时引导，引出新的话题；当对某一看法已展开了充分讨论，而双方仍互不相让时，主持人就中止该话题的辩论；当双方情绪偏激时，主持人就泼点凉水；相反，双方"无战事"时，主持人就"煽风点火"，制造点矛盾。辩论结束前，双方主辩手分别做一次总结发言。最后，教师对课堂辩论做点评。

3. 辩论总结、点评

这个总结性点评包含对活动本身、活动过程、活动结果的总的评议。评议主体包括所有参与者，例如，辩论双方对自己或对方在辩论中的表现或辩论中的一些观点等都可以做点评或探讨（见表1－27）。

表1－27　非纸笔性测试系列之二——课堂辩论赛评分表

评委姓名				场次		
辩题及单位	正方					
	反方					
环节	立论 （20分）	驳论 （15分）	对辩 （15分）	自由辩论 （25分）	总结陈词 （25分）	总分 （100分）
正方						
反方						
获胜方：				优秀辩手：		

实施效果：

课堂辩论与传统思想政治教育模式下课堂交往形式和交往的内容相比，交往形式更民主、活泼，内容更广、更深，课堂信息数量增加，信息流动速度加快，学生在教师的指导和帮助下通过对信息的了解、把握等有力地促使政治理论与现实结合的研究能力、阐述能力、语言的组织与表达能力、心理素质的稳定能力、思维反应的敏捷能力、归纳总结能力等的提高。

（四）时政小论文

撰写时政小论文是中学政治的一项学科实践活动，也是学生对中学政治学科知识学以致用的一个有效途径，实现了由课本知识向学生高层次的思维能力的迁移与转化，促进了中学生思想政治学科核心素养的形成（见表1-28）。

表1-28 中学政治学科时政小论文评价表

项目	一、优秀	二、良好	三、中	四、较差	五、差	项目得分
内容（15分）	15~13分 立意深刻，观点正确，论据充分，会论证，联系实际恰当，事理交融	12~10分 中心明确，观点正确，论据恰当，能论证，联系实际比较恰当	9~7分 中心基本明确，观点正确，基本上有论据、有论证，能联系实际	6~4分 中心不明确，议论不清楚，联系实际欠妥或偏离题意	3~0分 严重偏离题意	
表述（7分）	7分 结构严谨，层次分明，语句准确、流畅	6分 结构完整，条理清楚，语句通顺	5~4分 结构基本完整，条理基本清楚，语句基本通顺，有少量语病	3~2分 结构不完整，条理不清楚，语句不够通顺，语病较多	1~0分 结构混乱，文理不通	
总评	得分	等级标准	优秀 22~20分	良好 19~16分	中 15~8分	差 7~0分
	评语：					

评审人：
年　月　日

四、结语

核心素养下的中学政治学科评价构建与实践，严格遵循新课标要求。体现在评价功能上，由侧重选拔转向侧重学生发展。以人为本、以学生发展为中心，评价是促进发展的手段。在评价依据上，由以往重视结果转向结果与过程并重。以往的评价是对"过去"的关注，现在的评价理念是对发展、提高、未来的关注。在评价主体上，由一元化向多元化转变。过去采用的是单一主体、外部评价，现在则有包括学生在内的多元评价、互动评价，评价结构能够更好地发挥激励、促进作用。在评价焦点上，不再以结果为中心，而是在评价反馈后被评价者对评价的认同以及原有状态的改善。在评价内容上，更加全面，不仅关注学生知识掌握的情况，也关注学生的能力、情感、态度、价值观的评价。在原有的纸笔测试的方法上，增加了多种多样的评价方法、全面综合的评价过程和结果。

参考文献

[1] 教育部. 义务教育思想政治课程标准（2011年版）[S]. 北京：北京师范大学出版社，2012.

[2] 张云平，等. 高中思想政治课学业质量评价标准[S]. 广州：广东高等教育出版社，2012.

[3] 广州市教育局教学研究室，等. 广州市义务教育阶段学科学业质量评价标准：思想品德[S]. 广州：广东教育出版社，2012.

[4] 陈友芳. 基于学科核心素养的学业质量评价与水平划分[J]. 思想政治课教学，2016（2）：4-7.

[5] 朱明光. 关于思想政治学科核心素养的思考[J]. 思想政治课教学，2016（1）：4-7.

[6] 朱科松. 教学评价以促进学生发展为根本价值追求[J]. 基础教育研究，2011（12）：17-19.

[7] 王晓斐. 高中思想政治课堂教学评价的调研与探索[D]. 济南：山东师范大学，2011.

[8] 董玲. 新课程背景下普通高中课堂教学评价研究[D]. 哈尔滨：哈尔滨师范大学，2010.

[9] 周卫勇. 走向发展性课程评价：谈新课程的评价改革[M]. 北京：北京大学出版社，2002.

[10] 林龙河，贺玉麟. 中小学课堂教学评价的理论与方法[J]. 教育学术月刊，1988（5）：26-30.

基于学科素养观的小学语文非纸笔测试实践与思考

广州市荔湾区环市西路小学　潘雪梅

摘要："全面提高学生的语文素养"是《义务教育语文课程标准（2011年版）》的基本理念，基于语文素养的学业质量评价自然不能再单一化地依靠传统的纸笔测试来进行，因此必须加大对非纸笔测试的研究，以更加多元的评价方式对学生的语文素养形成情况做更加全面、科学、客观的评价。它通过对基于学科素养观的小学语文非纸笔测试的实践与思考，从语文素养的内涵方面分析非纸笔测试的必要性；从课程标准的内容方面分析非纸笔测试的方向性；从语文教学的现状方面分析非纸笔测试的操作性，使得小学语文学业质量评价体系更为完善。

关键词：语文素养；非纸笔测试；教学评价

语文，作为义务教育阶段最重要的一门基础课程，是学生学好其他课程的基础，也是学生全面发展的基础。语文课程的多重功能和奠基作用，决定了它在义务教育阶段的重要地位。因此，广大语文教育工作者一直对学生的语文学业质量评价相当重视与谨慎。由于纸笔测试可以有效地测量被测试者的基本知识、综合分析能力、逻辑推理能力、文字表达能力等素质差异，一次能够出十几乃至上百道试题，考试题目的取样较多，对知识技能的考核的信度和效度高，可以大规模地进行分析，具有费时少、效率高、被测试者的心理压力小、较易发挥水平、成绩评定比较客观等优点。长期以来，各学校都坚持以纸笔测试作为对学生语文学业水平进行评价的主要方式，甚至唯一方式。然而，《义务教育语文课程标准（2011年版）》（简称《语文课程标准》）将"语文素养"作为重要概念提出，强调"语文课程应致力于学生语文素养的形成与发展"。如此一来，语文学业质量评价已不可能再单一化地依靠传统的纸笔测试来进行。非纸笔测试必将在语文学业质量评价中发挥更大的作用。

一、从语文素养的内涵看非纸笔测试的必要性

《语文课程标准》基本理念的第一条指出要"全面提高学生的语文素养"。"语文素养"指的是学生比较稳定的、最基本的、适应时代发展要求的听、说、读、写能力修养，以及在语文方面表现出来的文学、文章等学识修养和文风、情趣、价值观等人格修养。由此可见，语文学习的内涵是相当丰富的，除了"学识、能力、技艺"等素养外，也包括学习习惯、规范意识、批判精神，还包括审美情趣、人生观、世界观等诸多方面。这

些素养都是要逐步形成的"平日修养",是不断发展的,要注重循序渐进、后天养成。可见,评价一个人语文素养的高低,会涉及多方面因素。而传统的纸笔测试并不能全面地评价学生语文学习的二维目标的达成度。

从评价内容上看,传统纸笔测试以测定记忆、理解有关知识为中心,往往考什么、教什么,教什么、考什么,以考试主导教学,将语文教学与学习限制在狭小范围之内,教师多是"推断"到了学生会"做"什么,却不能测到学生是否真正会"做"什么。反观以表现性评价为主的非纸笔测试,是对学生学习的直接测量。通过学生外在的、可观察的行为或学业成果判断学生对所学知识和技能的理解与运用,同时可以对相关的情感、态度、习惯、方法等方面进行评价。具体来说,就是通过客观测验以外的行动、操作、朗读、交流等更真实的表现来评价学生听、说、读、写等方面的学习习惯、学习态度、学习方法,以及口语交际能力、实践能力等诸方面素养。

从操作形式上看,在传统的纸笔测验中,测验往往独立于学习活动,这导致了一些无法避免的弊端。比如,学习和测验完全脱节,致使学生难以把课堂学习内容和测验内容联系起来,降低了课堂学习质量;测验的反馈滞后,降低了测验所应起到的作用。而在以表现性评价为主的非纸笔测试中,学生要在真实或接近真实的环境中解决问题、完成任务,要进行直接的尝试、思考,测验的过程也是学生巩固学习和主动学习的过程。此外,理想的表现性评价是测验与教学的结合,教师完全可以将测验嵌入课堂中,测验与课堂活动同时进行,测验的同时也是一项积极的学习活动,有效地避免了传统测验的弊端。

从评价功能上看,传统纸笔测验一般只是对学习结果进行评测,难以对学习的过程进行评价,而以表现性评价为主的非纸笔测试则充分体现了现代学习理论,把学生看作是意义建构的积极参与者,不仅记录学生能够做什么,还要记录学生是如何完成一项任务的,而且更关注后者。不仅为学生展示和证明自己的学业进步提供了机会,也为教师更真实地了解学生提供了一个新途径。

由此可见,非纸笔测试在小学语文学业质量评价中有着不可或缺的作用,必须充分落实。

二、从课程标准的内容看非纸笔测试的方向性

尽管非纸笔测试有着诸多的优点,但并不能取代传统的纸笔测试。在多种形式结合的评价体系中,该如何确定非纸笔测试的操作方向呢?《语文课程标准》里的学段目标与内容就是最正确的指引。以下从识字写字、阅读、写作、口语交际、综合性学习等五个方面对适合进行非纸笔测试的目标与内容做分析归纳。

(一) 关于学生识字写字素养的评价

汉语拼音是学生识字的基础,传统纸笔测试偏重于对字母表的记忆以及拼写规则的掌握。实施非纸笔测试时,应通过口头拼读检测学生能否读准字母与声调,能否正确拼读音节,是否有主动借助拼音识字的兴趣与习惯。

对于识字能力方面的评价，传统纸笔评价的内容仅包括识记、理解、应用、分析四项，忽略了学生识字方法和习惯、自主识字的情感和态度等方面的评价，其中对第一学段的二会字掌握程度的检测更是难以兼顾。非纸笔测试则应从以上这几个角度考虑设计相应的表现性评价任务。

写字素养方面，传统的纸笔测试只能关注书写是否正确、端正、整洁。至于评价写字姿势是否正确，执笔方法是否规范，笔顺、笔画是否符合要求等其他方面，则需要结合非纸笔评价才能实现。

（二）关于学生阅读素养的评价

阅读过程是十分复杂的，它由复杂的语言实践活动、复杂的心智活动和复杂的情感活动有机地结合在一起。《语文课程标准》指出："阅读教学是学生、教师、教科书编者、文本之间对话的过程。阅读是学生的个性化行为。……要珍视学生独特的感受、体验和理解。"逐步培养学生探究性阅读和创造性阅读的能力，"提倡多角度的、有创意的阅读，利用阅读期待、阅读反思和批判等环节，拓展思维空间，提高阅读质量"。传统的纸笔测试可以从理解、分析概括、领悟体会、赏析评价等方面对学生的阅读水平进行检测，但却难以兼顾阅读兴趣、阅读习惯、阅读速度、朗读与背诵、积累与探究等方面的评价。要实施尽可能全面的阅读素养评价，必须让非纸笔测试承担起以上各项指标的评价功能。

（三）关于学生写作素养的评价

写作是运用语言文字进行表达和交流的重要方式，是学生对字、词、句法的综合运用，对学生写作的评价直接反映了学生语文学习的综合能力，是学生语文素养的重要体现之一，是检验和改革学生学习和教师教学的重要指标。《语文课程标准》强调"不应过分强调评价的甄别和选拔功能"，提倡发展性评价，突出评价促进学生发展、教师改进教学的功能，强调评价指标多元化。传统纸笔测试主要评价文章的呈现方式，显然并不符合《语文课程标准》的相关理念与要求。对写作兴趣、写作习惯、自主修改等方面的评价，应该通过非纸笔测试。

（四）关于学生口语交际素养的评价

口语交际能力是以听说能力为核心，包括交往能力在内的一种综合能力。《语文课程标准》在谈到对口语交际部分的评价建议时指出，评价学生的口语交际能力，应重视考察学生的参与意识和情意态度。评价必须在具体的交际情境中进行，让学生承担有实际意义的交际任务，以反映学生真实的口语交际水平。口语交际有极强的即时性和情景性特点，只适合在活动中评价，即时评价，因此非纸笔测试应该成为口语交际素养的唯一评价方式。《语文课程标准》中对口语交际能力的学习目标都是非纸笔测试的评价目标。

（五）关于学生语文综合性学习的评价

《语文课程标准》提出：语文综合性学习"有利于学生在感兴趣的自主活动中全面

提高语文素养,有利于培养学生主动探究、团结合作、勇于创新的精神,应该积极倡导"。综合性学习主要体现为语文知识的综合运用、听说读写能力的整体发展、语文课程与其他课程的沟通、书本知识与实践活动的紧密结合。目前,在小学语文学业质量评价中,普遍做法是将综合性学习的内容以填空、问答等方式实施纸笔测试。这种评价方式显然不能关注到学生的身心、学业、能力、态度和价值观等方面,甚至与语文综合性学习"培养学生的实践能力、激发学生的创造精神,从而促进学生的终生发展"的最终目的相违背。因此,我们应该在综合性学习的评价过程中,采用"成长记录袋"等非纸笔测试的评价方式,努力建立以"自我反思性评价"为核心的新的评价体系,采用"自我参照"标准,引导学生对自己在综合性学习中的各种表现进行"自我反思性评价"。

三、从语文教学的现状看非纸笔测试的操作性

目前,大多数小学对学生进行语文学习质量评价时仍以传统的一学期一次的纸笔测试为主。广州市2013年的相关调查数据显示:只有50%的教师开展过全班或全年级性的非纸笔或开卷的学业质量评价。对于没有开展全员性非纸笔的学业质量评价的原因,38.8%的教师认为"没有合适的内容",47.6%的教师认为"组织比较麻烦"。通过认真研读《课程标准》,深入解读"语文素养"的内涵与形成规律,立足语文教学的现状,笔者认为非纸笔测试的操作至少可从以下三个方面实施。

(一) 与课堂教学相结合

课堂教学是语文素养形成与发展的主阵地。根据表现性评价"既是测验也是学习活动"的特点,以表现性评价为主的非纸笔测试可以与课堂教学相结合进行。目前,语文教师在课堂教学中进行的表现性评价大多是即时性的质性评价,虽能发挥一定的激励、调节功能,但从学习质量评价的角度看,显得片面、零散、随意,难以发挥诊断、导向、促进等功能。因此,以学习质量评价为目的的非纸笔测试需要经过目标的确定、内容的筛选、操作的设计,才能保证实施效果。

以阅读素养的评价为例,先要从多项评价指标中选择适合以非纸笔测试进行评价的指标,如对阅读习惯与方法的评价是传统纸笔测试难以做到的,就可以把它确定为非纸笔测试的一项评价指标。接着就根据学段要求,围绕该指标进行评价内容的筛选,如可以通过对阅读过程中所做的批注进行评价。方向与内容确定下来后,要对具体的操作进行设计。一是要设计科学合理的评价细则,一是要设计测试任务与测试方法。下面给出一个例子作为参考(见表1-29)。

表 1-29　六年级语文阅读批注素养评价方案

评价目标：养成边读边批注的阅读习惯，掌握边读边批注的阅读方法
评价内容：人教版《语文（第十一册）》教材中所有课文的阅读批注
评价细则：

评价指标	具体表现	分值	得分	总分
批注的位置与符号	位置恰当，符号规范	3		
	位置大致恰当，符号较规范	2		
	位置、符号较随意	1		
批注的内容	表达简明扼要，见解有个性	4		
	表达较简练，偶有个性化见解	3		
	表达较啰唆，理解较肤浅	2		
批注的频率	每课均有批注，已形成习惯	3		
	每课的重点段落有批注	2		
	只有部分课文有批注	1		
教师建议				

测试任务：每篇课文自学时均要求边读边做批注，课堂教学中对重点段落做阅读理解与批注的指导。

测试方法：任课教师于学期末检查本班每个学生的课本，根据评价细则对批注情况做评分及质性评价。

（二）与课外作业相结合

小学生学习语文既可在课堂上，也可通过生活中的学习与积累养成和提高语文素养。语文教师通常会布置各种形式的课外作业，帮助学生对知识进行巩固与延伸。非纸笔测试相对于纸笔测试，其优势在于它是对学习的直接测量。因此，以非纸笔测试进行语文学习质量评价时也可以对学生的课外学习做直接测量。

以朗读素养的教学与评价为例，教师一般会在课堂上进行朗读训练，同时布置任务让学生当天回家继续有感情地朗读课文。课堂上教师一般只能针对全体齐读或少数个别学生的朗读做评价，难以对每一个学生做出具体评价。而对在家进行的朗读评价基本上是没有考虑的。其实，完全可以把对朗读家庭作业的评价与学业水平监测相结合，以非纸笔测试的方式呈现。具体操作方式可以让学生利用信息技术手段，如录音、视频等把朗读过程记录下来，高年级学生独立完成，低年级学生可在家长协助下完成。然后，学生通过邮件或U盘记录方式上交。教师根据《语文课程标准》中对朗读的相关要求制定评分细则，对每个学生的朗读做出评价。

（三）与纸笔测试相结合

由于传统的纸笔测试具有诸多优点，它在对学生进行学业水平监测时具有不可取代

的作用与地位。其实,学生完成纸笔测试任务的过程就是一个学习过程。我们完全可以把非纸笔测试看成一个限制型的表现性任务,对学生在此过程中的表现进行评价。如评价学生的写字素养时,一方面可通过纸笔测试评价书写是否正确、端正、整洁;同时监考教师可以使用之前设计好的评价量表对学生答题时写字姿势是否正确、执笔方法是否规范等其他方面进行评价。此外,阅读速度、写作速度等多方面的语文素养都可以通过类似的方式,把纸笔测试与非纸笔测试结合起来进行。

以培养学科素养为课程实施主要意义的今天,小学语文学业质量检测与评价已不能仅仅依靠一份纸笔测试题去完成。必须对小学语文非纸笔测试进行深入的实践与思考,使小学语文学业质量评价体系更为完善,只有这样才能更好地发挥各项评价功能,保证《语文课程标准》的全面落实,促进教师改善教学,提升学生学业水平。

参考文献

[1] 徐秀春,陈存明. 区域推进学生学业非纸笔测试的实践与思考 [J]. 基础教育课程,2007(9):13-16.

[2] 余林,张大钧,吕达. 课堂教学评价 [M]. 北京:人民教育出版社,2008.

[3] 广州市教育局教研室. 广州市义务教育阶段学科学业质量评价标准(语文) [S]. 广州:广东教育出版社,2013.

谈基于存折的小学语文学业发展水平综合评价

佛山市顺德区北滘镇朝亮小学　刘仲轩

摘要：教育部印发的《关于推进中小学教育质量综合评价改革的意见》要求推进中小学教育质量综合评价改革，笔者通过文献研究和行动研究初步提出了基于存折的小学语文学业发展水平综合评价方案。依据文献确立综合评价的原则：过程性评价方式、综合性评价内容、多元性评价主体和发展性评价效果，以此为指导建立以综合素养为评价内容、以学生存折为评价载体、以班级代币为评价工具的综合评价机制。通过研究发现，该评价方案能够促进评价实践走向综合，促进课堂文化走向合作，促进班级管理走向经营。

关键词：学业发展评价；综合评价；班币；小学语文

《义务教育语文课程标准（2011年版）》指出："语文课程应激发和培育学生热爱祖国语文的思想感情，引导学生丰富语言积累，培养语感，发展思维，初步掌握学习语文的基本方法，养成良好的学习习惯，具有适应实际生活需要的识字写字能力、阅读能力、写作能力、口语交际能力，正确运用祖国语言文字。"[①] 语文课程还应重视提高学生的品德修养和审美情趣，使他们逐步形成良好的个性和健全的人格，促进德、智、体、美的和谐发展。由此看出课程标准所提倡的评价内容囊括识字写字、阅读、写作、口语交际以及综合性学习五个横向领域，同时每个领域要从知识与技能、过程与方法、情感态度价值观三个纵向维度进行综合评价，最终促进学生德智体美全面和谐发展。

虽然综合评价理念得以确立，但是评价方法依然停留在以试卷为主的甄别性、终结性和一元性评价，使得新课程所提倡的评价理念未能落实。由此教育部再次印发了《教育部关于推进中小学教育质量综合评价改革的意见》，就推进中小学教育质量综合评价改革进行了系统设计、全面部署，明确提出"学业发展水平评价包含四个方面：知识技能、学科思想方法、实践能力、创新意识"[②]。而其中的技能、实践能力和创新意识是难以通过一次考试所体现的，由此"基于存折的小学语文学业发展水平综合评价"应运而生，希望助推小学语文评价"从一元性走向多元性，从终结性走向过程性，从多维性走向立体性，从甄别性走向发展性"。

---

① 教育部. 义务教育语文课程标准（2011年版）[S]. 北京：北京师范大学出版社，2012：2.
② 教育部. 教育部关于推进中小学教育质量综合评价改革的意见（教基二〔2013〕2号）[S]. 2013-06-03.

一、综合评价原则

若要落实综合评价的理念，就要遵循基本的评价原则。在评价方式上，要坚持过程性原则，让学生及时改进，进行科学评价；在评价内容上，运用评价内容体系发展成果，形成五个横向领域、三个纵向维度的综合性评价内容；在评价主体上，应该放权赋能，教师从甄别者转变为引导者，同学、家长和社会都参与到学生的评价中来，通过评价形成学习化社会文化；在评价效果上，体现发展性，发挥评价的导向和反馈功能，促进学生正确、全面和个性化地发展。

（一）评价方式：过程性原则

基于存折的小学语文学业发展水平综合评价无疑是突出了过程性原则的。存折的功能就是储蓄，利用存折可以实现即时记录和评价，成绩分成优、良、中、差四个等级，依次存入5元、2元、1元、0元，学生每次表现可以使用时间标注起来，从而实现了过程评价。然后再以单元课程为阶段进行阶段性总结，让学生每一个单元都知道自己在识字与写字、朗读与阅读、口语交际、作文和综合性学习等方面是否有欠缺，及时查漏补缺和科学复习，而不是等到最后期末考试，"一考而过而终生遗憾"。

（二）评价内容：综合性原则

传统的评价方式考试，实质是一种静态性、平面性的评价。考试只能考核最终学习结果，学生的书写过程、朗读能力、口语表达和创新能力都不能体现，而使用存折便可以实现综合性评价。评价内容包括文件《教育部关于推进中小学教育质量综合评价改革的意见》所提倡的学业发展水平评价所包含的四个方面——"知识技能、学科思想方法、实践能力、创新意识"，其实质是三维目标知识与技能、过程与方法、情感态度与价值观的进一步拓展，然后再将小学语文综合素养概括为识字与写字、阅读、作文、口语交际和综合性学习五个领域，从而形成五个横向领域、四个纵向维度的立体综合性评价内容体系。促进学生素质全面发展的综合评价，不仅关注学生的学业成绩，还要重视学生学习习惯、学习品质和学习潜能，关注学生的创新能力和实践能力的提升。

（三）评价主体：多元性原则

小学语文的学业水平评价不应该由教师一人独裁，而应该让所有参与到教育中的多元主体都具有评价的权值。语文学习涉及的核心主体有学生、同学、教师、家长以及社会人士五大类，因此以教师判断出来的考试结果是不能科学评估学生的学习效果的，更不要说评价所具有的反馈和导向功能等。基于存折的综合评价，包括学生自评、小组互评、教师评价、家长评价和社会评价五大类，依据内容的特点赋予不同的权值从而形成多元性的评价结果，实现评价主体的多元性。

（四）评价效果：发展性原则

发展性评价原则，目的在于激励、引导学生综合素质的全面发展，丰富学生的知识，培养学生良好的生活态度、正确的价值取向和高尚的道德情操，为学生的终身发展打下坚实基础。① 因此，在评价体系制定和评价过程中，教师必须始终坚持用发展的眼光来看待学生，有效发挥评价的激励、引导和发展功能，突出素质评价对学生全面发展的促进作用。评价内容体系不是一把尺子，而是一盏领航灯，通过其中的指标引导学生朝科学、全面和个性化的方向发展，同时通过评价结果给予学生反馈，让学生查漏补缺，不让任何一个学生落下。

二、综合评价机制

依据以上原则，结合新课程所要求的语文课程目的就是培养学生语文综合素养。为了达到目的可以综合素养为评价内容，以学生存折为评价载体，以班级代币为评价工具，形成具有灵活性、激励性和过程性的综合评价机制。

（一）以综合素养为评价内容

综合评价的内容以语文综合素养为核心。课程标准告诉我们，语文素养包括五个领域：识字与写字、阅读、写作、口语交际和综合性学习。评价学生的语文综合素养主要从《教育部关于推进中小学教育质量综合评价改革的意见》所提倡的"知识技能、学科思想方法、实践能力、创新意识"四个方面着手。

第一，识字与写字领域。要评价学生掌握汉语的能力，需从形、音、义的结合上，全面评价学生的识字能力；要重视评价学生识字和写字的兴趣和习惯；要关注学生对汉字审美价值的体会，重视书写的整洁、美观。

第二，阅读领域。要评价学生朗读、默读、精读、略读、浏览的能力；要对学生阅读文学作品、阅读古诗的能力进行评价；要重视学生对常用语文知识的了解和把握；重视评价学生利用图书馆或网络搜集和处理信息的能力，还要结合学生具体的阅读行为，评价他们阅读的态度和习惯等。

第三，写作领域。要重点评价语文表达水平，还要评价学生选择写作材料和修改作文的能力。要评价学生写作的态度、兴趣、习惯和写作活动中与人交流、与人合作的情况。

第四，口语交际领域。要评价学生听与说的能力，应重视考察学生的参与意识与情意态度，评价学生的文明礼仪素养。

第五，综合性学习领域。要评价学生发现问题、分析问题和解决问题的能力，应着重评价学生的探究精神和创新意识，尤其是学生学习的自主性和积极性。

（二）以学习存折为载体

在以语文综合素养为评价内容的基础上，将内容体系转化为学习存折中具有操作性的积分项目，依次记录和评估学生语文素养的基本状况。通过存折记录的日常激励，规范和端正学生的学业态度，减轻考试分数在他们心中的比重。在日常学习或是单元测试

---

① 基于"微笑存折"的学生评价 [J]. 上海教育, 2012 (Z2): 100-101.

中，以上板块根据学生的表现，将"能完全做到"评为优，"部分做到"评为良，"基本能做到"评为中，"完全不能做到"评为差，对应等级可以依次给存折存入5元、2元、1元和0元的班级代币（简称班币）。各板块语文素养积分排名前五的可以获得"单项之星"，五个板块都获得单项之星的，就可以获得语文学习最高荣誉"语文之星"。

第一，识字与写字板块。评分操作指标：主动识字，能流畅阅读报刊小短文等，能学习用钢笔书写正楷字，握笔姿势正确；能在方格内把字写得正确、端正、匀称；卷面整洁美观；书写有一定速度。

第二，阅读板块。评分操作指标：要求喜欢朗读，吐字清楚、正确，朗读流利，停顿、快慢适当，有感情；喜欢背诵，除了规定的篇目，还能背诵课外一些名家诗文。喜欢阅读，能边读边思考，认真摘录笔记。

第三，写作板块。评分操作指标：乐于习作，常写日记，文章条理清楚、内容具体、有真情实感，有写后认真修改的习惯。

第四，口语交际板块。评分操作指标：积极思索，大胆发言，交流中尊重他人，语言表达有序，有中心，并且会倾听。

第五，综合性学习板块。评分操作指标：积极、认真参与综合性学习活动，有较丰富的活动经验，乐于与同学共同讨论学习。

（三）以班级代币为工具

考虑到操作的简易性、即时性和激励性，需要在学习存折的基础上统一使用班币，面值为1元、2元、5元和10元。学生可以通过满分作业、背诵课文、阅读课外书、课堂回答以及每一次考试获得相应的班币。教师评价时直接发放班币，每月结算一次，结算时将班币存入学习存折。当学校举行统一活动或行使个人特权的时候可以支取班币。我们设计了三种班币的使用途径：购买学习用品和图书；参与学校自助餐、艺术达人秀、电影节门票、博物馆考察等；用于感恩、慈善等活动，如母亲节、父亲节礼物专场，爱心图书拍卖跳蚤市场等。① 通过代金券机制，班币不仅能实现过程性的学业综合评价，还能增强学生的金融意识、自我规划与管理意识等。

三、综合评价效果

经过一段时间的行动研究，发现基于存折的综合评价机制不仅在评价方面发挥了改进作用，还丰富了课堂文化，更加强调合作和探究；同时也完善了班级管理，建立了班级公约，设立了更多的班级岗位，还加强了家校沟通。

（一）促进综合评价

基于存折的学业综合评价，最为重要的是综合性，评价内容囊括语文素养五个领域；其次强调多主体参与，学生、同学、教师、家长和社会人士都可以通过班币或存折的形式进行评价；接着是强调过程性，每一次作业、每一节课堂、每一次单元考试等都将学

---

① 郝海龙. 小学生语文综合素质评价的实践探索［J］. 中国校外教育，2014（34）：132.

生在各领域的表现记录到存折相应板块，再结合期末考试的终结性评价，增强了评价的科学性和反馈性。

（二）课堂文化

使用班币和存折以后，更能激励学生进行小组合作，小组互相合作能获得更多的班币；合作文化也为质疑探究式的深度学习打下基础，学生为了获得班币更加愿意去质疑和探究，从而促进课堂文化走向合作探究。

（三）促进班级管理

存折板块内容实质就是小学语文学习公约，需要所有学生共同奋斗和维护，由此形成了班级凝聚力，同时由于有小组合作，班级就更加团结了；由于有班币和存折，就需要对传统班级岗位进行改革，比如，需要设立"银行经理""银行客服"和"银行行长"等职位，增加班级管理的活力；由于有班币和存折，班级就可以向学校申请经费开展"校园达人秀""跳蚤市场"和"大食会"等亲子活动，增强家校合作。

基于存折的小学语文学业综合评价，在评价原则、评价机制上都有一定的创新，同时也取得了相应的效果。但是它还有很多需要改进的地方：比如可以考虑与班级管理整合起来，丰富存折的板块；又或者是利用存折的反馈作用，单以数字记录，只能体现量上的变化；还可以考虑量化评价与质性评价的整合。不过总的来说，无论如何整合和改进，其中不变的理念是：语文评价要以语文综合素养为内容核心，进行多主体的过程性多元评价。

构建活力课堂，尽显"评价"精彩
——小学英语课堂评价初探

佛山市顺德区均安仓门小学　黄结敏

摘要：英语课堂的评价内容应该包括课堂学习表现、互动表现、学习过程中的积极性表现等，这些都是不能以量化考核体现出来的。适度的课堂学习评价，能树立学生正确的学习观，建立学生学习的自信心，促进学生身心的发展。教师在对学生进行评价时，应遵循多表扬、少批评的原则。对待接受能力比较差的学生，教师要找到闪光点来表扬；对待接受能力比较快的学生，也不能因为他一直表现好而忽视表扬。尽量让每个学生都享受到被赏识的愉悦，品尝到成功的喜悦，让他们在快乐的课堂中学习、成长。

关键词：小学英语；英语教学；课堂评价

《义务教育英语课程标准（2011年版）》（简称《英语课程标准》）指出，"评价是英语课程的重要组成部分。科学的评价体系是实现课程目标的重要保障。英语课程的评价应根据本标准规定的课程目标与要求，采用科学、合理的评价方式和方法"，对教学的过程和结果加以及时、有效的监控，以起到对教学的积极向导作用。英语课堂评价对小学生来说具有很重要的意义：既可以监控学生学习情况的结果，也可以监控他们学习的全过程；既能关注学生英语学习的水平，还能关注他们在教师设计的活动中是否积极地参与。"四管齐下"可以激发学生的学习兴趣，激起他们课堂学习的积极性，给课堂增添平等、民主、宽松的学习气氛，有助于学生日常英语运用能力的形成，并为日后的英语学习打下良好的基础。基于本人对小学英语课堂评价的认识，本文对小学英语课堂评价进行了更深一层的研究。

一、紧跟《英语课程标准》，构建课堂评价模式

评价是构成英语课堂的重要部分。小学英语教学中的教学与评价关系密切，为了能科学、全面地评价小学英语课堂，评价小学生英语运用能力的发展过程及学习的成效，我觉得有必要对小学的英语课堂进行多方面的评价，即建立多样化、可选择的，能注重学生个别差异，更能体现以人为本的评价模式。首先，很多教师的课堂语言单一、机械化，无论学生的回答是对还是错，得来的都是教师的"good"，其实很多教师没有想到学生已经很厌倦这种表扬的方式；其次，很多教师往往注重平时的测验、考试成绩，而忽视了学生的身心发展和兴趣爱好，给学生的心理造成巨大的影响，这种只重视结果的评

价制度已成为制约全面实施素质教育的"瓶颈"。

《英语课程标准》已经吹响改革的号角，评价改革是课程改革的重要内容。此次课程改革明确地提出，"发展性评价，突出评价促进发展的功能。保护学生的自尊心、自信心，体现尊重与爱护，关注个体的处境与需要，注重发展和变化的过程。注重对学生素质的综合考查，强调评价指标的多元化，对学生的评价不仅要关注学生的学业成绩，而且要发展学生多方面的潜能"。《英语课程标准》提到注重让学生在学习过程中体验成功，建立自信，强调教师要欣赏学生，不断地鼓励学生，但并不等于教师要盲目地对学生进行表扬和奖励。但是很多学生所说的话，回答的所有问题，我们教师都要给予表扬和鼓励。如学生听对了的单词，教师就可说"Well done"；学生的动作做对了，教师就说"Excellent"；学生所说的话若正确，教师就要对其进行奖励，可以奖一张贴纸或一颗糖。

二、重视学生的学习过程，发挥形成性评价的功能

英语课堂的评价内容应该包括课堂学习表现、互动表现、学习过程中的积极性表现等。这些都是不能以量化考核体现出来的，而且学生对英语学习的激情和态度，在学习过程中的参与程度和参与意识，在两人活动和多人活动中的合作精神，以及在整个学习过程中他们的智力因素发展、价值观的形成以及综合素质等，都是学好英语的重要条件。这些条件是不用通过固定方式限定的，也无法在只重视反映学习结果的考试中体现。因此，我制定了形成性评价表，对学生的作业完成情况、课堂表现情况、学习表现情况进行评价，并采取了等级评价的方式反映学生在平时学习英语的过程中的表现，加强了师生之间、教师与家长之间的联系沟通，也能够让学生更好地认识自我，及时地做出调整，改善教师教学和学生学习的情况。

在英语课堂上，教师应该对每个学生都进行即时的评价。评价可以用记录的方式，根据学生年级的差异、学生年龄和心理特点差异采取形式各异的评价。例如：我上小学一年级英语课的时候，对学生进行评价的方式是盖小印章。我准备了三个不同图案的小印章，三个小印章都分别代表一个分数。如上面印有"小白兔和good"的印章代表初级水平，得1分的评价分；而印有"猴子和super"的印章代表中级水平，获得3分的评价分；印有"哆啦A梦和excellent"的印章则代表高级水平，可以获得5分的评价分。学生可以通过不同的活动得到不同的印章，如果有学生的总分达到了100分，那么这些学生就可以得到"英语朗读高手"的美称，并可以得到一份小纪念品，此称号没有时间限制且不受名额限制。

对于五、六年级的学生，对他们的评价有所不同，条件和步骤为：①每一次上新的内容前，我都会布置学生找出学习的重点，然后让他们尝试做做道具或寻求解决的方法，完成好的就印一个"小白兔和good"的章。②上课时能活跃，积极配合教师，跟同伴合作良好的，就印一个有"猴子和super"的章。③乐于尝试表演，大胆编故事的同学可以盖"哆啦A梦和excellent"的印章。实施这评价方式以来，学生上课的积极性可强了，班上大部分学生都能踊跃地参与到课堂上来，也涌现出了一大批进步生。如：有一个顽皮的学生，刚开始的时候什么也不干，我鼓励他动起来，给了很多个5分的章，他开心

极了，便积极地投入到小组的合作中。有学生为了得到更多的"哆啦 A 梦和 excellent"的印章，便积极参与小组活动，还把整组的人带动起来，一起上台表演。

三、以教学内容为主，彰显多样化的评价方法

（1）以学生为主体，评价语言丰富化，评价方法人文化。培养学生的学习兴趣、学习态度、学习策略和文化意识是英语教学的重要目标。教师要以学生的身心发展为主要依据，了解学生平时的需求与喜好，尽可能用不同的语言来评价他们，如"A clever girl.""Wonderful.""Wow, so perfect.""Well done.""Good idea!"这样才有利于学生充分体验语言的多样性，感觉学习的喜悦。

（2）营造开放公平的评价气氛，以测验和非测验的方式以及集体与个人互动的方式进行评价，鼓励所有学生、家长、科任教师共同参与评价。小学生对同一种事物很难长时间地感兴趣，注意力很容易分散，不容易集中精神，这就要求我们教师在课堂评价形式的多样性上下功夫，在课程内容中多设计一些花巧的、有心思的、有竞争性的评价方式来提升课堂的氛围。比如，某次我上镇的公开课，主题是 Colors，我一上课就跟学生说："Today we will go to some beautiful gardens. You will get some flowers in our class. At last, it you can get the most flowers, you are the winner."我课前就制作好各种颜色的花朵，课上把学生分成两组，答对问题的学生就可以拿花贴到黑板上的花园里，看最后谁得到的花最多，以此启迪学生要爱护大自然，保护好植物。

经验是需要积累的，我大胆尝试评价式的课堂，特别是上公开课，用任务展示，用颜色分组，再用学生互动式语言描述评价，这些方式得到了同行们的一致好评。总的来说，只要课堂中各种评价方式能让学生有刺激感、成功感，那么，学生就能从课堂上获得知识，也从中体验到学科学习的成功与乐趣，从而达到我们的目的。

（3）形成性评价有多种形式，如形成性评价表、课堂学习活动评价表、学习效果自评表、学习档案袋（课堂表现记录表、听读录音检查表等）、家长对学生学习情况的反馈与评价表等，从多个渠道去了解学生，收集信息，描述学生成就、优势与不足，对学生的发展提出针对性的意见。如我平时要求三年级学生每天晚上必须读和听课文，周末有时间就要看有关英语的节目，一个星期填一次评价表（见表 1 - 30）。

表 1 - 30

评价内容	个人自评			家长评价		
	A	B	C	A	B	C
及时复习						
坚持每天听、读课文 15 分钟						
周末看英语节目						

（4）总结性评价（如每个学期的期末考试），以考查学生的综合语言运用能力为目标，测试应包括笔试、听力和口试。同时，期末检测要通过学生的自评、学生之间的互

评、科任教师的评定和家长反馈等手段，结合形成性评价和总结性评价两种形式，采用"分数＋等级＋过程性评语"的形式，力求对每个学生都做到公开、公正和精辟的总结性评价。

适度的课堂学习评价，能帮助学生树立正确的学习观和学习的自信心，促进学生身心的发展。教师在对学生进行评价时，应遵循多表扬、少批评的原则。对待接受能力比较差的学生，教师要找到闪光点来表扬；对待接受能力比较强的学生，也不能因为他一直表现好而忽视表扬。尽量让每个学生都享受到被赏识的愉悦，品尝到成功的喜悦，让他们在快乐的课堂中学习、成长。

英语课堂的评价方式要适合新课程的标准，以人为本，但如何更合理地测试学生口试与交际能力还有待进一步的研究。为迎合新的教育观念，我们会在课堂实践中摸索出更多符合素质教育、符合学生身心发展需要的评价方式。

浅谈小学语文发展性评价的改革与实践

佛山市顺德区龙江镇官田小学　梁兆玲

摘要：一直以来，小学语文学习评价都是根据学生的考试成绩论英雄，分数高就是强者。这种过于单一、过于注重学业成绩的评价方式严重挫伤了学生的自尊心。本文浅析了以往的语文评价出现的种种问题，阐述了新课程的发展性评价对学生的影响及做法，并用可持续发展的观点，指出如何进行小学语文发展性评价。

关键词：小学语文发展性评价；改革；持续发展；实践

《义务教育语文课程标准（2011 年版）》（简称《语文课程标准》）在"评价建议"一节中指出，语文学习评价的目的是为了"有效地促进学生的发展"；应突出评价的"整体性和综合性"，"以全面考察学生的语文素养"；应加强"形成性评价"，重视"定性评价"。① 那么，我们应怎样落实新的《语文课程标准》，小学语文学习评价应进行怎样的改革？

一、确定评价目的

根据《语文课程标准》的评价目的，小学语文发展性评价要关注每一位学生，有效促进学生的发展。

以往，小学语文学习评价根本就不重视学生的个体差异，而是把学生当作工厂里流水线生产的统一规格的产品，评价的目的实际上是为了检查生产出来的产品是否符合规定的标准。1956 年颁布的《小学语文教学大纲》指出，评价是为了检查学生思想教育和知识传授的目标达成程度。1963 年颁发的《小学语文教学大纲》指出，评价是为了检查学生语文读写能力的目标达成程度。20 世纪 80 年代以来，评价学生的内容虽然比以前全面，但还是把学生作为流水线上统一规格的"产品"来考察。以上语文学习评价发展的三个阶段都有三个相同的特点：一是评价者与被评价者是控制与被控制的关系；二是评价者为了保持所谓的公平性而极少甚至不投入感情，缺少沟通和相互理解，片面的评价往往对学生的心灵造成极大的伤害；三是采用统一的标准评价，而忽视人的个性差异，人的情感的丰富性、变化性，实际上是对人的尊严的漠视。

---

① 李艳萍. 初探小学语文发展性评价的特点、策略［EB/OL］.（2013 - 03 - 06）［2015 - 06 - 01］. http://www.doc88.com/p -145849602307.html.

语文新课程的发展性评价是从学生终身发展的高度上提出的，目的是为了促进每一位学生的发展。其认为学生的知识是建构的，智能是多元的，学生是发展中的人，是平等的，我们要尊重每一个学生。它不但关注学生的过去与现在，而且更关注学生未来的可持续性发展；不但关注优生的发展，而且更关注学困生的发展；不但关注学生的学习结果，而且更关注学生的学习过程；不但重视基础知识与基本技能的掌握，而且更重视学生的学习能力、动手能力、合作探究、科学探究精神，以及情感、态度、价值观等方面的发展，是建立在平等上的评价。简单地说发展性评价通常是针对个体学生在某一方面的进步表现或存在的问题予以关注和评价。如我们在批改作文时运用的批语："你能用上了拟人句，是个不小的进步。""你的书写有进步了，相信你以后会写得更好。"例如，某次我对一位写《我的妈妈》作文的学生的评价："你写出了妈妈的外貌，也举例子说明妈妈是个乐于帮助别人的人，如果你能把你妈妈怎样帮助别人的过程写出来就更好了。"像这样对现有成绩的肯定，并指明下一步怎么做的评价，可以有效地促进学生的可持续性发展。又如在语文综合性学习活动中，注重学生搜集资料的能力和积极参加活动的兴趣等方面的评价。组织学生开展课本剧表演、诗歌朗诵等活动时，不但要评价学生表演的好坏，还要评价他们是否能从多渠道搜集资料，是否能积极参与到活动中来，是否在活动中能力得到提升，等等，同时给予适当的指导，促进学生的语文素养全面发展。

二、确定评价方法

新的《语文课程标准》，主要采取定量评价和定性评价相结合的方法对学生的语文学习予以评价。

定量评价主要是星级评定或等级评定，相当于过去的百分制。

定性评价，要求教师客观评价学生语文学习的成绩和不足。就是多采用表扬和激励性语言，从正面引导学生、鼓励学生的点滴进步；同时适当指出学生学习过程中存在的问题，但更多的是表扬和鼓励性的话语，以及学习状况的客观评价。定性评价包括：学习的主动性和创新性；识字的方法和能力，汉字的书写；阅读的方法、习惯；口语表达能力；观察能力和书面表达能力；参与口语交际的意识和发表自己见解的能力；在综合活动中的合作精神和能力等。例如：某次公开课上，我叫了平时很少回答问题的小陈朗读一段课文，他读完，我带头鼓掌，并说："你读得很有感情，老师奖励两颗星并加5分，如果你的声音再响亮一点就可以拿到三颗星加8分了。"我发现从那以后，小陈在语文课上更加积极活跃了，读书也更有感情了。

三、确定评价性质

（一）小学语文发展性评价标准多元化

对于学生的语文学习，我们不仅从认知的角度对其知识和技能的掌握程度予以评价，还从语文学习的过程与方法，情感、态度和价值观等方面来加以评价，评价标准是多元的。因此我们要善于发现学生的闪光点，重视其非智力因素的变化。如：我们班的小冯同学虽然成绩很差,第一单元考试得 38 分,但他学习态度很好,每一节课他都很积极回答,积极地和小组的同学讨论问题。为此我每节课都表扬他,给他加分,调动他学习的积极性。长此以往,他在第二个学期期末考试中居然考到了 85 分。因此,评价标准多元化会激励学生的学习动力。

(二)小学语文发展性评价内容多元化

语文知识所涉及的内容非常广泛。它包含了课内、课外的;基础知识、综合能力……因而评价内容是多元的。例如在作文教学中可以对学生进行写作兴趣的评价、写作能力的评价、写作态度的评价。在评价时教师要从教学目标多层次评价,从写作过程全方面评价,从写作内容多角度评价。如我们班的小刘,虽然不愿背诵普通的课文,平时考试的分数也不高,但她很喜欢背古诗和《三字经》,讲故事也讲得娓娓动听。为此,我鼓励她参加学校的讲故事大赛,她果然不负众望获得一等奖,我对她说:"你是一个很聪明的孩子,你看 100 多名同学去比赛,而你拿到一等奖,真了不起。且你的知识面比其他同学广泛……如果能把课内外的知识链接起来,你将是知识渊博的人。"在我的鼓励下小刘上课比以前认真多了。我们班的同学都叫她"百事通""小才女"。因此,在语文教学中,要关注每个学生的个体差异,要善于发现学生任何一方面的点滴进步,从不同方面进行综合评价,促进学生的语文素养全面发展。

(三)小学语文发展性评价主体多元化

以往的评价就是教师对学生的评价,师生之间是评价和被评价的关系。教师是评价主体,而今评价主体不但要求有教师、家长、同学,更要求学生也对自己进行评价。如在每一节语文课上,评价每一位学生,有教师评、小组评、自己评、全班评;平时的家庭作业有家长评、组长评、教师评。发展性评价要求教师转换角色,做评价的组织者和协调者,引进多主体参与评价,使评价结果更为全面、公正、公平、客观。

四、确定评价步骤

学生语文学习评价必须以学生发展为本,强调评价主体的互动性、评价内容的多元性、评价过程的动态性,从而促进每一位学生的持续、健康发展。那么,怎样构建科学的语文学习评价体系实施发展性评价呢?

(一)认真制定语文学习发展性评价标准

1. 制定标准

对学生的学习实施发展性评价,首先要有一定的标准。我以《语文课程标准》中关于学生学习评价的理念为指导,紧密联系语文课程改革,认真制定评价标准并逐步加以完善。

我设计了四个关于小学语文综合性评价的评价表:①小学生语文学习情况阶段评价表(见表 1-31);②小学生语文课外学习情况记录、评价表(见表 1-32);③小学生语文学习过程特别表现记录表(见表 1-33);④小学生语文综合实践活动作品样本集

(见表1-34)。

2. 组织实施

下面围绕这四份评价表的操作做简要介绍。

表1-31 小学生语文学习情况阶段评价表

( )至( )学年第( )学期 ( )年级( )班 姓名( )

评价标准	评价要素	评价记录															评价说明
		1				2				3				4			
		自评	小组评	教师评	家长评	自评	小组评	教师评	家长评	自评	小组评	教师评	家长评	自评	小组评	教师评	家长评	
知识与技能	识字：读准字音、认清字形、会写																	很好：5☆ 较好：4☆ 一般：3☆ 要努力：2☆或1☆
	写字：姿势正确、书写正确、整洁、美观																	
	阅读：爱读、读懂、正确、流利、有感情																	
	口语交际：乐说、会说、表述清楚、准确、声音响亮、生动																	
	习作：乐写、会写、语句通顺、正确使用标点符号、层次清楚																	
过程与方法	1. 主动发现问题和主动探索																	全做到：5☆ 做到3条：4☆ 做到2条：3☆ 做到1条：2☆ 基本做不到：1☆
	2. 为解决问题积极思考搜集信息和整理资料																	
	3. 根据多方材料形成自己的观点																	
	4. 积极参加语文实践活动																	

续上表

评价标准	评价要素	评价记录																评价说明
		1				2				3				4				
		自评	小组评	教师评	家长评	自评	小组评	教师评	家长评	自评	小组评	教师评	家长评	自评	小组评	教师评	家长评	
情感、态度、价值观	1. 上课专心听讲，遵守课堂纪律																	做到6~7条：5☆ 做到4~5条：4☆ 做到3条：3☆ 做到2条：2☆ 做到1条：1☆
	2. 能认真聆听别人说话，并努力了解他人讲话的主要内容																	
	3. 有自信心，积极表达自己独特的见解																	
	4. 学习态度认真，作业力求完美																	
	5. 能较好地与人合作，学会欣赏别人，并能客观公正地评价别人的表现																	
	6. 勇于面对困难，敢于承认错误，有积极进取的精神																	
	7. 能主动、热情地帮助学习有困难的同学																	

学生评价	自评	
	互评	
家长评价		
教师评价		
总评价		

解读表1-31：从这份阶段性评价表可以看出，我们在关注学生语文知识和技能的同时，也要重视对学习过程和方法，情感、态度和价值观的评价，每一项都确定了具体的评价要素，这些评价要素是随着年级的变化而变化的。例如："习作"一项，三年级时我们只提出了乐写、会写、语句通顺、正确使用标点符号、层次清楚的目标。这些评价要素是根据《语文课程标准》中不同学段的目标要求和学生的实际情况来制定的。与以

往小学语文教学大纲相比,它突出了"情感、态度和价值观"的评价,增加了"过程与方法"的评价,同时对"知识与能力"也提出了新的认识和要求。对照这些要素每学期分四个阶段对学生的语文学习进行评价。采用"定量"和"定性"相结合的方法,以给"☆"和评语的方式进行评价。评价主体也是多元的,有学生自评、教师评、家长评、小组评。

表1-32 小学生语文课外学习情况记录、评价表

(　　)至(　　)学年第(　　)学期　(　　)年级(　　)班　姓名(　　)

读课外书（书名）	背诵古诗词（诗、词名）	摘抄好词佳句（数字）				课外小练笔（篇目）	其他
		词	句	段	篇		
家长评价							
教师评价							
自我评价							
小组评价							
总评价							

解读表1-32:《语文课程标准》明确了课外学习的重要性,并指出课外学习重在积累。因而,我对课外学习的评价主要是以记录学习内容和统计数字为主,其项目有读课外书、背诵古诗词、摘抄好词佳句、课外小练笔等。

表1-33 小学生语文学习过程特别表现记录表

班级：	姓名：	____学年第一学期
特别表现		

解读表1-33:这一份表用于记录学生语文学习过程中的特别表现。如可以是学生在课堂内比较精彩的发言、独特的见解,还可以是比较有感情的朗读等,由教师、家长或小组长记录,主要是发挥评价的激励性功能。记录学生在学习过程中的点滴闪光表现,通过定期展示和交流活动来体现学生的学习成果,使学生之间更好地相互学习、相互欣赏,从而有效地树立其学习的自信心。

表 1-34　小学生语文综合实践活动作品样本集

（　　）至（　　）学年第（　　）学期　（　　）年级（　　）班　姓名（　　）

类型	作品名称	收集时间	自己评★	小组评★	教师评★	家长评★
制作						
收集						

解读表 1-34：这是学生作品样本集。因为新课程中语文综合性学习活动较多，因此，学生的综合性学习作品形式多样，有选择地收集并加以整理和管理是很有必要的。这份表格方便学生自己填写，不但培养了学生收集、整理的好习惯，而且有利于学生的终身发展。

学生的作品，都是与语文学习有关的，如学习了相关课文后学生自编的诗歌、绘本，收集的传统文化、对联、古诗配画等。我们为此搭建了展示平台，每个月展示一次学生自主选择的作品，下一次展示前将前一次作品整理后放回记录袋中。这样，让学生的个性得到充分的张扬，树立学生的自信心，激发学生学习的兴趣。

（二）引导学生自主参与建设并管理好语文成长记录袋

语文成长记录袋只是一种评价的辅助工具，怎样充分发挥记录袋的优势，做好评价实验工作很关键。于是，我们把语文成长记录袋建立在班级教室，这样可以即时且有针对性地对学生的学习进行评价；便于学生进行自评和互评，具有相当的开放性。

语文成长记录袋具有开放性和实效性，它依靠学生自评和互评来开展。在整个评价过程中，主要以激励性评价为主，尊重学生的个体差异，关注学生的个性特征，为学生搭建充分展示自己的舞台，帮助学生树立"我能行"的自信，并尽可能地发挥学生在评价中的主体作用。面向全体，重视个体在原来的基础上有所提高，促使每一个学生都能以积极的状态投入到语文学习中，并有效地促进学生的多方面发展。

小学语文发展性评价是有利于学生长远发展的评价方式。我们应该大力开展小学语文发展性评价的研究，正确把握它的特点，真正让它成为我们新课改下行之有效的评价方式。

形成性评价在初中数学教学中的应用研究
——网上阅卷系统数据在数学教学中的效果评估

佛山市顺德区勒流江义初级中学　周伟萍

摘要： 近年来，随着新课程改革的发展，数学教学越来越重视学生学习过程的评价。学生在数学学习过程中，知识技能、数学思考、问题解决和情感态度等方面的表现不是孤立的，这些方面的发展综合体现在数学学习过程中。评价时应注意记录、保留和分析学生在不同时期的学习表现和学业成就。教师使用传统的阅卷手段得到的学科成绩评价学生的学业属于终结性评价。教师以直觉或经验来评价学生学习情况，也是不科学的。笔者通过课堂教学实证研究，发现APMS网上阅卷系统对教学效果有积极的影响，能增强教师的课堂教学针对性，提高教学有效性，为教学反思提供新视野，形成有效的教学策略。笔者希望通过本研究，为形成性评价在初中数学教学中的实施提供一些有价值的参考。

关键词： 形成性评价；网上阅卷；数学教学；效果评估

在传统的学业评价模式中，教师们通常使用传统的阅卷手段得到学科成绩并且仅用"学科成绩"的变化评判学生学业发展水平的高低，或者纯粹通过直觉、经验来评价学生的学习情况。

《义务教育数学课程标准（2011年版）》（简称《数学课程标准》）要求注重对学生学习过程的评价。学生在数学学习过程中，知识技能、数学思考、问题解决和情感态度等方面的表现不是孤立的，这些方面的发展综合体现在数学学习过程中。在评价学生每一个方面表现的同时，要注重对学生学习过程的整体评价，分析学生在不同阶段的发展变化。评价时应注意记录、保留和分析学生在不同时期的学习表现和学业成就。

在传统的阅卷评卷中，教师用学科成绩评价学生的学业成就是一种终结性评价，是不符合《数学课程标准》的要求的，教师以直觉或经验来评价学生的学习情况，也是不科学的。我们需要用教育测量与评价等多种方法，以弥补教师观察的不足。

使用APMS网上阅卷系统，在阅卷完成后十几分钟内，就能全部统计出评价所需要的报表和直观的分析报告，让教师们在最短的时间内了解教学的整体和个体情况。

与传统的纸质阅卷比较，APMS网上阅卷系统完成了教学成绩的深度统计，全面、深入、准确。APMS网上阅卷系统在教学中多应用于区级以上的水平测试，仍为总结性评价，是教学结束之后所进行的一种教学评价。网上阅卷系统在阅卷方面发挥了卓越的功能，考试成绩、试题、试卷都是课堂教学中的宝贵资源，然而，网上阅卷系统却没有对这些进行充分利用，使其在课堂教学的应用领域几乎成为空白。2012年，顺德区勒流街道教育局将APMS网上阅卷系统引入并应用于期末学业水平测试评价中。2013年，勒流江义中学将APMS网上阅卷系统引入并运用于教学过程的水平测试中，使其功能转换为形成性评价，它是按照教学目标开展一段时间的教学之后，为了检查前一段时间的教学是否达到教学目标的要求，并根据检查结果调整下一段教学的目标、进度和方法等，而进行的一种"事中评价"或"中途评价"。这种评价可以检查出哪些学生在多大程度上理解了教学内容，哪些学生还没有理解所教的内容，对于还没有理解的学生要进行相应内容的补习，对于已经完全理解的学生要提出深化、提高和扩大的目标和内容要求。笔者将APMS网上阅卷系统数据运用于数学课堂教学中，希望通过本研究，能为形成性评价在初中数学教学中的实施提供一些有价值的参考。

一、实验问题的提出

APMS网上阅卷系统的应用，并不只是为了评价而进行评价，而是强调评价结果对改进教学的应用，也即根据系统统计的数据修正后续教学的目标、内容和方法，及时反馈在课堂教学中。APMS网上阅卷系统提供的数据是全面而深刻准确的，而且数据库也十分庞大，包括平均分和标准差难度、区分度、信度、效度、及格率、优秀率、低分率、满分率、0分率、超分率、最高分、最低分等评价指标，因此可探究出使用数据的有效方法，筛选出对教学效果起积极影响的指标，帮助提高教学成绩。

本实验主要研究以下两个基本问题。

（1）如何通过课堂教学实证研究APMS网上阅卷系统对教学效果有积极的影响，科学引导教师关注学生学习过程，增强教师的课堂教学针对性，提高教学有效性，为教学反思提供新视野，形成有效的教学策略？

（2）如何在课堂教学中以实证形式研究APMS网上阅卷系统的影响？哪些指标对课堂教学的影响更深？

引导本实验的两个基本假设如下。

（1）教师关注学生学习过程，研究APMS网上阅卷数据，有效地应用到课堂教学中，从而提高教师的课堂教学效率及学生学习成绩。

（2）APMS网上阅卷系统的各项指标对提高课堂教学效果都存在有利的影响。

二、实验研究的目的

充分发挥APMS网上阅卷系统对学生学习和教师教学的促进作用。为教师、教研组、学校和教学研究机构提供了教学深度研究的平台；能找准教学各个方面存在的问题和根源，对教学分析更准确，更有针对性，更有指导性。

（1）在课堂教学中，以实验形式探讨出APMS网上阅卷系统对课堂教学影响较深的指标。

（2）探究出将APMS网上阅卷系统统计数据有效地应用到课堂教学中的策略方法，从而提高教师的课堂教学效率及学生学习成绩。

（3）探讨出新型 APMS 网上阅卷系统运用的课堂模式。

三、实验研究的对象

实验研究对象是根据研究的问题和目的以及研究者的实际情况选择的。选择了本校九年级随机抽取的 4 个教学标准班（每班 40 人），组成数字实验班和对照班，实验时间为一年。

实验材料为 APMS 网上阅卷系统，九年级上、下学期《数学》教材，2013—2014 学年度上、下学期三次水平测试数学成绩。

四、实验的主要内容和措施

（一）实验假设

APMS 网上阅卷系统在初中教学中的应用，能提高教师课堂教学效果和学生学习成绩。

（二）实验步骤

（1）预备阶段（2013 年 6 月）。教师学习 APMS 网上阅卷系统，了解功能，应用于教学，并查找工具，确定实验对象。

（2）实验前测（2013 年 7 月）。运用八年级下学期期末学业水平测试卷对随机抽取的 2 个数字实验班和 2 个对照班的学生进行统一的测试。统一测试时量、测试方式、记分标准、评卷人员。

（3）实验阶段（2013 年 9 月至 2014 年 6 月）。数字实验班与对照班均运用 APMS 网上阅卷系统进行试卷批阅、质量分析。数字实验班教师在课堂教学中，应用 APMS 网上阅卷系统进行试题教学、试卷分析，对数字实验班的学生进行 APMS 网上阅卷系统的培训，清晰了解系统中成绩的横向与纵向对比的意义，了解学科的知识结构、知识块，每一个知识点的答题情况的统计意义。利用家校通工具进行家校互动，并在家长会上展示系统的统计数据及意义。对照班按照常规进行教学，教师仅是了解 APMS 网上阅卷系统，但不将系统统计的数据信息运用到课堂上。

（三）实验方法

每一次水平测试后进行实验。

（1）教学前，教师进行 APMS 网上阅卷，客观题由系统统计数据及分析结果，主观题由教师在网上阅卷并由系统统计数据及分析结果。在主观题的阅卷过程中，教师对典型的答案提取保存，做进一步分析。根据 APMS 网上阅卷系统分析班级整体情况，结合学生实际情况进行备课。

（2）教学中，运用 APMS 网上阅卷系统进行考试后的评讲和日常习题课的教学。课的类型可分为数据分析课、错题分析课、常规习题课和 APMS 测试课。

数据分析课：将从 APMS 网上阅卷系统分析的结果中提取反映班级整体情况的数据转化为图形展示给学生，告知学生知识掌握情况，确定班级后续教学的整体方向及学生个性化的学习方案，引导学生学习。

错题分析课：提取主观题中准确率不高的题型，在传统的教学中，教师与学生都关注最后的答案是否正确，而 APMS 网上阅卷系统统计的数据会分析出学生均偏往哪一个选项，更多地关注学生的认知，关注学生解题的思维过程。通过网上截屏，将典型错题在课堂上展示，不仅能帮助教师与学生一起看到做题时可能出现错误的地方，以及还不清楚或掌握不牢固的知识点，更重要的是，还能让大家发现导致错误答案背后的原因，找到引起学习困惑的症结所在。

常规习题课：APMS 网上阅卷系统统计分析的数据为后续教学提供了依据，在常规课中，有针对性、有效率地进行教学，提高教学效果。

APMS 测试课：以主观题为主，课堂中运用 APMS 网上阅卷系统进行课堂练习测试的反馈，课堂拓展测试题也可从系统中做针对性的选择。

（3）教学后，为学生布置个性化的学习任务，并通过家校互动与家长沟通，在每一学期的家长会上，作为本班学生学习情况的展示。

（4）APMS 网上阅卷系统为教师、教研组、学校和教学研究机构提供了教学深度研究的平台，能找准教学各个方面存在的问题和根源，对教学分析更准确，更有针对性，更有指导性。定期开展教学研讨活动，与其他参与的教师交流应用经验，更熟悉系统功能，反思教学应用中存在的问题，提高教学应用技巧。

四、实验结果统计

APMS 网上阅卷系统数据库，收集本研究的数据，运用 SPSS for Windows 10.0 进行实验数据统计分析处理，对数字实验班和对照班学生成绩进行 t 检验。

五、实验研究的基本成效

（一）提高了教师对数据视角正确定位的能力

网上评卷系统详细而准确地对每一科、每个指标进行数据汇总与分析。正因为详细，数据库变得很宏大。教师不仅看到与自己有关的数据，也得到了与自己关系不大的数据。这时，要使数据有效应用于教育教学并促进课堂教学，找到创新点，教师对数据的视角定位非常关键，须对数据进行人工筛选。

与教师有关的数据指标分为两类，一是对试卷质量的评价指标（难度、区分度、信度、效度），二是对学生学业成就的评价指标（平均分、标准差、及格率、优秀率、低分率、满分率、0分率、超分率、最高分、最低分）。

（二）促进教师数学教学能力的发展

APMS 网上阅卷系统使教师的数学教学更具有效性，教师在使用本系统过程中，自身的信息素养和研究意识不断提高。虽然现代信息数字技术不能完全取代教学，只能作为教学的辅助手段。同样，APMS 网上阅卷系统不一定会完全取代人工阅卷、分析、统计，但它在阅卷质量、阅卷效率和提高数学教学质量等方面对教师的影响深刻。

（三）促进学生数学学习能力的发展

为了检验 APMS 网上阅卷系统数据分析对学生数学学习能力的作用，我们以 2013 学年上学期期末学业水平测试的数据，对数字实验班学生与对照班学生进行对比测查和分析，其中，数字实验班学生共 80 人（见表 1-35），对照班学生共 80 人。水平测试题难度系数为 $P=0.6178$，区分度系数 $D=0.5405$，信度系数 $r_u=0.9295$，在考查基础知识的同时，注重考查学生的能力，是一份基础性、综合性、现实性兼顾的试题。

表 1-35　前后测平均成绩比较表（九年级上学期第一、二次水平测试）

类别	类别	人数	平均分	标准差	t 值	P 概率	结论
前测	数字实验班 3	40	68.12	14.56	0.213	>0.05	无显著性差异
	数字实验班 4	40	68.31	17.28			
	对照班 5	40	68.55	14.92			
	对照班 6	40	68.03	16.11			
后测	数字实验班 3	40	74.33	24.72	2.396	<0.05	有显著性差异
	数字实验班 4	40	72.90	29.83			
	对照班 5	40	66.59	27.80			
	对照班 6	40	70.14	25.29			

表 1-35 结果显示，后测成绩有显著性差异，APMS 网上阅卷系统对教学效果有积极的影响，增强教师的课堂教学针对性，提高教学有效性，为教学反思提供新视野，形成有效的教学策略。APMS 网上阅卷系统支持学生学习，数字实验班学生的学习成绩进步明显。

APMS 网上阅卷系统对教师教学及对学生学习的支持具有一定作用。系统对教师教学及对学生学习提供了针对性、实效性很强的资源，提高了在有限时间内教师的讲评效率和学生的复习效率。来自同伴或学生本人的答卷资源，对于知识的掌握特别是基础知识的掌握具有相当强的促进作用，提高了学生学习效率和学业水平。

APMS 网上阅卷系统对教师教学及学生学习的导向具有一定的作用。系统的诊断功能，为教师教学及学生学习指明方向，分数的高低并不代表知识掌握的程度，只要有综合分析表就可一目了然地了解学生的掌握情况，发现问题，确定努力方向。通过教师对数据的二次分析及比较，能对教师本人的教学及学生个人做出具有个性化的"诊断"。教师和学生知道教学与学习的弱点，有针对性地给予解决，促进学生学业水平不断提高，也进一步提升其学习能力。

表 1-36 第三次学业水平测试成绩比较表

类别	人数	及格率	优秀率	最高分	70~80分之间的人数	80~90分之间的人数
数字实验班3，4	80	87.98%	37.87%	95分	26	38
对照班5，6	80	78.72%	37.23%	94	32分	21

表1—36显示了数字实验班学生与对照班学生测试成绩的总体分布。数字实验（3）班与数字实验（4）班的成绩汇总在一起，对照（5）班与对照（6）班的成绩汇总在一起。对于及格率：数字实验班87.98%，对照班78.72%。优秀率：数字实验班37.87%，对照班37.23%。最高分：数字实验班为95分，对照班为94分。主要分段：数字实验班集中在80~90分之间，对照班集中在70~80分之间。通过对数字实验班与对照班进行双总体平均数差异的显著性检验，说明APMS网上阅卷系统数据分析对学生的数学学习能力具有显著的促进作用。

在传统的阅卷与评卷分析中，中等以下的学生往往受"一刀切"的分析模式影响而无法判断自己对知识的掌握情况。APMS网上阅卷系统数据分析改变了这一分析模式，给学生展现了个性化的综合分析表，学生对知识的掌握情况一目了然，从而做到学习上有的放矢，课堂听课注意力提高，学习兴趣和自主学习能力被充分调动起来。通过进一步分析发现，中等以下的学生在此项研究中收获最大，进步最明显。

对于使用APMS网上阅卷系统数据上的试卷评讲课，学生倍感新颖，学习兴趣及学习自觉性明显提高。

六、实验结论与讨论

本研究表明，形成性评价使学生在数学学习过程中，知识技能、数学思考、问题解决和情感态度等方面的表现综合发展，APMS网上阅卷系统数据分析有效地应用到课堂教学中，对提高教师的课堂教学效率及学生学习成绩具有显著的促进作用。在笔者看来，这种作用的产生有以下三个方面的原因。

其一，APMS网上阅卷系统数据分析为教师、教研组、学校和教学研究机构提供了教学深度研究的平台（见表1-37）。

表1-37 数学单科分：分段统计（前包含，大于等于小的，小于大的）

统计单位	人数	0分		120分		110~120分		100~110分		90~100分		80~90分		70~80分	
		人数	比例	人数	比例	人数	比例	人数	比例	人数	比例	人数	比例	人数	比例
3班	40	0	0	0	0	3	7.5%	4	10%	7	17.5%	7	17.5%	3	7.5%
		60~70分		50~60分		40~50分		30~40分		20~30分		10~20分		0~10分	
		人数	比例	人数	比例	人数	比例	人数	比例	人数	比例	人数	比例	人数	比例
		5	12.5%	4	10%	2	5%	3	7.5%	2	5%	0	0	0	0

其二，APMS 网上阅卷系统数据分析能找准教学各个方面存在的问题和根源，对教学分析更准确，更有针对性，更有指导性。它关注学生在不同时期的学习表现和学业成就。

根据标准差并结合考生成绩分段统计表和平均分统计表一起分析。标准差小，平均分高，是最理想状态；标准差小，平均分不高，可将课堂教学难度稍提高；标准差偏大，平均分高，教师应多关注中下学生；标准差大，平均分偏低，教师应将课堂教学难度调低。当然，还要视各班级的实际情况，数据仅供参考，见表 1-38。

表 1-38　学科分析

小题号	试卷题目或答案	满分值	平均分	标准差	0 分率	及格人数	及格率	优秀率	最低分	最高分	区分度
1	D	3	2.932 2	0.445 9	0.022 6	519	0.977 4	0.977 4	0	3	0.054 2
		难度	得分率	超均率	到达度	满分率	低分率	全科合格率	信度	良好率	原始分排名
		0.977 4	0.977 4	0	1	0.977 4	0.022 6	0.977 4	0	0.977 4	1

其三，APMS 网上阅卷系统数据分析给学生一个更了解自己的学习环境，并找到进步的空间，如试卷压轴题第 25 题。学生不应随意放弃第 1 小问，但对第 3 小问也无须紧紧握住，该放弃的还是要放弃，把时间花在有能力拿分的题目上，争取价值最大化，务求在同等的时间内，考出最好的成绩（见表 1-39）。

表 1-39　第 25 题各小题数据分析

试卷题目	满分值	平均分	及格人数	满分率	低分率
第 25（1）题	4	1.162	150	0.259 9	0.702
第 25（2）题	4	0.751	81	0.146 9	0.804
第 25（3）题	5	0.07	17	0	0.962

APMS 网上阅卷系统不仅实现了考试的公平、公正，减轻教师负担，接轨中高考模式，提高阅卷效率，更重要的是其完善了统计分析功能，为教学诊断和教学策略调整提供了科学依据，为教学监测和评估提供自动化的数据采集与处理。

本研究的两个假设成立，即教师关注学生学习过程，研究 APMS 网上阅卷数据，有效地应用到课堂教学中，能提高教师的课堂教学效率及学生学习成绩，APMS 网上阅卷系统的各项指标对提高课堂教学效果都存在有利的影响。

参考文献

[1] 教育部. 义务教育数学课程标准（2011 年版）[S]. 北京：北京师范大学出版社，2012.
[2] 张敏强. 教育测量学 [M]. 北京：人民教育出版社，1998.
[3] 张英伯，曹一鸣. 数学教育测量与评价 [M]. 北京：北京师范大学出版社，2012.
[4] 张英伯，曹一鸣. 数学教育心理学 [M]. 北京：北京师范大学出版社，2012.

浅谈小学美术作业多元化评价

佛山市顺德区伦教小学　钟朝霞

摘要：《义务教育美术课程标准（2011年版）》要求一切以学生为主，以学生发展为本。每一个孩子都是一个特殊的个体，在他们身上既体现着发展的共同性特征，又表现出巨大的个体差异。面对有差异的学生，我们应当最大限度地激发学生的潜能，实施差异性教学，重视学生的自我评价，采用多元化的方法评价学生的作业，承认差异，尊重差异，使每个学生都得到发展。

关键词：美术作业；个体差异；多元评价

《义务教育美术课程标准（2011年版）》（简称《美术课程标准》）指出评价是促进学生全面发展，改进教师的教学，促进美术课程不断发展的重要环节。而美术作业的评价是美术课程评价中不可缺少的一个重要环节。作业评价对于提高学生的学习兴趣，激发学生学习的潜能和成就感，提高学生的审美修养都具有非常重要的作用和独特价值。它需要我们教师采用各种方式去评价学生的作业，重视美术作业评价的多元化。以下谈谈本人的一点体会。

一、关注个体差异，不搞"统一要求"

《美术课程标准》指出在义务教育阶段的美术教育中，评价主要是为了促进学生的发展。可是很多教师却总以相同的评价要求、相同的测试方法对待每一位学生，这种貌似公平的评价是以假设每个人都有相同的思想为基础的。然而，我们知道天下没有完全相同的两片树叶，由于遗传、环境和教育等因素的影响，他们的美术水平是各不相同的。明显反映到作业上来就是学生作业速度快慢不一，作业水平高低不等。可我相信，每个学生对成功的期盼，对被别人肯定的渴求是相同的。而统一要求的评价标准却忽视了学生间的个体差异，忽视了"因材施教"的个性化评价，最终影响学生对美术学习的兴趣，阻碍学生的发展。

基于此，我们在制定评价标准时，要尽量做到分层制定评价标准，让评价标准具个性化，确定出"最近发展区"，制定出不同层次的评价标准。同时，评价标准要有"弹性"，既要有基础性评价标准，又要有发展性评价标准。在实施过程中，教师对学生的作业要求要符合学生个体的实际情况，对不同的学生设立各自经过努力可以达到的目标，注重学生自己的纵向比较。对于优秀生来说，要鼓励他们不要满足于现状，而是要设立新的目标；而对于学习有困难的学生来说，教师则要帮助他们制定一个更实际也更容易达到的学习目标。让学习困难的学生在学习目标中始终保持学习的积极性，这种做法可以使各个层次的学生都能在积极的状态下参与到学习中来，使评价机制起到分层激励的作用，最大可能地发展学生潜在的能力。

在给学生上线描写生的赏评课时，我先请各位同学按照作业要求推荐和评价自己的作品。许多同学的作业效果都比较好，也比较自信，纷纷举着画来展示和参与评价。但这时班级里有几位平时美术成绩不好的同学根本就不愿意上来。于是，我挑了小轩同学（这个学生由于写作业时态度不认真，确实很多地方画的效果不太好）的作品（见图1-19）说："老师要与这位同学一起来评一评这件让我感到'出乎意料'的作品。"同学们看着这幅作品顿时大笑，这位同学的脸一下

图1-19

子涨得通红，以为我会狠狠地批评他。可是我反而在他的作业评价纸上贴了两朵小红花并微笑赞同道："小轩同学已经用线描的形式完成了本节课的作业，已经达到了这节课的任务要求，因此可以得到两朵小红花。"同学们瞬间静了下来，羡慕不已，他也甚觉惊讶。我微笑着说："这幅画还有一个闪光点，你们能找出来吗？"有同学马上发现他的作业上画有蜜蜂（见图1-20）。我顺势说："是呀，其实这位同学的观察比你们都仔细，他发现了蜜蜂在采蜜，有了蜜蜂，似乎让我们闻到春天的气息。并且他对于蜜蜂身体各个结构都描绘得非常到位：有一对翅膀、一对触角、三对足和两只眼睛，能很好地处理了头部和身体的比例。同学们能说小轩同学观察得不仔细吗？因此老师建议再给他两朵小红花，同学们同意吗？"在学生的一片赞同声中我在他的作业上又加了两朵小红花。这样的结果小轩同学显然感到非常意外，他深觉不好意思，说道："老师，我画的时候并不是很认真，这幅画很多地方都不是很好。"我亲切地摸摸他的脑袋对他说："你能发现自己不足的地方，你以后的作业一定会有更大的进步，只要你认真去画一定会画得更加出色，你爱仔细观察的优点是其他同学应该学习的。"这时，他的脸上露出灿烂的笑容，同学们不约而同地鼓起掌来，课堂气氛变得更加活跃，很多原本不敢或不想拿作业来展示的同学纷纷主动拿着作业说："老师，你看看我的作业吧。""老师，看我的吧！"这时平时成绩较好小黄同学也兴奋地拿着她的画介绍起来："我画的是一棵树，现在回忆起来，因为当时天气晴朗、阳光明媚，我的心情也是格外开心。我放眼望去春色很美，这时，这棵不起眼的小树映入了我的眼帘，经过一次次的修改，我终于完成了这幅画，我为自己能有这样的进步感到高兴。"看得出小黄同学在这幅画上花了不少心血，在画的时候，我也注意到她曾遇到过困难，例如课堂上她为如何用线条表现繁多的枝条而感到苦恼。但看到她的画，我知道她已经克服了这些困难。由

图1-20

此，我郑重地表扬了她这幅作业饱满的构图、流畅的线条和细致的描绘，还表扬了她那种勇于面对困难不放弃的精神。同时，我对她布置了一个要求更高的作业：要她下课后再仔细地观察一下树干，触摸树干找找感觉，看看树干上有什么纹理，然后把她的新发现用绘画的形式记录下来。我相信到那时她会有更多不同的收获了！

由此可见，教师在评价学生的作业时，心里要为每一个学生准备一把不同的评价标尺，特别是进行"没有客观评价标准"的艺术评价时，更要根据学生的不同的情况、进步的大小，决定是否给"优"，而不一定要对全部学生统一标准，在教学中穿插这样富有弹性的评价也许更能调动学生的积极性，更能保护学生的兴趣，促进学生的发展。

二、实施多元评价，不搞"一言堂"

本人对本校一年级 2 个班级，每班 52 人，总共 104 人进行了抽样调查（见表 1-40）。

表 1-40　调查表

1. 你有没有参与评价自己的美术作业？ 　　A. 有　　　B. 没有
2. 你是否对老师对你的评价感到满意？ 　　A. 我对老师的评价感到满意　B. 偶尔有几次不满意　C. 大多数都不满意
3. 遇到老师的评价和你的想法产生矛盾时，你是怎么做的？ 　　A. 找老师说明自己绘画的想法　　B. 无所谓
4. 是否有其他人对你的作品进行过评价？ 　　A. 有　　　B. 没有

调查结果表明参与评价自己美术作业的人数比例仅有 35.7%，对老师评价过不满意的同学占 62.9%。当问及"遇到老师的评价和你的想法产生矛盾时，你是怎么做的?"这个问题时，只有 34.3% 人会跟老师说明自己绘画的想法，65.7% 的人持无所谓的态度。在新课程改革的今天，面对这样的调查结果，我不能不感到震惊。面对学生一幅幅充满童趣而富有想象力的作品，有那么多的教师在不了解学生的心理特点及作品的创作意图的情况下，以自己的"喜""恶"观去进行评价，实施的是"一言堂"的评价标准，学生对自己的作品没有解释权，评价缺少学生的自主参与、交流、合作意识，缺少鼓励和激励作用，久而久之将泯灭孩子的童心，抑制创作的灵感。这让我想起了叶澜说过的一句话："今日教学改革所要改变的不只是传统的教学理论，还要改变千百万教师的教学观念，改变他们每天都在进行着的、习以为常的教学行为。"因此我们要改变这种违背"以学生发展为本"的教育观念，采用多种方法和途径，开展"以学生为主体"的学业评价，让学生积极参与评价过程。

如上六年级"祖国在我心中"这一课时，其中一位学生画的是升国旗的场景，画中的小主人面对冉冉升起的国旗，脸上挂满泪珠。我很惊讶！而其他学生在画升国旗时，对人物的处理经常是神情严肃地向国旗敬礼，或高唱国歌，我请这位学生来说一说自己为什么这样画。于是，这位同学理直气壮地说：
"我画的是我们国家取得奥运会主办权时全国人民的那种激动的心情，我画面上的人是喜极而泣，他是激动得泪流满面，这表达了对国旗最深厚的爱。"我惊讶于其对生活的细心观察，把平时的生活体验用画笔很好地表现出来，于是给予了他很高的评价。

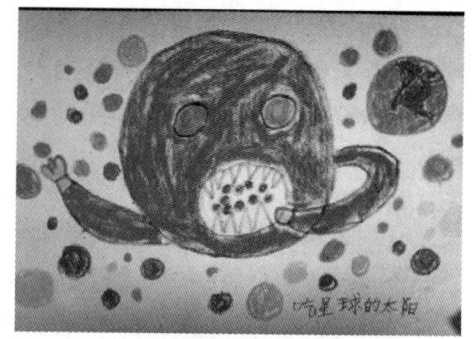

图1-21

这样的例子在教学中常常出现，需要我们美术教师去了解学生的想法。有些儿童作品充满了儿童特有的气息，我们不一定能看懂。如"我的太阳"一课的学生作业中，有一幅题目为"吃星球的太阳"的作业（见图1-21）。我看不懂他的画，就让他介绍下自己的小太阳。等他简单地说完，我才恍然大悟——原来他想以此来表示太阳是宇宙中很大的恒星。我不禁感叹：学生的想象力实在太丰富了，孩子是天生的艺术家！

新课标下的美术评价是多元的，评价的主体（学生）又是有个性差异的。所以除了上述提到的自评外，我们还可以采用互评、家长评或座谈等方式对美术作业进行评价。我想只要是符合学生发展规律的，能促进学生学习的可持续发展的，都可以为我们教师所采用。

三、注重科学评价，弱化"甄别选拔"

《美术课程标准》指出：要强化评价的诊断、发展功能及内在激励作用，弱化评价的甄别和选拔功能。在小学阶段美术教育的评价更要注重让学生形成对美术的兴趣，通过评价，让每个学生树立起自信心。

既然重在培养兴趣，我们也就没有必要在评价的结果上分分计较，设置太多等级。我建议在等级评价中只设置"优秀"和"合格"两个等级，取消"不合格"等级。对于不合格的学生作品暂不做评定，由美术教师找其谈话，指出他的问题，鼓励他在原有的基础上进行修改，争取合格。

但是也有教师片面地理解了评价的精神，将"弱化甄别和选拔"理解为"抛弃甄别和选拔"的功能，一味以宽松的鼓励来评价所有学生的作业而不考虑任何学生的差异性。长此以往，学生就不会因为得到你的表扬或得到你给的一个"优"而感到激动，因为他们根本不知道为什么能得到这样的表扬，甚至会怀疑、轻视教师的做法，最终影响学生学习美术的兴趣。

在许多美术课上，我们可以经常听到"老师真喜欢你的画！""你画得真棒！""你画得真有创意！"之类空泛而似乎可以适合任何作业的评价。这样的评价虽然动听，但对学生的帮助不大，似乎是为评价而评价，很有"走过场"的味道。其实，我们可以在评价学生作业时多问一个"为什么"——老师为什么喜欢你的画？为什么会觉得这幅画画得很棒？棒在哪里？为什么会觉得这幅画有创意？这个创意具体体现在哪里？对学困生的作品应多找一些具体的闪光点，以增强学生的学习兴趣，同时对优生的作品能提出一些明确的发展方向，并引导其进一步完善。只有这样，学生才会知道自己有哪些不足，获得可持续发展的兴趣和潜力。我想这跟新课程所追求的"实现学生全面发展"的目标也就越来越近了。

参考文献

［1］王建军. 美术教学与审美创造力开发［M］. 北京：人民教育出版社，2003.
［2］陈卫和. 小学美术新课程教学论［M］. 北京：高等教育出版社，2003.
［3］余琳玲. 美术教学的评价［M］. 重庆：西南师范大学出版社，2006.
［4］教育部. 义务教育美术课程标准（2011年版）［S］. 北京：北京师范大学出版社，2012.

让每一个学生都抬起头来走路
——谈"激励性评价"在小学教学中的运用

佛山市顺德区容山小学 罗艳芬

摘要：激励性评价是学生评价的一种，是在充分把握学生心理，维护学生自尊的基础上，重视发掘学生个性特点，以信任、鼓励和期待的语言或者行动对学生进行评价的过程。

新课程强调建立促进学生全面发展，教师不断提高，课程不断发展的评价体系，重视评价的激励与改进功能。激励性评价不仅符合新课程理念的要求，是新课程理念的一个重要组成部分，而且还符合赏识教育的理念，体现了人文主义"尊重人，相信人"的思想。

关键词：小学教学；激励性评价；自信心；积极性

所谓"激励性评价"，就是教师要睁大眼睛，善于发现学生的优点和长处，观察学生的细微变化，寻找他们的闪光点，创造一个支持性的环境，不断增强学生成功的愿望，从而最大限度地调动学生学习的积极性。在课堂教学过程中，教师通过语言、情感和恰当的教学方式，不失时机地从不同角度给不同层次的学生以充分的肯定、鼓励和赞扬，使学生在心理上获得自信、成功的体验，激发学生学习动机，诱发其学习兴趣，进而使学生积极主动学习。

苏霍姆林斯基说过："要让每一个学生都抬起头来走路。"教师善于运用激励性评价，能极大程度地激发出学生学习的自信心和积极性。

一、对学生实施激励性评价的原则

（一）情感真挚，寄情于理

心理研究表明，积极情感的产生虽然与生理上的激活状态紧密联系，但必须通过人的认识的升华活动的折射才能产生。因此，在激励性评价的过程中，教师一定要以真挚的情感、诚信的态度，用饱含爱的语言、行动，以情感人、以理服人、以心育人，善于发现、捕捉、宣扬学生的"闪光点"，针对每个学生的个性特征进行客观的分析、归纳，给予合情合理的评价。

在小学高年级，学生初步的自我概念逐渐形成，能够根据一定的标准对自己做出初步的判断。因此，教师在对这一部分学生进行激励性评价时尤其要注意，不仅语言要适度，而且情感要真切，不可流于形式，最重要的一点就是在激励性表扬时要依据客观事实。比如说，某个学生的字与周围其他学生相比较，明显很一般，而教师却为表扬这个学生称赞该生的字写得好。如此一来，该生明显可以觉察到教师的理由是不足的，那么情感是否真切当然值得怀疑，学生甚至会认为教师是在讽刺自己。所以说，教师对学生的激励性评价要情感真挚，寄情于理。

（二）表扬要适度

心理学家伯利纳通过实验证明：受到鼓励的学生学习劲头足，主动性很大，自信心有所提高。激励性评价是教育的法宝，它们对于学生有着无穷的诱惑力，对学生的学习无疑是一剂兴奋剂，会使学生的思维更加活跃，学习的积极性更加高涨。但是，物极必反，表扬的泛滥化必然带来激励功能的淡化，没有付出努力，唾手可得的称赞是不能够激发学生的进步和多方面潜能的。很显然，所有表扬和鼓励都应当符合某些标准，否则，它们很快就会丧失原有的效力。对学生而言，过多的称赞不仅不能产生激励的作用，反而会导致学生形成浅尝辄止的学习态度。因此，教师在评价时要以事实为依据，激发学生长久的、内在的积极性，善于发现学生值得鼓励的地方，避免廉价的表扬，不能毫无根据地大加评价。表扬学生时要掌握好度，不要一个劲儿地把学生往好的方面评价，不要不好也说成好，不好也硬要找好的方面，大肆表扬和鼓励。在一定时间内表扬或奖励的次数要合适。可以根据问题的难易程度、学生回答问题的深度以及学生认知水平的高低程度来决定是否进行表扬以及如何表扬。例如，如果对于大多数学生经过反复思考还是不得其解的问题，而某位同学的回答既正确又有见地，让大家豁然开朗，从内心折服，这时教师大加赞赏就是恰如其分的，这样，不仅能表扬这位学生，也激励了其他学生。而在某些情况下，教师只要肯定其答案的正确性即可。

（三）评价要有针对性

对学生使用激励性评价应该适当、中肯，具有针对性，不可泛泛而论，过于笼统，使学生听起来糊里糊涂，针对小学生尤其如此。"你真棒""太好了，你真了不起"等类似的激励，其效果就不如具体评价的效果好。激励性评价可以就事论事，可以针对学生学习活动中的具体行为表现或者学生的某一具体作品进行点评，也可以针对学生某一阶段、某一方面的学习和进展进行评价，但激励性评价语一定要有深度、广度，应该把"好"再说得具体一些，有针对性一些，究竟是语言"好"，表情"好"，见解"好"，还是思维"好"等。

（四）评价要有期望性

很多情况下，由于各自的思维范式不同，学生会给出或这样或那样的答案。在课堂上，教师的激励性评价要呈现出积极的期望性，找出学生答案的思维范式所在，然后对其中正确的因素进行肯定，明确指出其不足，并指明其方向。此外，学生给出的种种答案，都是他们积极思考后的劳动成果，都希望得到教师热情、公正的评价。此时教师的态度将直接影响学生的学习情绪。如果教师不仔细倾听或者不加辨析就煞有其事地给予

"哦，好"等空洞的、形式化的鼓励，看似是对学生发言的一种肯定，实则就是对学生的不尊重，不仅严重挫伤学生的积极性，而且也不利于学生改进学习方式。

我在平时的教学中，花费了大量时间和心思去寻找每个学生的优点，并在他们最需要鼓励的时候去鼓励他们，做学生的"及时雨"，既不可久旱后降甘露，也不要水漫金山悲戚戚。在课堂上，当一个学生尽其所能解答了一道疑难问题的时候，我就当堂表扬他："你通过自己的认真思考解决了这个疑难问题，证明你是一个很有潜力的孩子，如果每次都能这样认真细致地思考，老师相信你一定会取得更大的成功！"当一个学生回答问题错误的时候，我总是先肯定他勤于思考，勇于回答问题，然后鼓励他再动脑筋想一想，从多角度思考问题。这样适时适度的激励表扬，让每个学生都感受到教师的评价是真诚的，教师是了解他的，教师的鼓励评价是送给他一个人的，教师最爱的学生就是他。这样做可以使得更多的学生都能体验到成功的喜悦，感受到学习的快乐，让他们都能自由、和谐地发展。

二、激励性评价的方式

（一）语言激励

英国教育家罗素说过："教育语言应当是引火线、冲击波、兴奋剂，要有启人心智、激人思维的功效。"一句入微而深情的关注，一声充满温馨和期待的呼唤，一段恰如其分的赞美——都饱含着教师真诚的关爱、深深的理解、殷切的期盼，像春雨润物，营造出催人奋进的、和谐的育人氛围。在教育过程中，如果教师能够让学生在愉悦的心理体验中接受其劝告，形成进取的自信，将有助于学生克服消极情绪，实现师生心灵的沟通。

（二）行为激励

行为激励也叫无声激励，是教师在教育教学实践中，利用非语言行为（包括教师的威信、风格、气质、表情、精神、手势、姿势等）对学生进行激励性评价的活动。它以无声的行动，把学生们的注意力吸引到教师的行为状态上，对学生产生很强的感染力和影响力。

比如在小学体育课上，学生要是做对了动作，教师兴奋地做出"V"手势，不仅给做对了动作的学生以鼓励，还可以鼓舞其他正在努力的学生。教师在辅导作业时，发现学生有一种解题的新思路，微笑着对学生点点头，目光中饱含着赞赏与鼓励——这些都是教师有意识地利用非语言因素的感染力量来增强对学生的激励作用，往往能起到"润物细无声""此时无声胜有声"的良好效果。

（三）评语激励

作业是教学实践的一部分，教师在批改学生作业时，写评语是与学生个别交流的好途径。评语评价包括平时对学生所写的作业下评语，学期末或者期中给学生下评语，以及在特定情势之下与学生的交流和沟通（如书信中的交流、板报上的表扬、网页上的宣传等）。

激励性评语，一字一句总关情，体现了"学生为本"的现代教育理念，是尊重学生人格、关注学生心灵、培养学生个性的真实写照。激励性评语的撰写要注意几点：第一，要笔蕴真情，评价具体。笔蕴真情，是要增强人情味，体现教师热爱学生、尊重学生的真实情感；评价具体，是指评价的对象、内容、语言要具体，不能滥用一些空话、套话。第二，要委婉含蓄，心有灵犀。思想交流的最高境界在于两者心有灵犀，所谓"心有灵犀一点通"，正是如此。教师通过评语指出学生所暴露出来的一些问题或某些方面的发展意向时，要注意讲究艺术，语言不宜过于直白、尖刻，而要努力做到含蓄委婉、柔中藏刚，必要时点到即止，力求学生能神领、意会。第三，要轻松活泼，谐中有趣。评语是教师给学生的"礼物"，不宜过于沉重、呆板，应用贴切恰当的形容词与学生娓娓而谈，寓教于生动风趣的文字，让学生在愉悦中正视现实，改正错误，轻装前进。

三、对学生如何实施激励性评价

我们理解了激励性评价的定义、原则以及各种形式，那么我们在教育实践中该怎样实施激励性评价，有效地发挥激励性评价的积极作用呢？

（一）大胆使用激励性评价，让每个学生都抬起头来

1. 抓住激励性评价的契机，增强学生的自信心

夸美纽斯曾这么说过："孩子们求学的欲望是由老师激发起来的。假如老师是温和的，循循善诱的，不用粗鲁的办法去使学生疏远他们，而是用仁慈的感情与语言去吸引学生，和善地对待学生，老师就容易得到学生的好感，学生就宁愿进学校而不愿停留在家里了。"激励性评价是以激发学生内在的需要和动机，鼓励学生自觉主动提高全面素质为目的的一种价值判断活动。教师的激励性评价还可以激发学生思维，引导学生思考，帮助学生成功。因此，教师一定不要在激励性评价上吝啬，要多鼓励，对优秀的学生要鼓励，对大多数普通的学生也要借鼓励来促进其进步，对暂困生或自信心不强的学生更要加倍地鼓励。

我曾经教过这样一名学生，开学初他谨小慎微、内向老实、少言寡语，上课从来不会主动举手回答问题，就算偶尔被我"强拉硬拽"起来，也总是唯唯诺诺，不敢大声说出自己心里的想法，甚至都不敢与我对视。为此，我决定在课上和课下抓住机会改变他。课下，我注意观察他是如何和同学们相处的，并在他和大家玩得开心说得热闹的时候及时出现，和他们一起玩，并且抓住一切可以表扬他的机会来表扬他，如：

"你今天表现得真棒，说话声音真洪亮，老师发现你的声音原来那么好听啊，老师真希望天天都能听到你那么好听的声音。"

"老师其实非常喜欢你，每次见到你时，老师是多么希望能听到你甜甜地问一声：'老师好'啊！"

"在课堂上，老师多想看到你高高地举起小手呀！以后不要再把手放在桌子下了，好吗？要展示给别人看，相信自己！"

这样一来，这位内向胆小的同学逐渐消除了一部分对教师的恐惧感，并且在我的鼓励下也变得更加自信更加勇敢了。渐渐地，我发现他终于做到主动举手回答我的问题了，

而且他也跟我有了眼神上的交流。后来在课上，每当我发现他有一点点的进步时，还都及时表扬和鼓励他：

"这么难的题你能回答得那么完整，真是了不起！"

"你这节课发言了好几次，看得出来你是个善于思考的好孩子。"

"你的进步可真大，老师为你感到高兴！"

"你很勇敢，第一个举起手来，说错了不要紧，关键是敢于发表个人见解！"

"你真行！一次比一次有进步。"

通过我的努力，我发现这位同学彻彻底底地改变了，他变得自信了、开朗了，不但敢于积极举手回答问题，而且声音也响亮了很多，成绩更是有所提高，孩子的脸上微笑更多了。看着他真挚的笑容，我的心里比吃了蜜还甜。

在课堂上，当任何一个学生正确回答问题时，我常常进行鼓励，帮助学生克服怕学习的心理，因为任何鼓励都会使学生感到高兴。我在课堂上常使用鼓励，有时鼓励全班，有时鼓励某一小组或某一学生，以此激发他们的学习积极性。

对于学生的书面作业，我也经常给予鼓励，有时写上"好！非常棒！"等评语，有时贴上一张以示鼓励的小粘贴画，盖上一个以示激励的印章。甚至予以纠正作业上的错误，让学生感到我在意他们的书面作业。这样，学生在宽松的环境中理解了内容，掌握了方法，提高了能力。

2. 利用家校联系的合力，促进学生的发展

此外，我也经常利用校讯通、QQ、微信、短信、发表扬信等方式与家长联系，表扬学生的进步。任何时间、任何地点，只要能向家长传达我对孩子们的一点一滴的激励性评价，让他们及时了解自己的孩子在学校里的表现及进步，增强他们对孩子教育的信心，就会在学生和家长内心深处形成一股强大的心理推动力，潜意识里向获表扬的目标努力。

我通常会这样给学生家长写短信或留言：

"您的孩子×××今天在课堂上积极发言了，特此表扬！继续努力！"

"您的孩子×××今天的作业书写很工整，希望继续保持！"

"您的孩子×××今天在课堂上读书读得很精彩，博得全班同学的掌声！"

"您的孩子×××今天在课堂上能解答出一半同学不能解答的问题，恭喜！"

"您的孩子×××最近性格开朗，能与同学开展合作性学习了，这是一个不小的可喜进步哦！"

"您的孩子×××近来的学习方法有所改进，进步较大，是个爱动脑筋的好孩子！"

……

家长收到我每天的短信或留言，都表示非常高兴和欣慰，对我的辛勤劳动给予了肯定和高度赞扬，并回复表示一定和教师一起配合好，共同关注孩子的动态教育，利用孩子每次的进步及时调整教育策略，改善过去一味要求孩子而不善于鼓励孩子的不良做法。通过这种激励性评价，家校联系工作向更实在更有效的方向稳步发展，许多家长交流说自从自己改变了对孩子的教育态度和方法，确实得到了很多收获，孩子愿意打开心扉，与自己分享心里话，也不再害怕犯错，因为家长不会再像过去那样动辄打骂，而是学着老师的样子，有方法有策略地针对孩子的不足，提出委婉可行的建议，让孩子更能从内心接受自己的不足，有信心有勇气改正自己的缺点。这也是我在实施激励性评价过程中的一个不小的收获。

因此，对学生的学习或行为进行评价时，要多表扬少批评，多鼓励少指责，尽量不用指令性、批评性的语言，要用欣赏的眼光去挖掘学生的闪光点，及时进行肯定性鼓励评价，尊重学生的个性差异，促进学生的健康发展。

（二）有层次地进行激励性评价，让不同的学生得到有效的鼓励

陶行知先生曾说过："培养教育人和种花木一样，首先要认识花木的特点，区别不同情况给予施肥、浇水和培养教育，这叫'因材施教'。"我在课堂上也注意因材施教地使用激励性评价。在鼓励学生时我注意针对不同层次的学生给予不同的鼓励，要鼓励得准确，鼓励得有层次，夸到点子上，把话说到学生的心坎上。

例如，在对待那些回答问题结果准确无误、声音响亮的学生时，我会毫不犹豫地给予充分的肯定并鼓励他做到更好，如："哎呀，你的见识可真广，懂得这么多的知识，老师和同学们都向你学习。""你真是一个知识渊博的孩子！你懂的比老师还多，继续努力啊！"

如果遇到声音小的同学，我就说："你的声音真好听，能大声读一遍吗？""如果你的声音大一些就更棒了。"此时，学生一定会领略到成功的喜悦，学生的学习积极性也会越来越高。

有时，对于难度稍深的问题，若个别学生在进行积极的思考后仍答不上来，我则会亲切温和地鼓励学生："你虽然没有完整地回答问题，但你能大胆发言就是好样的！""老师知道你已经努力了，回答错也没有关系。"如此，学生就会立刻从失败的阴影中走出来，重新树立起学习的信心。

若对于我提的问题，学生只能回答出一部分，我则会对他们投以信任的眼光，再激励性地评价道："老师相信，只要你认真思考，这道题你一定能做出来！""答得不错，继续说下去！""如果回答得更有条理些就更好了。"通过这些话语把学生的情感推向亢奋状态，从而最大限度地发挥学生的内在潜力，使其思维得到充分锻炼。这样做既调动了不同层次学生的学习积极性，树立了他们的学习信心，又在更大程度上激发了学生的学习热情，达到使学生乐学的目的。

苏霍姆林斯基说："教师的评价修养，在很大程度上决定着学生在课堂上脑力劳动的效率。"教师的激励性评价不仅是学生学习的催化剂，更是一门艺术，教师不但要多鼓励，鼓励得有层次，鼓励得正确，更要照顾到大多数同学，面向全体，用最恰当的鼓励让学生心中充满温暖，让学生产生前进的动力。教育的成功在于在一个轻松和谐的环境下，让每一个学生都能找到自我价值。"路漫漫其修远兮，吾将上下而求索。"我还需要不断地在实践中摸索、钻研、改进、掌握。在未来的教学实践中，我将以百倍的信心和万分的努力不断探究适合自己的有效教学评价方式，让自己的教学策略不断走向成熟，提高和完善自我！

参考文献

［1］韦伯．怎样评价学生才有效：促进学习的多元化评价策略［M］．陶志琼，译．北京：中国轻工业出版社，2016．

［2］胡中锋．教育评价学［M］．北京：中国人民大学出版社，2008．

［3］张静．对学生进行激励性评价的原则及其方法［J］．成长之路，2008（5）：19．

［4］李介．论激励性评价的策略［J］．当代教育科学，2006（19）：34－35．

［5］黄华．教师与学者对话录（五）：关于"学生评价"［J］．教育科学研究，2007（5）：61－63．

［6］陆思．小学语文课堂教学中教师的评价艺术分析［J］．好家长，2014（51）：65．

初中学生物理创意实验作品评价实践探索

佛山市顺德区容桂外国语学校　周剑山

摘要：本文以案例分析的形式，介绍学生物理创意实验作品评价的具体做法，引导学生综合应用知识和技能解决实际问题，激发学生学习兴趣，提高学生动手能力。

关键词：物理；物理创意实验作品；小组合作

新课程倡导"立足过程，促进发展"的学生学习评价，提倡运用多样化的评价方法，促进学生全面而富有个性地发展，促进教师反思和改进教学，实现评价的诊断、激励和发展的功能。教育部于2011年制定的《义务教育物理课程标准（2011年版）》（简称《物理课程标准》）中明确指出，学习评价应以促进学生在"知识与技能""过程与方法"和"情感·态度·价值观"方面的发展为目的。[1] 评价要有助于学生对科学知识的理解，有助于培养学生的科学探究和实验能力，有助于培养学生的思维能力，有助于学生运用物理知识和方法解决学习和生活中的问题，有助于学生保持学习的兴趣、对自然界的好奇心和对科学的求知欲，有助于培养学生坚持真理、勇于创新、实事求是的科学精神。

我们在平常教学中运用得最多的评价方式是测验。测验虽然能确定学生当前对知识的掌握情况，反映出学生能力发展的水平及存在的问题，但是存在重知识轻能力、重结果轻过程、重记忆轻实践的不足。为了能更综合地考查学生的学习水平和能力，激发学习的兴趣，提升运用物理知识和科学方法解决实际问题的能力，笔者引入了初中学生物理创意实验作品评价。经过两年的实践操作，取得了较好的效果。

一、初中学生物理创意实验作品评价的意义

评价是一种在收集必要的教学事实信息的基础上，依据一定标准对教学系统的整体或局部进行价值判断的活动，具有检查、反馈、激励、研究、定向、管理等功能。[2] 小组合作学习作为当代一种主流的教学策略，小组成员之间互相关心、互相帮助、互相促进、合作交流、共同进步，增强了学生的自尊心和自信心，同时极大地提升了集体荣誉感。

---

[1] 教育部. 义务教育物理课程标准（2011年版）[S]. 北京：北京师范大学出版社，2012.
[2] 扈中平，李方，张俊洪. 现代教育学[M]. 2版. 北京：高等教育出版社，2005：322-323.

初中学生物理创意实验作品评价立足于《物理课程标准》《物理（八年级上册）》，创新物理学业水平考查，采用学生、学习小组、教师三位一体的评价模式。笔者在实践中发现，学生在学习某一章节知识后，不同层次的学生结成小组，通过设计实验，制作作品解决实际问题，一起动手体验，互帮互助，可以极大地激发他们学习的兴趣，提高主动参与讨论、动手实践的积极性。作品的考核成绩由学生自评、小组互评、教师评三部分组成，对于有创新的作品甚至可以推荐参加各级各类的创造发明比赛，激发学生的学习兴趣，增强学生的自信心和成就感。

二、初中学生物理创意实验作品评价的策略和实践

根据群体动力理论，在合作群体中，个体具有的较强工作动机能够相互激励、相互体谅，个体间的信息交流也必将畅通，合作性群体的工作效率明显高于非合作性群体。具有不同智慧水平、知识结构、思维方式、认知风格的成员可以互补。在合作性的交往团体里，上述不同的学生可以相互启发、相互补充，实现思维的碰撞，从而产生新的思想。[①] 学生在合作学习中得到教师和同学们的肯定、称赞，更有利于自尊自重情感的产生。初中学生物理创意实验采用小组合作学习的形式，根据学生的学业成绩、能力水平、个性特征、性别比例、家庭社会背景等因素合理搭配，把全班同学进行异质分组，将师生之间的单向交流或双向交流拓展为组内、组间的多项交流，对学生的评价由个体评价变成整体捆绑式评价，由单纯鼓励竞争变成以鼓励合作为主，鼓励在合作中竞争。

小组在设计实验方案，制作实验作品的时候，需要组员相互配合、分工协作、自主学习、交流研讨、加工整合、达成共识，小组成员之间的不同思维得以交锋，获得更有创造性的学习方法和学习成果。

以下为初中学生物理创意实验作品评价的具体做法，选用某校八年级某班学生在研究"光的直线传播"中碰到的一个案例进行分析（全班分为8个小组）。

1. **思维碰撞，智慧火花**

在学习了"光的直线传播"这一节后，同学们知道光在同种不均匀介质中沿曲线传播，但教材并没有相关的实验介绍，缺乏直观的认识。有没有方法可以直观地观察到光在同种不均匀介质中的传播路径呢？教师积极引导学生进行思考，分小组讨论。引导学生思考讨论的时候，教师要仔细观察学生的反应，及时捕捉思维碰撞的闪光点，对提出的疑问给予必要的回应，肯定学生的想法，指出不足之处，鼓励学生提出进一步改进的方案。

2. **设计方案，交流展示**

针对提出的问题，做出合理的猜想假设，各小组设计实验方案，包括实验目的、实验原理、实验器材、实验步骤、实验结论等科学实验必备的步骤。各小组将本组方案向全班同学展示解说，其他小组和教师依据评分标准进行评分。

下面以第一、第二小组为例，介绍小组的实验设计方案和小组的评分标准。

---

① 韩吉东. 合作学习中的 100 个问题 [M]. 青岛：青岛出版社，2009：3 - 4.

第一小组组员A：这是我们小组的实验方案，请看屏幕。

第一小组组员B：要想观察光在同种不均匀介质中的传播路径，我们首先要配制同种不均匀介质。我们组选用牛奶作为材料，方法如下：将牛奶慢慢加入到装有水的烧杯中，静置一段时间，可以在牛奶和水界面形成分层。

第一小组组员C：我们将激光笔入射后可以发现光路并不是一条直线，而是有一点弯曲，光路虽然不是很弯曲，但是也可以证明光在同种不均匀介质中不是沿直线传播的。

教师：第一小组的方案很不错，想到了用牛奶做实验，效果也不错，不足之处是光线弯曲程度不够，光路不够清晰。其他小组有没有不同的方案？

第二小组组员A：第一小组的方法我们也尝试过，只是牛奶分层不明显，保存时间短，效果不理想。我们组采用了另外一种物质作为材料，不但溶液分层明显，光路清晰，而且保存时间也长。

第二小组组员C：一般溶液稳定后都是均匀的，很难形成不均匀的分层，我们小组进行了多次尝试，经过上网查找资料，咨询教师，我们采用氢氧化铁溶液作为材料，通过多次实验，我们发现在氢氧化铁溶液中加入酒精后能形成明显的分层，而且分层稳定性好，可以长时间保留。

第二小组组员B：而且氢氧化铁溶液属于胶体，能发生丁达尔效应，光路很清晰，效果很好。

第二小组组长：这是我们经过努力得出的成果，请看光路，是不是很明显呢？通过该实验，我们可以非常直观地观察到光在同种不均匀介质中是沿曲线传播的。

第二小组组员A：实验过程非常艰辛，从毫无头绪到最终成型，我们尝试了很多溶液，直到从网上找到一些溶液的特性和经过无数次的实验，我们终于成功了，真的好开心！

第一小组组长：你们的方案很不错，溶液稳定，光路清晰，请问你们是怎么想到用氢氧化铁溶液的？

第二小组组员C：说到氢氧化铁溶液，有一点巧合，我们去实验室配制溶液的时候，刚好有一位化学老师在场，建议我们可以试一下难溶于水的溶液，然后我们就试了，没想到效果还真的不错。

第五小组组员C：这个实验是你们独立完成的吗？

第二小组组员B：大部分是我们组成员自己完成的，但溶液配制请教了化学老师，因为我们还没有学习化学，对化学实验操作不熟悉。

教师：第二小组的方案非常不错，不但效果明显，而且小组分工协调得很好，善于思考，勤于动手，主动查找资料，寻求外界帮助，体现了良好的科学素养，值得我们全班同学学习。接下来请同学们为以上两个组的实验方案进行评分。

表1-41是初中学生物理创意实验作品评分标准（小组）。

表 1-41　初中学生物理创意实验作品评分标准（小组）

编号小组：　　　　　　　　　　　　　　实验名称：

评价指标	一级权重	评分细则	二级权重	得分
实验设计的目的性	10	1. 作品实验设计符合要求	6	
		2. 实验设计所蕴含的功能能真正达到本实验设计的目标	4	
实验的科学性	16	1. 实验原理准确	4	
		2. 实验装置合理	4	
		3. 从实验现象到本质的推理科学严密	4	
		4. 实验操作规范、精炼	4	
实验的可行性	12	1. 实验现象明显	4	
		2. 实验操作简便	4	
		3. 实验所需仪器和器材为实验室常见，或在生活中易得	4	
实验的安全性	8	1. 实验方案符合环保标准	4	
		2. 能提出实验可能出现的危险，并有相应的防范措施	4	
实验的直观性	12	1. 实验现象容易观察	3	
		2. 较少出现干扰现象	3	
		3. 实验装置稳实、简洁、流畅	3	
		4. 实验趣味性好	3	
实验设计的创新性	20	实验设计思路、实验方法、实验材料、实验装置等某一方面有突出的创新	20	
实验的可推广性	10	本实验设计可以在中学物理教学中推广使用	10	
小组分析解说	12	1. 能清楚、准确地回答他人问题	6	
		2. 边讲解边演示	6	

3．鼓励创新，科学评价

评价应注重过程评价，特别是注重评价学生是否具有浓厚的学习兴趣以及保持对自然界的好奇心和对科学的求知欲，对于积极主动与同伴配合参与探究活动，在探究过程中有发现问题并大胆质疑的学生，要给予鼓励表扬。《物理课程标准》明确指出，要改变过去仅由教师评价学生的单一评价方式，重视学生自我评价，使评价成为学生、同伴、教师等多主体共同参与和协商的活动，从不同的角度为学生提供学习、发展方面的信息，帮助学生更加全面地认识自我。① 初中学生物理创意实验作品评价正是从更加全面科学

---

① 教育部. 义务教育物理课程标准（2011 年版）[S]. 北京：北京师范大学出版社，2012.

地评价学生的角度出发，由学生、学习小组、教师分别对实验作品进行打分，按照1∶1∶1的比例得出小组的成绩。学生的个人成绩是在小组成绩的基础上，由组内成员根据组员分工的轻重、完成任务的情况的二次评分。

表1-42是初中学生物理创意实验作品评分标准（个人）。

表1-42 初中学生物理创意实验作品评分标准（个人）

小组内组号：		实验名称：		
评价指标	一级权重	评分细则	二级权重	得分
参与积极性	20	1. 能积极主动投入到实验的讨论、分析中	10	
		2. 能主动承担相应的实验任务	10	
对知识的理解	30	1. 能理解实验原理	10	
		2. 能设计实验方案	10	
		3. 对知识有一定的拓展能力	10	
实验操作能力	20	1. 能熟练操作实验器材	10	
		2. 能说出实验过程中的注意事项，操作科学规范	10	
与他人合作能力	20	1. 能与小组成员合作探究，一起讨论分析	10	
		2. 能服从小组安排，明确自己的分工	10	
分析解决问题能力	10	具有独立思考解决问题的能力	10	

4. 方法指导，升级完善

对于一些优秀的作品，除了给予鼓励肯定以外，教师还可以为学生提供更广阔的平台，推荐参加各级各类的创造发明比赛。教师应当利用契机，充分调动学生的积极性，指导学生对作品进行升级完善，不断打磨作品，增强实验的稳定性和可操作性。经过学生、小组和教师的共同努力，第二小组的探究光在同种不均匀介质中的传播路径实验，实验效果好，直观性强，参加佛山市初中学生物理创意实验大赛，获得了市二等奖的好成绩，极大地鼓励了学生，增强了学习物理的积极性。

三、初中学生物理创意实验作品评价实践探索的反思

初中学生物理创意实验作品评价是一种体现学生综合应用知识和技能解决实际问题能力的综合性评价，能激发学生学习的潜力，提高动手操作的能力，更能体现新课程中的"过程与方法"和"情感·态度·价值观"方面的要求。初中学生物理创意实验作品评价激发了学生学习的积极性和主动性，从物理走向生活，体现了素质教育的要求，当学生对所学的知识能学以致用，理解了知识的本质和内涵时，就可以减少相应的作业量和测验，从而减轻学生的学业负担。

而初中学生物理创意实验作品评价在实际操作中应该注意以下问题。

（1）要尊重学生的个体差异。评价的目的是诊断和激励，帮助学生发现学习中的问题，促进学生的个性发展。在运用初中学生物理创意实验作品评价时，各个学习小组必

须有明确的分工,切记代替包办,对不同层次的学生提出不同难度的问题,促进学生在各自水平上的发展。

(2) 关注学生实验操作过程,细化评价内容。学习小组在开展探究学习活动过程中,教师应特别注意学生参与活动的投入程度以及合作的意识,评价表中不仅要关注学生通过学习过程获得了什么,还应记录学生参加了何种活动,在活动中有什么表现和进步,学生能否全面、细致地观察物理现象,能否有针对性地提出问题。

(3) 不过分追求实验结果,善待没有果实的花朵。对于刚刚接触物理的初中学生,知识能力有限,我们不能抱过高的期望,而且学生的想法各异,所提出的方案不一定都能实现,如果过分追求最终成型的作品,不但加重了学生的负担,也会打击其探究的积极性。另外对于相对简单、不够突出的作品,教师也要采用班级或年级展示的方式,将学生的作品展示出来,让学生的成果获得其他同学和教师的认可。

初中学生物理创意实验作品评价能达到新课程倡导的"立足过程、促进发展"的目标,但尚未形成体系,评价表的设计还不够全面,需要进一步细化,评价受学生和教师主观性干扰强,要更科学有效地对学生进行评价,需要我们教师在不断实践中,去探索、发现、收获。

参考文献

[1] 教育部. 义务教育物理课程标准 (2011 年版) [S]. 北京:北京师范大学出版社,2012.

[2] 扈中平,李方,张俊洪. 现代教育学 [M]. 2 版. 北京:高等教育出版社,2005.

[3] 韩吉东. 合作学习中的 100 个问题 [M]. 青岛:青岛出版社,2009.

拓展评价视野，力促孩子快乐成长

韶关市曲江区实验小学　郑　莹

摘要：在新一轮课程改革的感召下，笔者和同行们构筑了以人为本、关注过程、及时反馈、关注发展的发展性教育评价。本文展现了本校开展的"小学语文素质发展评价改革"的实验，开启了有效的评价方案：评价内容多元，促进学生全面发展；评价方式多样，促进学生和谐发展；评价主体多面，引导学生主动发展；评价过程动态，促进学生持续发展；拓展评价体系，促进孩子快乐成长。

关键词：小学；语文；评价；拓展

评价对学生的发展具有不可替代的作用。传统的学生评价是一种功利性评价，由此造成评价内容片面，忽视学生全面发展；评价手段单一，以考试和测验为主；过分追求考试分数，损伤学生身心健康；过于量化，评价标准机械；过于关注结果，忽视日常的、动态的、过程性的评价；忽视学生的感受和对结果的认同，自信心、自尊心得不到保护，评价的氛围和人际关系紧张。于是"高分低能"者比比皆是。

新一轮课程改革倡导"立足过程，促进发展"，许多教育工作者均在打破旧的思想观念，积极构建促进学生全面发展的评价体系。我和同行们也响应大家的号角，构筑以人为本、关注过程、及时反馈、关注发展的发展性教育评价。

将评价与教育、教学融合在一起，与课程和学生的发展保持一致，就能发挥评价的效度。在教育教学工作中，只要是促进学生全面发展的内容，都应成为教师教育教学的关注点。下面就以我校"小学语文素质发展评价改革"实验的开展，谈谈我们开启的有效的评价方案。

一、评价内容多元，促进学生全面发展

第一，建立《小学生语文素质发展评价记录册》（简称《记录册》），体现评价全面性、过程性、发展性原则。评价的过程性应具体体现在收集学生学习状况的数据和资料上，依据一定的标准对其发展状况进行描述和判断，给予学生反馈并提出具体改进意见，以促进学生的发展，而不是简单地给学生下一个结论。为此，我们为每位学生建立了《记录册》。《记录册》主要评价内容涵盖了学生素质发展的"三维"目标，教师、学生人手一册，学生素质发展情况即时记录在册，有效促进了学生的全面发展。如一年级的《记录册》具有如下特点。

（1）评价内容全面。内容包括成长"足迹篇""成果篇""交流篇"三大部分。"足迹篇"包括"情感态度习惯""汉语拼音""识字写字""口语交际""阅读""习作""综合实践"等栏目。"成果篇"包括"我的荣誉""期末回头看"等栏目。"交流篇"包括自己、伙伴、教师、家长评价栏目，将阶段与终结、集中与分散、定性与定量、师评与他评等方式相结合。

（2）评价方法简便。《记录册》的评价方法是通过给"星星""海鸥""梅花""帆船"等各种标志图案涂颜色来记录学生语文素质发展情况的。每一种标志图案代表一项评价内容。如："识字多"可以将《记录册》"识字写字"栏中的星星涂上颜色；"写话好"可以将"习作"栏中的海鸥涂上颜色；参加阅读考级，每考取一级，可在"阅读"栏中涂相应等级的小梅花。各种标志图案有大有小，教师在操作时可以灵活运用。不同的颜色也表示不同的等级。如：口语交际"最好"，可将"苹果"标志涂成红色，"一般"涂黄色的，"还需要努力"涂蓝色的。第一次评价时，没有得到红"苹果"，不要紧，努力一下，赶上来了就可以把"黄苹果"涂成"红苹果"，这种评价体现了延时评价原则，达到了促进学生的发展的目的，而不是为了甄别。综合评价时，小组同学只需互相数一数每一栏目中小标志的数量就可以知道这一方面素质发展的情况了。

（3）编排结构、评价指标与课本一致。孩子们喜欢、熟悉的喜羊羊、美羊羊两个线索人物贯穿手册始终，每个栏目的学习目标（也即评价指标）都是通过喜羊羊、美羊羊之口说出来的，语言生动活泼，符合学生心理。如："识字写字"栏中的评价指标"喜羊羊"是这样告诉大家的："我能认识课本中要求认识的345个汉字，可以涂6颗星，你能涂几颗星？"平时教师将总目标分解，分课或分单元进行即时评价。

（4）图案设计精美。《记录册》中的评价标志都是我们自己精心设计绘制的，无论是图案造型还是颜色搭配都精致美观。孩子们喜欢《记录册》，也就更有利于发挥《记录册》的激励作用。册中还收录了一些富有激励性、启发性的名言警句，学生们在积累了这些名言警句的同时，也受到启发教育。如："我的荣誉"一栏中是荀况的"不积跬步，无以至千里；不积小流，无以成江海"。

第二，实施课外阅读考级制度——为学生终身发展积蓄后劲。课外阅读考级共设11个等级，每学期一级，十级以上设特级。每一等级设相应级别考级证书，证书上附有相应级别的课外阅读目标，课外必读、选读书目。证书颜色各异，并设有学生喜欢的图案，以激发学生的读书兴趣。

第三，进行了从内容到形式的考试制度改革——为学生全面发展提供保障。考试改革主要体现在以下几个方面。

（1）考查内容全面。

加强了对以往弱化的"写字""朗读""口语表达""课外阅读"等内容的考查，注重学习方法的引导，并将属于非智力因素的学习态度、情感、习惯列入考评范围。

（2）考查形式多样。

除进行"笔试"测评外，还增加了"口试"，口试以游艺的形式出现。其结果呈现方式有分数、等级、标志等多种。

（3）试题形式灵活。

为适应低年级儿童特点，将文字与图画相结合，注重创设丰富多彩的问题情景。如：

"小朋友,你能帮声母、韵母朋友找到他们各自的家吗?""下面的字娃娃太孤单,你能照样子给他们找个朋友吗?"等等。条件好的学校,将动画也引入考试。这样的考试,激发了学生参与的兴趣,挖掘了学生的创造性,使学生们"乐"考,从而也更"乐"学了。

(4) 建立成长记录袋,记录学生成长足迹。

成长记录袋里存放着评价记录册,期中期末检测试卷,日常学习激励卡,获奖证书,学生最满意的作品——最好的作文、日记、作业,印象最深的学习体验,探究活动记录……这些材料,记录下了学生成长的足迹,反映学生的进步历程,激励学生不断发展。

二、评价方式多样,促进学生和谐发展

(一) 利用激励章(卡),进行即时评价

美国心理学家詹姆斯发现,一个没有受过激励的人仅能发挥其能力的20%~30%,而当他受过激励后,其能力是激励前的3~4倍,因而在学习过程中,激励的存在至关重要,任何学生都需要被不断地激励。学生的成长犹如在跑道上赛跑,周围不断的"加油"声会激励他跑得更快。激励章、激励卡就是日常学习过程中不断给予学生的加油声。

激励章、激励卡在日常教学中有效发挥了即时评价的作用。奖励印章,操作简便;奖励卡片,迎合儿童心理,深受儿童喜欢。学生每得到一枚激励卡,都会如获至宝、爱不释手,在和父母、同学共享欢乐之后,精心收藏在"成长记录袋"中。其激励作用之大也是大人们想象不到的。

(二) 优化育人环境,营造评价氛围

充分利用班级、校园各种评价平台对学生进行即时评价。不但发挥其评价、激励功能,也优化了班级、校园环境。

如:识字园地、日记展台、俊字园地、习作之窗、激励章(卡)积累台等板块。"瞧,这是我的作品"展示了优秀手抄报;"小荷才露尖尖角"展示了优秀习作;"群星璀璨"介绍了全校的故事大王、古诗小状元、阅读小博士、识字小能手……各种展示台,激发了学生的竞争意识,调动了学生学习的主动性,使学生由最初的追求激励(章)卡片的数量到逐渐养成良好的学习习惯,促进了学生的自主发展。

三、评价主体多面,引导学生主动发展

在评价过程中,改变过去单独由教师评价的状况,采取学生自评、小组互评、教师综评、家长助评等多主体参与的评价方法,有效提高了学生的主动性,培养了学生反思和自律意识,实现了学生的自主发展,使学校、家庭教育形成合力。如对学生学习情感态度的评价,学生在自评、小组互评中自我反思,评价过程本身就是学生自我教育、自主发展的过程。在《记录册》当中的"交流篇"里,我们特意设计了"家长反馈""老师对我说""我对自己说""同学告诉我""家长心语"等栏目,将师评、自评、生评、家长评价有机结合在一起。

如在活动评价中，我们通过发放活动评价表（见表1-43），让学生进行自评。

表1-43　活动评价表

评价项目	评价内容	评价等级				反思（我对自己说）	建议（同学告诉我）	家长反馈	教师对我说	家长心语
题目	能反映研究内容	A	B	C	D					
资料内容	1. 目录清晰									
	2. 围绕研究内容积累素材									
	3. 有自己独特的感受									
其他	1. 书写或设计整洁									
	2. 分工合作愉快									

四、评价过程动态，促进学生持续发展

在评价过程中，注重纵向评价，强调学生个体过去与现在的比较，着重于学生成绩和素质的增值，使学生体验到自己的进步，帮助学生建立自信。而不是简单地给学生分等排序。

如对写字的评价，每课听写一次，成绩不理想的或在听写本上没有得到红花章的，可复试（允许复试两次），按最高成绩记录。每次听写批改完毕，得优的同学享受着成功的喜悦，未得优的同学总是抓紧时间改错，再找听写组长复试。这完全改变了以往教师逼着学生写生字，甚至罚写生字的现象，学困生的学习也变得积极主动了。

近几年，我校开展了"以星换牌，以牌换章，以章换证"的逐级代换式评价活动，设置"规范星""文明星""乐学星""智慧星""特长星"，用"五星"记录学生一天的发展足迹。如在实践活动中，只要学生能积极参与活动，主动完成任务，极力配合组员，就可以获得一颗"乐学星"；若学生想出了一个好的办法，提出一个新的问题，完成了一项重要的采访，搜集到一份资料则可以获得一颗"智慧星"；学生制作了一件精美的手工作品、一艘舰船模型，画了一幅奇幻想象画则可以获得一颗"特长星"。由于"五星"的获得直接影响学生奖牌和奖章的获取，所以学生会为了获取更高的奖励而不断努力，不断前行，兴趣在积极参与中得到激发，能力在主动发展中得到提高。

五、拓展评价体系，促进孩子快乐成长

心理学研究告诉我们，只有调动了学生的内部动力，个体才能得到真正发展，只有各种外部环境形成合力，对孩子个体发展的影响作用才能收到最佳效果。我们在实际工

作中，要学习和研究促进学生全面发展的评价体系和方法，在更高层次上关注课程功能的变化对教育和评价提出的新要求，即无论是显性、可客观测评的，还是隐性、难以进行客观测评的内容，只要是学生全面发展的内容，都应成为教师教育教学的关注点。

（一）校级精品展示

我们为学生的收获提供多维的展示平台，在全校范围内开展实践探索和创作精品评选活动，建筑"会说话的墙"，将选出的作秀作品和成果长期展示于墙上。在我校，无论是教学楼还是办公楼，每条走廊、每道楼梯，处处都充盈着书卷气息，呈现着语言的魅力。在方寸天地里，收藏了学生搜集的各种资料；书画园里，一幅幅作品讲述着学生喜闻乐见的语文故事……这样的展示最大限度地激发了学生参与实践体验和创作的动力。我们还定期对展廊精品进行更换，让更多的新成果得到展示，同时设立实践成果展室，收藏前一阶段的作品，使之成为校内实践基地的一部分。

（二）社区成果展示

我们每年组织一届社区"成果展"，充分展示学生在素质教育中收获的累累硕果，而综合实践活动展区总是分外耀眼。精彩纷呈的活动展板展示了学生在主题实践活动中的探索脚步，热闹非凡的作品"义卖"将同学们的创作成果化作片片爱心……自己的研究历程得到父母和民众的分享，精心的设计创作被众多的有爱心的人认可和收藏，此时，孩子们兴奋的表情表明了他们的激动和自豪，有什么评价的激励意义能如此巨大呢？社区成果展，极大地调动了学生的参与积极性，也得到了社会各界的认可与好评。

（三）畅通发表渠道

心理学研究证实，成功体验能增强学生学习的内驱力，激发学习的热情，使学生变得更坚强自信。我校有《和乐泉》校刊，我鼓励学生积极投稿，学生的书画、文章得到发表，就能使他们品尝到成功的甘甜，体会到自我价值被肯定的感觉。可以说，这是对学生成绩的最好激励。学生还可以根据评议反馈的结果再次修改自己的作品，并传送到校园网上发表。以因特网为代表的现代信息技术，又为学生作品的发表提供了更宽阔的舞台和更便捷的途径。

我们坚信，只要坚持以校为本，实施整体化改革的思路，积极探索、大胆创新，在学生综合素质评价这片园地里，一定会品味到探究旅途中的更多喜悦。

参考文献

［1］胡明根. 影响教师的100个经典教育案例［M］. 北京：中国传媒大学出版社，2004.

［2］任文田. 学法指导与学业考评技能训练指导［M］. 北京：中国林业出版社，2001.

［3］刘惠军，郭德俊. 考试焦虑、成就目标和考试成绩关系的研究［J］. 心理发展与教育，2003（2）：64－68.

小学生综合素质评价的尝试与实践

中山市石岐杨仙逸小学　蔡家梅

摘要：从当前小学教育推进素质教育的进程看，各小学在实践环节上已进入一个新的层面，而在小学生素质评价尤其是综合素质的评价上还显得比较薄弱，因此，设计制定科学的、切实可行的综合素质评价体系，不仅对小学生的全面素质培养起到导航作用，也使各个学校的素质教育工作更具针对性、主动性和实效性。

关键词：评价内容；评价方式；评价主体；评价结果

小学生综合素质评价是杨仙逸小学的基础教育课程改革提出的一个新命题。作为英语教师的我，对小学生综合素质评价的评价内容、评价方式、评价主体、评价结果的呈现及应用等问题进行了研究，在遵循发展性原则、主体性原则、导向性原则、差异性原则、操作性原则的基础上，针对本人任教的三、四年级的特点，对三、四年级的学生进行初步的构想，对评价内容进行构思，以班级为单位成立评价小组，采用质性评价和量化评价相结合的评价方法，评价结果以写实性文字记录在普通小学生电子档案中，作为学生是否毕业的依据和初中学校招生录取的重要参考。

一、评价内容

新的评价体系，倡导发展性评价，发挥评价促进人的发展的功能。因此，笔者对学生的教育和对其学习成果的评价应该是全面的，要根据英语学科的不同特点和各个方面的不同要求，以及学生的认知水平，合理地、有重点地选择评价内容，使评价内容能真正促进学生和谐发展。对学生的评价既要重视学生的成绩，也要重视学生的其他潜能特长的发展，尤其是英语探究创新能力、合作能力、口语交际能力等方面的发展。评价的内容可包括口语与笔试两大类。学业内容包括英语基本知识和技能的掌握，仍实行考试，但要明确考试只是检测学生学习英语效果的有效手段，目的是了解学生掌握知识的情况和教师教学的得失，从而改进教学。非学业内容必须与英语学科教育目标和日常教学活动紧密结合，因为这些内容是培养目标的一部分，是必须关注的。同时，它们也是英语学科教育教学活动的有机组成部分，如学生的学习英语的兴趣和学习方法。

本人任教英语以来，一直关注孩子们的听、说、读、写能力。

（1）全部听懂，能准确回答所给出的问题；基本听懂，能给出一部分问题的关键信息；只能够听懂课文中的一部分，不能答问；能仔细地听别人的发言，包括评价的发言，获取信息，并及时做出反馈；大多数时候能够听别人的发言，了解所包含的信息；偶尔听一听，不太仔细。

（2）能主动、自信地说出对自己、对他人的评价，评价中肯、全面，注意发言礼貌；能比较中肯地说出对自己和他人的评价，注意发言礼貌，能说出对自己及他人的评价。

（3）朗读对话与文章时，发音准确、清晰，语言流畅；发音比较准确，语言比较流畅；发音不够准确，读书不流利。

（4）格式正确，书写流畅，页面整洁；格式正确，书写工整，页面整洁。

只有评价内容全面、多元化，才能给学生提供多方面的表现机会和发展机会，发挥他们潜在的能力，让每个学生都能够以最适合自己的发展方式和发展方向走自己的学习之路、人生之路；才能使每个学生都有机会成为优秀者，找到学习英语的方向和目标。

二、评价方式

评价的目的是为了全面了解学生的情况，激发学生的学习热情，促进学生全面、持续、和谐地发展。因此，评价学生的方式就应该丰富多彩、形式多样。

基础性发展目标的评价，要根据不同的评价内容和指标实施多元评价，还要渗透或包含在学科学习目标的评价中进行。学习能力和交流与合作能力方面要结合英语学科教学进行评价，要按学生年龄、心理及行为特点制定一些可观察的指标，在英语学科教学和活动中分层实施评价。要创设情境、机会，通过参与活动，日积月累，让学生感受、体验与内化。要通过表现性任务、观察记录、访谈、作品分析、个人自评，以同学、教师、家长互评的方式进行评价。

（1）品行表现：仪容、仪表，文明礼貌，遵纪守法。具体要求：穿戴整洁，朴素大方，坐、立、行、学习姿势端正；不打架、不骂人，礼貌待人，不看不健康的书刊、影片，使用礼貌用语，爱护公物。

（2）学习态度：分为注意、情绪、投入、独立性四个方面。具体要求：专心听讲，精神饱满，能主动学习，独立完成作业，敢于发表自己的见解。

（3）能力培养：分为听、说、读、写、演算、操作、制作七个方向。具体要求：能正确流利朗读英语，背诵指定英语篇目，英语作文感情真实、健康及内容具体，认真听话，用英语复述主要内容，说话时语言清晰、意思明白。

《义务教育英语课程标准（2011年版）》倡导教师不仅要关心学生的学习结果，更要关注学生在整个英语学习过程中所表现出来的兴趣、情感和人格等方面的成长过程。对学生进行多方面的考察就能使评价更细致更全面。以下评价方法既可以单独使用也可以相互结合使用。

（1）课堂观察评价法。

课堂观察是英语课堂评价中最基本、最重要的方式，通过课堂观察，可以实时了解学生交际语言运用的能力，英语课堂是学生学习英语的主要场所，教师可以结合学生的课堂行为表现、小组活动记录等了解学生参与语言实践活动的效果，从而形成对学生的课堂评价。

(2) 面谈评价法。

面谈评价法是指针对学生参与学习所进行的对话、讨论，或阅读、写作活动，由教师把学生召集起来，可以召集一个或数个学生，也可以召集整个活动小组的学生，教师与学生就这些活动进行英语对话，从中教师可以了解学生的观点和看法、感受，进而对学生进行评价。面谈可以促进学生自我反思，把自己的思想借助语言表达出来，这是师生双方双向交流沟通的好形式，形成的评价是建立在相互信任的师生关系之上的。

(3) 问卷调查评价法。

问卷调查评价法既可以在课堂教学开始之前执行，也可以在课堂教学结束之后执行。教学开始前，通过问卷可以了解学生先前的语言学习经历、已有的语言知识、现有的语言技能水平、对学习活动的了解程度等等。教学结束之后，可以通过问卷了解学生对自己学习的满意程度。问卷评价在实施之前，要做大量的准备工作，事先要认真思考和准备，这样，评价的有效度才会提高。

(4) 学习档案袋评价法。

学习档案袋是展示每一位学生学习过程中所做的努力和取得的进步以及反映学生学习成果的集合体，档案袋在教学评价中的价值在于它可以为我们提供有关学生语言发展的持续、累积的记录，学生学习的整体情况和每个学生的进步情况。

学习档案袋的主要意义还在于，通过让学生全程参与，可以帮助学生学会反思和判断自己的进步与努力，它为教师最大限度地提供了有关学生学习与发展的重要信息，有利于教师对学生的参与意识、合作精神、知识理解和认知水平、分析和探究问题的能力以及表达交流的技能等进行全方位的评价。

三、评价主体

对学生评价的主体主要是指教师，学生是被评价者，是评价的客体。教师对学生的评价利用得当，会产生巨大的激励作用，促使学生的学习和品格的健康发展；评价不当，则会对学生产生消极的心理影响，抑制学生的发展，而在实施素质教育的今天，评价者不仅指学校教师，更重要的是要突出被评价者的主体地位。

笔者任教英语以来，深深知道学生是课堂上学习的主体，但在实际教学中，我们能够真正做到把学生当成学习的主体吗？往往学生被当成语言知识的被动接受者而不是积极的创造性语言的使用者。以前笔者经常会碰到这样的问题，就某个知识点或学生容易错的地方，如：某些名词的特殊变化，动词现在进行时以及一些做题技巧，无论反复地讲多少遍，学生反复地做多少遍，做题时仍然会错，还是弄不清楚，究竟为什么呢？这是把学生当成语言知识被动接受者的典型表现。"反复讲多少遍"并不表示教师的课堂教学任务已经完成，只是做了第一步而已。

每个学生的智力特点不同，优势各异，对学生的评价不再是教师的绝对权利，学生在学习中的表现及其所得都有可能超过教师本人。因此，发展性评价提倡改变由教师单独评价学生的现状，鼓励学生本人、同学、家长等参与到评价中，将评价变为多个主体共同参与的活动，其目的是能够获得更多的信息，或者使评价的多个主体都能从评价中受益。学生是学习的主人，学生自评能够促使学生对自己的学习进行反思，提高学习的积极性和主动性，有助于培养学生的独立性、自主性及自我发展、自我成长的能力；同龄人的思想最接近，最容易沟通，学生之间的互评能够推动学生的进一步发展，有利于学生互相沟通、互相学习、取长补短，促进班集体的团结及同学之间的和谐交往，同时学生对他人评价的过程也是学习和交流的过程，能够使学生清醒地认识到自己的优势和不足；家长评价学生使得家长对学生的学习有更多的了解，教师也能从家长那里得到更多有关学生学习的信息。

四、评价结果

莎士比亚说："赞赏是照在人心灵上的阳光。"现实生活中，每个人的内心都渴望得到阳光，学生更需要教师的赞美和赏识。第斯多惠曾经说过："教学的艺术不在于传授的本领，而在于激励、唤醒、鼓舞。"教师能够针对学生不同的内在需求和个性特点进行赏识鼓励，善于捕捉学生的闪光点，调动学生的内驱力，扬长避短，有助于学生增强自信心。目前小学教育质量综合评价改革体系，把学生的品德发展水平、学业发展水平、身心发展水平、兴趣特长养成、学业负担状况等方面作为评价学校教育质量的主要内容，而且进一步对这五项指标做指导性的细化，尤其是对评价结果的呈现，要求分项给出评价结论，提出改进建议，形成学校教育质量综合评价报告。综合评价报告要注重对学校优势特色和存在的具体问题的反映，而不是对学校教育质量进行总体性的等级评价。

经过多年的教学与探索，在学生的综合素质评价方面，本人取得了一些经验，并得到了学生与家长的认可：采用教师口头评价、学生互评、学生组间评价、教师评价小组等多元主体评价；对不同学生进行分层次评价，例如，对学优生的评价是"能够熟练掌握专题一所学内容，达成学习目标"，对学困生的评价是"能够基本运用英语所学知识，理解所学内容"。根据素质教育要求，把评价的侧重点放在学生的学习活动上，围绕学生主动学习来评价；充分利用现代教育技术，使评价具有客观性和可操作性，便于掌握和应用。形成了"素质评价总分＝课堂学习成果评价表得分（60）＋课内外任务小组评价评价表（40）"的考核权重分配法，具体如表1-44所示。

表1-44

项目	A级	B级	C级	个人评价	同学评价	教师评价
认真	上课认真听讲，作业认真，参与讨论态度认真	上课能认真听讲，作业依时完成，有参与讨论	上课无心听讲，经常欠交作业，极少参与讨论			
积极	积极举手发言，积极参与讨论与交流，大量阅读课外读物	能举手发言，有参与讨论与交流，有阅读课外读物	很少举手，极少参与讨论与交流，没有阅读课外读物			

续上表

项目	A级	B级	C级	个人评价	同学评价	教师评价
自信	大胆提出和别人不同的问题,大胆尝试并表达自己的想法	提出自己的不同看法,并做出尝试	不敢提出和别人不同的问题,不敢尝试和表达自己的想法			
善于合作	善于与人合作,虚心听取别人的意见	能与人合作,能接受别人的意见	缺乏与人合作的精神,难以听进别人的意见			
思维条理性	能有条理地表达自己的意见,解决问题的过程清楚,做事有计划	能表达自己的意见,有解决问题的能力,但条理性差些	不能准确表达自己的意思,做事缺乏计划性、条理性,不能独立解决问题			

总之,小学生新的综合素质评价主要目的是为了全面了解学生的学习历程,激励学生的学习和改进教师的教学,应建立评价目标多元、评价方法多样的评价体系。对学生的评价既要关注学生学习的结果,也要关注他们的学习过程;既要关注学生学习的水平,也要关注他们在学习活动中所表现出来的情感与态度,帮助学生认识自我,建立自信。教育质量综合评价改革,要求我们教师必须更新教育教学观念,为切实实施素质教育,面向全体学生,促进学生全面发展而不懈努力。

参考文献

[1] 刘远琳. 新形势下学生综合素质分析研究 [J]. 人力资源管理,2012 (5):204 - 205.

[2] 王永吉. 大学生综合素质评价及培养 [J]. 现代交际,2010 (10):213.

[3] 孔杨. 基于层次分析法的大学生综合素质评价 [J]. 科技信息,2010 (18):91 - 92.

[4] 张芝双. 素质评价之我见 [EB/OL]. (2011 - 05 - 27) [2015 - 05 - 02]. https://wenku.baidu.com/view/2b2ebdc589eb172ded636702.html.

[5] 教育部. 义务教育英语课程标准(2011年版)[S]. 北京:北京师范大学出版社,2012.

浅析课堂评价语在初中英语口语教学中的运用

中山市黄圃镇马新中学 周冬婷

摘要：在新课程改革下，形成性评价成为首推的教学评价方式。在初中英语教学的形成性评价过程中，课堂评价语的运用扮演着重要角色。在英语口语教学中，教师使用恰如其分的课堂评价语有助于学生树立运用英语进行交际的自信心，激发学生们的学习兴趣，促进学生们自我成长与个性发展。本文通过分析目前初中英语口语教学中教师使用课堂评价语的现状及存在问题，同时，就教学过程中教师应该对学生口语学习评价什么、如何进行评价等方面，对教师提出如何有效地改进英语课堂评价语的若干建议。

关键词：课堂评价语；初中英语；口语教学

《义务教育英语课程标准（2011年版）》（简称《英语课程标准》）强调："评价应关注学生综合语言运用能力的发展过程以及学生在学习过程中情感态度、价值观念，学习策略等方面的发展和变化。评价应采用形成性评价与终结性评价相结合的方式，既关注过程，又关注结果，使对学生学习过程和学习结果的评价达到和谐统一。"[1] 在初中英语口语课堂教学中，教师对学生运用英语口语进行交际的课堂评价属于形成性评价范畴。教师的课堂评价语在学生语言学习中扮演着风向标的角色，好的评价语有助于提高学生的口语能力，也符合新课程改革素质教育的要求，同时，还弥补了传统的、单一的终结性评价导致学生在英语口语学习中主体性发挥的不足。

笔者在文中所提及的课堂评价语，是指在英语教学过程中，教师使用有声语言对学生英语学习情况进行恰当的判断、分析与评价，评价范围包括师生之间的英语对话效果、学生话题活动表现、学生学习情感态度等方面。课堂评价语是初中英语课堂教学的一个重要环节。事实证明，在教学过程中，如果初中英语教师能科学且有效地评价学生的行为，将会极大地增强学生的自信心，提高学生对自身英语学习水平的认识，同时也能实现英语口语教学的有效性。

一、初中英语口语教学中课堂评价语运用的现状及存在的问题

英语口语教学的目的是培养学生的英语综合应用能力，而传统的英语教学模式更多地追求学生的应试能力，而忽视其口语交际能力。英语口语的终结性评价方式不注重交

---

[1] 教育部. 义务教育英语课程标准（2011年版）[S]. 北京：北京师范大学出版社，2012：34.

际的时效性、灵活性以及出错的公开性，容易使学生出现沟通焦虑、测试焦虑及过度担心成绩等负面评价，从而对口语测试产生畏惧心理，使其实际语言交际能力无法得到有效提高。因此，恰当的课堂评价语在英语口语教学中必须充当风向标的作用，帮助学生在英语口语学习过程中树立信心，从而使学生达到敢于、乐于开口使用英语进行交际的目的，实现学生英语综合运用能力的提升。然而，目前初中英语课堂上，教师运用评价语时存在着诸多问题，主要表现为以下几方面。

第一，教师对使用课堂评价语的关注度不高。

教师在课堂教学中起着引导学生学习的作用，因此，教师自身使用课堂评价语的恰当与否，也会直接影响学生学习的动机、兴趣和心理活动。笔者曾在所任教学校的教研活动中，随机访谈十几位英语教师，访谈内容主要包括教师使用课堂评价语对课堂教学有效性的看法以及自身使用评价语的情况。但是，在访谈过程中，教师们对于课堂中有效使用课堂评价语的关注度却各有不同。就其中"您是否关注评价语对学生学习效果所产生的影响？"问题访谈结果进行整理，得出的访谈结果统计如图1-22所示。

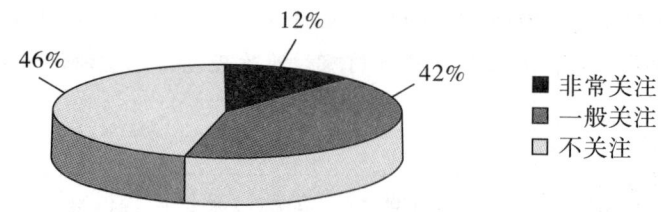

图1-22 教师对课堂评价语所产生影响的关注度

从图1-22中的比例显示可以看出，大部分教师对于课堂评价语在教学中所产生的影响关注度不高，只有12%的教师才意识到正确运用评价语可以对学生英语口语学习带来正面的影响。如果教师自身没有意识到评价语对学生学习评价具有积极意义，可能就会出现评价的随意性和简单性，长此以往，必然不利于学生建构理想的学习心理状态和开口说英语的自信心。如果教师没有在课堂教学中及时有效地评价，学生使用英语进行口语交际的情况，就会错失很多巩固学生学习兴趣及提高教学质量的契机。

第二，教师使用课堂评价语过于随意。

在过往听课的经历中，尤其是在常态课堂情况下，学生完成相应的朗读、对话练习或口头作文等任务后，教师有时候的评价语会比较随意。虽说口语的教学是要达到交际的目的，然而在平时教学练习中，教师只有客观地对学生口语练习情况进行评价，才有利于提高口语交际的有效性。例如，有一次笔者在听一堂英语听说复习课，当时有位学生示范朗读短文。在朗读过程中，该生虽然整体较为流畅地完成朗读，但是也有不少单词发音错误、句子意群不清等问题，然而，上课教师只是给出"Very good"的评价语，至于good在哪里，没有进行相应的评价，更不用说点评出需要改进的地方了。这种情况就是过高地评价学生的学习效果，却没有利用有效的评价语进行综合评价，若长期采用这种随意的评价语，则不利于学生提高口语交际水平。因此，教师在课堂评价中，目前或多或少地存在着不客观的评价，过高或过低地随意评价学生口语学习行为。

第三，课堂评价语的笼统性、单一性。

在教学过程中，有些评价语成为教师的口头禅，反复对学生不同的学习行为进行评价。首先表现为教师课堂评价语用词的笼统性、单一性。由于受长期教学习惯的影响，教师疏于发掘新鲜的评价语，导致教学时间越长，评价语的使用却越来越贫乏，常常无意识地锁定为"Good！/Good job！/Well done！"等笼统且单一的词汇，导致评价指向不明。其次表现为评价角度的笼统性、单一性。教师往往只是针对知识性问题的正确与否给予评价，忽视了对学生的学习策略、情感态度和文化意识等方面的评价。

二、初中英语口语教学中课堂评价语的内容及实施

随着新课程改革的逐步推进，教师的评价语言也呈现出多样化和多层次化，并且根据每一位学生的具体情况给出有针对性的评价语，以此来发挥教学评价的导向功能和激励功能。在实现评价语多样化的前提下，教师实施评价首先要了解应从哪些方面对学生的英语学习进行评价。《英语课程标准》把"培养学生初步的综合语言运用能力"定为义务教育阶段英语课程的总体目标，而综合语言运用能力的形成建立在"语言技能、语言知识、情感态度、学习策略和文化意识等方面整体发展的基础之上"①。因此，在初中英语口语教学课堂上，教师对学生评价应包括以下五个方面：语言技能、语言知识、情感态度、学习策略和文化意识。同时，基于《英语课程标准》的总体目标，教师应围绕语言技能、语言知识、情感态度、学习策略和文化意识等五维目标，对学生的英语学习进行不同角度的评价，让学生充分发挥自己的主观能动性，积极参与使用英语进行口语交际活动，提高学习的自我管理策划能力。

1. 评价学生的语言技能：重细节、求准确

英语学习中，听、说、读、写为学生需要掌握的基本语言技能。为了发挥课堂评价语在英语口语教学中的导向作用，教师要学会对学生"说"的语言技能掌握情况进行细致、准确的评价。例如，对于前文提到的那位学生的朗读情况，教师可以根据朗读原则"clearly, loudly, smoothly, confidently"，使用"You read it so smoothly."对其进行评价，这要比单一使用"Very good！"的评价更具针对性。同时，教师如果能及时对学生出现的朗读失误进行点拨评价，就更加有利于学生完善自身的朗读习惯，提高朗读水平。

2. 评价学生的语言知识：重客观、求真实

帮助学生获得知识是英语课堂重要的教学内容，而培养学生正确运用英语进行口语交际活动，则需要教师在英语口语教学中对学生使用英语的准确性进行客观、真实的评价。在评价学生的语言知识时，一定要秉持客观、真实的原则，不同学生有着不同的英语口语学习行为，基础好的学生在表达失误的时候，需要教师及时评价指正；基础弱的学生若能够不时地使用英语表达见解，也需要教师充分的肯定和赞扬评价。听课过程中，时常发现一些教师没有细心听取学生的口语表达，没有及时对学生的语言知识进行有效判断，只是习惯性地用"Good！/Well done！"等简单的语言给予评价，这样容易误导学生将错误的知识输入大脑，不利于语言运用的有效性。因此，教师在英语课堂教学中，

---

① 教育部. 义务教育英语课程标准（2011年版）[S]. 北京：北京师范大学出版社，2012：8.

应该细致、认真地与学生进行口语教学互动,并对学生的语言知识进行客观、真实的评价。

3. 评价学生的情感态度:重激励、树信心

英语课堂教学中,首先教师应当采取积极、正面的语言来评价学生的学习,进而有效地激励学生积极主动地参与到英语课堂的口语教学活动中;其次,教师通过评价语言,能敏锐地捕捉到不同学生学习和个性上的闪光点,及时进行激励表扬评价,可以增强学生敢于、乐于开口说英语的自信心;最后,对于在课堂表现中逐渐进步的学生,教师必须及时给予语言的激励,以此来巩固学生学习英语的兴趣,从而提高学生学习的积极性和教学效率。带有表扬、鼓励性的评价语对激发或强化学生的情感态度非常有效,如果教师能在使用时加以肯定、鼓励的语气会收到更好的效果。常用激励评价语有:Take it easy and try your best! /Come on, have a try! /I trust you! / You can do it well! / I'm sure you'll do better next time. /I'm proud of you. 此外,教师还可以多观察其他教师如何有效使用评价语,或者查找资料搜集一些常用评价语为己所用。

4. 评价学生的学习策略:重归纳、求提高

英语口语教学具有灵活性,教师不应只是教给学生单一使用话题进行交际的能力,还应该注重培养学生灵活运用语言在不同环境中进行交际的能力。初中三年的教材具有承接和递进性,相关的话题运用由浅入深,对学生的运用英语能力水平要求也逐渐提高。教师要通过评价语的作用,帮助学生将所学过的相关话题进行归纳,形成有效的学习策略,从而能更好地灵活运用话题在不同的情境中进行英语交际活动。

5. 评价学生的文化意识:重引导、求融合

在英语学习中,学生如何看待西方文化,形成个人国际意识,这些都不是初中学生能靠其自身领悟、学习知识构建起来的,英语教师要在教学活动中,正确发挥评价语的作用,因势利导,引导和启发学生思考,培养学生的文化意识。针对中西方文化的差异,引导学生懂得融合和区别。如在口语交际中,中国人见面打招呼时习惯询问对方"您吃过了吗",但是在英语文化中,如果问"Have you eaten yet?",则会引起对方的疑惑。英语交际中,一般见面会询问对方近况,用"How's everything going?"才更加符合西方文化。教师如果在课堂中,遇到学生用国人思维进行英语对话时,可以就其文化背景做出客观、真实的评价,从而达到通过评价语引发学生思考中外文化差异的目的。

三、针对如何优化教师使用课堂评价语的若干建议

在英语教学中,要做到优化课堂评价语,需要英语教师不断地对自身课堂评价语进行总结、梳理。教师应当有意识地将评价语贯穿于英语教学全过程,一来可以加深学生对课堂知识点的理解,二来又可以促进学生根据教师的评价不断调整学习方法。作为教师,我们应该着重把对课堂评价语的思与行统一起来,落实到平常教学中。

第一,教师应及时提升自身的语言素养。语言素养是教师科学合理运用课堂评价语的基础和前提,提升教师自身的语言素养是优化课堂评价语的主要途径。英语教师的语言不仅局限于对学生学习活动的评价,更重要的是评价之后师生互动交流,教师应该对学生的课堂表现和回答及时给予详细、准确的评价,可以向学生反馈有效信息,以便学

生了解自己对知识的掌握程度。

第二，教师应有效把握好英语课堂教学的评价时机。课堂教学过程具有很强的时效性，同时也是一个随时都可能出现突发状况的建构过程。鉴于此，教师一定要把握好对学生学习活动进行评价的时机，过早或过晚的评价都不能很好地获得评价的效果。只有及时且恰如其分的评价，才能对学生学习活动起到事半功倍的效果。

第三，教师应在课前认真预设将会使用到的课堂评价语。为了提高课堂评价语言的及时性、有效性，教师课前必须认真设计教学方案，熟悉教学内容，了解学生状态，对课堂上学生可能出现的学习行为进行充分预测，为实际的课堂教学做好充足的准备。同时，由于课堂中学生学习活动具有突发性的特点，教师也应该在平时注意多积累不同的评价语，以备不时之需。

第四，教师应学会巧用非语言评价方式。在英语课堂教学中，教师除了用恰当的有声语言对学生的表现做出评价反馈外，还可以通过非语言形式进行评价，如面部表情、眼神、手势、动作等直观手段，用这些无声的语言与学生在教学过程中产生共鸣。

综上所述，随着新课程改革的不断深入，教师越来越重视良好、客观的评价语在课堂教学中所起的作用。初中英语教师科学合理地运用课堂教学评价语，把运用课堂评价语的思与行，真正落实到初中英语课堂教学中去，有助于学生树立运用英语进行交际的自信心，激发学生们学习英语的兴趣，促进学生们自我成长与个性发展，从而更好地培养学生使用英语进行口语交际能力。

参考文献

［1］梁承锋，张丹. 初中英语新课程教学法［M］. 北京：首都师范大学出版社，2010.

［2］章波勇. 英语课堂教师反馈中的常见问题及对策［J］. 中小学外语教学（中学篇），2010（9）：34-38.

［3］章霞. 初中英语教师课堂反馈例析［J］. 中小学外语教学（中学篇），2013（1）：26-29.

［4］佟春梅. 浅析中学英语教师课堂评价语的有效使用［J］. 湖北师范学院学报（哲学社会科学版），2011（6）：141-143.

［5］李文杰. 提高英语课堂评价语有效性的探索［J］. 普洱学院学报，2012（2）：123-125.

［6］张日观. 过程性评价在初中英语听说课中的应用：过程性评价与教学相结合的实践［J］. 英语广场：学术研究，2011（Z3）：121-122.

活动表现评价的新视角
——SOLO 分类评价法在九年级化学中的应用

韶关市乐昌教育局教研室 刘四根

摘要：根据《义务教育化学课程标准（2011年版）》的要求，按照SOLO分类理论对学生参与化学活动时表现出的参与意识、合作精神、实验操作技能、科学探究能力、信息处理能力等几方面制定出活动表现评价表，并用"金属材料的利用调查"实例说明SOLO分类评价法如何评价学生的活动表现。

关键词：活动表现评价；九年级化学；SOLO分类评价

一、问题的提出

传统的纸笔测验侧重对学生知识掌握的结果进行评价，但对学生在探究能力、实验技能、情感态度与价值观方面的发展，更需要通过学生的活动表现来评价。教学中，活动表现评价可以考查学生的参与意识、合作精神、获取和加工化学信息的能力以及科学探究能力等。由于主客观因素的限制，始终未能对学生的化学活动表现进行有效评价，也影响着化学课堂教学的效果。"SOLO分类评价理论"的诞生对此产生了重大突破，为检测学生的活动表现评价提供了一个切实可行的思路。该理论属于认知科学理论，不仅能够直接运用于学生学习的测量评价，也能运用于教学策略的研制和实施。教师可以依据该理论的基本原理，根据具体的课程内容和学情实际，结合化学学科的认知规律特点，确定相应的教学实施策略。由此，有助于化学教师突破传统的教学思维定式，改进传统的课堂教学方式，提升化学课堂的教学效益。

二、SOLO分类评价法简介

SOLO分类评价法是由香港大学教育心理学教授比格斯与其同事在长期的研究和探索中总结出来的，"SOLO"是英文"Structure of the Observed Learning Outcome"的首字母的缩写，意为"可以观察到的学习成果的结构"。也就是说，学生在具体知识的学习过程中，都要经历一个由量变到质变的过程，每发生一次跃变，学生对于这一知识的认识就进入更高一级的阶段。由此可以根据学生活动时的表现来判断他所处的思维发展阶段，进而给予合理的评分。比格斯将学生的学习结果分为前结构、单点结构、多点结构、关联结构和拓展抽象结构五种反应水平，这五种反应水平的具体判断标准如下：

（1）前结构：学生对学习任务本身不能进行恰当的处理，例如学生只是对学习任务进行同义重复，或者只是重复问题，学生处于这一反应水平的还不能理解问题。

（2）单点结构：处于这一反应水平的学生，能够提出与学习任务有关的一个方面，但在诸要素之间或思维之间没有联系，学生只能理解问题的很少一部分。

（3）多点结构：学生能提出与学习任务有关的几个独立方面，或者能够理解任务的许多方面。但是，这些方面之间都不是相互关联的。

（4）关联结构：处在该反应水平的学生能把相关的方面整合成一个前后一致的整体结构。

（5）拓展抽象结构：学生能把连贯的整体概括为或再概念化为一个抽象的更高水平。

SOLO 分类评价法是对学习者的学习结果进行分类，从而间接地判断学习者的认知发展水平。前一种水平的发展是后一种水平发展的基础，因此学习者的学习经验和加工信息的能力影响学生认知的发展。但是 SOLO 分类理论不是把学习结果简单地划分为对或错两种结果，而是把学习者确定为不同的认知水平。

三、SOLO 分类评价法对学生活动表现的评定

按照 SOLO 分类评价法将学生的活动表现情况大致归入上述五种结构，在每一种结构中又分为非常符合、比较符合、勉强符合三个水平层次。五种结构和三个水平分别用字母和数字来代替。A、B、C、D、E 分别代表拓展抽象结构、关联结构、多点结构、单点结构、前结构；1、2、3 分别代表非常符合、比较符合、勉强符合三个水平层次。这样，在对学生活动表现进行评定时，如果学生的表现比较符合关联结构，则将学生活动表现的成绩评定为 B2。根据《义务教育化学课程标准（2011 年版）》的要求，按照 SOLO 分类理论对学生参与化学活动时表现出的参与意识、合作精神、实验操作技能、科学探究能力、信息处理能力等几方面制定活动表现评价表（见表 1 - 45）。

表 1 - 45　活动表现评价表

学校：　　　　班级：　　　　姓名：

评价项目	拓展抽象结构（A）	关联结构（B）	多点结构（C）	单点结构（D）	前结构（E）	个人自评	组内互评	教师评价
参与意识	能积极参与学习，学习过程注意力非常集中；遇到困难能积极想办法解决	能参与学习活动，注意力集中；遇到困难也能积极想办法解决	基本上能参与学习活动，注意力不够集中；遇到困难不能积极想办法解决	注意力不集中；主动学习意识淡薄	注意力非常不集中；没有主动学习意识			

续上表

评价项目	拓展抽象结构（A）	关联结构（B）	多点结构（C）	单点结构（D）	前结构（E）	个人自评	组内互评	教师评价
合作精神	积极开展合作学习；在分工的同时能很好地帮助本组其他成员完成任务	在合作学习中主动参与其中；能帮助本组同学基本完成任务	在合作学习中不够积极主动参与其中；但能在教师引导下帮助本组同学完成任务	在合作学习中参与意识淡薄；不能很好地协作配合，只知道完成自己的工作	排斥合作性学习，没有体现小组分工和协作的合作精神			
实验操作技能	操作熟练，关键步骤掌握好；数据、现象记录准确并能对结果进行合理解释	操作较熟练，关键步骤基本掌握，仅有少量错误；数据、现象记录准确	操作生疏，关键步骤错误不多，基本完成实验；数据、现象记录较准确	操作生疏，关键步骤错误多，不能完成整个实验；数据、现象记录不准确	不会操作，根本不能完成实验；数据、现象记录不准确			
科学探究能力	能顺利完成相应的学习任务；勇于猜想和探究，能通过探究问题获取新的知识和技能；学习并能掌握科学研究的方法	基本上能完成相应的学习任务；在探究的过程中，获得较多的知识，不能很好地掌握科学研究的方法	能够在教师的引导下基本上完成相应的学习任务；在探究的过程中，获得较少的知识，不能很好地掌握研究的方法	被动地参与学习过程，对学习探究的问题没什么兴趣，遇到困难就轻易放弃	对学习探究的问题没有兴趣，不了解探究性学习的学习方法			
信息处理能力	能够根据活动收集有用信息，并对信息进行分析、归纳；能得出非常有价值的成果	能够根据活动收集的信息进行分析、归纳，初步得出成果	能够根据活动收集的信息进行分析、归纳，有实质性的进展	能在教师指导下收集信息，并对信息进行简单分析、归纳，但没有实质性的进展	不了解信息收集的渠道，不知道对信息进行分析、归纳			
总评等第								

四、SOLO 分类评价法在初中化学活动教学中的尝试

活动表现评价要求学生在真实或模拟的情景中运用所学知识分析、解决某个实际问题，以评价学生在活动过程中的表现与活动成果。在九年级化学教学中，活动表现评价可以从参与意识、合作精神、实验操作技能、科学探究能力以及信息处理能力等几个主要方面进行评价。下面以"金属材料的利用调查"来说明 SOLO 分类评价法如何评价学生活动表现中的信息处理能力。

（一）确定评价结构

"金属材料的利用调查"活动评价表见表 1-46。

表 1-46　"金属材料的利用调查"活动评价表

评价项目	拓展抽象结构（A）	关联结构（B）	多点结构（C）	单点结构（D）	前结构（E）
信息处理能力	能够从各种渠道收集有关金属材料的使用信息；能够分析金属材料的使用对自然资源、生态环境的影响；能够总结出金属材料在生产、生活和社会发展中的作用与影响	能够从各种渠道收集有关金属材料的使用信息；能简单分析金属材料的使用对自然资源、生态环境造成的部分影响；不能总结出金属材料在生产、生活和社会发展中的作用与影响	能够从多种渠道收集有关金属材料的使用信息；不能够分析金属材料的使用对自然资源、生态环境造成的影响	仅能够通过少部分渠道收集有关金属材料的使用信息	不知道从何种渠道收集有关金属材料的使用信息

（二）确定评价结果

"金属材料的利用调查"评价记录表见表 1-47。

表 1-47　"金属材料的利用调查"评价记录表

学生	信息处理能力		
	个人自评	组内互评	教师评价
1	A2	A1	A1
2	B2	B2	B2
3	B1	B2	B1
…			

（三）评价结果的反馈

为了帮助学生了解自己的活动学习状况，增强学习的信心，明确进一步发展的努力方向和需要克服的弱点，评价结果最好采用描述性评价（定性报告，在写实性记录的基础上做的分析性描述）与等级计分（定量报告）相结合的方式来呈现。

教师在学习活动后组织学生对自己和同伴在学习活动中的表现进行自评和互评，然后教师根据自己观察到的学生的活动表现，结合学生的自评和互评，给学生本次调查活动的信息处理能力一个评价结果，如教师给 1 号学生评定等级为 A1。学期末，教师根据学生各次活动的评价结果给出总的描述性评价和一个综合性的等级评价。另外，教师通过对学生的参与意识、合作精神、实验操作技能、信息处理能力以及科学探究能力等活动表现的评价结果进行统计，可以找出学生活动表现的薄弱环节，从而明确自己下一步的教育改革方向。

五、使用 SOLO 分类评价法应注意的问题

使用 SOLO 分类评价对学生参与化学活动表现的"各个环节"进行过程性评价，既可对学生的学习水平和学习能力进行有效推断，激励学生深入高层次的学习，又可以为教师提供有关教学效果的有用信息，帮助教师诊断并改进教学。SOLO 分类理论的研究与实践，为我们打开了一个全新的窗口，作为一种与学科教学和考试结合紧密的新的评价思路和方法，给课堂教学提供了一个极具操作性的指导工具，引领教师通过学生的学习结果，反观我们的教学过程，有益于提升我们的教育智慧，对今后课堂教学发生本质上的转变有着深远的现实意义。当然，"SOLO 分类评价理论"尚处于探索和完善阶段，并且活动表现评价涉及的内容较为广泛、复杂，易受活动观察者的主观影响而降低评价的效度和信度。因此，在 SOLO 分类评价法的实际操作和运用过程中，要根据具体的化学活动和目标要求灵活运用，不能生搬硬套，避免简化和主观化，使之不仅能够有效地评价学生的真实学习活动情况，有利于改善教师的教学，同时还能促进学生的有效学习。

参考文献

[1] 教育部. 义务教育化学课程标准（2011 年版）[S]. 北京：北京师范大学出版社，2012.

[2] 高凌飚. 关于过程性评价的思考 [J]. 课程·教材·教法，2004（10）：15－19.

[3] 李旻. 初中化学探究实验教学运用 SOLO 分类评价法的尝试 [J]. 实验教学与仪器，2009（11）：21－22.

以积极评价促学生养成好习惯行动研究

佛山市顺德区美的学校 覃 鲁

摘要：习惯养成教育是小学德育工作的重中之重，关系着学生的终身发展。本文针对学生的年龄特点和行为习惯的实际情况，研究从"评价"的角度寻找培养学生良好行为习惯的突破口，寻找优化学生行为习惯的策略，从而更加有效地培养学生的良好习惯。

关键词：德育；评价；养成教育；行动研究

一、研究背景

小学阶段是习惯养成的关键期，叶圣陶先生说："启蒙教育是人格陶冶最重要的时期，凡人生之需要的习惯、倾向、态度，多半在这个时期养成，以后只需继续地培养下去，自然成为社会的优良分子。"

随着教育改革的逐渐深入，学生良好习惯的养成教育日趋得到重视。但教师们常苦于找不到有效的途径和方法，对学生的好习惯培养都像打游击战一样零散，不成系统，随意性较大。学生身上的不良行为习惯经常反复出现，让教师们苦不堪言。基于此，美的学校将"好习惯养成教育"作为德育工作的重点，大力开展小学生好习惯培养的行动研究与实践，力求探索出一条科学有效的"好习惯培养之路"。

二、研究的目标

以生为本，从细处着手，探讨、研究习惯养成的核心问题。通过观察法、调查法全面了解学生的行为习惯状况，制定出符合学情的好习惯培养目标和可行的、易操作的好习惯培养计划。利用两年的时间，全校各班按照计划开展好习惯培养，力争做到让绝大部分学生养成计划内的良好习惯，并能通过跟踪、分析个别班级和个别学生的好习惯养成过程，总结出好习惯养成教育的得与失，从而探讨出促进小学生良好习惯养成的有效教育途径和方法。

三、制订研究计划与实施方案

第一，深入了解学情，明确好习惯培养目标。向师生和家长进行问卷调查，并成立行为习惯观察团，对学生进行为期一个月的全面观察，汇总了我校学生身上的不良行为习惯,并确定了"美的学子十二大好习惯":①诚实守信,说到做到;②学会感恩,勇于表达;③知书达礼,微笑待人;④尊重别人,用心倾听;⑤勤学好问,不忘责任;⑥尊重规则,快乐成长;⑦有功必备,处事不乱;⑧博览群书,增长见识;⑨勤俭节约,爱人惜物;⑩物归原处,生活有序;⑪乐于劳动,讲究卫生;⑫坚持锻炼,健康阳光。

为了让学生明确好习惯的标准和要求,我们列出了每一项习惯的养成细则,如表1-48所示。

表1-48 习惯养成细则

习惯	具体要求
有功必备	1. 在家里、在宿舍里,衣服、鞋子等生活用品摆放有序。 2. 能自己整理书包、红领巾等,看完的书要放回原处。 3. 提前做好课前准备,学习用品要整齐放在桌面左上角,静候教师上课
处事不乱	1. 按时、按量、按质完成各科作业。 2. 晚上睡觉前常想明天事,把第二天要用的学习用品、水杯等准备好

第二,通过学校管理、主题活动、班级教育、学科教学等多层次多渠道展开实践与研究,落实好习惯培养目标。

第三,通过总结反思,找方法,促进步。每月开展一次"好习惯养成教育"专题的班主任工作交流会,每学期开展两次全校好习惯养成教育研讨会。

第四,每学期末开展一次好习惯养成表彰大会。

四、展开行动研究

(一)第一研究循环

1. 分析

通过前期调查发现,学生的行为习惯各异,要让学生主动接受培养,通过设立"好习惯超市",有利于发挥学生的主观能动性,自主选择培养目标。

2. 策略

(1)自主申报。向学生发放《好习惯申报书》(如图1-23所示),每个学生都可以自由申报要养成的好习惯项目。学生向中队委员会申报了本学期要养成的两个好习惯后,对照好习惯细则,自觉严格要求自己的行为要达到好习惯细则的要求,并在教师的常规训练下,不断巩固自己的良好习惯。

```
┌─────────────────────────────────────────────────────────────┐
│                      好习惯申报书                             │
│ 中队委员会：                                                  │
│     本学期，我要积极参加"好习惯，伴我行"活动，努力养成两个好习惯：一是：_____ │
│ _____好习惯，我要坚持做到：_____；二是：_____好习惯，我要坚持做 │
│ 到：_____。                                        │
│     请大家提醒我，我一定会努力做最好的自己！                     │
│                                             申请人：          │
│                                               年  月  日      │
└─────────────────────────────────────────────────────────────┘
```

图1-23　好习惯申报书

（2）开展自评、互评与他评。开展好习惯行为强化训练一个月后，利用班队会进行总结，学生对照好习惯细则进行自我评价；两个月后进行小组同学之间的相互评价；三个月后进行家长和教师评价。通过自评、互评与他评，让学生在自我监督和接受他人监督中坚持自己的好习惯，磨炼意志力。

3. **效果及案例**

学期末，我们分别从每个年级中抽取一个班进行调研分析，通过统计《好习惯申报书》上的评价结果，获得的数据如表1-49所示。

表1-49　好习惯评价结果统计

项目	一年级A班	二年级B班	三年级C班	四年级A班	五年级B班	六年级C班
自我评价（第一个月）	92.7%	94.4%	92.3%	84.8%	86.1%	87.9%
小组评价（第二个月）	89.2%	95.7%	91.1%	88.7%	90.1%	89.1%
家长评价（第三个月）	96.2%	95.1%	94.6%	88.5%	94.5%	89.9%
教师评价（第三个月）	97.0%	97.6%	96.1%	92.8%	94.8%	92.4%

从这些调查数据来看，各年级的"评优率"几乎都在提升，说明学生通过自己的努力，特别是在多方评价的激励下，养成好习惯的认可度得到不断的提高。

通过激励性评价，学生学会更加严格地要求自己，也让家长感受到了孩子喜人的进步。例如，二年级B班的小黄同学，读了一年小学仍然像个幼儿园小朋友一样，不会主动收拾自己的书包，每天都让妈妈帮忙收拾好，送他到学校。他的书本和文具总是杂乱无章地堆在抽屉里。但是经过一个学期的习惯培养后，他的行为习惯发生了很大的改变，他妈妈看到孩子的进步后给教师发来了这样一封感谢信："李老师，您好！感谢您一直以来辛苦地教导我的儿子小黄。以前他很散漫，自己的东西随处乱扔，他的玩具、书本在家里的每个角落都能捡到，让我们苦不堪言。但是你们这个学期开展'好习惯，伴我行'活动以来，他回家就高兴地举着申报书，告诉我他申报了'有功必备，处事不乱'的好习惯，从今天起要好好收拾自己的房间。这让我感到非常意外，他还真的做到了，虽然好景不长，但是每天他都有一点进步，每当做得好的时候，我就会鼓励他。特别是看到同学对他的评价，说他的书本能整理好了，我就特别地高兴。如今，我已经有一个月不用帮他收拾书包和房间了，真是太感谢您了！"

4. 反思

这阶段的行动研究取得了一定的成效，全校师生乃至家长都对好习惯培养更加重视了，但是单纯通过每月一次的评价来促进好习惯培养，还显力度不足。学生的成就感不强，也就没有了坚持下去的动力。此外，相对于一部分行为习惯较差的学生而言，他们要坚持做到好习惯细则的要求还比较难，要得到大家的认可就更难了。而且，我们只重视了个人好习惯的培养与评价，却忽视了对集体好习惯的评价，没有通过培养良好的集体习惯氛围去影响个人。

（二）第二研究循环

1. 分析

总结第一研究阶段的经验和问题，我们认为要多关注过程，对学生进行及时评价，才能给学生源源不断的动力。新课程改革理念强调对学生进行发展性评价，评价不仅要关注学生的学业成绩，更要关注学生的学习过程，要善于发现学生多方面的潜能，帮助学生认识自我，建立自信，发挥评价的教育功能，以利于学生终身发展。对学生习惯养成也应该采取发展性评价，并坚持做到及时评价，只要学生有进步，就应给予相应的奖励，让学生更有信心，进步也就会越快。

2. 策略

采用自由申报与各年级侧重培养相结合的方式，每学期培养两个好习惯。通过升旗仪式、红领巾广播站、主题班队会和品德与生活、品德与社会课等对学生进行好习惯的认识教育。同时，通过少先队主题活动和班队会的形式对学生养成习惯的培养训练。

学校在期末开展了好习惯总结表彰系列活动，每个班级开展"我收获的好习惯"主题班会。每个学生上台演讲，讲述自己是如何养成一个好习惯的，演讲后全班同学举手表决，告诉他是否已养成了这个好习惯。并评选出若干个"班级好习惯奖""年级好习惯奖"和"校级好习惯奖"，分别给获奖者颁发我们自主印制的漂亮奖状。"班级好习惯奖"上有班长和班主任的签名，"年级好习惯奖"还加上教导主任的签名，"校级好习惯奖"则加上校长的签名，让学生倍感好习惯养成后获奖的荣耀。在全校举行的"好习惯养成表彰大会"上，校级好习惯奖获得者登台演讲，向同学们介绍自己的好习惯养成足迹，以生动真实的事例影响其他同学，给大家做好学习的榜样。

同时，学校还大力表彰在好习惯养成方面表现突出的集体，设立了文明礼仪好习惯班、爱卫生好习惯班、集会礼仪好习惯班、阅读好习惯班、书写好习惯班、"两操"好习惯班、午休好习惯班、就餐好习惯班等。学校通过设立这个集体好习惯奖，激励了各班级朝着自己的特色发展。

3. 效果及案例

二年级下学期重点进行"尊重规则，快乐成长"的好习惯培养，该年级组利用每天的课间操时间，加强对学生的课间操自律训练，长期严格要求学生要做到做操时不做其他无关的事情，站军姿要姿势规范，不乱讲话等。凡是做得好的班级，年级组长给予及时的表扬鼓励，并在五星班级评比考核中做出加分奖励，以增强学生的集体荣誉感。例如：三年级 A 班一向做操秩序都比较散乱，学生活跃好动，经常管不住自己，排队也不整齐。但通过一个学期的训练，学生在不用教师监管的情况下，排队时能自觉地做到"快、静、齐"，站军姿时几乎全班同学都纹丝不动，做操动作整齐规范，他们还荣获了好习惯表彰大会的"两操好习惯奖"。

4. 反思

从学校管理以及期末班级好习惯总结表彰情况来看，每个学生培养的习惯不一样，对教师的评价工作极其不利，就会出现评价的"盲区"和随意性。如何形成全校的好习惯培养系统，使好习惯培养工作更具有可操作性等方面的问题还有待研究。

（三）第三研究循环

1. 分析

学生的成长有其年龄特点，各年级学生的行为习惯应该是有相近性的，根据不同年级进行有条理性、有规划性的培养训练，应该会取得事半功倍的效果。

2. 策略

（1）以年级为单位，每学期重点培养一个好习惯。根据每个年级学生的行为习惯特点，把"美的学子十二大好习惯"分解到每一个年级中，见表 1-50。

表 1-50 美的学子十二大好习惯

年级	好习惯名称	年级	好习惯名称
一年级上学期	有功必备，处事不乱	四年级上学期	坚持锻炼，健康阳光
一年级下学期	物归原处，生活有序	四年级下学期	知书达理，微笑待人
二年级上学期	乐于劳动，讲究卫生	五年级上学期	博览群书，增长见识
二年级下学期	尊重规则，快乐成长	五年级下学期	诚实守信，说到做到
三年级上学期	勤俭节约，爱人惜物	六年级上学期	勤学好问，不忘责任
三年级下学期	尊重他人，用心倾听	六年级下学期	学会感恩，勇于表达

如此一来，各年级之间的习惯培养就更加有条理性、有计划性，像学科教材一样连贯起来，形成了我校六年十二学期制的好习惯培养系统。

（2）建立好习惯银行，储蓄宝贵财富。当学生的行为表现"达标"后，或者有进步时，教师或者班干部就可以给该生奖励一颗"星星"，贴到好习惯银行中，也就相当于给学生的人生储蓄了一笔宝贵的财富，让学生的好习惯养成足迹"看得见"。

（3）家校协作，形成合力。为了避免学校教育而家庭放松，导致"5+2=0"的教育弊端，我们开展了"把好习惯带回家"的活动，给每个学生一本《好习惯伴我成长记录册》。采取家校共同协作的方式，请家长参与评价和引领，不断地以"生命影响生命"。家长每个周末利用《好习惯伴我成长记录册》，对孩子在家中的行为表现做出评价，凡是孩子能坚持一周都做到好习惯细则中的一项要求，家长就奖励一颗星。此外，家长还给孩子写一些建议和鼓励的话语，给孩子更多自信与动力。家长给孩子奖励的"星星"可以累积到班级的好习惯银行中，如此能有效地把学校与家庭的习惯培养有机地结合起来。

3. 效果及案例

通过分解十二大好习惯到每个年级后，学生的习惯培养就更有计划性了。而好习惯银行的建立，既方便了教师的评价，又让学生看到了自己的进步。教师和家长共同的重视与引导，又让学生在更大的磁场中受到积极的影响。

三年级的俊亮同学是个10岁的小淘气。上课不认真听讲，还爱打扰别的同学，课堂上连一刻钟也坐不住，是老师最头疼的一个学生。自从进入下学期，三年级开展"尊重他人，用心倾听"好习惯培养以后，教师采用了削弱与增强法紧密结合的措施，进行行为类化，让他从每节课的纪律着手，每做到举手回答问题一次或能保持一节课不离开座位，就奖励一颗星，还向全班同学和他的家长表扬他。语文、数学、英语三科教师每节课对他的行为表现进行记录统计，从图1-24我们可以看到他身上发生的变化。

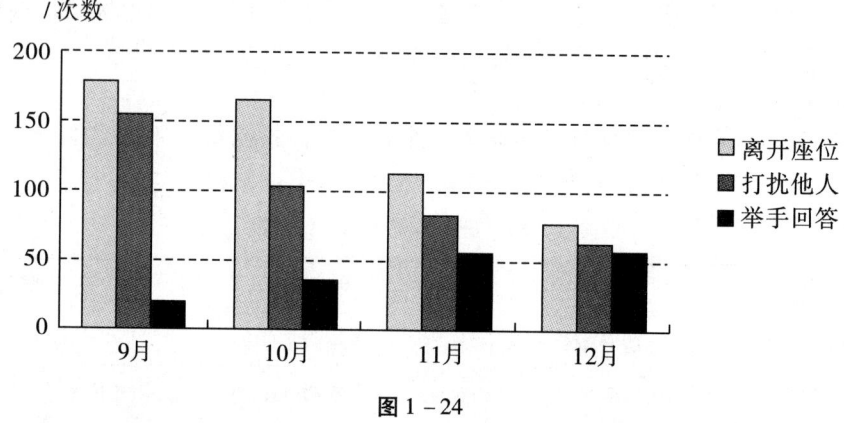

图 1-24

4. 反思

评价权只是掌握在家长、教师和班长手里，学生受到评价的机会少，"点击率"不高，关注面不全，就会导致评价的片面性。此外，虽然每周请家长对孩子的行为表现进行评价，但是孩子行为习惯不是短期内就会发生变化的，有部分家长就会比较着急，感觉每周评价都如此，没有见效。

（四）第四研究循环

1. 分析

毅力不坚强是小学生的一大年龄特点，当一颗"小星星"不能长期地给学生带来吸引力后，学生的积极性就会下降，如此反复的评价就会降低"功效"。

2. 策略

进入第四阶段后，我们实施了以激励为主的多元性评价，以更全面、更及时地激励学生养成好习惯。我们主要采取了以下几种评价方法。

积分制：利用好习惯银行对学生的好习惯表现进行"授星"奖励，班干部负责授星。奖励星分别为蓝星、黄星、红星三个等级。

随机授星制：全校教职员工和大队委干部，凡是发现哪个学生有值得表扬的行为表现，都可以给他奖励一颗星。

每天授星制：每节课和每次活动都可以给学生授星奖励。

周月授星制：每月通过一次班会课小结，根据累积的星数进行"升级"奖励。

兑换制：凡校内举办的"元旦游园活动""六一儿童节游园活动"和期末好习惯表彰大会，学生都可以用"奖励星"兑换奖品。

奖励制：每月利用升旗仪式进行点名表扬"升级星"，大队部光荣榜公布"进步星"的获奖情况。再根据整个学期的好习惯银行积分，在好习惯表彰大会上发奖状和奖品。

3. 效果及案例

评价一改，全盘皆活。学生被这富有新意、更有刺激性的评价方式深深吸引到了"好习惯培养游戏"中，让师生及家长皆受益。例如一年级下学期重点培养的是"物归原处，生活有序"好习惯，通过第一学期的观察发现，绝大部分一年级学生都不太会整理自己的东西，教室里的书包柜、抽屉、图书角乃至学生自己的书包内都很乱。我们在第二学期开学第一周对一年级的物品整理情况进行了随机调查，结果如表1-51所示。

表1-51　一年级物品整理情况调查结果一

调查对象	书包整齐率	书桌整齐率	书包柜整齐率	口杯柜整齐率	图书角整齐率
一年级 （4个班共144人）	30%	45%	51%	68%	0
备注	有101个书包内的文具、课本、作业本等物品放置凌乱	有79张书桌内的书本和文具摆放凌乱	有71个书包带子掉出书包柜，摆放不整齐	有46个口杯放在口杯柜外面	傍晚阅读结束后，4个班的图书角都有书本摆放不整齐

从第二周开始，我们通过开展多元性及时评价，更加激起了学生的好习惯培养欲望，临近期末，我们再次对一年级的物品整理情况进行了随机调查，结果如表1-52所示。

表1-52　一年级物品整理情况调查结果二

调查对象	书包整齐率	书桌整齐率	书包柜整齐率	口杯柜整齐率	图书角整齐率
一年级 （4个班共144人）	72%	88%	91%	100%	75%
备注	有41个书包内的文具、课本、作业本等物品放置凌乱	有17张书桌内的书本和文具摆放凌乱	有13个书包带子掉出书包柜，摆放不整齐	没有一个口杯放在口杯柜外面	阅读课结束后，有一个班的图书角里有三本书摆放不整齐

通过对表中的数据进行比较，我们不难发现多元性及时评价收效明显。

4. 反思

评价过多过于频繁，学生也会厌烦，根据心理学原理，评价过分强调表扬、频率高、次数多，既费时又效果不佳。运用次数的增多，对学生的诱惑力也越来越小，这样的评价便不能很好地起到激励的作用，成为无效评价。因此，评价一定要适时适度，才更有效。

五、研究结论

好习惯，好人生。学生的良好习惯培养是学校德育的重要内容，但良好习惯的养成绝非一朝一夕就能做到的，而是要经过长期的训练与内化，从不自觉到自觉，从不稳定到稳定。小学生在习惯养成的过程中，容易出现反复现象。所以在习惯形成过程中，需要在坚持训练的同时通过改善评价机制，通过积极的、多元的、及时的评价，给学生更多的正强化，就会加快学生良好习惯的养成，让学生的好习惯在一次次的评价中悄悄地生根发芽。通过四轮研究循环，我们总结认为在利用"评价"促进好习惯培养方面需要做到：评价机制要灵活，注重评价的实效性；要充分发挥家长的监督、引导和评价作用，家校合作进行全员评价才能形成更大的教育磁场，不断地"以生命影响生命"；习惯养成要关注过程，进行全程评价，贯穿教育始终；评价要适时适度，才能保持其长盛不衰的激励作用。

然而，我们关于小学生好习惯培养策略的研究任重而道远，这次研究仅仅是从评价的角度来寻找突破口。对于不同年级的小学生在坚持良好习惯的培养中需要怎样的鼓励协助和评价？如何通过"正强化"与"负强化"双管齐下培养学生的良好习惯？在好习惯训练与评价方面如何把家校合作和谐统一起来？这些将是我们下一阶段要进一步研究的问题，我们将在学习实践、寻找理论论证等方面做出更多的努力，力争开发一套《美的学子十二大好习惯养成教材》，继续在好习惯培养的道路上努力前行。

参考文献

[1] 孙云晓，张梅玲. 儿童教育就是培养好习惯 [M]. 北京：北京出版社，2004.
[2] 闫洪江. 小学生良好习惯培养的研究 [J]. 课外语文（教研版），2013（18）：153.

德育生活化背景下的小学品德发展水平评价

佛山市顺德区均安中心小学　杨　托

摘要：在我国小学传统的品德教育中，由于过于追求思想上的乌托邦，使课堂教学严重脱离了学生的现实，以致道德教育的生命力逐渐丧失。在德育生活化的课程改革背景下，科学考量学生的品德发展水平的评价，具有刻不容缓的紧迫性和必要性，需要品德评价的主体多元互动，需要形成性评价与终结性评价的有机结合，需要资源的整合利用及确立多样的测评方式。

关键词：德育生活化；道德教育；小学品德评价

联合国教科文组织国际教育发展委员会在《学会生存》这一报告中曾这样描述学校教育："在一个世界里，儿童像一个脱离现实的傀儡一样，从事学习；而在另一个世界里，他们通过某种违背教育的活动来获得自我满足。"目前，这种"人格分裂"普遍存在于我国中小学，且难以得到有效改善。在多方复杂的原因中，教育应该承担不可推卸的责任，尤其是我国小学传统的品德教育，过于追求思想上的乌托邦，只注重学生的未来，忽视当下，使课堂教学严重脱离了学生的现实，导致道德教育的生命力逐渐丧失。

德育生活化即是要求德育工作要关注学生的现实生活，道德教育要与学生的日常生活紧密搭建，让学生在体验生活中参悟道德魅力，培育德性，过道德生活。① 美国教育家杜威谈及："教育即生活……不参与社会生活，学校就没有道德的目标。"人类伦理道德思想的产生和发展，是人类对生活于其中的社会关系认识的结果②，学校德育只有回归学生真实、具体、完整的生活，才能得到有效发展，为教育所用。在德育生活化的背景下，考量学生的品德发展水平的评价，具有刻不容缓的紧迫性和必要性。

一、小学品德评价在德育生活化背景下的意义和价值

（一）品德评价是学校德育的重要环节

品德评价是学校德育的重要环节，在小学生良好品德的形成中起着重要作用。个体品德的发展在完全成熟之前具有很大的可塑性、易变性，而小学生正处于自我

---

① 仲小燕. 论德育生活化与生活德育化［J］. 当代教育论坛，2007（8）：74-75.
② 陈会昌. 道德发展心理学［M］. 合肥：安徽教育出版社，2004：2.

意识发展的萌芽状态，智力、心理等各方面还不成熟，在启蒙阶段若然不给予正确的价值观引导，必然对他们的行为习惯、公民素养、人格品质、理想信念等方面的良性发展造成影响。

（二）品德评价需要推陈出新

据小学学生操行评定的现状调查分析，当前的小学生品德评价中存在一系列弊病，集中表现为：品德评价的目的侧重不一，功能界限模糊；品德评价内容依据不科学或缺乏规范的评价标准；品德评价内容缺乏多元性、针对性；品德评价方法陈旧；品德评价主体单一；评价结果重甄别和挑选，忽视诊断和改进。

而德育生活化背景下，其评价的根本目的在于以学生的个性发展为本，充分发挥学生品德评价的引导、教育和激励功能，促进学生在道德认知、情感态度、生活能力和行为习惯等方面的不断完善。

（三）品德评价是时代发展的要求

《教育部关于推进中小学教育质量综合评价改革的意见》（简称《意见》）强调突出重点，注重导向，把学生的品德发展水平、学业发展水平、身心发展水平、兴趣特长养成、学业负担状况等五个方面的20条细则作为评价学校教育质量的主要内容，着力构建中小学教育质量综合评价指标体系。① 目前我国基础教育的改革正处于关键时期，提出多维度立体化对教育质量进行综合评价，具有强烈的现实意义、社会意义和历史意义，而将品德发展水平作为五个评价方面的第一个，体现了《意见》中关于坚持育人为本的原则，如何有效评价学生品德发展水平，对于教学质量的提高、教师自身素养的发展以及国家素质教育的全面推行具有重大的意义。

（四）品德评价是引导德育生活化的有效途径

苏霍姆林斯基提出真正的教育是自我教育。德育生活化意在将道德教育作为一个工程整体纳入学生日常生活，使之从中受教，并自主地追求道德生活。为了让每个学生在德育生活中最大限度地实现自身价值，确立完整系统的品德评价体系是有效途径之一，让道德教育服务于生活，提高学生精神生活的质量。

二、小学品德发展水平的评价方法论

在德育生活化的背景下，其评价的根本目的在于以学生的个性发展为本，充分发挥学生品德评价的引导、教育和激励功能，促进学生在道德认知、情感态度、生活能力和行为习惯等方面的不断完善。② 现有小学生品德评价的局限性要求我们进行必要的批判继承、推陈出新，以更好地促进学生的良好品德的形成和发展。

---

① 王健敏. 学生品德测评系统的改革与探索 [J]. 课程·教材·教法, 2002 (1): 39-43.
② 胡用春. 德育生活化背景下中小学生品德评价新探 [J]. 吉林教育, 2009 (16): 30.

（一）道德教育是个体与整体的相互结合，需要品德评价的主体多元互动

小学生群体是没有独立经济能力、需要社会各方竭力呵护关爱的群体，他们的自我意识还未完全成熟，自我品德评定对于他们来讲无疑具有片面性和武断性，然而多年来，在学生的品德评价上，教师似乎成了唯一的评价者，学生作为被评价的对象，完全失去了主动权和发言权，处于消极的、被动的、从属的地位。单向的无互动评价结果对学生的正面触动和影响甚少，学生只能是"被接受""被评价"。

马克思在《关于费尔巴哈的提纲》中提出："人的本质是社会关系的总和。"人无法脱离社会而单独存在，人们在评价自然、社会、他人、自己的同时，又被他人、被自己评价。人的行为主要是在其所属群体内发生的社会相互作用中形成的。① 多元智能理论的创始人加德纳认为："在一般的环境中，没有任何一种发展与别人无关。"学生不仅处于学校生活中，他们还是家庭生活中的一员，还融入社会大家庭中，德育生活化在品德评价上倡导的是民主化、个性化、多元化的评价，多元的首要条件就是要实现评价主体的多元参评。建立以自评为主，兼有同学互评、家长测评、专家点评、社区参评等各方主体共同参与的评价系统，改变以往以教师为单一评价主体的做法，形成积极、友好、互动、民主的评价氛围，将学校生活、家庭生活和社会生活的道德教育有机结合，将三者的教育功能不断扩大，尽可能地减少三者教育效果互相抵消的不良现象。

（二）道德教育是动态发展的过程，需要品德评价注重形成性评价与终结性评价的有机结合

心理学认为，人们在知觉客观事物时，往往倾向于把具有不同属性、不同部分的对象看作一个统一的整体，用经验来补足被感知对象的相关属性。这就是晕轮效应。② 在品德评价中，晕轮效应使得人们对儿童道德品质的感知产生偏差，这种偏差可能来源于儿童道德相貌、举止、家庭背景、对事物的应对方式等。"管中窥豹，时见一斑。"学业优良的学生头顶晕轮，被推及拥有一切优良的道德品质，一旦出现道德失范行为则引起一片哗然。优生和差生被贴上标签，一边是凌驾规则之上的优越与高傲，一边是游走边缘的自卑与叛逆，道德评价的极端性暴露无遗。

评价的目的不是下结论，而是引导学生在评价的过程中有所收获。即使评价的结果没有达到预期的效果，我们也要重视儿童在活动中付出的努力以及在其动态过程中的探索、思考、想法、创意等。人的深层需要都有渴望被别人赏识的愿望。因此，品德评价要注意儿童的动态变化，以鼓励表扬等积极评价行为为主，尽量在注重公平的同时给予正面引导。美国著名课程专家斯塔弗尔比姆说："评价最主要的意图不是为了证明，而是为了改进。"在德育生活化背景下，品德评价需要在全面捕捉学生信息的同时帮助其解决问题，在评价中重视学生的进步和闪光点，帮助其树立自信心，唤起自尊心，培养进取心，用发展的眼光看待学生品德形成。允许爱因斯坦式的学生质疑、商榷；允许学生二度创作；允许学生在前提不变的情况下，有"离经叛道"的答案和"特立独行"的想

---

① 罗伯逊. 社会学 [M]. 北京：商务印书馆，1990：4.
② 刘洁璇. 品德评价晕轮效应的社会学分析 [J]. 思想理论教育，2009（14）：47-51.

法，保证学生个性有不同程度的发展。

在学生各阶段的动态发展中，依据儿童身心发展规律设定阶段性评价内容和关键性指标进行分析诊断，分项给出评价结论，形成阶段性的终结评价，根据不断的跟踪记录和逐步改进，综合各个阶段的终结性评价，形成系统的总结性评价，以更好地指导学生在生活中追求理想道德。

（三）道德教育是立足现实的理想状态，在品德评价方面需要资源的整合利用

在小学品德发展水平方面，已有的资源比较丰富。社会主义核心价值观、义务教育课程方案和相关学科课程标准、《中小学德育工作规程》、《中共中央、国务院关于进一步加强和改进未成年人思想道德建设的若干意见》、《中小学生守则》、《小学生日常行为规范（修订）》、《中小学文明礼仪教育指导纲要》等[1]，对于小学生的行为习惯、公民素养、人格品质、理想信念等各方面的认知和表现情况有了相关规定和具体阐释，具有建设性、指导性和操作性的意义。根据学校的办学理念和班级学生的发展现实，分析整理这些资源形成独具特色的指标，立足现实，为我所用，能更好地发挥评价系统的现实指导性。

评价要贴近现实生活，才能为学生所接受。道德教育要在现实生活中找到情境创设，不能脱离实际地拔高道德要求来评价学生的行为。比如，在孝敬父母的教育中，创设情境：父母知道你们的生日并为你们庆祝生日，那么你们有没有了解父母的生日，为他们干点什么呢？情境是有血有肉的，道理谁都清楚，在现实生活中父母并不需要子女为其做些什么，只要心中有爱即可。所以，在教学评价中，要激发学生内心"善"的潜能，形成正确的道德判断，引导学生将其变成内在需要，继而形成自觉的道德行为。

（四）道德教育的内容丰富多彩，在品德评价中要确立多样的测评方式

过去常用的学生品德评价的方法主要是纸笔测验法和操行评定法，它们都属于静态的终结评定法。这些一纸成文的评定往往禁锢了儿童发展的空间，丰富的情感体现和行为表达化为冷冰冰的几个数字，显得呆板、机械。在德育生活化背景下，为准确反映小学生个体品德的发展变化，应该采用更具多变性、质性化的品德评价方法，如观察评价法、描述性评价法、访谈评价法、问卷评价法、项目评价法、自检评价法、成长袋评价法、作品分析法、实践考核法等等。应全面、真实、深入地再现儿童品德发展的各阶段，展现儿童品德发展的独特性和差异性，动态追踪与静态分析相配合，定量与定性评价相结合，单向评价与综合评价相融合，自评与他评相符合，建立网上测评、课堂实时评价等多渠道的评价系统。另外，我们还可以运用形成性观察评价方式，将学生的过去和现在表现进行系统对比，考察他们在不同方面或同一方面不同部分的进退幅度，把握其自身发展状态的同时，引导他们进行自我矫正，切实提高自我管理能力。

---

[1] 彭阳，林光耀．品德与生活教学实施指南 [M]．武汉：华中师范大学出版社，2003：4．

三、小结

道德源于生活，又归于生活。德育生活化要使道德教育高于生活，把握道德教育的整体性以达到终身德育。真正有效的德育就是过道德的生活，陶行知曾写道："过什么生活便受什么教育。"在实践中构建生活德育化的机制，并非一朝一夕之事，需要多方评价的综合，而运用科学方法对学生品德发展水平进行评价的过程，就是促进中小学教育质量提高的过程，也是推进综合评价改革的过程。

参考文献

[1] 罗伯逊. 社会学 [M]. 北京：商务印书馆，1990.
[2] 肖鸣政. 品德测评的理论与方法 [M]. 福州：福建教育出版社，1995.
[3] 彭阳，林光耀. 品德与生活教学实施指南 [M]. 武汉：华中师范大学社，2003.
[4] 陈会昌. 道德发展心理学 [M]. 合肥：安徽教育出版社，2004.
[5] 王健敏. 学生品德测评系统的改革与探索 [J]. 课程·教材·教法，2002（1）：39 43.
[6] 仲小燕. 论德育生活化与生活德育化 [J]. 当代教育论坛，2007（8）：74-75.
[7] 胡用春. 德育生活化背景下中小学生品德评价新探 [J]. 吉林教育，2009（16）：30.
[8] 刘洁璇. 品德评价晕轮效应的社会学分析 [J]. 思想理论教育，2009（14）：47-51.

第二部分

经 验 篇

构建绿色综合评价系统，促进学生全面发展

佛山市南海区九江镇教育局　黄海青　李海坚

摘要：评价具有鉴定性、导向性、诊断性、激励性、调节性、监督性、管理性和教育性。本文通过对基于网络平台的中小学绿色综合评价系统的构建，探求引导教师改变教育观、学生观和质量观的结合点，并将其作为工具，用于学生的教育生活和学校的教育改革中，影响社区和家长，从而达到促进学生全面发展的目的。

关键词：绿色；综合评价系统；学生综合素质评价

一、明确绿色综合评价意义，引领学校深化教育改革

为了解决应试教育带来的弊端，引导教师树立正确的教育质量观，提高学生的综合素质，培养学生的实践能力，促进学生身心和谐发展，以及进一步推动九江镇教育的高水平均衡发展，不断创新教育管理体系，构建九江镇绿色综合评价系统，加强学校目标管理和过程管理，强化行政监控和自我发展动力，加强家校联系，促进基础教育共同体建设，推动学校规范、优质、均衡、特色发展，形成区域教育品牌，九江镇以改革评价为切入口，借鉴绿色GDP的思路，建立起教育评价的绿色指标体系，搭建一个学校、家庭、社会三合力的有效教育平台，以引导教育走出一条可持续发展的评价改革之路。

（一）构建绿色综合性评价是高水平均衡发展的需要

九江镇确立了构建基础教育共同体，促进九江镇教育高水平均衡发展的发展思路，镇内已经形成了三大教育共同体，并通过理事会运行机制，推动共同体学校的发展。但是，整个共同体的建设是否能向高水平均衡发展的目标前进，还需要一个很好的监测管理工具。为了使九江镇的教育持续优质发展，亟须探索一种相对完整的区域基础教育学生综合发展评价指标和科学的评估体系。

（二）构建绿色综合性评价是促进学校发展的需要

对学校来说，绿色综合发展性评价能让大家明白自己学校发展的目标到底是什么，能够让学校了解学生发展的重要信息，并促进学校特色发展。所谓的特色发展，一定是和学生的发展连接在一起的。

对教师来说，绿色综合发展性评价能够让教师获取学生发展状况的信息，反思自己

的教育教学过程，改进教育教学行为，继而提高自身的教学水平。

对学生来说，绿色综合发展性评价遵循学生的成长规律、个性发展、兴趣爱好，促进了学生全面发展。

（三）构建绿色综合性评价是教育质量监控改革进程的需要

基础教育发展的最大瓶颈就是教育质量观。由于长期以来受应试教育的影响，社会形成了比较单一的"唯分数论"的教育质量价值观。为了改变这一现状，我们进行构建绿色发展性评价系统的探索，使教育行政部门能实时地在网上收集和了解各中小学校、幼儿园的综合情况，并能通过横向和纵向对比，形成有效的诊断数据，反馈给学校，让学校清楚自己的发展情况和存在的问题，及时找出解决问题的途径和方法。

二、制定绿色综合评价步骤，科学推进评价改革进程

绿色综合评价是学校素质教育过程中的一个重要环节，它是以学生的发展状态与水平为评价对象的教育评价活动，是对学生素质的各个方面、各个过程进行多渠道认证的教育评价活动。其综合性体现在评价内容的全面性（包括德育、智育、体育、美育、劳动和兴趣等诸多方面），评价内容的全程性（包括目标的确立、过程中的努力与最后的评定），还有评价渠道的多样化（包括同学、教师、家长、学校等多方面评价的结果）。为此，绿色综合评价体系的构建，需要行政推动、技术推进双管齐下，既注重顶层设计，也重视点面结合，分期分批，逐层推进，以求达到更好的效果。

（一）做好规划，逐层推进

1. 统一部署，全镇参与

由镇教育局牵头成立课题小组，分三个阶段推进。

第一阶段（2010年12月至2011年12月），以沙头中心小学为试点学校，并由校长室牵头各级行政主管和教学骨干作为五大评价板块的负责人，各科组教师分流至各大板块参与实践研究。

第二阶段（2012年3月至2014年3月），沙头中心小学试点成功后，在第二批6所学校进行试点，2014年3月完成试点。

第三阶段（2014年3月至2015年6月），第三批7所学校进行第三批试点学校（含3所初中）。

2. 宣传先行，家校合作

对绿色综合评价系统进行大力的宣传，各校在家长会、校讯通、宣传手册、QQ群上对教师、家长进行宣传与培训。

3. 以点带面，逐层推进

以试点学校为点，逐步向其他学校推广使用。并借助九江教育信息网站、教师博客平台、教研信息平台、综合素质评价QQ群等平台，进行操作演示、经验交流、收集各方反馈意见。组建学生综合评价系统推广小组，到各校推广，力求形成以点带面、科学推进的良好局面。

（二）技术保障，便捷实效

从技术开发、宣传使用至现在的几年时间里，我们不断修正完善系统，让系统的使用更实效、便捷。

1. 构建评价系统框架，构建便捷操作平台

学校社区互动平台如图2-1所示。

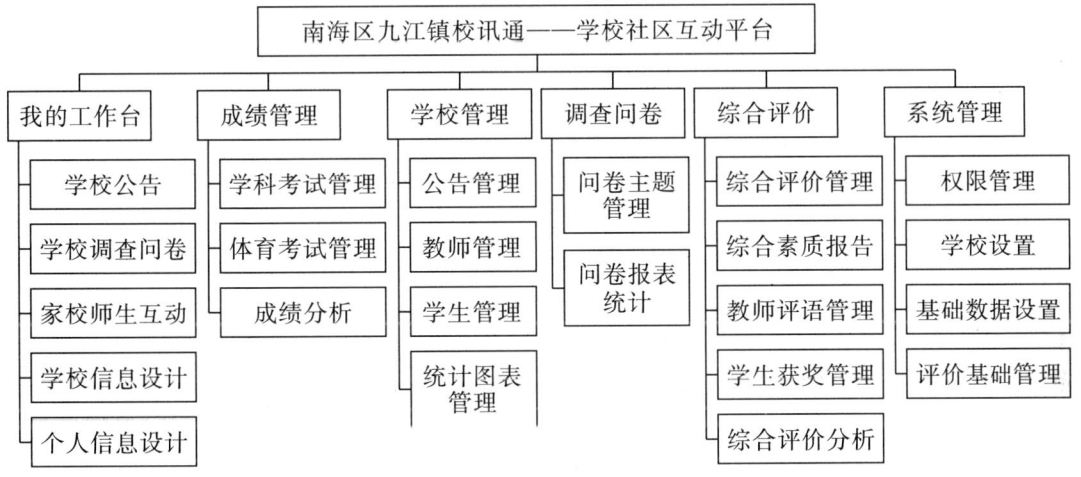

图2-1 学校社区互动平台

学生综合发展性评价系统的开发，是基于学生档案袋的理念，在系统中为学生建立个人成长电子档案。实行学生综合素质的动态跟踪，每学期为一个小周期，（以学生综合素质报告书的形式呈现）六年为一个大周期，周期内学生综合素质的整体水平及纵横变化情况完整存档，此档案还可以延伸到中学阶段，实行动态档案的无缝衔接。

从技术开发、宣传使用至今的两年多时间里，学校师生、家长全员参与，学校建立了健全的评价组织管理机构，制定了完善的框架板块、星级标准、宣传手册，试点学校从几个实验班逐步向全校推广使用，在试点学校试行中，我们积累了丰富的操作经验，收集了大量的师生、家长、社会的使用反馈意见，并不断完善向全镇中小学全面推广。它的科学性与实效性在实践中被反复验证，并得到了领导、家长、各兄弟学校和社会的广泛支持与认可。我们更欣喜地看到，师生、家长在它的指引下，正在悄然发生喜人的变化。它在促进学生的素质发展，转变教师的教育观，帮助家长建立现代教子观念，提高学校管理效能，带动区域教育思潮改革等诸多方面发挥着积极的促进作用，远远优越于传统的评价模式。

2. 制定评价细则，充实评价平台内容

综合素质发展性评价是以学生的行为为评价内容，以学生为评价主体，建立学生发展性评价体系，通过互动与被动的方式对学生成长过程的各阶段进行综合评价，为学生和教师建立清晰明了、可追溯的成长档案的跟踪评价。综合素质发展性评价引导教师、学校对学生发展过程进行全面关注，促进学生综合素质和教师教学质量的不断提高，促使教学工作不断进步，激发学生的学习兴趣（见图2-2）。

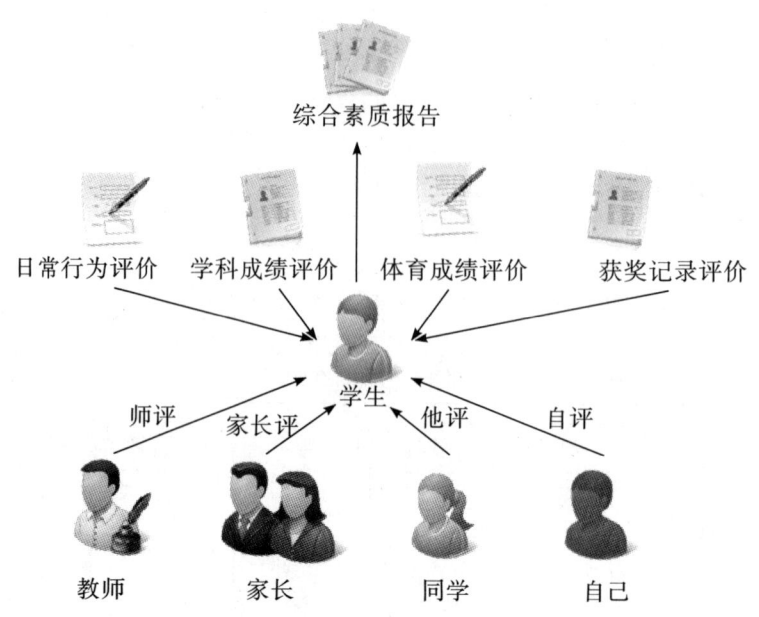

图2-2 学生发展性评价体系

(1) 明确评价的依据。

一是依据日常观察与记录,包括平时学生成绩、表现;二是表现性作业;三是考试、证书、作品;四是特长及标志性成果。班级评价小组对全班学生的学业成绩、个人特长、获奖情况以及成长记录等资料进行汇总、整理,经过审核确认后输入电脑。

(2) 确立评价的主体。

评价的主体有学生本人、同学、教师、家长。每一位学生按照评价方案的有关内容,对本班每一位同学(我们一般以小组内评价为主)进行等级评价,评价首先用纸质文档记录,然后在系统上导出相关表格、填写后导入。家长参与评价工作的全过程。教师评价,包括班级评价小组教师对学生的等级评价和班主任撰写综合性评语。班级评价小组的教师,综合各种资料,就评价方案的有关内容,对全班每个学生客观、公正地做出等级评价。

班主任综合各种信息,根据学生一学期发展情况写出综合性评语,突出学生的特点、特长和潜能,反映学生的进步和发展状况,力求客观准确。

(3) 活用评价的结果。

系统通过分析统计得出结果,以数据的形式呈现,并对结果进行保密处理。学生及家长通过账号进入平台后,即可全面了解自己的评价结果。学生得到的是等级评价结果,如优、良、中、不及格等评价及陈述性评价。家长可以了解具体数据和综合分析评价数据,以及需注意的问题和建议等。

3. 使用稳定系统,保障双向互动效能

为了使评价系统功能更强大,人机交互更便捷,我们建立 B/S(Browser/Server)结构的信息网络技术综合素质评价系统。

(1) 综合素质评价系统是强大灵活的数据库。

首先，B/S结构的信息网络技术采用多种渠道数据采集方式，如短信、互联网、Excel批量导入等，使评价过程中大量烦琐的数据采集工作变得简捷方便，解决了评价工作量巨大的问题。

其次，B/S结构的信息网络技术有灵活的个性化需求配置及强大的统计分析功能。支持对各个年级的综合评价指标体系、评价的权重值不同的个性需求设置；支持对各个学科成绩的等级分类设置；支持对体育标准的细粒度设置标准等。

最后，B/S结构的信息网络技术有严格的权限设置。为了保证结果真实、数据安全，杜绝违规操作，系统有严格的权限控制，根据不同角色进行权限的划分，确保系统数据客观准确。

（2）综合素质评价系统能够实现实时交互评价。支持家长、学生、教师等主体全天候应用与互动，交互性强、容易操作。通过校讯通平台支撑手机与计算机的实时对话，使评价更加真实、快捷。为学校、社会、家庭三结合的教育搭建了一个便捷的平台。

（3）综合素质评价系统是一个动态跟踪下的网络档案。系统的开发，是基于学生档案袋的理念，在系统中为学生建立个人成长电子档案。实行对学生综合素质的动态跟踪，实现小学各年级学生综合素质评价档案的无缝对接，并且还可以延伸到中学阶段。

三、通过绿色综合评价的建设，促进全镇教育优质发展

（一）发展性评价，促进学生综合素质的全面发展

绿色综合评价系统的评价维度是由身心素质、品行素质、文化科学素质、审美素质、实践与创新五大维度组成的。它涵盖了学生德、智、体、美各方面的素养。如"身心素质"，它包含了"生活卫生习惯、体育运动能力、体质、自我意识、性格爱好、交往能力"六个指标，每个指标下面都有详细的星级标准。如睡眠达到几个小时，卫生习惯指标范围，挑食几种，体育锻炼时长，体能测试数据达标程度，等等。通过每两月一次的个人自评、小组互评、教师家长评的方式对学生各方面的表现进行一次综合评价。评价以具体的分值作为数据参考，相对以往的等级评价有了更明确的针对性。学生在指标的指引下，首先是生活习惯发生了前所未有的变化。当第一次的综合素质报告书出来后，家长们通过一系列的数据能一目了然地看到自己的孩子在德、智、体、美、实践创新全方位的发展情况，反响热烈。同时，家长们也可以根据综合素质报告书，配合学校有针对性地教育自己的孩子，达到共同教育的效果。

（二）评价指标导向，转变了教师的教育质量观

综合系统的评价内容与标准，涵盖了学生综合能力的方方面面，它既是依据又是判断学生是否达标的一个重要工具。通过此系统的导向，教师育人观念已完全从注重文化科转向对学生身心的和谐发展的关注点上。教师在课堂上更关注学生学习习惯、学习方法的指导与建立，尤其注重对学生合作学习能力的培养。在观察、诊断和掌握学生的成

长状态和发展水平上，不断改进教学行为，培养学生成为会学习的人，而不仅仅是教会了一群学生知识。

（三）实时表现数据，密切了家长与学校之间的联系

家长是孩子的第一任老师，且是终身的。有许多家长想要教育好自己的孩子，但又苦于找不到一套更科学规范的方法。如今，家长可以依据评价标准小册子，对照着孩子的生活、行为、学习，逐项进行引导教育；更加可以借助系统平台，运用移动网络资源，实时了解子女的学习情况以及校园动态；还能通过移动短信渠道，实时反馈信息。家长在教育信息化的年代，以信息化手段陪伴孩子成长，让家校合作更紧密、更高效，创造家校、社区丰富的系统交流平台。

（四）便捷监测数据，提高了学校内部的管理效能

综合评价系统的使用推广，带动学校的多方面工作从传统型向智能型转变，大大提高了日常管理效能。

首先，基于网络平台的操作系统，它的操作性、保密性、实用性，数据的可靠快捷等性能完全符合现代化办公的理念，为学校、教师节省了大量的纸质办公的时间与材料消耗。

其次，评价内容与标准的设计紧扣现代教育理论，符合国家新课程改革背景下的学生综合素质评价标准，也符合人的身心发展规律。学校依据评价系统，不断优化管理手段。

最后，系统有对各学段评价结果的查询、审核、统计和归档等功能，方便学校随时随地查询、调用，大大推进了学校的数据化办公进程。

（五）评价系统应用，带动了区域教育思潮的改革

沙头中心小学综合素质评价系统试点成功后，学生综合评价系统被推广到镇内的各所学校，对镇的教育均衡发展起到一定的导向作用。

一是以点带面，全面推进。学生综合系统分三批推广，第一批的沙头中心小学参与实践，反响良好。第二批参与实验的学校有南畔华光小学、石江小学、九江镇中心小学、海寿小学、下东小学。第三批包括儒林第一小学、儒林第二小学等7所中小学，使用学校的普及率占镇小学总数的100%。评价主体的多样性使家长参与管理的积极性增强，学生精神面貌焕然一新。

二是带动镇内中学也逐渐转变人才观、教育质量观。众所周知，综合素质强的学生，学习后劲才充足，因此综合素质要从小学甚至幼儿园抓起。学生在参与人数比例、家长支持率、综合竞争力方面均大大领先于同级的其他生源。因此，提高学生的综合素质是中学展开三年培养计划的重要策略。另外，成长档案从小学带到中学，方便初中阶段对学生的个性发展、全面发展搭建更有力的阶梯。

（六）学生电子档案，促进了纵向教育共同体的发展

　　学生综合评价系统是从小学一年级开始就建立学生综合素质评价档案，一直到九年级毕业。如此，一到九年级的学生综合评价体系，促进了内部纵向教育共同体的发展，使教师关注学生个性发展和多元发展，有针对性地对学生因材施教。通过分层引导和培养，既为优质高中输送高质量人才，同时，也为优质中职学校提供优质的生源。

　　绿色综合评价系统既是教育综合改革的导向器和激发器，也是诊断器和教育器，更是发展器。只要我们科学合理地加以运用，不断地深化和个性化推进，我们的教育将会百花齐放、优质均衡！

构建多维度的评价体系，促进学生综合素质发展
——九江镇学生综合素质评价系统的初步实践

佛山市南海区九江镇儒林初级中学　余福生　周添雄　彭耀芳

摘要：教育质量评价具有重要的导向作用，是教育综合改革的重要环节。[①] 构建多维度的评价体制，关注每一个学生的现状和发展趋势，有利于促进学生的自我发展，改变教师的教育观念，营造家校合一的良好育人环境。

关键词：多维度；评价体系；综合素质发展

改革传统的、偏重考试的评价制度，构建以学生为主体的、客观的、动态的评价体制，是全面提高学生综合素质的重要措施。因此，如何在日常管理中对学生进行全面、综合的素质评价是学校发展面临的一个重大课题。我校对"九江镇学生综合素质评价系统"进行了探索，通过一个学年的实施，可以说初步改变了教师的育人观念，促进了学生的成长，得到了学生家长的认可，收到了一定的成效。

一、实施背景

《基础教育课程改革纲要（试行）》提出："改变课程评价过分强调甄别与选拔的功能，发挥评价促进学生发展、教师提高和改进教学实践的功能。"强调了教育质量评价改革的重要导向作用。《教育部关于推进中小学教育质量综合评价改革的意见》（教基二〔2013〕2号）指出："单纯以学生学业考试成绩和学校升学率评价中小学教育质量的倾向没有得到根本扭转……重考试分数忽视学生综合素质和个性发展，……重最终结果忽视学校进步和努力程度，……重甄别证明忽视诊断和改进。"教育质量评价改革是学校改革和发展不可或缺的一部分，而对学生的综合素质评价也是其中最重要的一环。

二、基本理念

（1）以人为本，以学生为主体。引导每个学生积极、主动地参与评价活动，自主地选择研究性学习、个性特长等方面的评价内容和评价方式。通过自主评价，使学生能自

---

① 教育部. 教育部关于推进中小学教育质量综合评价改革的意见（教基二〔2013〕2号）[Z]. 2013-06-03.

我认识和自我教育。

（2）弱化甄别功能，注重学生的发展过程。科学地评价学生每一个阶段的发展水平，关注每一个学生的现状及未来发展趋势，形成清晰明了、可跟踪的学生成长档案。

（3）学生综合素质和个性发展相统一。通过确立各个评价指标，反映出学生综合素质，同时引导学生自我认识、自我规划，明确发展方向，在原有基础上得以全面而有个性的发展。

三、具体措施

我校在九江镇教育局的指导下，以镇教育局所开发的"九江镇中小学生绿色综合评价系统"（简称"绿色综合评价系统"）为依托，积极推行教育质量评价改革，具体的做法有以下几点。

1. 初步确立学生综合素质评价体系的五大基本指标

《教育部关于推进中小学教育质量综合评价改革的意见》指出："把学生的品德发展水平、学业发展水平、身心发展水平、兴趣特长养成、学业负担状况等方面作为评价学校教育质量的主要内容，着力构建中小学教育质量综合评价指标体系。"以此为依据，我校将镇教育局推行的"学生综合素质评价系统"中的五大指标：身心素质（20分）、品行素质（20分）、文化科学素质（42分）、审美素质（8分）、实践与创新（10分），作为学生综合素质发展评价的五个标杆，并在此基础上细化为二、三、四级指标（见图2-3和表2-1）。所有指标构成学生综合素质发展体系，对学生的成长评价形成一个立体的架构，囊括了学生品行、心理素质、个性发展、学业成就、体质发展等全过程。

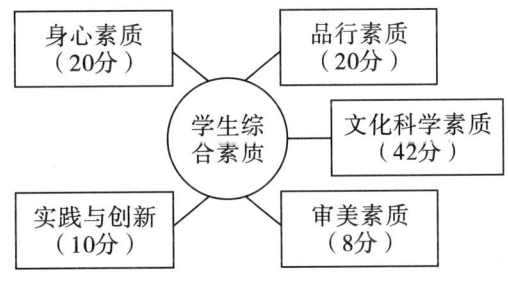

图2-3 学生综合素质的五大指标示意图

表2-1 一、二、三、四级指标示例

一级指标	二级指标	三级指标	四级指标
品行素质（20分）	爱国爱乡（20分）	认真参与升旗仪式，关心国家、家乡（15分）	1. 严肃认真地参与升旗仪式，主动了解家乡的建设和变化（5分） 2. 参与升旗仪式时比较认真，有了解家乡的建设和变化（4分） 3. 参与升旗仪式时不够严肃认真，很少了解家乡的建设和变化（3分） 4. 参与升旗仪式时不够严肃认真，经常开小差，很少了解家乡的建设和变化（2分） 5. 参与升旗仪式时不严肃认真，受过教师的批评。极少了解家乡的建设和变化（1分）

2. 初步建立学生学业发展的评价体系，动态反映学生的学业发展水平

为改变用一次学业考试的成绩评价、甄别学生的做法，我校采集学生平时的测试、学业考试等数据，以"绿色综合评价系统"为依托，通过输入、分析各种数据，动态地反映学生每个阶段的学习情况，并形成有效的数据分析图（见图2-4），以便教师、家长、学生客观、准确地分析学生的学业发展水平，引导家长用发展的眼光看待学生的成长。

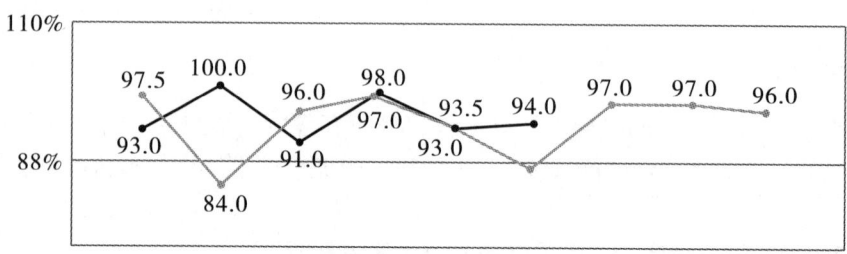

图2-4 学生学业成绩发展示意图

3. 改变以教师为主的单一评价方式，初步构建以学生为主体，家、校、生三位一体的评价方式

传统的评价方式主要以学校为载体，以教师为中心，依靠教师的经验和观察，单纯强调结果，弱化了学生的主体地位和家庭、社区的参与度。针对此情况，我校积极改革，树立以学生为主体，学校、家庭、教师为辅助的多元评价体制，把自评、同伴互评、教师评、家长评等相结合起来（见图2-5和表2-2）。通过全面客观地收集信息，根据数据进行分析判断，考察学生进步的程度，关注学生的发展变化，强调学生的自我诊断、自我改进，从而充分地把定量评价和定性评价、形成性评价和总结性评价结合起来。

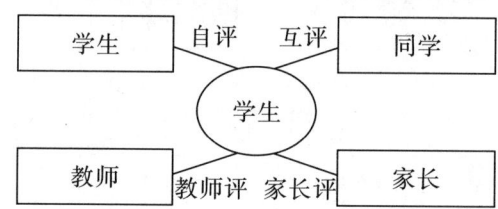

图2-5 家、校、生三位一体的多元评价方式

表2-2 自评、互评、教师评、家长评的评价指标

一级指标	二级指标	三级指标	自评	互评	教师评	家长评	四级指标
身心素质（20分）	体育运动能力（30分）	体育运动达到标准，掌握多种运动技能（20分）	10分	40分	30分	20分	1. 按时参加体育运动（1小时以上），能掌握三种或以上运动技能（5分） 2. 按时参加体育运动（40分钟以上），能掌握两种运动技能（4分） 3. 按时参加体育运动（30分钟以上），能掌握一种运动技能（3分） 4. 按时参加体育运动（20分钟以上），只掌握一种运动技能（2分） 5. 按时参加体育运动（10分钟以上），没有掌握任何一种运动技能（1分）

四、结果呈现

学生综合素质评价系统,把学生的身心素质和品行素质的培育、创新精神和实践能力的培养、个性的发展、文化科学素质的提高和审美素质的养成等方面,以"学生综合评价报表"(见表2-3)的形式,直观、科学、全面、客观地呈现学生综合发展情况,并形成一定的鉴定功能。

表2-3 2014—2015学年度(九年级)学生综合评价报表

2014—2015学年度第一学期　　姓名:××　　班级:九(8)班

项　目		得分
身心素质 (20分)	111. 生活卫生习惯——个人卫生习惯达到标准	14
	121. 体育运动能力——体育运动达到标准,掌握多种运动技能	16
	141. 性格爱好——活泼、乐观;上进、耐挫。爱好良好,兴趣广泛……	14
品行素质 (20分)	211. 爱国爱乡——认真参与升旗仪式,关心国家、家乡	14
	221. 文明诚信——尊敬师长、尊老爱幼、礼貌待人	16
	222. 文明诚信——仪表端庄、言行文明、团结友爱、乐于助人、诚实守信……	16
文化科学 素质(42分)	311. 情感与态度——热爱学习,目标明确。专心听课,主动参与,敢于面对困难。认真完成作业,喜欢看课外书	16
	321. 能力与方法——掌握学习方法……	16
审美素质 (8分)	411. 审美意识——艺术学习态度与习惯	70
	421. 审美表现——表现与创造……	14
实践与创新 (10分)	511. 参与实践活动情况——各学科实践活动情况	14
	512. 参与实践活动情况——学校实践活动……	16

项目	身心素质 (20分)	品行素质 (20分)	文化科学素 质(42分)	审美素质 (8分)	实践与创 新(10分)	综合素质 得分	总分
得分							

五、取得的成效和存在的不足

我校推行学生综合素质评价之后,在学生、教师、学校和家庭中都产生了一定的积极影响。

(1)学生通过综合素质评价报告书,能更加清晰地认识自身存在的不足,明确自身的发展方向，逐步学会自我认识、自我规划、自我教育。

（2）促使教师树立正确的教育质量观、学生观和育人观，逐步转变教育教学行为和方式，树立为学生发展服务的理念，引导和帮助学生发展。

（3）引导家长和社区改变只关心学生的学习成绩，而不注重学生综合素质的观念，逐步形成科学的育人观，营造有利于学生发展的家庭和社区育人氛围，为学生的发展提供支持和服务，也为学校的发展创设了良好的育人环境。

当然，在实施的过程中也遇到了很大的阻力。首先，将考试成绩作为评价学生、教师和学校发展的唯一手段的观念依然没有改变，严重影响了学校的定位发展和教师的观念，这成为推进评价改革的最大阻力。其次，家长和社会的观念一时也难以改变，家长的参与程度不高，家庭、学校、社区共建的氛围和模式还有待探索。

总的来看，以学生评价为主体，以学生的综合发展为评价的主要内容，建立学生综合发展性评价体系，通过学生自评、同伴互评、教师、家长对学生成长过程各阶段进行综合评价，为学生和教师建立清晰明了、可跟踪的成长档案，有助于教师转变教师的教育观念，树立学生的主体地位，推动学校教育的综合改革，有利于家校共育，促进学生综合素质的提高。

镇（区）层面推动学生综合素质评价的问题与对策
——以中山市沙溪镇为例

中山市沙溪镇教育事务指导中心　张乘祥

摘要：本文以广东省中山市沙溪镇为例，归纳分析了镇（区）一级教育主管部门对辖区学校实施素质教育评价的问题及成因，提出了落实义务教育学生综合素质评价的关键是优化镇（区）层面义务教育评价的措施和方法，并就具体的优化策略提出了八个方面的建议。

关键词：镇（区）层面；义务教育；教育评价；学生综合素质评价

随着《教育部关于普通高中学业水平考试的实施意见》和《教育部关于加强和改进普通高中学生综合素质评价的意见》的出台，学生综合素质评价又被提上了各级教育行政主管部门的议事日程，也成为广大教师和社会各界热议的重心。作为义务教育阶段学校教育评价与督导的直接责任者和实施者，镇（区）层面的教育管理部门对学校素质教育的实施情况和学生的综合素质评价起着决定性的作用。因此，总结反思过去和当前镇级教育主管部门在实施素质教育评价过程的经验和问题，对今后更好地推动和实施学生综合素质评价，推动中小学教育评价改革具有重要的意义。

一、镇（区）层面中小学素质教育评价的现状及问题

（一）沙溪镇中小学教育教学评价的发展及现状

与全国许多地区一样，沙溪镇针对中小学教育教学质量的评价也经历了全市统考—自主评价—素质教育目标管理评估—"素质教育目标管理评估＋学业考试"双轨制这 4 个阶段。

目前，沙溪镇对于义务教育阶段的教育教学评价，主要还是执行"素质教育目标管理评估＋学业考试"的双轨制。其中，自 2001 年起由中山市教育局牵头组织实施的素质教育目标管理评估是对义务教育学段学校办学与素质教育实施情况的全面性综合督导评估。其内容涉及素质教育思想、素质教育条件、素质教育管理、素质教育科研与教研、素质教育质量等 5 个方面 13 个分项 42 个细目指标，涵盖学校教育教学的各个方面，评价的细目具体明确，评估的方式采取自评与他评相结合、定性与定量相结合的方式进行，突出了学校的主体性与自我激励性。应该说，该方案在课程改革初期在克服原有单一考

试的僵化评价模式、推动素质教育有效实施方面取得了巨大的成就。特别是在提升素质教育理念、改革学校教学以及规范办学行为、促进教育投入等方面发挥了较大的作用。

然而随着时间的推移，该评估的局限性也逐步显现，评价的信度和效度在逐年降低，给学校的导向也在逐年削弱。归纳其原因，主要有如下几个方面。

（1）该项评估的评价指标大多为定性评价，比如"关注个体差异，让每个学生在原有基础上有所发展"等，评价结果受评估者个人主观意志和评价环境与氛围的影响很大。

（2）评价指标中基础性指标较多，比如"落实教师培训和继续教育制度，教师进修时间达到市规定要求，鼓励支持教师参加现代教育技术培训"之类以及德育类指标等。随着教育的发展，这些指标在所有学校都能做到的情况下，其评价的激励性已经消失，只剩下保障作用了。而在实际的评价中，由于时间、人力等多方面原因，评估人员对这些指标基本都是不做认真检查就给予满分，使得评价的真正督导意义大幅弱化。

（3）评估的时间和人员有限，无法对所有指标进行全面切实的考证——沙溪镇近年的评估安排一般是每校评估半天。一般评估每组都是6人左右，在一周到一周半的时间内完成16所学校的评估，评估过程都是蜻蜓点水，匆匆而过。

（4）评估方案中没有取消对学生考试成绩的考查，比如在教研成果方面要求"学校教学质量大面积提高，达到或超过镇（区）目标标准"等。在其他指标相类似、差异不大的情况下，这种以考试成绩为衡量标准的指标差异就起到了较大的决定作用，从而常常使考试结果左右了该项评估的最终结果，实际从另一方面又弱化了该项评估的效力而强化了考试结果的评价功能。

（5）参加评估的人员由镇教育办公室和组内兄弟学校校长组成，评估时不能摆脱受评估学校考试成绩情况和校长自身为人处世风格等方面的惯性影响。

（6）全镇总的评估程序都是以先分组、后集中的方式进行。在分组评估后的教育中心集中阶段，评价结果再次受晕轮效应和相关领导的主观意志以及前期学校考试成绩的惯性影响，从而使评价的结果与实际差距更大，信度和效度进一步弱化。

实际上，以上现象已经存在多年，这种素质教育目标管理评估的表面化、形式化的现象已经迫使我镇在实施目标管理评估时不断变化评估的重点和主要内容，甚至在近两年随着标准化学校的评估已被搁置（只是在国家素质教育总体导向没有改变的情况下还没有被明确声明取消而已）。代之而起的又剩下了学校期末考试评价，考试评价的效力实际上又在进一步加强。沙溪镇对义务教育学校的评价似乎是走了一圈又绕回了原地，评价的困境亟待摆脱和突围。

（二）沙溪镇义务教育段学校教育评价的问题分析

正如上述素质教育目标管理评估逐渐被弱化有其自身和外在的多种原因一样，目前沙溪镇的教育评价实质上又走回前期以期末考试评价为主的评价的原因，也有考试评价自身和社会的多方面因素。一是考试评价自身组织严密，公平公正，评价结果的信度和效度较高，这是其他评价无可替代的优势。二是我国历来就有学校、家长和社会各界重视考试成绩的传统习惯和社会文化氛围。三是考试评价本身也是学校评价必不可少且行之有效的评价措施之一。四是目前还没有可以很好地替代其评价功能的手段，作为上级教育管理部门，中山市教育局也没有放弃考试评级，也明确要求各镇（区）在减少考试评价的同时，每年举行一次期末学业水平测试，以评定学生、教师和学校的发展。五是市内几所重点高中的录取仍以九年级学生毕业升学考试的成绩为依据来区别性分层招生，从而使学校、家长乃至社会对学校期末考试的重视和关注程度不降反升。可见，期末考试评价的存在及其效力的增强也不是凭空而来的，是有其自身的优势和外在运用与社会价值认同等多种客观因素造成的。

因此，要在国家推进学生综合素质评价的今天重新思考和有效落实义务教育阶段学生综合素质的评价，促进学生综合素质全面发展，对于镇（区）层面的教育主管部门来说，简单地取消期末考试评价，抑或再恢复素质教育目标管理评估或"素质教育目标管理＋期末评价"的双轨制，都不是解决问题的有效途径。而应该多元思考，创新思维，从克服前期评价问题，发挥多种评价优势的角度思考问题，优化镇（区）层面"指挥棒"式评价措施，这样才能最终达到促进学生综合素质发展和教师、学校共同发展的目标。

但要优化当前实质上占较大比重的学期考试评价及其效力，首先要分析明确这种考试评价所存在的主要问题。当前，沙溪镇以期末考试为主导的教育教学评价存在的问题主要有如下几个方面。

1. 评价目标与价值取向不明确

作为镇（区）教育行政部门对学校的教育教学评价，评价的对象应是学校，是学校整体的教学质量发展情况，评价的主要目标应是测查学校教育教学目标的达成度，评价的价值取向应主要在于促进学校、教师，特别是学生综合素质的发展。但在沙溪镇教育中心组织的全镇义务教育学校期末统一考试中，学生考试的分数不仅成了镇（区）评价学校的主要指标，而且成了评定教师和学生发展的主要指标。在这种简单的评价办法之下，评价学校的实际目标是什么就变得很不明确，既不是学校的问题诊断，也不是指导学校的发展进步，更不是促进学生全面素质的发展，最终只剩下对学校少数几科考试分数的统计和对学校在这分数之中的位次的评定，极大地模糊了地方政府对学校评价的目标指向和价值取向，评价的结果最终进一步加剧了学校之间的分数竞争，学生的综合素质发展、健康发展和全面发展不但没有得到有效的重视和促进，反而受到了不小的阻碍。

2. 评价对象只关注了学生学习的结果，没有兼顾学生成长、教师和学校的发展

由于评价目标与价值取向的模糊不明，作为针对学校的阶段性教育成效评价，沙溪镇目前的评价实际上在小学只关注了学生语文、数学、英语三科，在初中只关注了语文、数学、英语、物理和化学几个学科的学习成效，学生其他学科的学习、实践与创新能力、科学素养，甚至身心健康的发展都没有得到有效重视，而学校、教师在一年中的提高和发展更没有得到关注，出现了忽视学生综合素质，忽视学校整体和教师综合能力提高的片面评价现象。最终结果是进一步加剧了学校之间以及教师之间的分数竞争，使评价的结果与义务教育的根本目的偏离得越来越远。

3. 评价形式单一、评价内容涉及面狭窄

当前沙溪镇义务教育阶段教育评价的形式实质上只有每学期一次的期末统一书面考试。这种考试评价，不仅学科涉及面非常狭窄（小学只有语文、数学、英语三科，初中只有语文、数学、英语、物理、化学和生物六科），而且每科试卷内容也大多是便于书面测试的识记内容，综合能力测试内容极少。从而导致把书面考试作为学生课业和心智发

展的唯一测评手段，而且考试设计和考试方法多局限于那些能够用纸笔材料加以测评的知识技能，对于没被测到的或者难以用纸笔测到的高级心智技能，则在日常教学中不够重视。"这无形中使学校的课程内容变得更加狭窄，考试和教学关系异化；考试的其他种种积极的教育功能受到弱化，背离了基础教育所应秉持的教育理念。"[①] 学生的体质健康、科学素养、实践能力和创新精神的培养没有得到有效的保障。

4. 评价指标单一，教学导向不全面

在评价的具体指标方面，沙溪镇当前小学是以语文、数学、英语三科各校达标班的多少来积分并评定全校成绩，而达标与否的标准是看全镇某科平均分，超过全镇平均分的就算达标，没有超过的就算不达标，因此，实际的评价指标就只有"镇平均分"这一项。这种平均分指标在促进学校和教师关注大多数学生、兼顾整体方面有较好的促进作用，但在督促教师面向每一位学生，兼顾学生特长与差异方面明显不足，在教学实际中常常造成教师对优生和差生兼顾不足，出现"优生吃不饱、差生被丢了"的现象，人为地导致教学不能面向全体学生。

5. 评价主体单一，评价的促进作用受限

评价主体的多元化可以增加评价的公开性、透明性，最大限度地发挥评价的激励与促进功能。但当前沙溪镇结业评价的主体非常单一，只是镇教育事务指导中心——学校的直接上级行政管理部门。在评价过程中虽然有学校领导和教师的参与，但由于采用交叉考评的方式，因而参与考评的领导和教师考虑的是直接向上级负责，而非向学生或其他教师负责。另外，由于当前小学评价执行的主要是三科期末统一考试（初中是六科），参与其中的教师和领导也不能发挥任何自主的能动性。在考试的过程中，大多数教师关心的也只是测试的成绩和结果，对教学的反思与总结明显不足，产生的指导与改善作用并不强。

明确了评价所存在的问题及其主要原因，也就明确了改进镇（区）层面义务教育阶段学生综合素质评价的思路和对策。

二、镇（区）层面推动义务教育阶段学生综合素质评价的优化策略

从以上分析可以看出，要优化镇（区）层面义务教育学生综合素质评价，最为直接的思路和策略就是发挥已有评价的优势，克服其中存在的问题，将义务教育阶段学生综合素质的评价纳入科学、全面、有序的轨道上来，从而为学校、教师、学生和全区域教育的健康发展做出贡献。具体到当前沙溪镇而言，就是要在坚持优化素质教育目标管理评估，坚持发挥形成性、过程性督导评估的优势的同时，进一步优化镇（区）层面结果性评价，从而达到最大限度地促进学生综合素质发展和教师、学校共同发展的目的。具体的过程性评价，比如对学生思想品德的发展方面的评价，可以继续依照中山市目标管理评估中相关德育评价的方式进行。而就具有更大决定性和导向性的镇（区）层面阶段性考试评价，笔者认为应该是当前优化的重点，具体提出以下优化策略和方法。

---

① 黄光扬. 关于基础教育考试评价改革若干问题的探讨 [J]. 课程·教材·教法, 2004 (5): 87-92.

(一) 以促进学生的综合素质发展为导向,重新定位义务教育阶段教育评价的目标

评价的价值取向和根本目的是一切评价的逻辑起点和归宿。沙溪镇当前主要以考试分数执行的学业评价的问题根源正是在于没有明确教育评价的真正价值取向。因此,坚持以促进学生综合素质发展、促进学校和教师提高为指针,将镇(区)层面的教育评价定位在总结学校阶段性发展成就、诊断学校发展过程中存在的问题、指导和督促学校改进教育教学、促进学校教育真正地为学生的全面素质发展服务的目标上(而不是仅仅停留在学生考试成绩的比对和排名之上),这才是优化镇(区)层面区域性教育评价的基本出发点。而就具体的评价目标来说,可以尝试以各学科的课程标准和学科核心素养的发展为评价目标,衡量学校在一定阶段(比如小学英语可在四年级、六年级学期末,小学科学的实验操作可在五年级上学期中,初中可在八年级、九年级学期末等等)是否达到了课程标准规定的级别要求和核心素养发展标准。即从根本上把原有的基于考试成绩的相对竞争性评价转变为以课程标准为目标的绝对评价,从而相应地降低结果性评价频率,加强形成性评价,促进学校、教师以及学生的发展。

(二) 以整体性评价为导向,加强学校整体性评价

依据整体性评价理念,作为镇(区)直接针对学校的阶段性评价,应该以学校整体发展为导向,通过相应指标的设置引导学校从各个层面以学校的整体发展为目标,争取各方面协调均衡发展。因此,在学校评价中纳入学校整体的办学和教育教学方面的发展成果,比如学校巩固率(这一指标既是保证评价信度的基础指标,也是落实《中华人民共和国义务教育法》,切实保障每一位学生就学权利的基本指标),校风校纪(可引入家长评价、社会评价等,也可以将学校的考风考纪作为评价指标,因为学校的考风考纪既是学科考试与其他能力考核的信度与效度的重要保障,也是学校整体风纪状况的集中体现。学校整体的风纪状况一般在阶段评价中无法进行客观的评价,但考试过程中的考风考纪评价却是非常简单易行且可操作的)、学校集体、科组集体、教工团队、学生集体如班队等以及其他方面的集体获得的荣誉和奖励等的汇总评价,会对学校的整体发展产生较强的综合推动作用,从而指引学校综合考虑学校的整体发展和各方面的协调发展,为学生的全面素质发展提供保障。

(三) 以综合性评价为导向,增加教师评价和其他影响学校与学生发展的因素评价

依据教育成果及与之相关联的要素的作用大小,学校素质教育的评价对象应包括学生,直接影响学生发展的教育活动,直接制约教育活动质量的诸要素(包括教育者、教学内容和教学手段,即教师、课程与教材、教法),潜在影响学生发展的学校社会文化背景,学校行政管理以及学校各个领域的管理等6个层次。① 可见,从综合评价的理念来说,要达到全面促进学校发展的效果,最好是对以上6个层次的各项要素逐一实施评价。

---

① 田杰. 试论素质教育评价的若干特点 [J]. 中国教育学刊, 2000 (3): 16 - 19.

但很显然，以上诸多要素中的大多数都是形成性和过程性评价的内容，只有在实施过程中或在督导管理过程中才能最佳地评价且产生预期的效果。在以上除了学生评价以外的诸要素中，能纳入镇（区）层面阶段性评价且最核心的应该是教师的评价，具体来说是对教学成效起关键作用且能简便易行地纳入镇（区）层面评价的内容，即教师业务的提升与教研成果的评价。因此，将教师的学历层次提升、参与教研活动与上级教学交流、参与教学比赛、论文发表（不仅仅是学科论文）与获奖、教科研课题的立项与成果获奖、教学技能竞赛（上级教育部门组织的精品课程建设、微课设计、课件与教具设计比赛、说课比赛等）等的成果纳入镇（区）层面的总结评价中，会对促进学校、教师和最终的学生的发展产生深远的意义。

（四）以学生的全面素质发展为导向，扩大评价的内容覆盖面

学校学科的设置为学生的全面发展提供了良好的保障和支撑。改变仅仅以语文、数学、英语、物理、化学、生物等主科测试成绩为义务教育评价的全部内容的片面做法，增加体育、音乐、美术、科学、综合实践等学科的测试与考查内容是促进学生全面素质发展的基本保障。具体操作可根据不同学科采取不同的评价形式，比如体育的达标情况可采取抽考的形式，音乐也可以采取书面知识与基本能力抽考的形式，科学学科可以将每年的科技知识竞赛与五年级的实验操作考核结果纳入评价范畴（而不是有测试而无评价——中山市每年4—5月都进行五年级学生实验操作能力考核）等，另外对于学校和教师最容易忽视的身体健康情况（如视力问题等），可以设置专项评价指标进行评价，以达到全面评价、综合评价，促进学生全面发展的目的。

（五）关注学生的个体差异，加强特长与创新能力评价

承认和肯定学生的个性差异，把学生正当的兴趣特长发展结果纳入学校结业评价的范畴，是适应学生个性特长发展的需求，也是促进学生全面发展、帮助学生健康成长的重要举措。因此，将学生参加正规部门组织的学科能力类竞赛如小学生作文竞赛、中小学英语口语技能竞赛，体育艺术类竞赛如各种球类、棋类、体操和田径比赛，艺术类的琴棋书画、歌唱、舞蹈等比赛以及旨在培养和激发学生实践和创新能力类竞赛如信息学竞赛、信息技术兴趣特长比赛、科技创新大赛、宋庆龄发明奖比赛、机器人竞赛等特长性竞赛所获的荣誉汇总纳入镇（区）对学校的阶段性综合评价，这样既是对学校相关学科教学评价的有力补充，也是对学生兴趣特长发展和综合素质培养的有力促进。

（六）以合格性、表现性评价理念为指针，优化学业考试的具体内容与评价指标

考试内容的取向，也是保障镇（区）层面评价学校的全面性和效度的一个重要方面。当前学校学期考试评价的许多问题都是由考试内容的编制不合理造成的。同样，纠正这些问题，提高考试评价实效的根本途径之一也是从考试内容着手改革。具体可从以下三个方面进行优化。

一是以课程标准为准绳，以合格性评价理念为指针，增加基础性测试内容，让大多数学生能够享受成功的喜悦。

二是以真实性、表现性评价为指南，增加情境反应等能力性测试题，为学生的创新运用能力奠定基础。如图 2－6 所示。

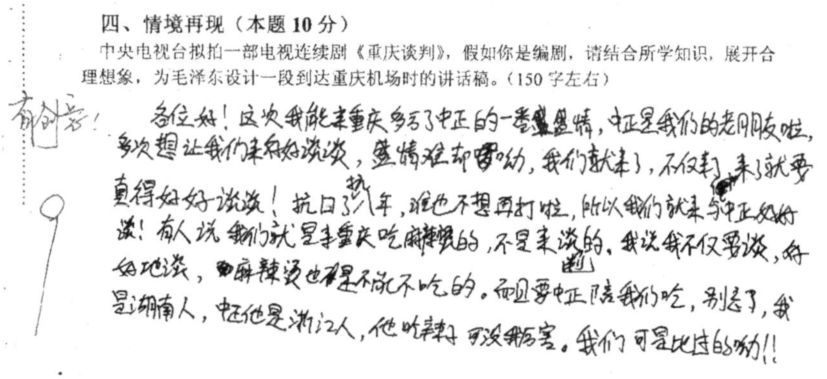

四、情境再现（本题 10 分）

中央电视台拟拍一部电视连续剧《重庆谈判》，假如你是编剧，请结合所学知识，展开合理想象，为毛泽东设计一段到达重庆机场时的讲话稿。（150 字左右）

有创意！

各位好！这次我能来重庆多亏了中正的一番盛情，中正是我们的老朋友啦，多次想让我们来好好谈谈，盛情难却嘛，我们就来了，不仅来了，来了就要更得好好谈谈！抗日打了八年，谁也不想再打啦，所以我们就来与中正好好谈！有人说我们就是来重庆吃麻辣的，不是来谈判的。我说我不仅要谈，好好地谈，麻辣烫也是不能不吃的。而且要中正陪我们吃，别忘了，我是湖南人，中正他是浙江人，他吃辣可没我厉害。我们可是比过的哟!!

9

图 2－6　情境反应测试题示例

三是降低合格标准，按低分、合格、优秀或 A、B、C、D、E 等多个等级对学科测试结果进行分类评价，对学校以低分率、合格率、优秀率等多个指标实施综合评价。

（七）加强评价主体的多元化

比如在学校整体的评价、校风校纪的评价、教师的评价、学生同伴的评价等方面都可引入更多的评价主体的参与。另外，在评价依据，比如学生特长评价中学生的获奖证书，抽考科目成绩的评定，考试过程的参与和监督、考风考纪的评价、考试结果的统计等方面都可借助甚至依靠学校领导、教师、学生和家长、村委会等的参与来实施，从而最大限度地增强评价的公开性、公平性和激励性。

（八）合理设置评价的指标与权重

根据以上分析和优化策略，具体的评价指标可将学校发展、教师发展、校风校纪（考风考纪）、全校巩固率、学科学习、学生特长发展与体质健康等多样化指标设置为镇（区）对学校评价的主要指标（具体还可根据实际进行一定的增减），其中学科学习和体质健康指标可根据学校学科与身体健康状况进行针对性细化，全校巩固率是对评价的基础保障。具体赋值列示如下：

学校评价指标与权重
- 学校发展（0.10）
- 学年巩固率（0.08）
- 考风考纪（0.07）
- 教师发展（0.10）
- 学生学科学习（0.37）
- 学生体质健康（0.08）
- 学生特长发展（0.20）

第二部分　经验篇

其中：学生学科学习（0.37） $\begin{cases} \text{语文、数学、英语、物理、化学、生物各科低分率（0.15）} \\ \text{语文、数学、英语、物理、化学、生物各科合格率（0.30）} \\ \text{语文、数学、英语、物理、化学、生物各科优秀率（0.10）} \\ \text{音乐知识与能力抽测达标率（0.10）} \\ \text{美术知识与能力抽测达标率（0.10）} \\ \text{科技知识竞赛平均分（0.15）} \\ \text{实验操作考核平均分（0.10）} \end{cases}$

学生体质健康（0.08） $\begin{cases} \text{体育抽测达标率（0.6）} \\ \text{五、六年级学生近视率（0.4）} \end{cases}$

依据以上思路和策略，相信在义务教育学校行政主管部门"指挥棒"方向的改变之下，各校教育的思想和行为必将发生根本性变化，贯彻国家评价改革的精神和推动学生综合素质发展，必将取得更加科学而长足的发展。

参考文献

[1] 陈玉琨. 教育评价学 [M]. 北京：人民教育出版社，1999.

[2] 胡中锋. 教育测量与评价 [M]. 2版. 广州：广东高等教育出版社，2006.

[3] 王晓玲. 教育评价的理论与技术 [M]. 上海：上海教育出版社，1999.

[4] 王海芳. 学生发展性评价的操作与案例 [M]. 北京：中国轻工业出版社，2006.

[5] 刘昌坤. 一个全面评价学生的方法：介绍澳大利亚昆士兰州"以校为本"评价体系 [J]. 上海教育科研，1999（4）：1-3.

[6] 张丹. 以"核心能力"为取向：澳大利亚昆士兰州高中考试评价系统述评 [J]. 外国中小学教育，2007（3）：46-48.

[7] 王丰效. 学生综合素质评价模型 [J]. 陕西理工学院学报（社会科学版），2001（3）：23-26.

[8] 姜波. 如何公平有效地评价学生的成绩 [J]. 高等农业教育，2002（9）：44-45.

[9] 贺加，康华福，陈俊国，等. 国外教育评价基本模式浅析 [J]. 复旦教育论坛，1994（2）：60-63.

[10] 叶建波. 学生综合素质的模糊综合评判 [J]. 系统工程理论与实践，2000（9）：91-98.

[11] 张军厂. 对学生实施综合测评的实践与探索 [J]. 高等农业教育，2001（12）：40-42.

[12] 李青. 学生真实评价及其应用研究 [D]. 桂林：广西师范大学，2005.

[13] 辛涛，李雪燕. 教育评价理论与实践的新进展 [J]. 清华大学教育研究，2005，26（16）：38-43.

文明小天使储蓄存折、正行卡正德行
——朝亮小学学生品德水平发展评价

佛山市顺德区北滘镇朝亮小学　吴少玲

摘要：本校采用文明小天使储蓄存折、正行卡提升学生的素质，对学生做出多方面的评价，促进其成长、进步。文明小天使储蓄存折涵盖了学生的思想、行为、习惯、为人处世等十六大方面。在日常点点滴滴中激发学生的成长，是对他们积极的鼓励、评价。

关键词：品德发展评价；文明小天使储蓄存折；正行卡；正德行

俗话说：欲成才先成人，"德"乃为人之本。著名诗人但丁说过："道德常常可以填补智慧的缺陷，而智慧却永远填补不了道德的缺陷。"一个人即使才高八斗、学富五车，如果思想不端正、作风不正派、志向不远大、爱国心不强烈，必定难有大作为。因此，成才固然重要，但成人是基石。那么，何为成人？最根本的一条就是要有正确的世界观、人生观和价值观。这不是与生俱来的先天禀赋，而是后天精心培育和锤炼的结果。因为青少年时期是培养树立正确的世界观、人生观和价值观的黄金阶段，所以我校非常注重小学阶段学生德行的培养。举办"文明小天使储蓄存折、正行卡正德行"活动，可促进学生思想品德发展，养成良好的日常行为习惯等，综合评价学生的品德发展水平。

一、学校情况

朝亮小学是位于北滘镇农村的一所公办学校，这所学校于 2008 年由三洪奇小学和附近几个村的麻雀学校合并而成，学生共 1 000 多人。由于地处工业区附近，外来务工人员子弟占了七成，家长忙于加班加点的工作，无暇顾及孩子，许多孩子在行为习惯、公民素质、理想信念等方面表现得不太理想。经过多年的经验积累、教育方法的不断改进，学校采用文明小天使储蓄存折、正行卡提升学生的素质，为学生的综合素质评价做参考，促进学生成长、进步。

二、实施内容、方法

（一）文明小天使储蓄存折内容

文明小天使储蓄存折（见图2-7）外形大小如同银行的存折，使用方法也类似银行的存钱方法，银行存进的是钱，在文明小天使储蓄存折里存的是学生的德行，积累得越多，德行就更好。文明小天使储蓄存折把学生从早到晚的言行等分为16类，每一类要求都用简单易懂的三字文呈现在存折上，便于学生随时纠正自己的言行，促进德行的良好发展。

图2-7 文明小天使储蓄存折

文明小天使储蓄存折的内容有：

1. **进校微笑卡**

上学校，不迟到；见老师，问声好。
到教室，作业交；值日生，快打扫。
练晨读，多看书；精神好，不嬉闹。

2. **集队微笑卡**

集会时，快静齐；排队列，有秩序。
站如松，坐如钟；专心听，不说话。
结束后，掌声响；听指挥，静离场。

3. **课堂微笑卡**

上课前，备用品；铃声响，静下心。
上课时，专心听；勤动脑，会讨论。
要发言，先举手；坐姿端，字体工。

4. **交通微笑卡**

红灯停，绿灯行；走斑马，不玩耍。
靠右行，不拥挤；懂礼让，坐私车。

劝双亲，不喝酒；莫闯灯，莫超速。

5. 礼仪微笑卡
仪容美，宜朴实；面含笑，精神好。
遇师长，诚问好；待同学，要友好。
不生娇，不撒谎；长辈话，要倾听。
借东西，要归还；他人物，别乱动。

6. 待客微笑卡
文明语，记心间；见客人，要问好。
致歉意，贵真诚；表谢意，话先行。
谈话时，笑甜美；听人言，要专注。

7. 安全微笑卡
拐弯处，莫急跑；上下楼，靠右走。
不拥挤，下雨天；莫滑行，莫急走。
不玩火，不玩电；不野泳，勿攀爬。
陌生人，勿搭理；网游戏，不痴迷。

8. 用餐微笑卡
用餐前，先洗手；候取餐，静列队。
用餐时，不说话；细慢咽，盘子光。
用餐后，整餐具；摆整齐，勿乱扔。

9. 午休微笑卡
整队列，轻步走；右侧卧，腿微曲。
莫贪凉，盖被子；中途起，动作轻。
铃声响，速起床；床用品，每月洗。

10. 放学微笑卡
有人接，按时走；要等候，勿乱跑。
自己回，不逗留；不贪玩，速归家。
乘公交，路边候；不追逐，不打闹。

11. 作业微笑卡
做作业，写工整；不拖拉，不抄袭。
遇疑惑，多动脑；冷思考，勤查找。
遇良师，多请教；有错误，及时纠。

12. 勤劳微笑卡
做值日，要积极；打扫好，切电源。
关门窗，放洁具；浇花草，衣放好。
学做饭，收碗筷；会洗衣，勤打扫。

13. 节约微笑卡
惜粮食，节用水；水龙头，用后关。
人离开，切电源；饮用水，按量取。
走廊灯，莫乱按；借图书，禁撕涂。

吃与穿，要节俭；买零食，要不得。

14. 好学微笑卡

勤上学，会倾听；遇疑问，多查找。
爱请教，常阅读；会动脑，爱探讨。
勤摘抄，兴趣广；苦锻炼，才艺长。

15. 感恩微笑卡

尊长辈，爱幼小；孝父母，遵教导。
父母责，须顺承；家务活，多承担。
父母累，把茶送；常问候，学习事。
应自觉，减亲忧；血汗钱，莫乱花。

16. 校园卫士微笑卡

有教养，懂礼让；护公物，不损坏。
护花草，讲环保；见垃圾，弯腰捡。
见坏事，要检举；捡财物，要归还。
爱校园，助人乐；常苦练，多争光。

（二）文明小天使储蓄存折使用方法

文明小天使储蓄存折的16个分类涵盖了学生的思想、行为、习惯、为人处世等多个方面，在日常点点滴滴的激励中激发学生的成长，促进学生德行能够向着良好的方向发展。文明小天使储蓄存折由校长、教师、家长不定时根据学生的表现在卡上签名。每月定时统计签名，对表现好的、有进步的同学及时给予表扬。学期末根据学生本学期文明小天使储蓄存折的情况进行评价，这是学生综合素质评价的一个重要参考。

（三）正行卡使用方法

正行卡（见图2-8）是一张小小的卡片，正面印着"正心正行 文明亮拔"8个红字，背面印着"争当正行小天使"7个红字。正行卡主要是对班级班风、学风等的评价，让学生在集体中做一个文明的小天使。正行卡由学校行政在日常巡堂、课间等向表现好的班级、同学颁发。此卡相对于文明小天使储蓄存折的使用更灵活，对班级、个人评价更加直观。学期末学校会统计每一个班级的正行卡数量，并分等级奖励。

图2-8 正行卡

我校文明小天使储蓄存折、正行卡实施多年，学生行为习惯、公民素质、人格品质、理想信念等都有所提升。主要表现在：学习积极性提高、同学相处融洽、言语文明、行为规范等，学生德行有了很大的改观。

三、评价成功原因

文明小天使储蓄存折、正行卡正德行，其实就是对学生德行的规范、评价，学生能有改进主要是这个评价具有激励性、合理性、公平性。

（一）激励性评价

我们知道传统的学生评价是一种功利性评价，手段过于单一，主要是以考试和测验为主，过分追求考试分数，造成评价内容片面，忽视学生的全面发展，有损学生的身心健康发展。而对学生进行综合素质评价，应该以学生素质的全面提高为最终目的评价，为学生提供诚挚的帮助，以利于他们更加健康快乐地成长。

学校是培养教育人的基地，而教师就是学生的引导者和教育者，教师对学生的综合素质评价，贯穿着整个教育的过程，是评价最主要的组成部分。因此，教师要善于用不同的评价方式，要善于捕捉学生的闪光点，通过评价使每位学生都能看到自己的长处，逐步使学生养成自尊自爱、自信自制等心理品质，提高他们的后天素质。要充分体现"爱"的力量，让学生信赖与依靠；用尽一切办法调动他们的积极性，让他们时刻充满着信心。文明小天使储蓄存折、正行卡与生活中的存折、信用卡相似，具有生活的熟悉感，又有类似游戏的欢乐感，学生都非常喜欢。

小学生的成长与发展离不开充满激励的氛围，只有在那样的氛围中，他们才能成长，不断进取，成为永不气馁的人才。我校的文明小天使储蓄存折、正行卡具有激励的作用，学生每收获一个签名就是得到一个肯定，就是得到一份激励，就是存下一份自信。因此，根据学生的文明小天使储蓄存折、正行卡的情况，引导学生正确认识自己，正确评价自己，发展自己的潜能，从而对自己的未来充满信心是具有极大的激励性的。

（二）合理性评价

1. 教师评价

作为评价的关键，必须被教师接纳，如果给教师带来很多不必要的麻烦，自然就会没有生长的沃土。为此，在启动文明小天使储蓄存折、正行卡评价之前，学校领导先听取了全体教师的意见，让每位教师就学校开展文明小天使储蓄存折、正行卡正德行实验方案提出适合本班实际情况的班级方案。在文明小天使储蓄存折、正行卡正德行实验实施初期，学生做得好的言行都是学生用笔记录，有教师提出低年级的小学生由于年龄小，用汉字评价有困难，针对这个情况学校专门召开研讨会，决定采用校长、教师、家长签名或盖章的形式来记录他们所取得的进步。这样既减轻了教师的负担，也锻炼了学生的能力，在整个操作过程中，基本上由校领导管理，教师主要起督促指导作用。整个实验过程既是一个评价的过程，也是一个学生自主提升的过程，更是学生综合素质评价的参考。教师没有丝毫的负担，这也是这一实验能够得以迅速完善、羽翼丰满的主要原因。

文明小天使储蓄存折、正行卡中的每一个分类都是针对学生的日常行为规范而设的，是学生应该要做到的，教师和家长对学生的评价是客观的、合理的。文明小天使储蓄存折、正行卡就是促进学生德行进步的载体。

2. 家长评价

家长是孩子的第一任教师，自己的孩子怎么样，家长最清楚。所以，学校通过交谈、讲座等形式，教给家长一些科学的、有效的家庭教育方法，让他们正确了解自己孩子的性格、能力、爱好等，指导他们如何利用文明小天使储蓄存折、正行卡对孩子进行综合素质评价，从而慢慢地担负起教育孩子的重任。

家长的评价形式，也是在文明小天使储蓄存折、正行卡上签名。内容涵盖学生在家的道德行为、动手能力、作业情况等等。文明小天使储蓄存折、正行卡定期使家校之间得以交流，构成合力，客观准确地对学生做出综合素质评价，找出学生存在的不足，有针对性地进行教育，以利于学生的健康发展。

（三）公平性评价

以往的教学评价是把优异成绩给予极少数的学生，能够评优的只是凤毛麟角，使得评价无形中变成了一种甄别过程。而我校文明小天使储蓄存折、正行卡所实施的评价是为了让学生在现有的基础上谋求实实在在的发展。我们一致认为，不要吝啬表扬，不要把表扬看成是给学生的赏赐，而应将其看作真诚的赞许，还要根据学生的差异，分层加以鼓励。这就如同摘一棵树上的桃子，有的伸手就可够到，有的跳脚才能够到，有的需要踩高凳子。教师分层鼓励就是在教给学生跳脚，搬矮凳子，换高凳子，让每个学生都得分，获得签名的机会，使每个学生都有成功的机会。

现在我校实行的综合素质评价，不是简单地拿成绩来衡量学生了，而是看学生在德、智、体等多方面的表现，文明小天使储蓄存折、正行卡在评价学生的过程中更加体现了"以人为本"，这也是对学生实行综合评价的重要手段和有效的方法。文明小天使储蓄存折、正行卡的目标是促进学生逐步形成正确的世界观、人生观、价值观，正行卡对每一个学生都是公平、公正的，只要是能做到文明小天使储蓄存折、正行卡上的要求，或者表现有进步的都会得到合理的评价。

活动开展以来，学生们热情高涨，时刻自我约束争取为自己的文明小天使储蓄存折、正行卡存上丰厚的德行财富。这样在不知不觉中，孩子们的言行习惯、思想品德都有了很大的进步。作为一种评价方式，这种具有生活特色的评价，学生是乐于接受、乐于参与的。如果说传统的学生评价注重结果，那么，综合素质评价则更注重评价的过程。文明小天使储蓄存折、正行卡正德行突出了评价的整体性和人文性，既能全面分析学生的思想态度，又能看到学生的优缺点以及所取得进步的情况，这样的评价方法，能使每个个体更积极主动地发展。

四、改进空间

文明小天使储蓄存折、正行卡实验取得的成果是肯定的，但在实施的过程中只是教师、家长的评价，缺乏学生自评、互评，这是有待改进的。

文明小天使储蓄存折、正行卡正德行，需要师生、家校齐参与，蕴朝阳正气，育亮拔英才。

小学低年级"Q版红花·品德发展水平评价机制"实践研究

佛山市顺德区北滘镇马龙小学　李紫梅

摘要：品德发展水平评价是教育评价的重要组成部分，是整个教育教学工作的关键环节。但在以往的品德发展水平评价中存在诸如评价主体单一、评价功能单一等问题。笔者结合相关理论和具体操作，阐述"Q版红花·品德发展水平评价机制"的实践经验和反思。该评价机制具有评价主体多元化、评价方法科学化、评价结果趣味化等特点，对于低年级的品德发展水平评价具有一定的借鉴意义。

关键词：小学；低年级；品德发展水平；评价

教育评价所要做出的是一种价值判断。教育评价是评价者对当前存在的客体（如受教育者、教育环境、教育条件等）的状态做出评价。品德发展水平评价作为教育评价的重要组成部分，是教育者对受教育者的品德发展水平做出的事实和价值判断。金一鸣教授等在《基础教育评价研究》中指出："对中小学生品德发展水平状况进行评价，是整个教育教学工作的关键环节，也是对于整个教育教学活动和人才培养质量的必要反馈。"① 由此可见，品德发展水平在义务教育阶段教育质量综合评价中意义重大。

一、问题溯源与重构

以往的德育工作中，品德发展水平评价存在一些问题，如评价标准模糊（众口不一）、评价主体单一（主要是教师评价）等。在班级德育管理中，笔者尝试了新的品德发展水平评价机制——Q版红花（如图2-9所示）。

根据图2-9，我们可以看出"Q版红花·品德发展水平评价机制"主要包括三个阶段：播种—发芽—栽种。在每一个阶段，采用新鲜有趣的形式对学生的品德发展水平进行评价，改变了以往单一性、"一次评价代表长久"等不足。事实上，"Q版红花"这一名称代号也来源于"QQ宠物"的灵感，深受孩子们的喜爱。

二、实践经验阐述

在接近一年的具体实践中，这一评价机制使用起来灵活方便，同时也在使用过程中不断完善。表2-4是"Q版红花·品德发展水平评价机制"第一阶段的操作明细表。

---

① 金一鸣，刘世清. 基础教育评价研究［M］. 上海：华东师范大学出版社，2012：22.

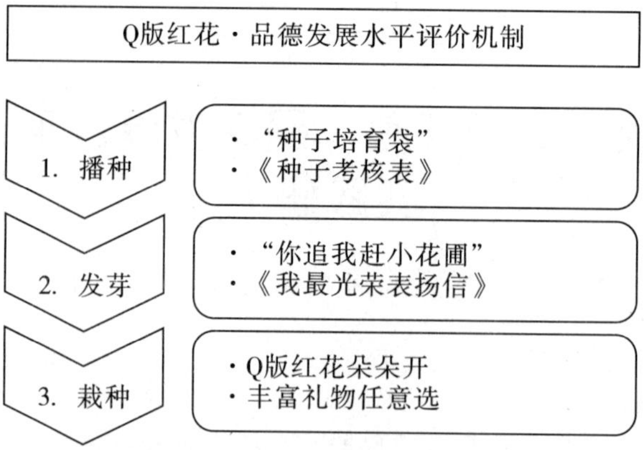

```
┌─────────────────────────────────┐
│ Q版红花·品德发展水平评价机制 │
└─────────────────────────────────┘
          │
    ┌─────────┐    ·"种子培育袋"
    │ 1. 播种 │    ·《种子考核表》
    └─────────┘
          │
    ┌─────────┐    ·"你追我赶小花圃"
    │ 2. 发芽 │    ·《我最光荣表扬信》
    └─────────┘
          │
    ┌─────────┐    ·Q版红花朵朵开
    │ 3. 栽种 │    ·丰富礼物任意选
    └─────────┘
```

图 2-9　Q 版红花·品德发展水平评价机制

表 2-4　"Q 版红花·品德发展水平评价机制"操作明细表（1. 播种阶段）

项目	"种子培育袋"	《种子考核表》
评价载体（哪里评）	每人一个，见图 2-10	每人一册
评价主体（谁来评）	班主任、各科任教师	学生自身、班主任、家长
评价内容（评什么）	在校各项行为规范	文明礼仪、行为规范、学习态度、在家表现等
评价方式（怎么评）	1. 灵活使用：班主任、各科任教师根据学生表现随时随地进行评价，对表现好、有进步的学生奖励"种子" 2. 操作方便：教师随身携带"种子"贴纸，学生自己将获得的"种子"集中放在"种子培育袋"里	1. 规定时间：每周五午读时间，班主任组织全体学生集体反思和评价。学生完成"自评项目"后，班主任进行"教师评价" 2. 家校联合：教师要做好家长思想工作，高度重视，本着"一切为了孩子"的原则共同教育，认真对待每一次的"家长评价"
评价方法（理论依据）	1. 观察法。老师观察学生表现做出评价，给予提醒或表扬 2. 量化评价为主。学生通过积累"种子"数量进入下一阶段（发芽阶段） 3. 教师评价为主，操作灵活	1. 自我评价与他人评价相结合。《种子考核表》包括"学生自评""教师评价"以及"家长评价"三部分 2. 量化评价与质性评价相结合。"量化"体现在运用统计的方法，对《种子考核表》进行数字化处理。"质性"则表现为教师、家长书写的"评语"或"留言" 3. 过程性评价和发展性评价相结合。每周一次，周周跟进、反思，体现了品德评价的过程性和发展性

续上表

项目	"种子培育袋"	《种子考核表》
特殊功能（消灭"种子"）	如果某位学生出现多次违反纪律、多次被家长投诉在家不听管教等情况，班主任或科任教师可根据实际情况，使用"消灭'种子'"特殊功能，适当消去该生"种子培育袋"中的"种子"个数	

在播种阶段，"种子培育袋"（见图2-10）和《种子考核表》是配合使用的。其中，"种子培育袋"使用起来非常方便，学生可以每天把教师奖励的"种子"贴纸放进里面。《种子考核表》用于每周五全班集体反思评价，是多种评价方式相结合的良好体现。

图2-10 学生的"种子培育袋"

值得一提的是，在"Q版红花·品德发展水平评价机制"中，我还增设了特殊功能——"消灭种子"。在一些教师的评价方式中，多数采用的是"一次奖励，终身有效"的方法——学生得到了"红花"或者"星星"奖励，那么这一"红花"或者"星星"就永久有效。这样一来，一些得到很多奖励的学生可能会骄傲自满，而得到奖励较少的学生可能会自暴自弃，没有积极性。

因此，"消灭种子"这一特殊功能，让得到奖励"种子"的学生要继续严格要求自己，要时刻管好自身的品德和行为习惯等，因为万一放松的话，老师就会将他已经得到的奖励"种子"回收了。这样更加体现了评价的灵活性，对于学生来说具有一定的约束作用。

通过第一阶段的努力积累，一些学生可以完成目标进入第二阶段，详情如表2-5所示。

表2-5 "Q版红花·品德发展水平评价机制"操作明细表（2. 发芽阶段）

宝贝，如果你……	那么你可以获得……
在"种子培育袋"中有30颗种子	1. 一棵幼苗，种在"争奇斗艳小花圃"
	2. 一封《我最光荣表扬信》，带回家里，期末放入《成长记录袋》
	3.《我最光荣表扬信》，如"劳动之星""进步之星""纪律之星""助人为乐"等

续上表

宝贝，如果你……	那么你可以获得……
一周评价中，《种子考核表》中的 A 总数在班级前 5 名	1. 一棵幼苗，种在"争奇斗艳小花圃" 2. 一封《我最光荣表扬信》，带回家里，期末放入《成长记录袋》
注：特殊功能（消灭幼苗）	如果某位学生屡次出现违反纪律，多次被家长投诉在家不听管教等情况，情节严重的话，班主任或科任教师可根据实际情况，使用"消灭幼苗"特殊功能，适当消去该学生"争奇斗艳小花圃"中的"幼苗"（笑脸贴纸）棵数

学生在第一阶段中，只要积累的"种子"达到 30 颗的数量要求就可以得到一棵"幼苗"和一封表扬信。教师将这些"种子"贴纸回收后放入"种子回收站"（如图 2-11 所示），便可以重复使用，比以往单纯地从商店购买奖励贴纸节约了资源，避免了浪费。这也是该评价机制的优势之一。

图 2-11 "种子回收站"

然而可能有人会问——那些"种子"贴纸数量总是不达标或者《种子考核表》结果令人不满意的学生怎么办呢？在具体实践中，我定时或者不定时抽查学生的"种子"贴纸数量，尤其留意班上几个活泼调皮或者学困生，并时刻抓住教育契机，采用多种德育方法进行引导。如表 2-6 所示，对于那些在品德评价中表现不理想的学生，我们充分利用评价的诊断和矫正功能促其成长。

表 2-6

项目	情况类型	对应结果	德育方法
"种子培育袋"《种子考核表》	达到要求，获得奖励	1. 一棵"幼苗"	榜样示范法 情感陶冶法
		2. 一封表扬信（如"劳动之星""纪律之星""进步之星"等）	
	未达到要求（如违纪等）	1. 教师调查了解	说服教育法 情感陶冶法 实际锻炼法
		2. 谈心交流	
		3. 与家长沟通	
		4. 家访（视实际情况而定）	

通过榜样示范法和情感陶冶法给学生颁发《我最光荣表扬信》，在班级中树立榜样，传递正能量。同时，让学生将获得的奖励"幼苗"张贴在"争奇斗艳小花圃"（见图2-12）中，形成你追我赶的氛围，以有利于更好地开展品德发展水平评价。

在图2-12中，我们可以非常明显地看出每个孩子的"幼苗"数量，利用这样显性化的方式鼓励学生多看看别人、比比自己，激发学生积极向上、力争上游的精神。

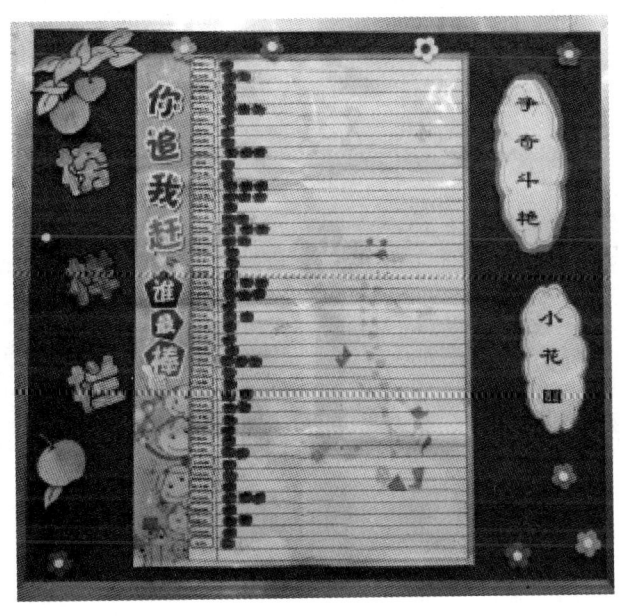

图 2-12 "争奇斗艳小花圃"

当"争奇斗艳小花圃"中的"幼苗"数量达到既定目标时，学生就可以进入第三阶段去"栽种"了（见表2-7）。

表2-7 Q版红花·品德发展水平评价机制操作明细表（3. 栽种阶段）

宝贝，如果你……	那么你可以获得……
在"争奇斗艳小花圃"里，有三棵小"幼苗"	一朵Q版红花，种在"世界"任何角落（Q版红花朵朵开）
	一份礼物，在"自选商场"任意选择（丰富礼物任意选）

为了让这一评价机制更加有趣，我采用了一个新做法——将"红花"种在"祖国大地"（注：一年级时，我张贴的是《中国地图》），甚至"世界各地"（见图2-13）上。这种新奇的做法，极大地调动了学生的兴趣，让他们非常积极地关注和讨论自己得到的"红花"应种在哪个角落。

我和各位科任教师还利用各种教育契机，为学生讲述关于中国地图、世界地图的知识，并鼓励学生自己去阅读以开阔眼界。在具体的实践中，我深刻感受到他们虽然是一、二年级的学生，但是他们具有强烈的好奇心，利用这种方式可以帮助他们初步认识社会、认识世界，从小慢慢培养正确的世界观、价值观。

而在栽种"红花"之前，我还会和学生谈天交流，很多学生都兴致勃勃地讲述自己所知道的课外知识。

除了栽种"红花"之外，达到目标的学生还可以到"礼物超市"挑选心仪的奖品（见图2-14）。学生经过一步一步的努力，从"播种"到"发芽"再到"栽种"，最终得到奖品，他们的兴奋溢于言表。其实，这一过程，也是学生的品德逐步发展、坚持不懈的成果。

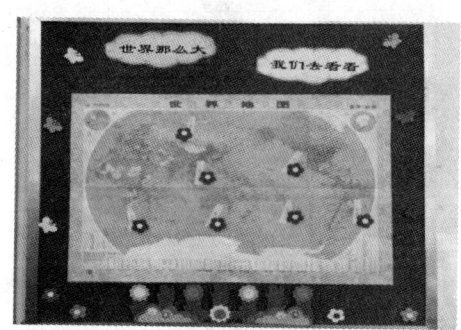

图2-13　"红花"朵朵开

图2-14　学生选取礼物

三、创新之处与总结反思

通过具体实践的探索和验证，这一评价机制具有一定的创新之处，但也存在一些不足之处。

（一）寓"品德发展水平评价"于无限乐趣之中，形式活泼

以往的一些评价机制可能会比较枯燥，令小学低年级学生无法提起兴趣。这一评价机制以常见的"红花"为切入点，赋予其新的乐趣——学生要努力播种，花朵才会发芽，发芽了才能栽种。这种新鲜活泼的形式深受学生欢迎。

（二）在《世界地图》上栽种花朵，新鲜有趣，激发学生认识世界的兴趣

虽然他们只是小学生，但是也要教育他们放眼世界，在其心中种下世界之大、世界之美的心灵之花，激发他们去认识世界。这也是品德发展的要求之一。如在 2015 年暑假，不少学生积极参加夏令营，参观游览活动，和家长们一起走出家门，亲近大自然，发现大自然的美好。

（三）突破传统，使用特殊的"消灭种子"功能、"种子回收站"等

"消灭种子"功能让学生即使获得奖励了，也不能放松，需要持之以恒，坚持不懈。"种子回收站"让奖励贴纸可以循环利用，避免浪费，又方便了各位科任教师，在一定程度上突破了传统的做法，让这一评价机制更有实效。

（四）"Q 版红花"主要适用于低年级，高年级可改为积分制

低年级学生天真烂漫，非常热衷于播种、栽种"Q 版红花"。这一评价机制深受他们喜爱。但对于中高年级学生来说，他们的心智成熟了一些，可能会觉得奖励"种子""红花"有些幼稚。因此，可以按照这一评价机制的思路进行修改，比如将积累"种子""红花"更换成个人积分、小组积分竞赛等。

四、结语

良好的教育评价既能有效促进学生的发展，也能促进教师的专业发展。"品德发展水平评价"作为教育评价的重要组成部分，它的地位不容忽视。我们结合自身的教学教育工作经验，不断思考和反思，使"Q 版红花·品德发展水平评价机制"逐渐完善，对于低年级的"品德发展水平评价"具有一定的借鉴意义。当然，"品德发展水平评价"不能只是"三分钟热度"，而要不断创新、落到实处，才能获得更好的教育效果。

参考文献

[1] 金一鸣，刘世清. 基础教育评价研究［M］. 上海：华东师范大学出版社，2012.
[2] 张肇丰，徐士强. 教育评价的 30 种新探索［M］. 上海：华东师范大学出版社，2014.
[3] 田中耕治. 教育评价［M］. 高峡，田辉，项纯，译. 北京：北京师范大学出版社，2011.
[4] 单志艳. 如何进行教育评价［M］. 北京：华语教学出版社，2007.

体验式教育与学生综合素质评价的有效结合
——记陈村中心小学学生综合素质评价制度的改革措施

佛山市顺德区陈村镇中心小学　马伟靖

摘要：为了改革学校的学生综合素质评价制度，本校进行了体验式教育与学生综合素质评价相结合的做法。具体措施包括三个方面：一是设置德育专题体验活动和学科综合实践活动课程，并且探索评价方式；二是精心设计星级学生评定方案；三是研制并使用学生综合素质评价表。

关键词：体验式教育；星级评比；素质评价表

近年来，"综合素质评价"作为一项重要的促进学生全面发展的改革措施，受到了教育界乃至全社会的广泛关注。尤其在《国家中长期教育改革和发展规划纲要（2010—2020年）》颁布以后，各地对于学生综合素质评价更加重视，开展了一系列积极的尝试。然而，由于这项改革具有复杂性和艰巨性，目前在实际的探索中产生了许多亟须解决的问题。常见的问题有：首先，可促进学生综合素质发展的综合性活动设置得少，除了少数有特长的学生有机会参加体艺或学科的比赛外，其他学生该如何发展综合素质、如何根据学生的表现进行评价不甚明了。其次，缺乏科学可操作性的评价制度，教师无从入手，素质评价成了一纸空文，流于形式。

根据教育部颁布的《教育部关于积极推进中小学评价与考试制度改革的通知》的文件精神，我校坚持"以学生的可持续发展、为学生的终身幸福奠基"的育人理念，打造促进学生可持续发展的体验式教育的特色，全方位实施体验教育，力求让学生在体验教育的模式中培养学习兴趣，激发探究欲望，锻炼动手能力，提升创新能力。与此同时，学校的教研小组制订好德育专题体验活动和学科综合性活动的活动方案及评价方案，方便教师组织活动并对学生的综合素质发展做好成长记录。学生的获奖结果将纳入星级学生的评价制度，以星级学生评比方案进行量化评分考查学生的综合素质。星级学生量化评分结果将决定学生成为几星级别的学生，它是期末学生综合素质报告册的一个重要构成部分。我们力求让"体验教育"与"素质评价"互相结合、互相促进，让学生在参与体验中得以感悟成长，在客观、公正的评价中得以激励改进。

一、德育专题体验活动和学科综合实践活动课程的设置与评价

德育专题体验活动和学科综合实践活动是我校为了全面发展学生综合素质而设置的特色校本课程。这个课程根据一年中重大节日开展德育专题体验活动，各活动的目的、

要求、工作安排、评奖方案等被整理编列成册，形成系列化、序列化的德育校本体验教材。同时，学校积极开展学科综合实践活动并把其纳入课程中进行，将教材中可延伸的内容编制成《学科综合实践活动手册》。教师可根据活动手册安排学科综合实践活动，为学生提供知识应用的机会，引导学生把课堂延伸到生活中，解决实际问题。

我校的德育专题体验活动主要有："十个一"寒暑假综合实践活动，"五一"种植活动以及劳动技能大赛，"六一"合唱比赛、个人才艺大赛，"十一"国庆手抄报比赛等。学科综合实践活动有语文科组的"我在校园找春天"的征文活动，英语科组的"水果拼盘"活动，数学科组的"动手制作数学学具"活动等。综合实践活动的体验课程贯穿整个小学阶段，不同年段的学生的实践任务是由易到难，由简到繁地设计的。每次活动结束后少先队部门会对全校学生的作品进行汇展，不同年级不同班级学生可以互相参观并从别人的作品中得到学习，甚至低、中年级学生可以提前接触并从高年级学生的作品中得到学习。学校的宣传部门还会把每一届学生的优秀作品拍照作为综合活动的教学素材，指导学生如何做作品。

体验活动的设置是为了鼓励学生在动手操作过程中学会发现问题、解决问题，逐渐形成综合能力。学生参与活动的成果不但会进行展览，而且会进行评比。评比是对学生参与活动的肯定，能激发学生参与活动的热情，并且促进学生在参与的过程中不断总结好的方法。评奖除了颁发奖状外，还会在星级评比方案"德才之星"和"学习之星"相对应的栏中做记录，为期末的"星级学生"评比做依据。

二、星级学生评定方案

为了顺利有效地开展学校的管理工作，并对学生的综合素质进行有效的跟踪评价，我校根据小学生的年龄特点，精心设计了星级学生评定方案。这套方案囊括了对学生品行、学业、才艺的评价，分别有"文明之星""环保之星""爱心之星""才艺之星""语文之星""数学之星""英语之星""智慧之星"。评比的方法是以量化评价的方式让学生根据方案的细则，通过自己的表现累积星星，再用10颗星星换校徽，张贴在教室后面的表格上，每学期末以班为单位进行综合评定，授予各个项目均获星的同学"五星学生"的称号。方案的设计有利于全面、科学、合理地考核评定学生，充分关注每个学生的个性和特长发展，关注学生日常生活的表现和成长过程，激励所有学生奋发进取，从进步中体验成功的快乐，促使学生在德、智、体、美、劳等各方面都能得到充分发展。

（一）星级评定方案的量化评价指标及细则

星级评定方案的量化评价指标及细则见表2-8和表2-9。

表2-8 "德才之星"学生量化评定表

德才之星	量化范围	量化细则
文明之星（第5、10、15、20周周一班会评选）	遵守纪律	课间要有序，校内外不违纪
	举止有礼	轻声慢步，面带笑容，主动招呼
	仪表整洁	穿戴整齐，保持良好的个人卫生
	学习认真	课前做准备，课堂要专心，作业要认真

续上表

德才之星	量化范围	量化细则
爱心之星（发现好人好事，及时奖励）	学会感恩	感恩师长，听从教导；感恩社会，学会回报
	爱心奉献	乐于参与捐款、捐物活动
	助人为乐	他人有困难，主动来帮助
	关爱集体	珍惜集体荣誉，主动为集体做事
环保之星（每月检查奖励）	爱护花草	爱护花草树木，不随意破坏
	物品摆放	书包、抽屉、教室物品摆放有序
	节约能源	节约水电，垃圾分类回收
	劳动能手	值日认真，乐做班务
才艺之星（有关活动比赛结束后，及时总结奖励）	小书画家	美术、书法、手工等方面获奖或表现突出
	小表演家	朗诵、讲故事、发言、主持、演唱、舞蹈等方面获奖或表现突出
	体育健儿	体育方面获奖或表现突出
	其他方面	种植、电脑、棋类等才艺获奖或表现突出

表2-9 "学习之星"学生量化评定表

学习之星	量化范围	量化细则
语文之星	课堂表现	1. 上课积极回答问题，每回答一次，奖励1颗星星
		2. 视回答的精彩度酌情加大奖励
	作业方面	1. 每天按时交齐语文作业，奖励1颗星星，贴在语文书上
		2. 每次作业得A，奖励1颗星星，贴在语文书上
	考试成绩	1. 从低分（40分以下）到非低分（41分以上），从不及格到及格，从非优秀到优秀，从非特优到特优，以上四种情况之一均奖励1颗校徽
		2. 获得高分（95分）奖励2颗校徽
	读书写作	1. 作文或读书随笔被老师表扬，在课室宣读、张贴，奖励1颗校徽
		2. 读一本"顺德区小学生分级阅读参考书目"指定的必读书，每本奖励1颗校徽
		3. 读其他有益课外书刊，每本奖励2颗星星

续上表

学习之星	量化范围	量化细则
数学之星	课堂表现	1. 课堂上积极发言且声音洪亮，回答问题完整正确的同学，奖1颗星星
		2. 在课堂小组合作学习中表现优秀的小组，每人可奖1颗星星
	作业方面	从低分（40分以下）到非低分（41分以上），从不及格到及格，从非优秀到优秀，从非特优到特优，以上四种情况之一均奖励1颗校徽
	考试成绩	1. 得100分可直接得2颗校徽
		2. 得95分及以上可得1颗校徽
		3. 达到指标可得1颗校徽
		4. 挑战对手成功可得1颗校徽
		5. 成绩有明显进步的同学及辅导他的优生都可得1颗校徽
	培优扶差	1. 认真完成数学趣题，主动交给老师批改，并评定为A，则可根据题目难易情况奖励星星
		2. 书本及练习册后面的思维训练能正确解答，奖1颗星星。能在课堂上分析讲解的同学再多奖1颗星星
		3. 成绩优秀的同学辅导后进生完成作业或练习，两人都可奖1颗星星
英语之星	课堂表现	1. 课堂活动比赛获第一名的小组，全组同学各奖励1颗星星
		2. 上课积极进行英语对话表演的同学奖励1颗星星
	作业方面	1. 每周能依时完成英语作业的奖励1颗星星
		2. 听录音情况家长评价"优"的，每周奖励1颗星星
		3. 按时背书，每完成一个单元的背书，奖励2颗星星
		4. 每次听写或作业得A+的同学奖励1颗星，每单元的英语单词小测得A+的奖励2颗星星
	考试成绩	1. 成绩达95分以上奖励1颗校徽，100分奖励2颗校徽
		2. 成绩达标或挑战对手成功的奖励1颗校徽
	培优扶差	成绩进步一个等级的同学奖励1颗校徽，负责辅导的同学同样奖励1颗校徽
智慧之星		1. 参加学科竞赛获奖的可以奖励一颗校徽
		2. 文章发表在学校网站，奖励1颗校徽；文章发表在《珠江少年》《珠江少年报》《广东第二课堂》等，奖励2颗校徽
		3. 参加学科综合实践活动，主题作业或作品获奖奖励2颗校徽
		4. 考试三科综合成绩突出可奖励1颗校徽

（二）学生综合素质评价表

综合素质评价表如表 2-10 所示。

表 2-10 综合素质评价表

量化范围	自评	小组评	教师评
出勤情况			
课堂表现			
作业完成			
提出问题、解决问题			
合作交流			
课外阅读			
文体活动			
特长发挥			
文明礼貌			
卫生习惯			

学业成绩	品德		语文		数学		英语		科学	
	信息技术		音乐		美术		体育健康		综合实践	

说明：1. 综合素质评价等级分为：优、良、合格、不合格 4 个等级。

2. 学业成绩的呈现方式为等级制，分为优、良、合格和不合格 4 个等级，其中 85 分以上为优，70~84 分为良，60~69 分为合格，60 分以下为不合格。

教师的话				
		等级：	班主任：	
文明之星	爱心之星	才艺之星	环保之星	智慧之星
☆	☆	☆	☆	☆

续上表

本学期我阅读的课外书：	
所获得的荣誉及奖励	

1. **综合素质评价表的构成以及评价方式**

表 2-10 是我校每个学期末对学生进行阶段性评价使用的综合素质评价表，主要分为综合素质评价和学业成绩评定、教师寄语、星级学生评定情况、本学期我阅读的课外书、我的光荣册五人部分。这五人板块采用了多种评价方式，包括表现性评价（综合素质评价、获得的荣誉）、定性评价（教师评语）、终结性评价（学业成绩），以及在评价过程中采取的学生自评、小组评和教师评相结合的评价方式。采用这种多元评价的方式就是为了多方面、多角度获得学生综合素质的情况，展现学生素质发展的全景。这些评价信息不但可以互相验证，防止出现漏评、错评，而且对学生综合素质评价的结论也更具个性化，有效避免学生评价中长期出现的单一化和僵化的弊病。

2. **综合素质评价表具体的操作方法**

综合素质评价板块的每一项指标都根据学生日常行为规范、学习活动、综合性活动过程的表现来设计，并采用自评、小组评、教师评价相结合的评价方式。接近期末尾声时，我们会先把这份评价表的草表发下去，除了学业成绩评定和教师寄语是单独由科任教师和班主任填写外，其他板块都由班主任统一组织学生学习如何填写，学生再根据实际情况进行自评或小组评，最后由教师填写教师评价并对学生的综合素质评价表进行核实，保证评价结果真实客观。

三、总结与反思

（一）取得的成效

新课程倡导评价应"立足过程，促进发展"，即从对纯知识结果的关注转向对学生生命存在及其发展的整体关怀。因此我校根据学校德育教学的工作实际，制定了一套科学易行的素质评价制度——整体上弱化学生成绩评定，将评价重心转向更多地关注学生求知探究的过程和努力的过程，关注学生在各阶段的进步状况。这种科学的评价制度大大地激发了学生学习的积极性。尤其是对于学业成绩不理想的同学，他们不会因为学业成绩的单一评价而感到挫败，因为"体验式教育"的综合性课程拓宽了学生的视野，带领学生从小课堂走向大课堂，因此，学生的评价信息来源不再局限于课堂，而是延伸到学生各种发展的空间——包括课堂教学、课外活动和社会实践等，无论是课程的设置还是学生评价方案都给不同层次的学生提供体验成功的机会。科学评价发挥的激励作用，使我校对学生素质发展的评价信息不仅仅由教师采集，还能鼓励学生通过《星级学生量化评定表》《综合素质评价表》等各种评价工具主动收集和提供自我发展的评价信息。可以说，这样的评价制度为学生的可持续发展打下了基础。

（二）存在的不足

在操作学生综合素质评价方案的同时，我们也发现了一些问题。首先，星级学生评比方案注重记录学生的动态发展，每月做小结，期末进行最后的综合评定，因此"星星""校徽"的管理是一个庞大的工程，如何让过程更简化有效，评价数据更加真实可靠，还需要将方案进一步完善。其次，在填写《综合素质评价表》时，我们引进自评和小组评的评价方式，大部分学生都能在教师的指引下客观填写，但是也有部分学生不太重视，敷衍了事。特别是小组评时，组员之间的互评难以做到公平、公正。

每个评价方案都要经历实践的考验，在实践中不断改进，我校将秉持"以学生的可持续发展、为学生的终身幸福奠基"的育人理念，结合教育教学实际，不断完善评价方案，以促进学生的可持续发展。

合作学习，快乐起跑
——义务教育阶段学生综合素质评价与实施研究总结

佛山市顺德区大良镇本原小学　银　萍

摘要：实施素质教育是基础教育改革的关键环节，建立以学生综合素质为核心的教育评价体系则是实施素质教育的保证。作为教学一线的教师，我们欣喜地发现合作学习的学习方式已经逐渐在课堂内外形成主流。学生在学习过程中创新性地提出了以合理分组和任务驱动为模式的异质就近组合的合作学习和同质就近组合的合作学习教学策略，通过自己的探索和同伴的帮助，掌握知识并形成技能，充分发挥小组合作学习的作用和实效。

关键词：综合素质评价；自主合作学习；经验总结

合作，作为新时代人应该具备的一种素质，正在被越来越多的教育专家和学者所接受，并进行重点的研究，我们学校对突破学生小组合作学习这个素质教育推进的"瓶颈"问题也进行了探索。确实，"团体"的形成本身有其社会交往和社会归属需要的必然性，尤其在满足学生心理需要上，有目的地合作指引会起到良好的积极作用。自2002年起，我就在教学中开始引入小组合作学习活动，取得了一定的成效，从而提高了学生的综合素质能力。

现以2015学年我所任教的本原小学六（6）班学生为例。该班总人数46人，这46个学生自组了11个学习小组，各组与我共同组建了"自主合作学习行动小组"。

一、队伍组建

1. **团队名称**
六（6）班"合作学习—快乐起跑"班级管理团队。

2. **合作目的**
自主合作学习是对学生加强自主学习能力培养，以小组合作为基本组织形式，系统地利用教学中动态因素之间的互动，促进学生学习，以团体成绩为评价标准，共同达成教学目标的教学活动。合作小组里学生之间形成相互依赖的关系，共同研讨综合素质评价学习情况，共同查找合作小组学习问题，共同反思合作小组管理方法，共同提出合作小组提升对策，学生经由实作、参与、讨论、找数据、互相分组与学习，不知不觉就启动了学习的动力与寻找事物本质的兴趣，从而提高了学习的效率。

3. 合理组建

合理组建合作小组是发展学生自主探究能力的一个基本环节。学生在小组中成长，在小组中受益。在小组的组建上我们遵循"组间同质、组内异质"的原则。让不同性格、不同能力、不同学习背景的学生组成合作小组。小组人数根据班级学生数而定，每组有 5~6 人，为了使能力强弱不同的学生共同发展，小组通常由一两名能力强的学生、一两名中等的学生、一两名能力弱的学生组成。同时考虑到男女生各自的优缺点，因此在分组时，尽量做到男女生在小组中占的比例基本相同，让男女生的优势互补。

4. 分工明确

小组合作学习容易出现"争抢"和"坐等"等不良现象，不利于小组团体意识的增强，不利于小组探究能力的提高。治疗这些病症的良药就是明确小组内每个人的分工，使每个人都有事可做。我们在小组中设置了小组长、辅导员、监督员、管理员、师徒等角色。这些角色并不是孤立的，而是相互关联、相互补充的。这些角色也不是终身的，会定期轮换。通过一段时间的训练，学生形成了良好的合作意识，掌握了一定的合作基本技能。

5. 合作领导小组

组长：银老师。副组长：小丽、小明、小宸。

6. 合作小组名称及口号

阳光组，口号：我们阳光，我们快乐！

乐学组，口号：快乐学习，快乐进步！

探究组，口号：锐意进取，敢为人先！

创新组，口号：学习达人，思维创新，独树一帜！

超越组，口号：不甘人后，一往无前！

奋进组，口号：奋发向上，享受成功！

扬帆组，口号：燃星星之火，扬起梦想风帆！

飞翔组，口号：智勇双全，我心飞翔！

二、实践过程

队伍组建完成后，按部就班的实践过程就要开始了，为保证合作效益的最大化，我对每一步工作都做了精心部署。

（一）行动策略

针对不同学生的情况，我们采取了以下行动研究策略：①主动激励，树立信心——经常赞赏他、帮扶他；②主动亲和，消除戒心——抽时间每天和他聊天；③及时肯定，培养耐心——随时随地多鼓励他、肯定他；④主动接纳，焕发爱心——珍视他的兴趣爱好，求同存异，激发爱心；⑤群策群力，注入"胜"心——为他专门成立"一托四"帮扶小组和"一帮一"师徒结对。

（二）扬帆起航

这几个合作小组成立以来发生了许许多多的感人故事，深深地打动着我的心，让我时刻感受到班集体的温暖。这些细微之处虽平凡却又不平凡，虽不动人心魄却又感人肺腑，因为他们的结队学习，承载英才睿智，启迪学子感悟，盈溢师徒情感，饱含学习哲理，揭示成才真谛。现在，我就挑三个故事与大家分享。

1. 智慧行动故事——"扶助小组"显奇效

绮彤是我班一名特别瘦小的女生，患先天性心脏病、自闭症，常常因身体差而请病假，因无力学习落下了许多功课，成绩非常差。她常常受到同学的歧视和疏远，自卑心严重，厌弃学习。

2015年9月，绮彤升入我班后，我发现其实她是一个自尊心非常强的孩子，好胜心较强，只是体质太弱，成绩太差使她幼小的心灵蒙上了浓重的阴影。课间，每当我看到她静坐在位子上盯着其他同学嬉戏玩耍，我的心就有一种别样的滋味。

细心的开导后，她似乎有了决心要把以前落下的功课补上来，并抓紧一切时间刻苦学习。但毕竟落下的功课太多，在第一单元语文测试中她只得了21.5分。看着自己努力后仍不见进展，她悲观绝望，我心急如焚。我的内心也受到了巨大的冲击。我沉思：怎样帮她把成绩提高上去呢？需要开展一个"扶助学习小组"助她"快乐起跑"的活动吗？对，就这样决定。于是，一个主题为"帮扶学习—快乐起跑"的活动不到半个小时就酝酿出来了，然后我找来班长，与她制定了具体操作方法。

在第三周的班队活动课上，班长号召同学们成立一个"帮扶学习小组"，专门负责给绮彤补习功课。同学们听了，纷纷表示赞同，并非常踊跃地报名参加"帮扶学习小组"。文利提出对绮彤进行心理、行为辅导，小欣提出给绮彤补语文，小宸愿意主动帮绮彤补习数学，耀明助她学习英语，我做全程"跟踪"……

活动课后，班里正式为绮彤成立了4人"帮扶小组"，4个师傅每人承担2个课间10分钟的辅导。另外，我还给绮彤采用了"一帮一""多帮一""校内帮""校外帮"等辅导方式，绮彤的成绩很快呈现出喜人之势！

课后，师傅们轮流给绮彤辅导上节课内容以助其消化。一有时间和机会文利就会跟绮彤玩在一起，逗她开心，给她讲笑话，与她分享乐趣，渐渐地绮彤忘了忧愁，活泼多了。小欣则每天帮扶她写小作文（"3+2"即无话写就写三行，有话写就再多写两行），再记、背几个词，教她选词写一段语意完整的话，给她听写四个生字、四个成语，督促她背默2句古诗。小宸也主动帮她补习数学，每天先出20道简单计算题，过关再出文字题，然后一题一题细心地给她讲解、分析。耀明则教她读英语的语法知识、背单词、看英语故事等。我在每天放学后，找来辅导她的几位师傅，了解她的补习情况。另外，上下学途中，我也安排同伴和她聊天，了解她的苦恼，在与她聊天的过程中向她灌输人生道理。到了周末，这4个师傅还会轮番对她进行电话跟踪，询问她在家里的学习情况。每当绮彤遇到问题的时候，大家都会在一起讨论，共同合作把问题解决。每当小组内成功合作把困难解决的时候，这4个成员心里就会有一种说不出来的喜悦，而绮彤同学更是笑脸盈盈。

集体的力量是巨大的，在同学们的帮助下，从没考过40分以上的绮彤同学竟然在上学期期末统测中,语文成绩意想不到地达到了89.5分!数学和英语也大有进步,取得了理想的成绩。短短几个月,绮彤变了,变得身体强壮,学习进步,自信心十足了,而其他成员也变得会管理别人、约束自己、提升自己了。这一切正应了那句俗语:"成就别人,就是提升自己!"

2. 智慧行动故事二——"探究小组"永胜利

探究合作小组在课堂发言、成绩等方面,每一次评比都稳居第一,这要归功于曾经令组长淑瑶很头疼的两位组员。

其中有一个女同学小怡成绩不错,学习非常努力,中等偏上的水平,什么都好,就是不太喜欢说话。她上课总是静静地坐在那儿听老师讲课,恬静的脸上始终挂着甜甜的微笑,下了课不是坐在那儿写作业就是趴在桌上出神。我当时并不在意,但时间久了,看着小怡上课时仍保持那雷打不动的姿势,我既佩服她又为她们组感到可惜,因而开始留意她们组。一节课下来,我查看记录卡上的统计情况,她们探究组只得了一分,这还是我在众多高举的小手中,给她们组机会才有的结果。可是,不能总这样照顾她们组啊!于是在课下,我想好对策后把她们4人找来,对她们说:"人不能总是龟缩着,只有勇于展现自己、亮出自己,才会走向成功!"她们听后纷纷向我表示,愿意大胆尝试,学会一步步亮出自己、展示自己。

记得上学期某天我上语文研究课,把全班分成11个小组,并向探究组提问:怎样向游客介绍我们顺德的名胜古迹,才能使游客印象深刻呢?他们组绞尽脑汁想了半天说:"要不,我们穿上校服,印宣传单发给他们?""不行,万一他们随手一扔,或看惯了这些东西不屑一顾呢?而且这样又浪费纸。""要不拿个大喇叭,像买菜一样,哎,走过路过不要错过……"全班同学听了探究组的方法,哄堂大笑。我见小怡也笑得欢,便问:"哎,小怡你有什么好方法呀?"她一听,脸一下红到脖子根,"我……我……""没关系,说一下嘛,甭害怕。"我鼓励她。"我,我的想法是:可以在鸡蛋花叶上写上对顺峰山的介绍和对每位游客的祝福,再制成标本送给他们,这样既介绍了经典,又体现了我们顺德的特点。""嗯,这种想法挺不错,咱再顺便给游客们一些鸡蛋花,清香优雅,治痢疾,止腹泻。""哈哈哈哈……"全班笑成一团。我赶忙对她说:"要不待会儿我让小组发言时你起来说,我敢保证你会语惊四座!"她连忙摆手:"我不行,我只要站起来就什么都忘了,我怕。""哎呀,没关系,你忘了有我们呢,而且我们会一直鼓励你的,加油!""就是就是,我看好你哦!"探究组4个成员对她进行轮番轰炸,"可是,我……""好了,不要扭扭捏捏的了,就这么定了!"我一锤定音。

"还有哪个小组想发言?"每个组的人都把手举得高高的。"好,请探究组起来。"我向她使劲使眼色,"起来呀!"她拗不过我,缓缓地起身,"我……我认为我们可以……"她刚说完,同学们的掌声就阵阵袭来,连听课的老师都微笑着点头。她一坐下,就拍拍自己的脸,对组长说:"我刚刚站起来的时候都紧张死了,腿一直抖,一直抖……"组长笑着说:"讲得太棒了,你以后得多站起来发言,虽然你比起小越、智涛是胆小了点,不过我相信你一定会表现得越来越出色,加油哦!""嗯。"哎,她那朵红云展现出来了,不过,我却发现,她笑得像朵花,好看极了!

有了这位小怡的亮出,探究组的分数当然是——芝麻开花节节高了。

当然,不止她有这么大的进步,另一个组员的战绩也不可小觑。

智涛是一位男同学，以前他上课总是东张西望，神游天外，早读课时总坐在座位上两眼呆滞，似乎身边发生的一切都与他无关。他每天的作业只需动手抄，周末的作业干脆不做。三番两次过招后，我找到了智涛的克星——组长欣桐。我与组长欣桐密谋了"探究有方—快乐起跑"策略，用电话跟踪法，对付智涛这个电脑迷。欣桐问了他家的电话号码，早上7点起床，欣桐就打电话："智涛，快写作业，不会的问我。"9点又打一次，"智涛，快写作业，不会的问我"。10点再打一次……

周日晚上，欣桐又打电话问他："智涛，作业写完了吗？""写完了，写完了，打那么多的电话，不怕电信局催你们家交电话费，真是的。"听着他不耐烦的话语，组长欣桐露出了胜利的笑容。

经过一个多月的"穷追猛打"，他总算不用别人监督，上课自己能积极思考了。他们组又多了一员"大将"，加上自觉又好学的小越，探究组从此变得越来越好了！

俗话说："三个臭皮匠，顶个诸葛亮。"他们4个"臭皮匠"，在探究合作学习小组的带领下，互帮互学，相互促进，相互支撑，努力探索，不断提高小组合作学习的实效性，充分体会到合作学习的乐趣。自此以后，每月的学习小组竞争评比，他们组都被评为"先进学习小组"。

3. 智慧行动故事三——"乐学小组"品甜蜜

当我今天敲击着键盘时，我的心灵被一种教育的真情撞击着，想起那个感人的故事，一份浓浓的感动早已溢于心中，积蓄已久的情感如一扇打开的闸门，从心底喷涌而出。

这要从小鹏说起，他是我班一个思想行为有偏差的学生，因父母离异，爸爸再婚后他归妈妈抚养，妈妈心情不好无心管教使他自卑心严重。但他特别爱好写作，只是由于成绩差，作文中的错别字特别多，读他的习作难以读懂，所以大家嘲笑他喜欢在本子上胡言乱语。我也不大喜欢他，作为语文老师，我为自己对他本能的排斥感到羞愧不已！剖析自己，我太看重的是小鹏的成绩，而忽视了对他心灵的关注，我想，对一个想表现自己的学生，我应该用智慧和爱心去浇灌、培育、呵护这个孩子。我要帮他缔造精彩人生。于是，借每学年参加顺德区"中小学生作文大赛"选拔学生培训的机会，我想好好教育他，让他在实现梦想的过程中增强自信，体验成功与快乐，从而促使他改正缺点。我找到他，把他带到课室旁的奋进阁，在静谧、温馨的辅导室里，温和地对他说："你是不是真的喜欢写作？我能帮你吗？"他很讶异，双眼顿时锃亮起来，随即又黯淡下去。我轻轻摸着小鹏的头温和地说："是不是很想进写作班？"他点点头。我又说："你能不能在老师面前写一篇文章？"他支支吾吾地问："为什么？"我说："如果你真的想参加作文培训，我要看了你的作文之后才能决定要不要你呀。"于是，他兴奋地写了《老师，我想对您说》。写完后，我赞赏道："写得不错，挺有写作天赋的，语言表达能力很好，不过错别字太多！我不敢选你！"他低头沉思片刻后对我说："老师，只要我能参加写作班，我保证改掉我所有的毛病！如果你不相信我，你就给我配一个师傅监督我，行吗？"于是我破格录取了他。

但是，从他刚刚写的文章来看，我还是挺担忧的，虽然文章思路不错，但错字连篇，可见要辅导好他挺不容易的。于是，我选了性格好、成绩好、明事理又有耐心的文利跟他同桌，与他结成"一帮一"师徒对子。每天放学后，文利都会留下小鹏在奋进阁辅导语文基本功。开始时他表现不错，可慢慢地他的本性又露出来了，学习时心不在焉。当师傅问他有什么事时，他直截了当地问答只想回去打游戏。师傅气愤地把这事告诉了我。我走到他身边，叫他把昨天学的生字听写一遍，他竟然顶撞说"写不起"。为此，我终于未能控制住情绪，不近情理地数落起他众多的不是，特别是师傅花费这么多时间、这么多心血为他辅导，想让他的作文能够在竞选时入选学校写作班，没想到他竟这样不争气……也许是我的话太刺耳太伤人，小鹏掉泪了，他一边哭一边说："我怎么学习？我有时连吃的东西都没有，家门也进不了，没人管我，没人关心我，我没钥匙进不了家门时，父母的手机总是关机打不通。"听了他的倾诉，我震惊了，他不想学习的原因竟来源于家庭对他的漠不关心。于是放学后我摸着小鹏的头温和地说："我送你回家好吗？"他猛然抬起头，眼睛闪了一下，支支吾吾地说："不，不用了。"我笑着说："反正现在我也下班了，我们正好搭个伴。"按他的指引把他送到家门口后，他感动地哭着说："老师，为什么您会对我这么好？""因为你是老师的学生啊！"我接着又说："我能跟你聊几句吗？"他点点头。我说："你以后一定要听师傅的，老师没那么多时间时时刻刻跟着你。你想想师傅多难啊，为了你，她下课要帮你巩固课上的内容，放学了还要留下辅导你落下的功课；为了你，她没时间上厕所，没玩过一分钟……"

第二天，我跟他进行了一次"合作乐学—畅谈自己"交谈。经过谈话我才知道，他非常喜欢文学，小说就是他的精神食粮。我被他对文学的痴情打动了，问他："你那么爱文学是为了什么？""因为我想当著名的作家！"他说得果断且坚决。看他这么喜欢写作，我即刻决定再给他配一个写作好的师傅帮助他。

接下来的日子，为了照顾他，我专门为他请了另一个"写作师傅"——紫钰进行师徒结对。我还与他约定：1次作文写得好，就给他1个"嘉奖"，一周累计"嘉奖"数如有5个，就授予"写作能手"称号。于是，紫钰每天都教他写作文，给他找不同的题材，反复训练他，写完后帮他修改，画出好词好句，指点出有语病的地方，又教他如何把作文写得更加生动、更加形象。紫钰千方百计地从杂志和报纸上，甚至网上找一些佳作，把这些佳作剪下或誊抄送给小鹏以抛砖引玉，在阅读中提高他的写作水平，达到他的写作目的。没想到，几周后他真的成为"写作能手"。

之后我还建议他参加大良少年宫儿童写作特长班，每天托管课特意让他的师傅紫钰辅导他学习写作，放学后文利再帮他补习文化知识，给他听写生字和一些比较常用的成语，这样，既巩固了他的语文知识，又使他在写作时不再错字连篇。通过两个师傅的倾心付出，随时跟踪，他的文化成绩一下就赶上去了。看到他的进步，两个师傅开心极了，还偷偷买礼物送给他当作奖励，他也会用成绩回报师傅。自此之后，他们三人成了好朋友。

自作文培训后他的变化很大，对老师信任了，能自主学习，对生活充满了信心，情绪也稳定了，与同学产生的矛盾逐渐减少。经过一年的努力，他的成绩明显提高了，作文也写得不错。那次中考，想不到小鹏竟然是全班进步最大的学生，提升了29个名次，师傅紫钰考了全年级第二名，文利也进入了全年级第9名。更想不到的是，紫钰喜滋滋地对我说："银老师，通过辅导小鹏，我觉得我好像成为一个真正的老师了。"

作为学习的参与者参与小组成员的活动，主动地与小组成员一起分享自己的感情和想法，我走进了学生的心，赢得了学生的心，改变了学生的心。

三、行动奇迹

历经 200 多个日日夜夜，这样的小组合作学习的故事不胜枚举。我陪伴孩子们走过了整个学年的美好时光，也收获了合作学习的成功！一年来，我们六（6）班喜获"学校先进班集体""全期文明班""全期卫生班""学习优胜班"等荣誉称号，而且在各项活动中我们班的孩子屡屡大显身手，喜获各种鲜红获奖证书，深受学校领导和老师们的好评。六（6）班的孩子们已经升入中学了，而现在我又开始了和五（2）班的孩子们继续谱写"心灵之约"的美好故事！

四、行动反思

在我和孩子们历经一个个倾情付出的故事中，我不由自主地追问是什么创造了这样的教育奇迹。是期待的效应、无声的鼓励、平等的支持、真诚的帮助，还是信念的力量……答案纵然有许多，但我的内心有了一种最真实的觉醒：合作学习可以唤醒任何一个学生沉睡的潜能。更为重要的是我那么真实地感悟到：后进的孩子就像海面上行驶的一叶孤舟，他们存在的问题确实比优秀的孩子多，这是因为他们的心里有个或这样或那样未解开的"结"。这时和孩子接触最多也最容易取得孩子信任的就是我这个班主任和其他同学了。只要我们当好问题学生的"心理顾问"及"心理保健医生"，抓住时机引导他们共同合作学习，给他们注入阳光，他们就会避过惊涛，渡过暗礁，健康地成长。在针对问题学生的教育问题上，我认为：班级建设需确立学生是班级的主人、班级属于每个学生的观念，要让人人都参与班级的各种管理与活动，使每个学生都能实现在原有基础上的发展，而这一目标实现的最好路径就是——合作！

参考文献

[1] 杨连山. 班主任的 100 个怎么办 [M]. 南京：江苏教育出版社，2006.

[2] 王艳玲，刘时勇，李志专. 中小学教育科研的理论与实践 [M]. 合肥：合肥工业大学出版社，2004.

[3] 陈之华. 芬兰教育，全球第一的秘密 [M]. 北京：中国青年出版社，2009.

[4] 魏书生. 如何做最好的教师：影响教师一生的中外教育家经典感言 [M]. 南京：南京大学出版社，2009.

[5] 施铁如. 学校教育研究导引：方法、思路与策略 [M]. 广州：广东高等教育出版社，2004.

改变语文评价方式，促进学生习惯养成

佛山市顺德区建安初级中学　赵彩云

摘要：以考试为检测手段的单一评价方式，很难客观准确地衡量每一个学生的语文学习状况，更难检测到每一个学生语文学习过程中的动态发展变化。为了更好地促进学生语文学习过程中的发展变化，笔者采取丰富多样的评价方法，促进学生良好语文学习习惯的养成。比如，用"等级+评语"，促进学生书写水平的提高；用"小组周评奖扣分"，激励学生提高作业质量；用"星级评价制度"，促进学生课外阅读习惯的养成；借助《班级作文月报》，创造学生习作发表的机会，激发学生的写作兴趣。

关键词：语文学习习惯；等级评级；小组评价；星级评价；习作发表评价

一直以来，语文教学的评价基本是以考试为检测手段的终结性评价，这种单一的评价方式并不能客观准确地衡量每一个学生的语文学习状况，尤其难以检测到每一个学生语文学习过程中的动态发展变化，对学生的评价有失客观公允。在新的教育形势下，我们应该思考更有利于促进学生发展的、关注学生个体差异的多样化的评价方式，有效地改进语文教学，保证语文课程的有效实施。在语文教学中，笔者综合运用多种评价方式，促进了学生良好语文学习习惯的养成。

一、运用"等级+评语"，促进学生书写水平的提高

传统的作业评价一般采用打分的形式，比如100分、90分、60分等。但就语文作业来讲，很多时候分数很难全面准确地评价作业完成质量的高低，比如作文，既要评价写作水平，也要评价书写质量。90分、80分、60分，这些分数大体只能代表学生的写作水平，并不能准确地反映学生的书写水平，但书写水平的优劣往往直接影响学生的作文成绩。而写得一手漂亮的钢笔字，更体现了对中华传统文化的传承。因此，引导学生书写要端正、清楚、整洁乃至赏心悦目，是语文最基本的教学任务，也是学生必须养成的良好的语文学习习惯。为此，笔者采用作业等级评价制度来培养学生良好的书写习惯。

1. 作业布置等级化

作业有针对性。针对不同类型学生，布置不同作业，提出不同要求。作业量要适中，不搞"一刀切"。作业一般分为A、B、C三种，分别针对三种不同能力层次的学生。作业的针对性和适量，使得学生书写量不至于太过繁重，会让不同层次的学生都能用认真的态度对待作业、对待书写。

2. 作业批改采用"等级+评语"的方式

作业"等级"分"A、B、C、D"四个等次;"评语"根据不同的作业设计不同的内容,比如作文的批语可以分为提问式、激励式、商讨式等,但其中一定要渗透对书写的评价。一般来讲,针对书写的评价主要有:你的字写得太漂亮了!你是不是经常练毛笔字啊,字写得很有名家风范啊!你的字这么工整,连老师都比不上啊!书写有了明显进步,加油!继续努力!今天的书写比不上昨天啊!今天有什么急事吗?从你的字体中可以看出来哦……

作业"等级+评语"的评判方式,比单一的分数更能全面公正地评价学生的作业质量,能对学生良好的书写习惯起到导向作用,因此,在使用作业等级评价之后,学生的书写水平进步非常明显。

二、利用"小组周评",激励学生提高作业质量

作业质量一向是最令老师头疼的事情,因为一个班级之中,常常有一部分学生用应付差事、敷衍塞责的态度对待作业,有时甚至拿别人的作业一抄完事。为了改变这种现状,我借用班级小组评价的方式来促进作业质量的提高,颇有成效。

一般来说,我会将全班学生按照性别、品质、性格、学习成绩、学习习惯等综合能力的差异,以4人一个小组均衡地分成若干个小组,择优任命小组长。小组长负责管理并登记学生的语文作业情况,根据作业等级进行加分,每周统计一次,将统计结果公布在教室后面的黑板上,前三名给予表扬和物质奖励,比如奖励三角板、圆规、笔袋等实用性强的学习工具,或者苹果、棒棒糖等零食,同时奖给小红星。小红星贴在全班小组评价总表中,用于阶段性总结奖励。

作业根据等级进行加分,以作文为例,加分依次为:A加3分,B加1分,C不加分,D扣1分。

作业实行小组周评奖扣分制度之后,学生对待作业的态度有了明显转变,每个小组无论哪种层次的学生,都能按时上交作业,绝大部分学生的作业书写水平有了明显提高,一部分学生的作业准确率不断提升。

三、利用星级评价制度,促进学生课外阅读习惯的养成

没有住宿条件的农村学生语文课外阅读习惯较差一直是困扰语文教学的顽疾。怎样激发学生的阅读兴趣,使他们从七年级开始逐渐养成良好的课外阅读习惯,星级评价制度可以起到很好的促进作用。

1. 阅读书目

这主要分为必读书和选读书两大类。"必读书"指《义务教育语文课程标准(2011年版)》(简称《语文课程标准》)规定的名著书目;"选读书"指教师指定的选读书目或者学生自主选择阅读的书目。

2. 积分等级

积分等级主要以字数为单位，具体标准见表2-11。

表2-11 课外阅读积分等级

年级	一星级	二星级	三星级	四星级	五星级
七年级	100万字（约3本名著）	150万字（约4本名著）	200万字（约6本名著）	250万字（约8本名著）	350万字（约10本名著）
八年级	80万字（约2本名著）	130万字（约3本名著）	180万字（约4本名著）	230万字（约6本名著）	300万字（约8本名著）
九年级	80万字（约2本名著）	120万字（约3本名著）	160万字（约4本名著）	200万字（约5本名著）	250万字（约7本名著）

学生的阅读星级分别为一星级、二星级、三星级、四星级和五星级5个等次。一星级为合格等级，需要达到《语文课程标准》要求的基本标准，也就是七年级100万字，八年级、九年级各80万字，3年总数达到《语文课程标准》规定的最低标准260万字的要求。一星级到四星级之间阅读字数递增，五星级为最高等级，字数增加幅度较大，主要用以鼓励课外阅读表现优秀的学生；对课外阅读不达标的学生不予评星。

3. 考核办法

学生阅读过程主要以读书笔记和"阅读记录卡"的记录为检查依据，平时每周的检查以小组长检查和教师抽查为主，另外定期举办"读书报告会""读书笔记展览""写作竞赛""名著知识竞赛"等，促进阅读活动的落实。

4. 奖励措施

学生阅读情况达到规定阅读量的时候，可自行到语文教师处申请升级。学生申请人数达到5名以上的，在全班举行简单而隆重的"升级仪式"，教师对升级成功的学生进行表扬奖励，奖品由学生在允许范围内自由选择，并由教师或者教师与家长一起出资购置。学期末，各班根据学生星级升级情况，评选出若干名"阅读之星"，上报学校，由学校组织表彰奖励。

课外阅读"星级评价制度"的实施，在七年级学生中引起强烈反响，极大地激发了学生的阅读兴趣，学生的阅读数量在七年级上学期迅猛增长，有些学生一个学期的阅读量就达到了350万字，有些学生3年的阅读量达到900万字。3年下来，绝大多数学生的阅读总量都达到或者超过《语文课程标准》规定的阅读量。有些学生的阅读范围之广令人惊讶，他们阅读的书籍并不仅仅局限于文学方面，也涉及政治、经济、军事等多个领域。这极大地拓宽了学生的知识视野，促进了良好阅读习惯的养成，同时也有利于综合素质的提升。

四、利用习作发表评价机制，激发写作兴趣

写作没兴趣没动力是学生作文水平难以提高的主要原因。怎样提升学生写作的内驱力？我以《班级作文月报》为平台，实行"习作发表评价机制"，收到了良好的效果。

我在自己任教的两个教学班中，各办了一份《班级作文月报》。月报每月出版一期，由班级写作水平最好的6位同学组成月报编辑部，设置部长、副部长各一名，其他4位为编委。月报的主要栏目有三个：

"我是小作家"——主要刊登班级每月评选出的优秀习作，也就是A级或以上的习作。

"我也很牛"——主要刊登写作进步明显的学生的习作，习作等级不一定要达A级或以上，但要达到B级或以上，或者在某方面有着明显进步的习作。

"星光灿烂"——主要刊载学生习作中的妙语佳句，习作作者不能与"我是小作家"和"我也很牛"两个板块的作者重复。

平时每周学生在课内所写的A级或以上的习作，或者达到A级或以上的课外练笔，交给月报编辑部进行审核，编辑要对审核过的习作提出修改意见，再交由作者修改并打印为电子稿。电子稿再次发给部长和副部长审核，两次审核过的稿件交给4名编辑排版，最后付诸印刷。印刷出来的报纸每人一份，凡是发表了作品的学生，可发给家长一份。

等级加分办法：

凡在"我是小作家"栏目发表习作的作者，个人每次加7分。

凡在"我也很牛"栏目发表习作的作者，个人每次加5分。

凡在"星光灿烂"栏目刊载妙词佳句的作者，个人每次加3分。

学生的积分，每到期中进行一次中段小结，对得分最高的前三名，协同家长商量给予奖励；每学期末进行总评，对班级总分前五名的学生，协同家长给予表彰奖励。

习作发表评价机制的运用，极大地激发了学生的写作兴趣，因为极想发表自己的作品，学生的写作积极性空前高涨，不少原来并不热爱写作的学生，每周在写作上也要花费很多心血和精力，想方设法让自己的作品达到A级以上，或者尽力让自己的习作比上次有所进步。有些学生为了提高写作水平，积极地向班上的同学请教，有些甚至拿着自己厚厚的课外练笔让老师给予指导。一年下来，班级月报由最初的4版16开纸扩容为8版16开纸，写作水平较好的学生由原来的五六个增加到十几个，不少后进生的写作水平有了明显的进步。

多样化的语文评价方式，不仅能促进学生良好语文学习习惯的养成，更能发现和发展学生多方面的潜能，帮助学生在语文学习过程中不断认识自我、建立自信，促进学生在已有水平上的发展，强化评价的内在激励作用，发挥评价的教育和发展功能。

对小学低年段学生进行全面的综合素质评价的实践研究

佛山市顺德区伦教街道羊额何显朝纪念小学　官晓銮

摘要：传统的学生素质评价主要依据的是平时学科测试及期末考试成绩，评价的依据、手段、形式过于单一，并不能全面地、客观地考察出一个学生的综合素质；而且在评价过程中教师的个人情感因素也会导致评价不全面，影响学生的身心及全面发展。本文基于小学低年段学生的身心特点，提出小学低年段学生综合素质的评价内容要科学化、具体化，评价方式要多样化，评价的结果要正确化等，以全面地对小学低年段的学生进行综合素质的评价。

关键词：小学低年段学生；综合素质；全面评价

教育部曾明确提出，要"建立促进学生全面发展的评价体系。评价不仅要关注学生的学业成绩，而且要发现和发展学生多方面的潜能，了解学生发展中的需求，帮助学生认识自我，建立信心，发挥评价的教育功能，促进学生在原有水平上的发展"[1]。对学生进行全面综合素质评价要以提高学生的综合素质为出发点；通过这个平台让学生更加全面地、客观地认识自我、完善自我、提升自我，最终达到让学生"快乐健康"地成长这一目的。

一、小学低年段学生的评价内容要科学化、具体化

众所周知，"习惯成就孩子的一生"，对于小学低年段的学生，尤其是一年级的学生而言，他们好动、好玩，有强烈的好奇心，而且对于学校这一概念还是懵懵懂懂，不能很好地判断事情的对错。因此，此阶段培养学生形成良好的习惯就变得尤为重要，而评价的内容就要更细致、更具体、更科学。

通过多维度、多方式地对学生的"思想行为""学习能力""身心健康""劳动技能"等进行全方位的评价（见表2-12），评价时具体到某一个点上，全面地考察学生，指出学生的不足，给予教师教育意见和期待方向，同时给学生树立信心。让整个评价显得更加科学可行。

---

[1] 王章峰. 对综合素质评价的思考［J］. 文教资料，2010（30）：120-121.

表 2-12 小学低年段学生综合素质评价表

评价纬度	评价内容	自评	他评	师评
思想品德	1. 热爱祖国，尊重国旗、国徽、队旗、队徽，参加升旗仪式、集会时认真严肃。上好每一节班队课及思想品德课			
	2. 遵守学校的各项规章制度、班规班纪，不做有损学校及班级的事情			
	3. 关心和热爱班集体，积极参与班级活动，并为班集体奉献自己的一分力量			
	4. 尊老爱幼，孝敬父母，尊重老师、同学，与同学相处和睦，真诚待人，言行举止文明有礼			
	5. 自己能做的事情自己完成，听从父母的管教，闲暇之余帮助父母做力所能及的家务			
学习能力	1. 根据老师的要求自觉做好课前及上课准备			
	2. 上课认真听讲，坐姿端正，积极思考；回答问题时声音响亮，有良好的学习习惯			
	3. 课前预习，课后复习；认真、独立完成老师布置的相关学习任务；书写规范，并能克服学习中遇到的各种困难			
	4. 学习兴趣广泛，多看有益的课外书籍，参加有益的各项活动			
合作能力	1. 能根据老师或者组长的安排，认真做好分工，做好合作的准备并积极参与其中			
	2. 在合作交流过程中，主动交流，乐于交流，大胆分享；有良好的口头表达能力及动手操作能力			
	3. 学会理解他人，善于倾听，谦虚向他人学习，懂得对他人的观点进行评价			
	4. 对合作结果进行评价、思考、反思、改进			
身心健康	1. 上好每一节健康教育及体音美课，掌握相关的学习内容			
	2. 认真做好跑操、课间操、眼操，积极参加学校、班级组织的各项文体活动（校运会、唱歌比赛等），并在活动中发挥自己的特长			
	3. 有良好的个人卫生习惯，穿戴整洁，定时修剪指甲、头发；有一定欣赏美和感受美的能力			
	4. 积极参加班级的卫生活动，值日时能认真负责，全身心投入			

【案例】徐同学，一年级小男孩，刚满 6 周岁，由于不适应学校的生活，刚入学时天

天哭。他上课经常走神，坐姿不端正，不自觉做练习，很多时候要在家长的棍棒下完成家庭练习。由于不愿意上学，家长对他很头痛。无论对错，只要老师一开口，他便泪眼汪汪眼泪直流。科任老师曾说"这样的学生，真不知道怎么教"。对他而言，学校是一个极其恐怖的地方。但是徐同学有一个很好的优点——对人有礼貌。每每看到我的时候，都是左一声老师，右一声老师，经常说："官老师，要我帮你吗？""官老师，我想帮你啊。"对于这样一个学生，我老是很担心：他哪天心情不好了，会不会又不愿意上学了？

对他有了全面的认识后，我开始和他以及他的家长进行沟通。首先了解他为什么不喜欢上学。其次肯定他的优点，也让他认识到自己的不足并知道老师的期许。在与家长的沟通中，要让家长知道自己孩子在学校表现好的方面和不足之处，以及如何帮助孩子改正的方法。

这孩子天真活泼可爱，非常有礼貌，在学校也跟其他同学相处得不错，这是他表现不错的地方。但因为他年龄比较小，注意力不容易集中，所以，他上课不能很好地听讲；加之他要面对幼儿园所没有的学习压力，学习压力若不排除，他还是会逃避学习，甚至是不愿意上学。如果我们能在学习上给予他帮助，帮他克服学习上的困难，家校配合让他感受到学习的成功，给予表扬，这样他就会慢慢消除这些"病症"。

在对学生进行全面的综合素质评价中，应更注重根据学生的心理特点，用发展的眼光看待每一个学生，肯定他们的闪光点，同时指出他们存在的不足，并提出对他们最迫切及容易达到的期许，告诉学生"老师对你有信心，相信你是可以做到的"。由于小学低年段的学生正处于行为及学习习惯养成的"黄金期"，老师对学生的评价更是要具体、细化、全面，要关注评价的过程、学生的变化，让学生在人文关怀下发展。

二、小学低年段学生的评价方式要多样化

个性、兴趣、爱好不同的每个学生都是一个个发展中的个体，有自己的想法和思想，加之现在的学生都被家长视为"掌上的明珠"、家中的宝贝，他们的主体意识和自我表现欲望极强，常以自我为中心。因此，在对学生做出更全面、更客观、更准确的综合素质评价时，教师应注意评价方式的多样化。

（一）学生的自我评价

通过自我评价，学生知道自己哪些方面做得不够好，哪些方面做得不错，哪些方面要改正，哪些方面要保留。从而使学生更加明白自己的优缺点，更加全面客观地认识自己、完善自己，提高自己的综合素质。

由于低年段的学生识字量不够，教师可以通过制定的表格，一项一项地给学生进行解释，并让学生根据自己的平时表现给出适当的评分，评分标准为：做得棒的是"A"，能做到但是表现一般的是"B"，在这点上需要改正的是"C"。在学生自我评价的基础上，让学生组织文字，将本学期的表现用"文章"的形式写出来，不会写的字用拼音代替，甚至可以和家长一起完成这项"任务"。这为教师的最后评价提供了一个很有力的依据。

（二）同伴的评价

学生很大一部分时间都在学校，在学校接触最多的就是同学，通过同学之间的接触，他们可以更加清楚地认识彼此，因此，在综合素质评价时，同伴的评价也能直观、直接地反映出学生的真实情况。但是在同伴评价的过程中要注意公平、公正。

【案例】詹同学，一个8岁的男孩子，思维活跃，聪明可爱；上课比较认真，接受能力比较强，完成练习及作业的速度比其他同学快，字体书写一般；但是容易急躁，对于一些不合心意的事情，他不能很好地控制自己的情绪，在家也经常这样；而且他完全意识不到自己的错误，还能当着全班同学、老师的面发脾气，有次甚至把自己的书本撕掉，把课桌都推倒。

在一次思想品德课上，我将他的事例编成了一个故事，让大家一起分析这位同学的做法正确与否，以及想对他说的话。学生们讨论过后，就开始发表自己的意见，纷纷表示"这样做是不对的"。此时我也故意把问题抛回给他："詹同学，你认为这样做对吗？"在同伴的意见及老师的指导下，他还是能意识到自己的错误并表示愿意改正。

所谓"当局者迷，旁观者清"，同伴的评价，可以让学生更好地认识到自己的优缺点，从而更好地去改正自己身上的不足。加之学生都很积极，借助同伴的"口"，学生逐渐完善自己变成"同伴期待的人"。通过他评使学生的综合素质得到提升，完善自我，促使学生在原有水平上的发展，提高综合素质。这不就是综合素质评价的最终目的吗？

（三）家长的评价

俗话说"家长是孩子的第一任老师"，学生除了在学校，跟家长在一起的时间也是比较多的。家长对学生的了解更加全面、具体，对于他们的性格、兴趣、爱好，家长可以说是了如指掌。这对于老师的教育有很大的促进作用，我们可以通过家长的反馈，更加全面地认识学生，从而给予他们更准确的评价。

【案例】"老师，李同学他老是动手打我。""老师，李同学他没有经过我的同意就拿我的东西。"……李同学几乎天天被同学投诉，不是因为手多拿其他同学的东西，就是一下课乱跑乱撞，打人……

后来，借家长会之机，我向他爸爸了解了他在家里的表现，他的兴趣爱好以及特点。同时也与他爸爸交流了一些教育孩子的手段和方法，比如怎么去督促他更好地完成作业，怎么去引导他知道自己所犯的错误并改正。

交流后才知道，原来这个孩子很喜欢当小老师，喜欢教爸爸做题目，而且还很喜欢劳动，劳动起来认真负责。于是，我借了解到的情况，对他加以鼓励、期许和表扬。一两周后，我慢慢发现他开始举手回答问题，开始认真听课，开始帮老师的忙了，变得越来越可爱，越来越活泼了。

家长可以根据"思想品德习惯""学习能力""合作能力""身心健康"等方面的评价维度对孩子进行综合评价，甚至可以更加具体到某个点上；还可以向老师反映学生在家的表现，及时交流教育学生的一些更好的意见和建议。如此通过家校的合作，可以发现孩子的不足，让孩子在发扬优点的同时改正缺点，促进孩子身心健康的成长，提高自己的综合素质。

（四）教师的评价

教师是学生学习的引导者和教育者，也是学生综合素质评价的最终执行者。这里的教师不仅指班主任也指科任教师。科任教师要为班主任在评价学生时提供参考依据。①故科任教师在对学生进行评价时要客观、公平，以促进学生综合素质的提高，让学生全面发展。

【案例】韦同学，一个文静不多话的二年级女孩子；除了跟她的好朋友在课间攀谈，或者回答问题时能听到她的声音，其他时候她都是不出声的。由于她老是不说话，也不喜欢跟别人一起玩耍，我对她的了解一直不多。直到美术科陈老师问我："如果她去画画，有没有问题呀？不会影响学习吧？"我才了解到：这个女孩子虽然成绩不怎么好，但是很喜欢画画，而且画得也不错，其实学习上也是一直很努力的。

有句话说得好"上帝为你关上了一扇门，就会为你打开一扇窗。"虽然韦同学在学习成绩上可能不是那么好，但是她一直都在努力呀，一直都不肯认输，而且画画也是她的一个爱好，为何不让她去试试呢？跟她谈过之后，她表示也想去画画班；为此我鼓励她要好好加油，发挥自己的特长，同时也不能将成绩落下。结果韦同学不仅画得不错，而且成绩也进步不少呢！看到她的进步，真为她开心。

教师在对学生进行综合素质评价时，要善于结合科任教师的意见和建议，全面、客观地看待每一个学生。也要善于运用新的评价方式，善于发现学生的"亮点"，并让学生知道自己的"亮点"，改正不足的地方，多运用激励性的语言和表扬机制，激发他们的兴趣、自信心等良好的品质，从而提高自身的综合素质。

学生的综合素质评价对学生有着深远的影响，教师要利用多种评价方式，充分认识和了解学生；用发展的眼光去看待每一个学生，尊重他们的个性、兴趣和爱好的发展；力求帮助学生重新地认识自我，建立信心，培养良好的思想品质，促进学生在原有水平上的发展，使得学生能完善自我。

三、正确对待小学低年段学生的评价结果

每个学生都有可发展的潜能，只是他们的表现领域不同而已，②这就需要我们老师在"学生全面发展"的理论基础上，制定具体和科学的评价内容，采取多样化的评价方式，以便更全面地对学生进行评价。

有了评价就会有结果，那么，学生、家长、教师如何对待评价结果呢？面对评价的结果，无论是哪一方，我们都应该正确地对待，做得好的我们要继承发扬；不足的地方，我们要找出原因，并设法改正、反思、总结。从而使得每个学生都能在不同领域得到发展和提高。

学生面对评价结果时，要反思：哪些地方做得不够好？为什么会这样？今后应该怎么做？同时也可以跟家长、老师多交流，制定一个切实可行的目标，并为之努力。家长

---

① 曹晓勤. 浅谈学生综合素质的评价 [J]. 学周刊，2010（1）：75.
② 陈歆. 关于综合素质评价若干问题思考 [J]. 中国教师，2008（3）：37-39.

面对评价结果时，要冷静、客观、发展地看待自己的孩子，与孩子朋友般地交流，找出原因，共同寻找解决的方法，多鼓励孩子。家长也可以多与老师进行沟通，全方面了解自己孩子在学校的表现，创造舒服、愉快的家庭氛围，让孩子在好的家庭氛围中健康成长。教师在评价学生之前一定要充分、全面地了解学生，评价的语言要适当、得体。教师要多用发展的眼光去看待每一个学生，对他们提出期许，给予他们信心，多与科任教师、家长沟通，一起帮助孩子克服各种困难。

对学生综合素质的全面评价，不仅仅要关注学生的学业成绩，还要发现和发展他们各方面的潜能，全方位、多角度、多维度地评价学生；给学生提供展现自己的各种机会和平台，帮助学生实现自我认识、自我教育及自我提升，最终提高自身的综合素质能力。

参考文献

［1］王章峰. 对综合素质评价的思考［J］. 文教资料，2010（30）：120-121.
［2］曹晓勤. 浅谈学生综合素质的评价［J］. 学周刊，2010（1）：75.
［3］陈歆. 关于综合素质评价若干问题思考［J］. 中国教师，2008（3）：37-39.

让评价为山区小学生编织远航的风帆

韶关市乳源瑶族自治县大桥镇中心小学 丘淑芬

摘要：评价的导向就是学生发展的方向，因此，小学生综合素质评价就是以学生的可持续发展为根本，以促进学生的全面发展为目的。在山区小学生的评价中，要充分发挥学生的主体作用、要发挥各层面的教师在评价中的导向作用、要让家校联合的评价共同促进山区学生的健康成长。让评价为山区小学生编织远航的风帆，让学生认识自我和未来的航向并为之而奋斗，最终成为一个身心健康、全面发展的人。

关键词：山区学生；主体；导向；评价

我是一名边远山区小学教师，经过几年的观察和思考，对山区综合素质评价的现状有了较深的了解。由于学校地处偏远的山区，信息方面相对比较闭塞，教师和学生接触的新事物和信息较少，教师对学生各方面的评价还是停留在陈旧的评价形式上——平时甚少评价，把一个学期，甚至一年的评价用简短的几句话概括在学生评价手册上并在期末考后发放给学生看。另外，班主任在评价上显得比较"独裁"，几乎没有问过科任教师的意见就对学生进行综合素养评价。此外，在家庭评价方面，由于当地的经济、文化相对比较落后，家长综合素质不高，加上多数家长常年在外务工，对孩子在家和在校的表现了解甚微，更难以对孩子做出真实有效的评价。对于山区的孩子们而言，他们并不了解何为"评价"，更不知如何对自己做出自我评定和与同学进行互评。以上种种原因导致学生对自己、对同学都缺乏正确的认识，这样既不能根据自己的情况迅速做出相应的调整，使自身素质提高；也不能取长补短，完善自身的不足。因此教师在日常的教育教学中应特别关注山区小学生的综合素质评价。

"教育不仅是提高社会生产的一种方法，而且是造就全面发展的人的唯一方法。"马克思曾这样说过。这说明我们作为学校的教育者，除了要教会学生基础知识和基本技能以外，还要培养他们形成健全的人格、健康的心理、良好的行为习惯等，让他们成为一个全面发展的人。这也意味着家庭教育者除了要把孩子送到学校之外，更重要的是给予孩子更多的关心和爱的教育。因此，在任何时候，教师和家长都要以学生为中心，以学生的可持续发展为根本，我们任何的评价都要考虑学生的心理素质、认知水平，而评价最终的目的是为促进学生的进步和发展而服务。但是，怎样的评价才能对孩子起到真正的促进作用呢？下面本人将结合自身的经历浅谈综合素质评价对学生的影响，让评价为山区学生编织远航的风帆。

一、发挥学生在评价中的主体作用

苏霍姆林斯基说过："在人的灵魂深处，有一种根深蒂固的需求，那就是希望自己是一个研究者、探索者、发现者，这种需要在儿童的内心更为强烈。"之前，在综合素质评价中，学生都是处于消极的被动地位，每次评价几乎都是教师说了算，这样会使得学生的主观能动性得不到充分的发挥。那么，如何发挥学生在评价中的主体作用呢？

（一）尊重学生的自我评价

学生的自我评价体现的是对学生的一种尊重，也是学生自我认识的一个重要过程，为此，我特意针对学生在课堂上的表现、作业的完成情况、课后的行为习惯等设计一个综合素质评价表，每周利用一节课的时间，让学生和小组的成员进行交流，大家都说出自己哪些地方做得好，哪些地方做得不够好，在交流中互评，从而让他们学会相互欣赏、相互学习和借鉴。为了避免出现部分同学自我评价过高或者自我评价偏低的现象，在交流之后，我会鼓励一些学生自愿上讲台逐项进行大胆的自我评价，其他同学则认真倾听，随后，我会对他再进行综合性评价。对于评价过高的同学，我会用委婉的语言让他清楚知道自己还存在什么缺点；对于自我评价偏低的同学，我会用激励性的语言让他看到自己的优点和闪光点，促使其慢慢地找回自信。通过公开展示同学的自我评价方式，我相信在今后的自我评价中，学生不会过高地表现自负，也不会过低地感到自卑，从而达到实事求是地对自己进行评价的效果。

（二）鼓励生生之间的相互评价

人们都说群众的眼睛是雪亮的，这句话一点都没有错。很多时候，家长和教师都不及同学们之间的相互了解，无论哪个同学表现得怎么样，他们都一清二楚，对于学生评价这一块，我放手让全班学生都参与互相评价，在评价前，和他们说好评价的原则和标准再给他们发放评价表，等所有的同学都相互评价完之后再统计出每个人被评价的结果，然后在班上展示，让每个同学都能清楚地看到自己在所有同学的心目中究竟是怎么样的一个人。被评价得好的，就要继续保持下去，被评价得欠佳的，就要根据同学们指出的缺点进行改正。这样不但能够让学生之间相互监督、相互鼓励、相互进步，还能进一步增强他们明辨是非的能力，更有利于他们自身的发展。

二、发挥各层面教师在评价中的导向作用

评价的导向就是学生发展的方向，因此，小学生综合素质评价就是以促进学生的全面发展为目的。在这几年的教学中，我发现：学生都非常看重教师对自己的评价，哪怕只是简单的几句话他们也会反复品读，部分学生甚至会在看完评价后咨询更多的评价意见，由此可见教师的评价对学生而言是多么重要。那么，如何对学生进行准确有效的评价呢？

（一）让科任教师共同参与对学生综合性的评价

在一些科任教师看来，对学生的评价只是班主任的事情，与他们无关，因此几乎没有科任教师参与过对学生的评价，但是《基础教育课程改革纲要（试行）》指出："要依据各门课程的特点，结合具体内容，加强德育工作的针对性、实效性和主动性，对学生进行爱国主义、集体主义和社会主义教育，加强中华民族优良传统、革命传统教育和国防教育，加强思想品质和道德教育，引导学生树立正确的世界观、人生观和价值观；要倡导科学精神、科学态度和科学方法，引导学生创新与实践。"这就是说，对学生进行评价、教育不应只是班主任的职责，作为科任教师也是责无旁贷的。

现在，我除了担任班主任外，还兼任六年级另一个平行班的综合学科的教学。对这个班我起初是比较放心的，因为有几次经过这个班时我发现学生都比较听班主任的话，上课气氛活跃而有序。只是没有想到在上我的课时风格却迥然不同，后进生表现较差也就罢了，让人无法接受的是那些平时在班主任心中很乖巧的学生也会在下面窃窃私语，有的甚至不听课还传纸条，每次上课前都要做思想教育，纪律才会好转。我向该班班主任反映过班上的情况，但是他们班主任反馈给我的只是学生上他的课时很乖巧然后就没有了下文。一开始，我以为只有上我的课时这些学生才会不认真，通过了解调查后，我发现原来这个班其他科任教师也有同感。更令我诧异的是，当我咨询本班的科任教师时竟然发现自己所带的班级也出现类似的情况，这时我才意识到问题的严重性。看到这种情况，我忽然想起之前我所带的六年级毕业班的部分学生给我写的信，里面都是一些想对我说的话。我认认真真地把每一封信都看了一遍，看完后，我简直惊呆了，我一直认为很听话的学生，居然背地里都有叛逆的一面：很多学生信上都说很喜欢我，但是喜欢的同时也带有畏惧感，所以在我的课上，在我的面前都表现得规规矩矩，可是上其他老师的课时，他们都很放肆，比如，在数学老师的背后做鬼脸，在英语老师的课上睡觉，在美术老师的课上折纸飞机，等等。原来，问题一直都在，只是我以前没有重视而已。

通过上述案例，我深深地意识到，单靠班主任对学生做出的评价是远远不够的，是不全面的。班主任只根据自己的所见所闻对学生进行的评价是片面的，要想对学生做出全面综合素养评价，必须让科任教师都积极参与进来，这样才能更好地让学生认识到自身的不足并为之改变。经过慎重考虑，现在我每个月对学生评价时，都会让科任教师一起参与评价，为了避免他们对学生的评价流于形式，在他们对学生评价时，我都会认真做好相关笔记，对于被老师评价得比较差的学生，我会辅助科任教师进行教育，比如说抽空在科任教师上课时旁听或找问题学生私下聊天谈心等，纠正错误，引领成长。

（二）教师要多用鼓励的语言对学生进行导向性的评价

德国教育学家第斯多惠曾说过："教学艺术的本质不在于传授，而在于激励、唤醒和鼓舞。"对于山区小学生而言，他们的心理是单纯的，很容易受到影响，在学校里，他们最渴望的是得到教师的表扬和鼓励。有时候，教师的一句鼓励，可能会改变学生的一生；相反，一句过激的批评性语言，也可能会毁了学生的一生。因此，教师就应该多用一些鼓励性的语言对学生进行评价，面对不同的群体，鼓励的语言也需甄别选择。

1. **对于优生，要用新颖的语言、方式对他们进行激励性的评价**

在一些优生的眼里，他们对于教师的各种表扬和鼓励已经有了一种"不屑"的心理，慢慢地就会变得傲慢起来。这时，教师对他们进行鼓励的话语一定要新颖，不要单单只是用"你真棒""很好""真聪明"等这些话语，他们已经听腻了，对他们而言一点激励的作用都没有。此时，教师可以换一些新颖的表扬语，例如，当他们回答问题对了的时候，教师可以用激励中带点挑战的表扬："你回答得很好，首先我要给你点个赞（竖起大拇指），我们在生活中会遇到许多的困难，这是难以避免的，你有信心像解决这个问题一样去解决它们吗？"我相信这种比较新颖的表扬，会让他们如获珍宝一般的开心，同时也会期待下一次的表现让教师用不同的语言进行表扬。若他们在某些行为方面做得不好时，教师也不能简单直接地去说他们，因为要顾忌他们的自尊，也要让他们知道自己什么地方做得不好。因此，我尝试用这样的方法和一个优秀的学生谈话："最近你在学习上有没有遇到什么困难？（生答没有）那生活中是不是有什么不如意的地方呢？（生答也没有）那就好，其实今天找你来是有些事想和你谈谈，在谈之前让你先看一件东西（一个整体看起来很漂亮，却在某处有点坏了的苹果）。你觉得这个苹果看起来怎么样？（学生粗略地看一遍说漂亮）虽然这样看这个苹果是挺漂亮的，可是有一个不好的地方你没有发现（说着指出坏的地方），美丽的苹果只是因为一个小小的坏了的洞而失去了光彩，更何况是人呢？我相信你懂我的意思，也希望你以后能够做得更好，这样，老师和同学才会更欣赏你，明白吗？"虽然我没有直说他哪里不好，但是从那次谈话之后，他已经慢慢改正了自己做得不好的地方。虽然偶尔还是会犯错，但是只要我用一个只有我们两个人才懂的眼神去看他时，他就会马上意识到自己的错误，并且会马上改正。

2. **对于后进生，要善于发现他们的闪光点，对他们进行启发和引导**

苏联教育家苏霍姆林斯基说："重要的是在每一个孩子身上发现最强的一面，找到他作为人发展根源的'机灵点'，做到使孩子能够最充分地显示和发展他的天赋的事情上以达到他们年龄可能达到的最卓越的成绩。"这段话实际上是告诉我们要尊重学生的个体差异，由于他们在不同的方面都会有自己的特长和优势，只要我们老师善于用发现美的眼光去发现他们身上的闪光点，然后对他们加以引导，当他们在某方面取得成绩时，懂得抓住时机对他们进行充分的肯定，让他们感受到获得成功后的喜悦，增强他们的自信心，他们以后无论做什么事，就都能够信心满满，不会再觉得自己一无是处。同时还要适当地给他们指出缺点并且进行引导和分析，指出缺点时要注意方式和语气，并寄予满腔的热情，相信学生一定能够克服自己存在的缺点。

3. **对于进步的学生，要抓住时机大力表扬，给予肯定**

当学生无论在哪方面取得进步时，教师都要抓住适当的时机在班级里对他们进行肯定性的表扬，或者给予物质上的奖励。因为当众表扬以及教师的肯定会给学生留下深刻的印象，让其在往后的学习和日常生活中更加努力、更加严格要求自己，慢慢地，他们就会变得努力、刻苦。

4. **对于退步的学生，也不要吝惜自己的鼓励，多用期盼性的语言给予激奋**

教师鼓励的语言很多时候都会落在优生、进步的学生身上，其实那些退步了的学生，更需要教师们的关心和鼓励。然而，我们教师对退步的学生说得最多的一句话就是："你们要好好反省自己，为什么会退步？"可是我觉得作为教师的我们，看到学生退步的时候更应该自我反省：我们有了解过他们退步的真正原因吗？实际上很多时候都没有，我们只是看到一个结果就判定学生退步了，紧接着就是不停的说教。其实，再多的话语，都不及一个对学生期待的眼神、一句鼓励或期盼性的话。

这是一件令我至今都觉得愧疚的事情。2015年秋，我刚接手一个毕业班，班上有个女生，她不仅成绩优异，平时表现也非常乖巧听话，可是慢慢地，她的成绩就退步了一大截，思想也松懈了很多，科任教师总向我投诉她的不是，此外，有几个同学也向我反映她各方面的不好，我一直没有去处理，因为我觉得她自己会反省改正的。直到有一次，她严重违反宿舍纪律，被宿管老师抓住了并被投诉，我才终于忍不住把她训了一顿，我在批评她的时候她一句话也没有说，就是低下头不停地哭。后来，她给我写了一封信，信上写着："丘老师，你好！你知道我为什么会退步吗？因为你从来就不在乎我，你一直觉得我是退步了，可是我也有进步啊，但是你有给过我鼓励吗？有肯定过我吗？为什么其他同学你就不停地鼓励、表扬，而对于我呢，你却连一句认可的话都没有，甚至我退步了，你也丝毫不在乎，你知道我有多伤心吗？我之前一直很努力，无论在哪方面，我都争取表现得很好，就是为了让你开心，可是你却没有给过我一个满意、开心的笑脸，于是我就想用各种方式来让你注意到我，所以我退步了，今天我的举动终于引来了你的关注，我知道是我做得不对，但是我需要的是得到你的认可，得到你在全班人面前的鼓励，我希望你为我的进步而感到开心。丘老师，如果我进步了，你会替我开心吗……"

看到她写给我的这封很长很长的信，我当时惊呆了，我真的没有想到我的一个眼神、一句话会对她的影响如此之大。其实我之前没有鼓励她，是因为觉得她取得的成绩是她本来能力就该有的，她出色的表现也是一直就存在的。殊不知，我这样的想法是错误的，由于我吝惜自己的表扬，才导致她的心灵有着如此之大的创伤，由于我的吝惜，差点就毁了一个学生的一生。后来我只能是用期望性的鼓励去找她谈话，慢慢开导她，促使她能够真正明白老师的期待。

三、让家校联合的评价共同促进孩子的健康成长

作为班主任，就应该积极引导好家长们配合学校工作，同时向家长灌输一些现代教育方法、教育理念，让家长们更有效地对孩子进行家庭教育，让他们更加关注自己的孩子，并且给予孩子更多的关爱。那么，怎么样才能够让家校联合的评价共同促进孩子的健康成长呢？

（一）多利用校讯通等通信工具与家长沟通

现代社会科技的高速发展给我们教育工作的开展带来了许多便利，我们应该充分利用校讯通等新兴通信工具与家长沟通联系，及时把学生的在校表现向家长反馈。同时，要特别注意的是，我们在反馈信息时应该给予家长一定的评价指导，这会让家长更好更科学地对学生进行评价。比如说，今天有位同学在校打人，这是一个很不好的行为，我们应该对其进行批评教育；但他能在事后主动承认错误并向被打的学生诚恳地道歉，这点应该值得肯定。我们在向这位学生家长陈述他打人这一事实时需要完整地进行叙述，不能简单地说他打人而忽略其打人后的表现。在陈述完整个事实后要对家长提出评价建

议，如批评其打人行为，赞扬其勇于承认错误的做法并引导其认识到问题的严重性，不再犯类似的错误。

（二）给家长发放学生评价表进行评价

很多学生在校表现与在家表现截然不同。我以前班上有一位同学在校时十分尊敬老师，团结同学，在家却不听爷爷、奶奶的管教，年迈的爷爷、奶奶十分无奈地向我反映。得知这种情况后，我把他们叫来学校，然后拿出针对学生在家表现的评价表，一项项说着、解释给他们听，让他的家长进行评价。对于其他家长，我也是定期发放同样的评价表让他们对孩子进行评价，再根据评价表的内容对学生进行单独教育。经过一段时间的努力后，家长普遍反映学生在家的表现有所改善。

作为一名山区教师，我时刻关注着山区孩子的成长，看到他们在如此艰苦的条件下依然刻苦地学习，我感到既心酸又欣慰，我能为他们做的或许不多，但很多时候一个小小的评价却可能影响他们的一生。今后，我希望能通过自己的努力，多给学生一点关注，多给学生一个科学有效的评价，为学生编织一面远航的风帆，让学生看清自我和未来的航向，让学生健康快乐地成长，最终成为一个身心健康、全面发展的人。

参考文献

[1] 张敏. 学生评价的原理与方法 [M]. 杭州：浙江大学出版社，2011.
[2] 刘五驹. 实用教育评价理论与技术 [M]. 苏州：苏州大学出版社，2008.

学生综合素质评价在"三礼"中焕华光

梅州市梅县区程江镇中心小学　王文彬

摘要：义务教育阶段学生综合素质评价是基础教育课程改革的一项重要内容，是全面反映学生的发展状况，促进学生健康成长的重要举措。结合学校新的教育理念，从"三礼"入手，让素质评价以学生全面发展为宗旨，以学校文化建设为活动载体，大力推进和构建具有学校文化特色的素质评价体系，让学生综合素质评价在"三礼教育"理念下绽放光芒。

关键词：学情；三礼；评价功效性；评价内容；评价方案

梅县区程江镇中心小学地处城乡交接地段，属于典型的城区学校。学校学生人数众多，教育资源集中，但由于学生来自四面八方，导致家长与学生的综合素质参差不齐。为此，学校深刻地感悟到因地制宜制定新的适应我校学生综合素质评价的重要性和必要性。依据《教育部关于积极推进中小学评价与考试制度改革的通知》，我校坚持"以学生发展为本"的新课程评价理念，不断创新举措，扎实开展学生综合素质评价工作。在领导的重视下，纵观发展历程，近年来，我校在这块领域取得了一定的成效，具体做法可归纳为"四与"。

一、融合学情与评价条例，强化评价功效性

针对本校特殊的学情，特殊的地理位置及生源的特殊性，我们必须重新评估认识素质评价的功效性，彻底改变以往单一、枯燥的评价方式。我们先来看一组表格，影响评价功效性高低的因素如表 2-13 所示。

表 2-13

项目		具体因素
评价学校	地理位置	城镇结合
		乡村结合
	生源情况	流动人口为主
		家长素质参差不齐
评价学生	留守儿童多	良好习惯缺乏

续上表

项目	具体因素	
评价条例	标准过高	内容不够细化
评价结果	运用力度不够	具体结果表现形式不主动

从表2-13可见，评价功效性降低的原因是多方面的，而学校本身所处的地理位置及学生生源状况是导致评价效果降低的根本。我校学生大部分为外来务工人员子女，而他们均从未接受过学前教育，导致评价条例与学情产生矛盾，无法融合。为此，我们将从提高评价功效性入手，让学情与评价条例接轨，让评价原则能以学情为本，让评价内容不再因学情而纠葛，让评价结果真正为学生所接受。如何提高学生素质评价功效性呢？我们从如下两方面进行。

（一）学情融合于评价结果

众所周知，学校的学情决定着这个学校的办学方向。为此，我们要重视学情，把学情揣摩透彻以后，再根据本校特色来确定评价方向、评价结果。而我们现在要做的是将评价结果放到学情面前，让评价更加公正。《基础教育课程改革纲要（试行）》强调："评价不仅要关注学生的学业成绩，而且要发现和发展学生多方面的潜能，了解学生发展中的需求，帮助学生认识自我，建立信心。"因此，我们对学生的评价更多的是关注学生的非学业方面的发展。非学业发展指的是学生的道德品质、行为习惯等个体方面的基本素质。我们在融合的过程中将学科学习和非学业学习分数按六四分，在非学业方面我们又采取平时测评和期末测评的方式，让评价结果更具体可行化。

（二）"三礼"汇聚于评价结果

"三礼"教育是我们学校的特色教育，已经普及多年，成绩显著。学生在"三礼"教育的指导下，逐步迈向成熟。我们将"三礼"的内容汇聚于其中，让素质评价结果更真实，更能体现素质评价的平民化（见表2-14）。

表2-14

标准	评价结果		
新版评价条例	礼仪行为	礼貌行为	礼节行为
学生行为	彬彬有礼占95%	主动问好占94.7%	文明用语常态化占97%

从表2-14可以看出，通过融合，学生们更注重平时的"三礼"教育了，也更乐于接受更新后的素质评价条例，更容易接纳评价结果了，学生素质评价因"三礼"而绽放自己的风采。

二、结合"三礼"与评价准则，科学把握评价内容

评价内容包括学业和品德两方面。按照教育方针，《小学生综合素质发展评价手册》

将学生综合素质评价内容再细分为思想素养、学业素养、三礼素养、艺术素养、社会实践素养五个方面，明确了每个方面的考查重点。如在思想品德方面，重点指的是学生参与班集体各项活动、热爱祖国、遵守纪律、爱护公物、爱惜粮食、不随便拿他人物品等思想方面。再如在艺术素养方面，指的是在音乐、美术、舞蹈、书法等方面表现出来的兴趣特长，参加艺术活动的成果等。社会实践方面指的是学生们走向社会，主动参与志愿者服务等相关公益活动，如到福利院、医院、社会救助机构等公共场所和社会组织做无偿服务的情况。由于本校学情的特殊性，学校在评价的基础上，结合"三礼"教育，科学地把握好评价内容，让评价真正落实到位。具体做法有如下两点。

（一）评价内容中注重"三礼"，体现校本化

评价内容全部以学校为前提，借助"三礼"教育，使学生通过自身努力，依靠学校资源，形成机动性评价机制，让学生的评价切实可行。品德方面是体现校本化的核心。小学生正处于思想品德的形成期和完善期，思想品德教育是基础教育的主要内容，因此，我校始终把小学生思想品德教育放在首位。根据学校的大环境、大学情，我们把校本教材《"三礼"教育读本》中的内容贯穿于《小学生综合素质评价手册》。除常规教育外，我们还继续使用《小学生综合素质评价表》。从热爱祖国关心集体、遵守纪律知法守法、勤俭节约爱护公物、实事求是说到做到、热爱科学活动积极、文明礼貌谦虚向上、助人为乐诚实勇敢、热爱劳动勤奋学习八个方面对学生进行评价，让评价更具体化，更校本化，更能体现评价的真实性、公平性。（见图2-15）

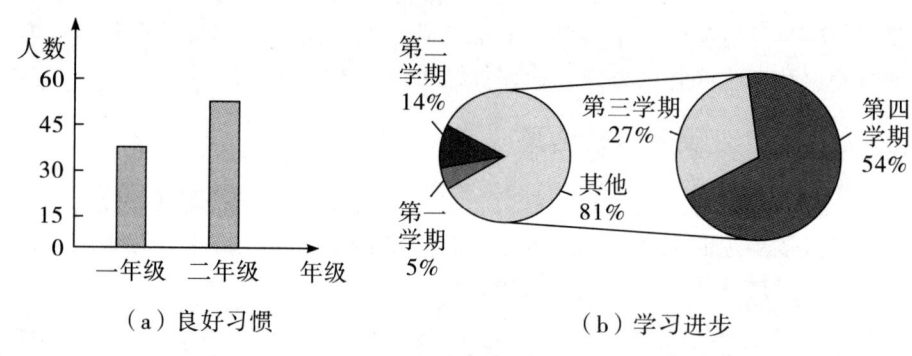

(a) 良好习惯　　　　　　　(b) 学习进步

图 2-15　一、二年级学生良好习惯养成与学习成绩进步统计图

如 2-15 所示，学生们通过"三礼"教育的洗礼之后，他们的文明素养正得到质的飞跃，学习成绩也因此而受益。从图 2-15 中我们可以发现并找寻一条适合校本"三礼"教育与学生综合素质共生存、共发展之路。那就是让评价穿插到学生平时的良好习惯培养的教育上，让评价渗透于教师的课堂教学之中，让评价在教师与学生中找寻平衡点，让评价最终为学生服务。

（二）评价内容中突出"三礼"，体现人本化

评价内容的标准真正坚持以人为本，要求不偏高，不让学生望梅止渴，不搞花架子，在评价过程中尊重学生，相信学生，依靠师生密切配合，借助"三礼"教育，把激发学生内在动力、主动性及积极性作为重点。学业方面是体现人本化的基础。根据学生的年

龄特点及心理发育水平,我们分低、中、高三个年龄段对一至六年级设计不同的评价内容和标准。标准依据年龄层次而定,学生易于接受,评价更能落实到位。

经过多年的实践证明,《"三礼"教育读本》与学生综合素质评价准则是可以并用的,它们的关系是密不可分的,只要认真处理好它们之间的细节问题,"三礼"就可以成为评价准则的一部分,评价准则也因"三礼"而更人性化(见图2-16)。

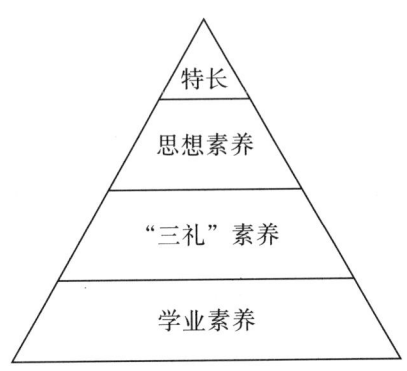

图 2-16 素质评价准则黄金分割图

三、协调精神与实施原则,不断推进评价方案

小学生综合素质评价在关注学生的学业成绩的同时,还要发现和发展学生多方面的潜能,了解学生发展中的需求,帮助学生认识自我、建立自信。因此,重新构建符合学生特性的评价体系,彻底改变以往纯粹以测试定乾坤的评价方式,是新的评价方案迈向成熟的第一步。我们可以将书面测试考查学生对知识技能的掌握情况,转变为运用不拘一格的方式综合评价学生在其他方面的变化与进步。

(一)评价形式要多样

新课程改革要求我们采取多样化的方式评价学生素质,那么在评价方式上我们可以采用口试、笔试、调查试、抽检试、作业查试等多样化的评价形式。但万变不离其宗,也为了体现公平性,学生在评价的时候必须以评价内容准则为依据,不能随心所欲。为此,我们在实施前还做了如下工作。

1. **思想上下功夫**

俗话说得好:"思想决定行动。"因此,我们在开学初就先给学生做了思想工作。组织学生认真学习《综合素质评价实施方案》,并联系生活实际让他们对照自己的言行举止,领悟这其中的精神实质,让学生相互讨论、研究,对其做到了然于胸。这虽然是一个学习过程,但也是学生提高认识的过程。

2. **行动上落实到底**

俗话说:"心动不如行动。"思想上已经有了准备,我们的评价实施过程就好办多了。学生们遵章守纪,若有违反,只要评定小组人员记录下来,做到一日一查,一周一记,一月一结,一期一评,评价的准确率就达到了高标准。具体如下:①日查:首先,以个人申报自评和小组互评结合的方式对学生个人综合素质发展的分值进行统计,对手册中的八项内容进行单项评比,以分值多少排列;在当天做到的内容上打分。其次,各班负责监督、文明劝导同学围绕评比标准,针对表现突出和有违反的情况做好备用记录。②周记:各班每周班会课上按照"个人自评—小组互评—教师评价—家长评价"的形式,评出一周得分最高的本周周星。③月结:当月被评为班上"周星级"最多的同学自动升格为本月月星。④学期考核评:在一学期中月星出现最多次的被评为"班级之星"。如此层层递进,一环扣一环,学生积极性大大提高,评价过程愈公开,愈发显示评价的公平与公正。

(二)评价方式要委婉

我们要根据学生的自身情况来品评他们的表现。在口头评价上要多鼓励与表扬;在其他形式的评价上要体现以学生为主体,引导为主;在发现问题时我们更应用委婉的方式指出学生的不足,让其不断完善自己,让新的评价方式更具人文关怀。

(三)评价手段要注重实效

学生评价的主体形式又分三种:自评、互评、点评。在学生评价之时,我们作为旁观者,教师也好,同学也好,通过角色互换,互相交流,应该提醒学生尽量寻找自己的不足和他人的长处,以利于自己和他人的不断进步,提高自己的评判能力。这样,评价手段才不会流于形式,评价才更具实效性。

(四)评价过程要发挥主体作用

不论是评价的对象,还是评价的内容,抑或是评价的目的,它们的指向都是学生,因此在评价过程中,我们要充分发挥他们的主体作用,促进评价的健康发展。

1. 评价与学生共存

要体现评价的公正,必然离不开学生与学生的互相监督,互相扶持,因此在《"三礼"教育读本》和《小学生素质综合评价发展手册》相结合的指导下,我们更应关注学生个体的进步,让评价时时刻刻都在进行,体现其公平公开性。为了体现它的公正公开,我们还在此基础上对班主任工作也进行了相应的量化考核。考核内容如图2-17所示。

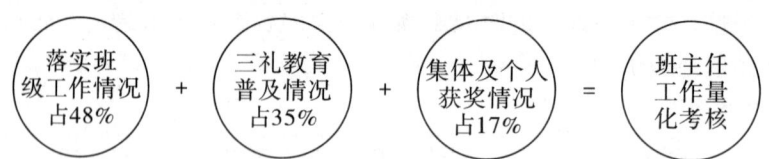

图2-17 班主任工作量化考核内容图

从图2-17中我们发现,通过对班主任的考核,能让学生综合素质评价的公平公正得到进一步落实,让更多的学生喜欢上教师的评价,自愿成为一名优秀的少先队员和合格的好学生。

2. 评价与学生互进

评价的目的是为了学生的发展,是为了学生的进步。学生的发展是评价的出发点,因此评价要兼顾学生的个性差异，因人而设，从而让每一位学生都得以进步，具有前进的动力。在评价前，要先与学生交流评价内容，尊重学生人格，鼓励其发扬优点，帮助其改正缺点。让学生在评价的基础上各方面能力都得到提高，让评价在学生发展的同时，更具民主性、平等性。

四、坚守底线与增强意识，不断丰富评价体系

（一）收获见证未来

通过努力，结合"三礼"教育开展的评价工作在我校各班取得了百花齐放的显著成效。

1. 展现了先进的教育理念

各班认真开展"自评—互评—点评"的评价模式，并依次开展了"日评—周评（见表2-15）—月评（见表2-16）—期评（见表2-17）"的促进方式，让学生们乐于评比，在评比中不断进步。

表2-15 周评表

	姓名								
	自评								
第一周	互评								
	点评								
	总分								

表2-16 月评表

	一周之星									
周数	1	2	3	4	5	6	7	8	9	10
姓名										
得分										

表2-17 期评表

	学期之星					
名次	第一名	第二名	第二名	第三名	第三名	第三名
姓名						
得分						

2. 开拓了学生的评价路径

结合《"三礼"教育读本》采用的评价形式，学校构建了一套具有校本特色、易于

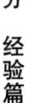

操作的学生综合素质评价体系——以学生自评为主,教师、家长参评为辅的评价模式,而《程江镇小——学生综合素质评价手册》也成为我们学校的特色评价标尺。

3. 促进了学生的全面发展

新的评价方式让所有学生都能参考这个评价体系自查,它的实用性得到了广大师生与家长的认可;它让家校联系更为密切,让社会参与其中共同见证着孩子的成长。

(二) 化不足为动力

在发展的同时,我们也认识到了一些不足。其一,低年级学生由于年龄的缘故,他们对于自评这个环节始终不能上手,为此,我们还在摸索中,拟将低年级的评价借助"三礼"用实际行动的形式来展现评价,如用"三礼教育语言行为规范"实践操作的方式来评价低年级的学生。依据他们平时的表现和每月一次的检查来确定他们的评价等次。其二,家长的参与性评价有些流于形式,家长们并未按实际情况评价,这也给评价的公平带来一定的影响。因此,在今后的摸索中,我们会将这些不足作为重点来研究,以构建真正实效性强、操作性佳、更具校本特色的综合素质评价体系。家长参评模式可参考表2-18。

表 2-18

参评内容	学生自评	家长评价	综合评价
礼仪			
学业			
思想品德			
健康			

(三) 前行中焕华光

我校的学生综合素质评价是一项富有创造性的工作,是在"三礼"教育的引导下逐步成长起来的具有程江镇中心小学特色的评价教育体系。在评价过程中,我们既要让"三礼"发挥其引领作用,又要加强对学生评价的指导、监管。只有在实践中不断改进,才能让学生综合素质得到更客观、更真实的评价;才能让学生综合素质评价中带有"三礼"色彩;让"三礼"教育能依据综合素质评价顺利开展,做到你中有我,我中有你;让学生综合素质评价最终因"三礼"而焕发华光,照亮学生的成长之路。

参考文献

[1] 教育部办公厅. 教育部关于积极推进中小学评价与考试制度改革的通知(教基〔2002〕26号)[Z]. 2002-12-27.

[2] 付莉. 小学生综合素质评价研究[D]. 长春:东北师范大学,2008.

[3] 陈永强. 浅谈小学生综合素质评价方法[J]. 课程教育研究,2014 (12):56-57.

[4] 侯玉娜. 让我因评价而精彩:小学生综合素质评价与研究[J]. 读写算(教研版),2012 (10).

[5] 李志宏. 新课程学生发展性评价:学生综合素质评价[M]. 北京:开明出版社,2003.

粤北地区小学生综合素质评价经验总结
——以英德市实验小学为例

英德市实验小学　侯玉婷

摘要：本文以英德市实验小学为例，对粤北地区小学生综合素质评价的内容和方法、综合素质培养的方法和评价方法的应用进行经验总结。英德市实验小学通过实施生本教育理念，围绕培养"品德行为良好，身心发展健康，文化基础扎实，个性特长明显，综合素质突出"的学生的育人目标，确立评价的内容，通过个人评价、小组评价、班级评价和家庭评价等方式对学生进行全方位的评价；详细阐述了如何将学生培养成为综合素质突出的人，以及如何应用本套适合粤北山区小学的综合素质评价方法。

关键词：山区小学；综合素质评价；经验总结

英德市实验小学地处粤北山区，隶属华粤教育集团，是一所先进的民办学校。近年来先后被评为"全国先进民办学校""全国民办教育先进集体""全国儿童美术教育示范单位""广东省书香校园""清远市规范化学校""英德市安全文明学校""英德市少先队工作先进集体"。受交通、地域等因素影响，粤北地区学校的教学理念相对落后，对学生的评价也以学科评价为主。英德市实验小学率先引进生本教育理念，对学生素质进行综合评价，效果突出，对全市学校开展学生综合素质评价工作起到了示范带头作用。

英德市实验小学自2010年开始在郭思乐教授的生本教育团队的指导下实施生本教育，2015年郭教授的生本教育团队前来进行阶段性的成果验收，对英德市实验小学生本教育的实施和效果表示充分的肯定。现对英德市实验小学实施学生综合素质评价的方法进行经验总结。

一、小学生综合素质评价的内容

英德市实验小学在生本教育理念的指导下，将培养"品德行为良好，身心发展健康，文化基础扎实，个性特长明显，综合素质突出"的学生作为育人目标，全体教职员工紧紧围绕育人目标开展教育教学工作，运用丰富、有效的教育教学方法培养和提高学生的综合素质，内容包括以下四个方面。

一是品德行为，包括文明、礼仪、卫生、纪律、习惯等。
二是身心发展情况，即身体发育情况、体育能力和心理健康状况等。
三是文化基础，即学生的语文、数学、英语等学科的听、说、读、写、用等能力。

四是个性特长，即学生在美术、音乐、舞蹈、体育、信息技术、科学、武术、棋类等个人擅长方面的表现。

英德市实验小学为每一位在校学生配备了一本《学生成长手册》，将学生每学期的综合表现记录在成长手册中。

二、小学生综合素质评价的方法

（一）良好品德行为的评价方法

1. 评星级学生，增强荣誉自信

善于发现每一位学生身上的闪光点，每月开展"礼仪之星""阅读之星""感恩之星""艺术之星""全面发展之星"等评比活动，期末开展少先队"雏鹰争章树榜样"表彰仪式，学生通过自荐或推荐出候选人，以民主投票的方式选出自己心目中的星级学生，以达到激励学生多元发展的目的，增强学生的个人荣誉感和自信心。

2. 评优秀小组，促进团结协作

各班构建4人生本小组，通过小组自评、小组互评、教师评价等方式，对各小组的卫生、礼仪、纪律、习惯、学习等方面表现进行评价，每月评选出优秀生本小组。在实施的过程中不断完善生本小组考核评价制度，提高学生的自我管理能力，促进学生之间的团结协作能力。

3. 评十佳班级，提高集体意识

每周开展流动红旗文明班、升国旗仪式和主题班队会评比，每月开展校园十佳特色班级评比，结合每月教育主题评选出"校园十佳班容班貌示范班""校园十佳行为规范示范班""校园十佳书香示范班""校园十佳魅力班级"等，激发班级活力，增强班级的凝聚力、向心力，逐步形成学生自主管理的模式，促进特色班级建设的全面、健康、持续发展。

4. 评在家表现，延续良好品行

期中、期末分别进行学生在家行为规范训练考核，由家长填写《英德市实验小学学生在家行为规范训练考核表》，并可附上个性化评语，最大限度地调动全体学生自主争优的积极性，将在学校培养的良好品德行为带回家，让其得到延续。

以上评价将会记录在《学生成长手册》的"荣誉"栏目中。

（二）身心发展情况的评价方法

1. 评身体素质，育健康体魄

每学年学校将与社区医院联系，在学校组织体检活动，对学生进行常规身体检查。

此外，英德市实验小学还通过拔河比赛、韵律操比赛、大课间评比、队列队形和广播操评比，趣味运动会、运动技能考试等方式对学生的身体素质做出综合评价。

2. 评心理素质，育阳光心态

建立学生心理健康档案，通过面谈、心理健康测试、教师个案分析等方式对学生的心理素质进行综合评价。

以上评价将会记录在《学生成长手册》的"身心健康"栏目中。

（三）文化基础水平的评价方法

一方面，各科教师会检查学生的课本、作业本、单元试卷、练习册的完成情况，根据学生的学习能力进行分层要求，如布置作业时根据学生的能力分为基础部分作业和提高部分作业。

另一方面，各科教师会对各单元测试、期中期末测试进行记录和分析，有针对性地对学生进行知识点的辅导学习。各科成绩将记录在《学生成长手册》的"学科成绩"栏目中。

（四）个性特长的评价方法

（1）鼓励学生参加各级各类比赛、活动、演出，对学生的比赛成绩、活动参与情况和演出情况进行记录，并转化为考核分数，每学期进行统计并记录在《学生成长手册》的"实践"栏目中。

（2）学校开设丰富多样的第二课堂，学生可根据自己的兴趣爱好做出选择、学习。每学期期末，第二课堂将进行考核，成绩记录在《学生成长手册》的"第二课堂"栏目中。

（3）每学期期末都进行体育、音乐、美术、科学、信息技术等综艺学科的考核，根据学生的年龄特点和教学目标制订考核方案，并将学生的综艺科成绩记录在《学生成长手册》的"实践"栏目中。

三、小学生综合素质培养的办法

对学生进行综合素质评价，最重要的不是搞清楚"评什么"和"怎么评"，而是要考虑怎样使学生成为综合能力突出的人。为此，英德市实验小学开展了一系列工作，参观学习各大名校，形成了一套小学生综合素质培养的办法，旨在培养和提高学生的综合素质。

（一）良好品德行为的培养办法

1. 加强学生养成教育，促进学生自主发展

抓好学生养成教育。根据《英德市实验小学学生一日常规》，抓好学生的礼仪、学习、两操、卫生、纪律五方面，对学生的文明行为习惯进行强化教育、考核、评比。每周评选出流动红旗文明班并颁发锦旗。

确定每月常规训练重点。通过训练努力使学生"外化为行为，内化为素质"。各班抓好"五个一""十个好""四讲、四会、四自、四乐"训练。每月进行专项考核，考核由自评和生本小组评组成，考核的目的是为了充分发挥学生的主体作用，使学生从"要我这样做"转变为"我应该这样做"，逐步养成良好的文明礼仪、学习、卫生等行为习惯。

加强行政每日巡查。教师课间值日、校警队员值岗、少先队大队委执勤等制度须严格执行，教师要加强日常监督和管理，促进学生良好行为习惯的养成。

2. 建设生本四人小组，建立和谐学生团队

各班建设生本四人小组，老师先根据学生的性别、性格、学习成绩、交往能力等特点进行分组，随后学生可针对个人的情况提出申请更换小组，经与同伴协商同意后可调

换。确定后基本不再更换。各小组自由讨论制定组名、组号和小组奋斗目标，选出组长并制定小组的规则。在生活学习过程中主要以小组形式进行活动，提高学生的交往能力，促进学生关系友好、团结发展。

3. **实施生本班级管理，营造良好德育氛围**

英德市实验小学以"生本五星班级"为载体进行班级文化建设。各班民主制定出班风、班训、班级口号、班级文化奋斗目标。牢固树立生本理念，营造浓厚的班级文化氛围，构建生本小组，完善生本考核评价制度，提高学生的自我管理能力，激发班级活力，增强班级的凝聚力、向心力，逐步形成学生自主管理的模式。

4. **构筑家校教育合力，促进学生幸福成长**

英德市实验小学构建了学校、家庭、社会教育的互动机制，加强家长委员会的建设，每学期举行"家校携手，共创孩子幸福人生"家长委员会工作会议；开展家长开放日活动和新型生本家长会，活动组织有序，落实到位，赢得了家长的好评，家长们也积极参与各项活动，乐在其中。家长对于参与学校的管理，为学校提供促进学校发展的宝贵意见和建议有更高的积极性。

利用"翼校通"等家校通信平台，与家长们保持良好、有效的沟通。开展"让爱充满力量"家访活动，各班班主任和科任教师对家在市区的学生进行了一次普访。清明节、五一国际劳动节、端午节和暑假都印发了《致家长的一封信》，充分发挥家校合力的作用。

5. **开展主题教育活动，促进学生全面发展**

丰富多彩的主题教育活动，如环保教育、感恩教育、爱国主义教育、安全教育、法制教育、"五月五节"特色活动等，使学生的情感、意志、品德、性格在实践与体验中得到了升华，使学生的知行得到了统一，从而全面提高了学生的综合素质。

（二）身心健康发展的培养办法

1. **重视身体发展，促进学生健康成长**

落实体育课堂教学，培养学生运动技能。英德市实验小学体育课程根据新课标中对小学体育课程的指导和要求，开设了短跑、跳绳、跳远、篮球、足球等运动技能课程。通过生本课堂的模式让学生掌握各项运动技能，提升身体素质，促进学生健康成长。

2. **重视心理健康教育，促进学生阳光成长**

做好学生的心理健康辅导工作。各辅导教师密切关注学生的心理健康状况，及时更新学生的心理健康档案和辅导记录。按时开放心理咨询室，充分发挥心理咨询室的作用。开展"健康心灵·快乐同行"心理健康教育讲座等活动，唤起学生关注心理健康的意识，引导学生阳光、自信、快乐地成长。

科学使用心理健康教育校本教材。组织科任教师开展好心育课程的教学工作，利用好心理健康教育校本教材，结合教材，通过游戏、观看影片和深入讲解等形式进行教学，达到良好的心育效果。

（三）扎实文化基础的培养办法

1. **坚持学习塑名师，名师教导出高徒**

打造一支教育教学综合素质过硬的师资团队是学校发展的重要保障。学校采用"同伴交流，即时教研""自我反思，内涵发展""集体培训，全面提升""师徒结对，实现共赢"等方式提高教师的业务素质。在一些教学活动中，学校也积极派出相关领导及骨干教师前往观摩学习。

2. **教学常规严管理，文化基础定扎实**

教学质量是学校的生命线，教学常规管理是提高教学质量的基石。英德市实验小学不断创新教学常规管理，通过每日一次的教学巡堂，每周一次的教学例会，每周一次的教研组、备课组活动，每月一次的教学常规检查，在"实"字上下功夫，在"细"字上做文章，从教学常规的各个环节着手，把"小事做细，细事做精"，向管理的规范化、精细化要效率，形成了有效管理模式。

3. **考试考核重基础，拓展试题促求学**

学校考核学生的文化基础，一方面通过课本、作业本、单元试卷、练习册等形式反馈。另一方面是通过考试成绩体现。对考试出卷、监考、阅卷等工作做出精心细致的安排。

（四）明显个性特长的培养办法

1. **开展社团活动，培养学生"艺术"特长**

艺术团队的优良表现是展示学校办学理念的重要途径。英德市实验小学一直致力于大力发展社团活动，现有"小茉莉合唱团""小荷书画社""彩云文学社""舞之韵舞蹈队""快乐天使韵律操队""博雅茶艺社"等20多个社团。在"缤纷实小，七彩童年"校园文化艺术节文艺汇演活动中，学生用动听的歌声、优美的舞姿、动人的笑容尽情展示自己，绽放快乐。整场演出，充分展示了实验小学素质教育的丰硕成果，展现了实验小学积极向上的精神风貌。开展"唱响校园"活动，展示学生"音乐"特长。音乐组一开学就制订了详细的活动方案，定好曲目，利用下午上课前10分钟唱响校园，每周一歌，让孩子们在歌声中体验快乐、品味音乐、放飞心情，提升孩子的音乐素养。

2. **开展创新科普活动，凸显学生"科技"特长**

英德市实验小学把科普教育列为课程，积极开展科普活动。科普活动遵循"四步"。第一步"想"：让学生去想，去"异想天开"，有了梦想，就可能将梦想变为现实。第二步"说"：把问题想好了，让同学们去说。你一句我一句，很多新的东西会在说中表现出来。第三步"写"：写就是总结活动感悟，"设想科技小论文"就是为学生更好地写而开展的。第四步是"做"：这是关键的一步，动手做了，就可以从中收获很多东西，"小发明"也就是从反复的做中取得的。通过一系列科技活动，培养学生"勇于探索、敢于创新"的精神。

3. **开展体育活动，展现学生"体育"特长**

在"阳光体育，阳光校园"校园文化体育节活动中举行三人篮球赛、拔河比赛、韵律操和大课间评比、队列队形和广播操评比、趣味运动会等体育活动。此外，还通过开展富有团队文化特色的体育大课间活动，使学生走向操场、走到阳光下，充分享受运动带来的乐趣，增进学生体质健康，培养学生团结协作、不断进取的集体精神，帮助学生树立终身体育的意识，促进学生"体育"特长的发展。

4. 开展"写好字"活动，凸显学生"书写"特长

每位教师都是学生书写的指导员。对学生的书写要求做到正确、整洁、美观。促使学生认真书写，并能持之以恒，直到养成良好的习惯，让每个学生都能写得一手好字。与此同时，学校还开展国学经典诵读活动，展现学校"国学"特色。用好校本教材《半部论语》，推进国学经典教育；并在全校各班开设"实小讲坛"，进行国学经典诵读大赛，促进学生"书写"特长的内涵发展。

5. 创新少先队活动，提高学生"实践"能力

英德市实验小学充分发挥少先队特色团队的表率作用。加强少先队大队干部的培训工作，充分发挥标杆作用，做好礼仪、学习、纪律、两操、卫生五大方面的检查评比工作。充分发挥广播站、宣传栏、橱窗、校报等宣传阵地的教育作用。开展好校礼仪队、志愿者服务队、国旗班、鼓号队等特色团队的新队员选拔和各种专业训练。

创新开展富有特色的少先队活动。如"雷锋月"开展"三月春风绿万物，雷锋精神暖人心"学雷锋活动；清明节之际开展"缅怀先烈·圆梦中华"祭扫烈士墓的爱国主义教育活动；"六一"前夕举行"红领巾心向党"新队员入队仪式，发展一批新队员；开展"飞扬的红领巾"少先队知识和队礼仪大赛；国际儿童节举行"七彩的童年"庆"六一"游园会；期末举行"雏鹰争优树榜样"少先队表彰活动。另外还参加了英德市"茶文化走进校园"茶文化主题宣传活动等，通过一系列富有特色的活动，充分发挥少先队组织育人功能的积极作用，展示了英德市实验小学少先队员的风采，提高了他们的实践能力。

四、小学生综合素质评价方法的应用

华粤中英文学校是华粤教育集团的初中部学校，全国优秀民办学校，在生本教育理念指导下，同样重视学生综合素质的培养。在招生方案中，该校将学生的分数分为A线、B线和C线，而分数的组成则看学生综合素质表现，即《英德市实验小学六年级毕业生综合能力测评方案》。该方案将学生的综合能力测评分为三个板块。

第一板块：学生德育量化考核总成绩（含身心素质成绩）占总分的20%。

第二板块：语文、数学、英语学科综合能力测评成绩占60%。

第三板块：体育、音乐、美术、信息技术学科综合能力测评成绩占20%。

英德市实验小学对学生进行综合素质评价坚持从学生的角度出发，综合学生品德行为、身心发展、文化基础和个性特长等表现，能较为全面地对学生进行整体的评价。这套符合粤北山区学校学生综合素质评价的方法得到专家、领导的肯定，越来越多兄弟学校的领导老师到英德市实验小学参观交流学习，将这一套评价方法带回自己的学校，更多粤北山区学生的综合素质得到了重视和发展。

参考文献

[1] 郭思乐. 谛听教育的春天：郭思乐生本教育思想随笔［M］. 合肥：安徽教育出版社，2008.

[2] 荆志强. 幸福地做老师：我的生本教育实践之路［M］. 南京：江苏人民出版社，2012.

[3] 贾汇亮. 发展性学校教育评价的建构与实施［M］. 天津：天津教育出版社，2012：39-98.

第三部分

案 例 篇

旋转的圈圈
——对唐氏综合征患儿的个案研究

佛山市南海区九江镇中心小学　朱楚凤

摘要：学校教育的任务是促进全体儿童健康发展，其中特殊儿童需要得到更多的关爱。本文通过个案研究，探索了如何让一位唐氏综合征患儿得到师长和同伴的尊重，如何采取适当的方式开发孩子的潜能，让她获得愉快的情绪体验，教导其生活上能够自理，促进其认知发展，并最大限度地减少障碍。

关键词：唐氏综合征儿童；特定的学习轨迹；特殊儿童教育；个案研究

一、学生及家长基本情况简介

圈圈：女，9岁，就读小学三年级，唐氏综合征患儿。自我控制能力差，读一、二年级时，下课后不知道如何回教室，常常在校园内游荡。班主任和副班主任经常要分工合作，一人上课，一人在校园里寻找她。对学习完全不产生兴趣，课堂上喜欢在走道上滋扰同学，甚至大笑大叫。性格倔强，常发生抢同学文具的事，脾气暴躁，谁要是惹火她，她就会大打出手。

父亲：中学英语教师，从心理上拒绝承认女儿是唐氏综合征患儿，要求补习社的老师帮女儿完成所有的作业并交给老师批改。

母亲：银行职员，希望女儿有独立的能力，在圈圈读三年级前的暑假，她带着女儿不断重复熟悉学校到补习社100米左右的路线，期望女儿放学后能独立走到补习社。

二、事例的过程叙述

三年级上学期的一天傍晚，同学们都排归程队了，圈圈却赖在课室里不愿意走。等我送走其他同学，回头劝告她快点离开，并告诉她学校要关校门时，她却嘻嘻地笑着说："我就不走，如果你关门了，我就跳下去！"她一本正经地指着窗户威胁我："我死了，看你怎么办！"说完，她旁若无人地拿起笔在墙壁上乱涂乱画。等她的补习老师来接她时，她却坚定地说："我没有，老师撒谎。"事后跟她爸爸沟通，他回复："希望你不要嫌弃她，帮我严厉一点教育她，她就是欺软怕硬。"

三、案例的分析与反思

（一）学生自身发展的影响

唐氏综合征，国内又称为先天愚形，蒙古症，由 21 号染色体引起。表现为智力低下，语言发展迟缓，没有足够明辨是非和独立思考的能力。所以，只要是圈圈喜欢的东西，她都理所当然地认为可以据为己有。对于她不乐意做的事，应对的方式总是"不要"或不停地摇头。在过去的班里她长期被定性为"傻子"，不被尊重，没有朋友，但作为人的本能需求，她渴望得到别人的关注。

（二）家庭因素的影响

家庭是孩子成长的第一环境，人生启蒙的源泉。圈圈的父亲受过高等教育，个性要强，但唐氏综合征女儿的出生让他受到严重的打击，无法接受事实。为了让圈圈被像正常孩子一样看待，他拒绝把孩子送进特殊学校。现实让其产生自卑情绪，并形成强烈的防御意识，他曾经为了出具考试证明的问题与前任班主任产生严重的分歧。而圈圈的母亲工作比较忙碌，星期六常把圈圈一个人留在家里。为了给圈圈解闷，父母教会她上网看电影、玩游戏，这使她有大量机会接触不良影视作品。圈圈本来就缺乏辨别能力和自我保护意识，长期在不良网络电影和游戏的诱导下，有时会对相关情节进行模仿。同时，家长害怕她受到歧视，对她比较纵容，使得她比较自私，不听管教。

（三）学校环境的影响

圈圈的特殊性在校内闻名，从安全角度考虑，学校和班主任对她的行为也是处于高度戒备状态。圈圈的座位方圆 3 米都是她制造的垃圾，她有时把鼻涕、唾沫涂到别人的桌子上。她的滋扰行为经常遭到其他家长投诉，老师为了避免影响其他同学，把她编到"三不管"的角落里坐。由于成绩太差，她长期抄别人做的作业，家长也不甚配合，老师索性放弃不管。结果是圈圈每天上课无聊地在课本上涂圈圈，有时实在找不到乐子，只能捣乱。苏联教育家费可夫在《和教师的谈话》中说过："请你不要忘记，孩子们受到不公平的待遇，特别是这种待遇来自一个亲近的人的时候，他的痛苦心情会在心灵里留下一个长久的痕迹。"唐氏综合征患儿在情绪上也会变化，和常人一样会感到难过、窘迫和孤立。

（四）同辈群体不良因素的影响

同辈群体是指同龄或相近年龄的人组成的群体。在小学生同辈中，小学生们不仅有共同的心理感受和需求，而且有相近的爱好、兴趣和共同的行为倾向，他们之间容易相互认同，最能达到或造成相互转化与感染。但圈圈早早被戴上了"傻子"的帽子，同学们基本上把她孤立起来，再加上她自身情绪的不稳定和模仿性，容易养成不良行为习惯，因此她在班级中没有朋友。但她对同龄人的反应十分好奇，试图用各种幼稚的手段吸引同学们的注意，甚至同学们越起哄，她越兴奋。

四、干预过程及步骤

（一）转变思想，充分尊重

教育者和被教育者是一种相互依存的关系，被教育者需要教育者的指导，教育者教育指导的作用又具体在被教育者的有效社会化和不断提高健康发展能力方面实现。虽然圈圈的智力发展缓慢，行为特殊，但我们要给予她尊重，让她尽快融入集体的生活，并且在集体中学习规范。对于圈圈乐意做，而又正确的事情，我采取正强化法进行训练，增加其愉快的情绪。

圈圈之前爱乱扔垃圾，但却非常喜欢擦黑板，于是我就跟她约定好了，只要她当个干净的"小白兔"，老师就奖励她帮忙擦黑板。她很乐于接受，每天下课，她都抢着把黑板擦得干干净净。刚开学的时候，其他同学会跟我说她是傻子，我当着全班的同学说："她一点都不傻，你们看，她多会为班集体服务啊！很多同学还应该向她学习呢！"从此，班上再也没有人给她贴"傻子"这个标签了。

圈圈的骨龄发育比一般同龄学生晚，上下楼梯腿部乏力，需要扶着楼梯扶手才有安全感。我安排了一名跟圈圈同补习社的细心的小伙伴照顾她的生活，放学时，圈圈自己背书包，这位女生会帮她提装满书本的袋子。当她遇到困难时，其他同学还会伸出援手。同时，我也通知了少先队大队部的值周生在她犯错时千万不要对她追赶，以保证她在学校活动的安全感。

（二）深入浅出，建构认知

生活的基本常识或者伤害事故可能产生的严重后果，对于正常小学生来说，教师的教育指导比较容易产生预防效果，但对于圈圈来说却难以有能力辨清实质。这就需要我们教育者及时、有效、准确地把握这些现象和问题，深入浅出、形象生动地告诉圈圈，按照她的接受程度，采用惩罚法、消退训练法等，帮助她重新建构正确的认知，树立安全意识。

针对圈圈的行为已经在发生安全事故的边沿，我事后马上找圈圈谈心。我严肃地告诉她："对于你昨天的行为，老师生气了。"并问她："圈圈，你怕打针吗？"她表示很害怕，因为怕疼。我告诉她："那天如果真的跳下去，会比打针疼很多很多，死了还会血淋淋的，很恐怖。你爸爸妈妈也会很伤心。"她摇摇头表示不想死了。

二年级下学期，圈圈常常在课堂上把圆珠笔的笔芯拆了，用里面的墨水学着大人涂口红的样子把嘴巴涂得蓝蓝黑黑的，还向周边的同学咧开大嘴展示。我发现后没有批评她，而是对她的这种行为"置之不理"，只是叫平常照顾她的同学带她到洗手间把嘴巴洗干净，回来后我跟她说其实这样黑乎乎的，一点都不漂亮，长大后涂红色的比较好看。试了两次以后，她没有再涂嘴巴了。几次同类事件后，我发现，这种停止强化的消退训练法可使不良行为的出现率不断降低。

（三）积极鼓励，合理调适

对于轻微的唐氏综合征患儿来说，大多性格比较倔强，行为、语言、智力发育、生活自理能力等都会有些障碍，作为普通的教育工作者，我们只能调整自己的心态，用宽容的态度，把教育的主要目标从传授学业和做人的道德上转向促进孩子基本功能发展、生活自理，最大限度地发展孩子的潜能，减轻障碍的程度。

平常我会比较留意天气的变化，提醒圈圈自己增减衣服；肚子疼的时候把驱风油擦到她肚子上，让她自己学着涂抹；训练她下课后把自己的桌子擦干净。由于圈圈的认知有误差，我带圈圈重新认识了卫生间、操场、广场等主要活动场所的位置，并重申听到铃声响就要马上回教室，如果真不认得路就在原地等老师或同学。虽然这样的教育需要重复很多遍，但下学期圈圈已没有出现在校园游荡的情况了。有一次中午，圈圈不小心被补习老师反锁在洗手间里，她也没有大吵大闹甚至爬窗户，而是静静地等待大人。平常我跟圈圈聊天时，会特意说她的画很漂亮，老师很喜欢。她上课不再走来走去或者骚扰其他同学了，而是专心致志地在白纸上画画、涂颜色。当我在课堂上幽默风趣地讲起一些小动物的童话故事时，她会开怀地把眼睛笑成一条弯弯的缝儿，那样子非常天真，十分可爱。

（四）感情投入，密切关系

对如圈圈这类缺乏足够认知的小学生来说，对父母的依赖比一般小学生要强。而且，父母也要承受自己孩子的与众不同，同样会感到孤立无援。但在国内却还没有建立完善的机构对这类家庭给予情绪和处境上的帮助。我们与家长的沟通，一定要照顾其情绪，让父母明白老师的立场和教育的目的。

发生了扬言"跳楼"事件后，我更加注意与圈圈家长的沟通方式。我重申了自己的立场，并表明绝无歧视之意，只希望能在更大程度上对圈圈的发展有所帮助。由于感受到了老师的诚意，家长的防御意识渐渐降低，沟通上也客气多了。通过圈圈爸爸了解到，她之所以会扬言"跳楼"是周六日看太多影视剧学到的。我跟她家长约定，给孩子看的影视剧或玩的游戏，一定要大人先进行"过滤"。每逢学校有什么大型活动或者注意事项等，我会另外用短信通知圈圈家长。我还常与家长讨论圈圈的教育方式，让家长重燃了对孩子教育的希望。

我发现圈圈在擦黑板后，喜欢拿起粉笔模仿老师写"语文作业、数学作业、英语作业"。虽然"作"字常常会漏掉部首，但我也很高兴，毕竟她不再是涂鸦了。我把这个好消息告诉圈圈的家长，让他们留意她在家的变化，多给她看着图画读童话故事、领诵童谣，并且通过听音乐来稳定其情绪，渐渐地我发现圈圈简单的词汇增加了。测验考试时，很多选择题她都能做出来，本学期期末考试语文科奇迹般考了23分。

五、收获与启示

现在圈圈的脾气有明显好转，生活基本能自理，虽然有时情绪上波动较大，但基本上能克制自己的行为，同学之间也相处得不错，每天能整整洁洁地上学，干干净净地回家。

面对圈圈的转变，父母、老师、同学都很高兴。高兴之余，我得到了以下启示。

（一）教育唐氏综合征儿童，需要有坚韧不拔的精神

唐氏综合征儿童由于认知的缺失，对其教育即使不断重复也不一定有效果，作为教育工作者要及时调整自己的心态，正确面对孩子某些情绪行为的反复，主动降低教育的要求和难度，而且应将其与正常儿童区别对待。为此，教师在教育唐氏综合征儿童的过程中，要充满信心，咬定青山不放松；同时，教师在转变过程中要有"四个心"，即对孩子要有爱心，生活上要多关心，处理突发事件要当心，做家长工作要细心。

（二）学校教育与家庭教育必须紧密结合，形成合力

唐氏综合征儿童的出现对患儿家庭本身来说已经是遭受到一次无法复原的挫伤，我们没有权利要求家长放弃一个人。对这类家庭要用卑微的同情心尽自己最大的能力施以援手，协助家长一起多给孩子正面的情绪体验，共同渡过教育的难关。

（三）教育工作者需不断加强学习，灵活教育

由于唐氏综合征儿童的特殊性，我们不能任凭他们一辈子原地旋转或胡乱地东奔西闯，在教育时要为他们设定特定的学习轨迹。如何让这些孩子在大人设定的轨迹中重复不断地加强学习呢？由于我们的经验是有限的，应多参考书籍或上网寻找资料。在孩子接受一个新事物或新环境时，要允许他们不能立刻接受，教师应根据其适应的程度和特点采取灵活的方式、方法多次反复进行教育，这样可能会有意想不到的效果。

发现美，发现爱
——对一位单亲孩子的教育行动研究

佛山市顺德区北滘镇承德小学　张倩铭

摘要：单亲是孩子惧怕面对的事情，没有了爸爸或者妈妈对于孩子来说都是伤害。对于这样的孩子来说，单亲的影响是一生的，而与继父、继母的相处又是一项重大工程。文章中的小东（化名）与继母是这次研究的重点对象，希望通过研究，从多个方面帮助小东和继母解决沟通相处问题。文章认为，单亲孩子的健康成长是一个系统工程，需要家庭、学校、父母及周边的人形成合力。同时也认为对于单亲家庭的孩子，仅有爱是不够的，还需爱的方式正确，才能使矛盾得以顺利解决。此次研究，不仅解决了小东和继母的矛盾，而且从长远来说，让小东重新步入正常家庭中生活，对于其成长有着很重要的影响。

关键词：单亲家庭孩子；沟通；爱；行动研究

英国哲学家斯宾塞说："儿童的心灵是敏感的，它是为着接受一切好的东西而敞开的。如果教师诱导儿童学习好榜样，鼓励仿效一切好的行为，那么，儿童身上的所有缺点就会没有痛苦和创伤地、不觉得难受地逐渐消失。"我曾经以为最纯真的年龄是从一年级开始的，因此我很喜欢从一年级开始接触孩子，还他们一份最纯最真的童年感情。但这次行动研究的对象，让我改变了这份初衷，让我明白不仅要让学生感受童年，还应让他们懂得释放自我。为什么这么小年纪就说让孩子释放自我呢？皆因当代孩子的心理年龄多少已经超越生理年龄，犹如我的研究对象，到三年级了，我才发现问题所在。缓解和消除他们心里的痛苦止于表象是不行的，还应该直击心灵最深处。

一、问题发现

那是三年级开学的第一天，学生们都兴高采烈地回到课室，说着放假的趣事，而我也要求他们把父母的电话重新写给我一次，以便日后联系。"老师，给你。"一看，是我班的礼仪小天使小东，她手上拿着一张纸。"小东，这电话是谁的？""爸爸。""你妈妈的呢？""没有啊，没有妈妈！"这时候，我心里明白这位班上最优秀的孩子有心理问题了。因为从一年级开始我就知道她是一名单亲家庭的孩子，由姑妈带着，得到特别照顾。从她姑妈那里，我知道了从她满月后，妈妈就一声不吭地逃离了这个家庭，全家陷入阴霾里。直到上个学期，他爸爸娶了一位新妈妈，那时候，她还很高兴地对班上的同学说妈妈这样好，那样好，怎么现在就这样了呢？

这件事我一直放在心里。我不断观察小东的变化，她上课不再高高举起手了，而是趴在桌面上。更让我担心的是，第一次测验，她的成绩从前20名跌到最后一名，因为她交了白卷。我知道我要开始寻找问题的原因了。放学后，我把她留了下来，她低下了头，红着眼睛，我只是微笑地看着她。"小东，我知道你遇到了不开心的事情，老师愿意做你的朋友，和你分享。""老师，那你能做我妈妈吗？"我顿时语塞。"好！来跟妈妈说一说吧！"我伸开双手，抱着她，她趴在我的腿上哭了很久，很久。我知道我该找她的父母聊一聊了。

第二天是星期六，我打了电话给小东的父亲，出乎意料，她的父亲不断要求我好好教育她的女儿，在家里，她太任性了。我提出让她妈妈来学校跟我聊一聊，他很快答应了。当天下午，他们来了学校，跟我聊了差不多一个小时。初见她现在的妈妈，感觉她很随和，我跟她说了之前发生的事情，她却红了眼睛："老师，你应该知道，我不是她的亲生妈妈，在嫁给她父亲前，我们相处得很开心，那时她很黏我。只是经历了这个假期，我越来越没有信心了。""为什么呢？""这个假期我想锻炼她，由于她之前一直住在姑姑家里，没有做过什么事情，所以这个假期我就让她爸爸带她回家，让她每天清洁，练字，做作业。刚开始孩子愿意做，但每一次周末，姑姑过来接她去吃饭，她就住在姑姑家，我去接她也不愿回来，连续几次，我丈夫也发了几次脾气。带了她回来，她还不断哭，那时，我也上了脾气，跟她说不好好做以后怎么办。她回答得越来越硬了，说自己没用，不如死了算了，又说自己不如别人，别管她，甚至有一次说着说着就自己打开门出去了，说离家出走。老师，我真的没有办法了，又想她自立，又想和她好，为此，我还和她爸爸吵了很多次。"

送走了小东的父母，我知道"相爱容易相处难"，昙花一现总是很美的，但真正生活在一起的时候，谁不希望孩子成龙成凤呢？

二、研究分析

（一）初步判断

现在单亲家庭的孩子日益增多，很多有问题的孩子都是单亲家庭的，而作为老师应该如何为他们内心建起一座桥，让他们自信、快乐成长呢？对于小东这种经历单亲家庭后再有母亲的，我们作为旁人必须了解他们的情况。其实这种情况可以分为两类，一是父亲再婚后继母放任不管，任由孩子自由生活，不理不睬。二是父亲再婚后继母希望和孩子沟通得好，形成良好的关系。我该庆幸小东的继母属于第二类，只是未经历含辛养育，想一步到位是很难的。就小东的情况来说，她有着某些单亲家庭孩子的缺陷——自卑、自责、焦虑、逆反，只有从各个方面击破这些负面情绪才能让她的性格缺陷得以扭转。由于她的心灵是敏感的，所以我们应该循序渐进地对她引导。

（二）家长分析

从他们肯抽空来学校与班主任沟通可以看出，小东现在的父母都是爱小东的，她的继母也希望能够与小东很好地沟通。而从小东的点点迹象看,她也很想有个贴心的好妈妈,只是需要一定的时间来过渡,而小东的每一次争吵都属于保护自我的行为。小东的父亲告诉我,她曾经对于母亲的渴求很强,因此,总喜欢喊姑姑为妈妈,而这次有了真正的妈妈,她却和新妈妈一样,不懂得母女相处之道,才造成这种局面。俗语说慈母多败儿,小东的继母明白这个道理,因此对于养育小东从不松懈,只是她不明白孩子的养育都是从爱到育,而她总是从严不嬉笑,不懂教育的技巧。

(三) 老师分析

小东的行为多数表现在家里整天和父母背道而驰,视为逆反;每天脾气大增,无处释放,视为焦虑;每次发脾气总自怨自怜,自我批评,视为自责;当她心中的父母形象与现实中的不相符时,她就会不开心,长久以往,心中的悲伤、失落使得自己产生忧郁和自卑的心理,找不到自己的快乐,看不到自己的快乐在哪里,于是拒绝快乐,沉浸在忧虑、悲伤中,视为自卑。而小东在学校总是文文静静,喜欢与同学说话,笑容满面,对于老师要求做的事情总是能够做到,只是这个学期出现了这种逆差,所以,孩子不是一直这样,只是因为接受不了这种改变而无所适从而已。

(四) 明确问题

正确教育子女的方法,我认为最主要的应该是爱和严相结合。既要给予子女适当的父母之爱,又要严格要求他们,特别要舍得让他们到艰苦的环境中去锻炼,在风雨中成长。这才是真正的爱。只有这样才能锻炼出人才,使子女成为真正有作为的人。综合分析后,明确问题如下。

(1) 家庭重新组成,父母与孩子都需要时间去磨合,这个磨合期需要把孩子的一切心理缺陷处理完毕,并且父母要知道情况随时可能逆转。所以老师和家长应该高度密切联系,用最短的时间使孩子摆脱单亲家庭环境下子女成长存在的问题。

(2) 小东的继母是一位行政人员,认为玉不琢不成器,因此在教育小东上起点较高,与婚前犹如两个样子,让孩子难以适应。所以,应该让其明白即使要从严教学,也要把母爱展现得淋漓尽致。要知道一束赞许的目光,一个会心的微笑,一次赞许的点头,都可以传递真情的鼓舞,都能表达对孩子的夸奖,而精神虐待是对孩子自尊、自信心全面的摧残。

(3) 小东有一点偏激,总是认为自己是受害人,父母说的都是批评自己的话,因此在家里是掩着耳朵生活。而在学校,可能有时受某些同学的语言挑衅,就越来越严重,但内心渴望爱的感觉仍然很强烈,这才有了她跟我的对话。

(4) 小东的生活环境也是一个重要问题。她从小跟着姑姑生活,姑姑的生活越来越优越,住的是别墅,而她从小即使寄人篱下,也得到姑姑和姑丈的爱。因此,父母条件的不够优越,以及每天让她做家务活,就会让她产生反感。有时候父母的不谅解,都会让她产生不开心的情绪。如果你真的爱孩子,就该送她"出海经风浪"。因此,我个人认为假期中某些时间可以转换一下地点,让孩子接触外界,走出她生活的狭小圈子,有意识地让孩子体验一些非常态环境,有利于锻炼他们的生活能力。

5. 小东的心理年龄可以说比实际年龄要高,因此她很敏感,情感也很丰富。从与她的父母谈天中了解到，其实从小东每次发脾气后的表现可以看出，这个孩子是明白自己不对的，只是不知道如何处理与表达，因此，性格、心理的调整是现阶段必须处理的事情。

于是，我们都清楚地明白，要解决小东的问题，首先就要解决小东继母和小东的关系问题。

三、拟订计划

针对小东的情况，我们拟订了详细的解决方案（见表3-1）。

表3-1 行动研究方案

行动	时段	目标	措施
总体计划	2011—2012学年第一学期	纠正影响较大的不良行为，使小东学会尊重家中长辈，减少其与母亲的冲突，消灭对立情绪。缓和亲子关系，使小东重新投入到家长的正确关爱之中	1. 把家长、教师组织起来，耐心谈话指导家长改变教育方式，激发小东改正不良行为的内在需求。强化家校之间的联系，密切关注小东的心理和行为变化。 2. 用奖罚分明的教育方法督促其改正自身缺点
第一个研究循环	第1~7周	1. 寻找心理根源，为后面的工作铺路。 2. 全面调整家庭、学校的教育方式	1. 进行访谈，取得家长信任，全面了解小东的成长经历。 2. 全科任教师都参与其中，帮助小东进步
第二个研究循环	第8~14周	1. 让小东自觉了解自身错误，正面面对家长的正确要求与督促。 2. 让家长明白如何理解小东，如何对待小东的负面情绪。 3. 做中期小结，为下一阶段制定目标	1. 采取谈话的方式，消除小东内心的怨气，以鼓励的方式让小东自觉学习。 2. 告诉家长第一个步骤是倾听，就是让孩子把话说出来，并且听懂孩子话里的真实意思。第二个步骤是理解，就是站在孩子的角度想想是不是有道理。第三个步骤是建议，当孩子不能采取正确的行动时，父母应该给予建议。 3. 家、校加强沟通，商量做下一阶段的计划
第三个研究循环	第15~20周	1. 预防小东出现厌烦情绪，加上期末学习压力较大，明确要求其家长不要施加压力，教师要巩固既得成果，防止其有反复表现。 2. 让小东在寒假时重新喜欢与父母生活，以及明白父母的苦心	1. 制定奖罚制度，遵守、违反都有相应的奖惩。 2. 家、校要更密切留意小东的变化，必要时要加大教育力度。 3. 寒假来临之际，让小东制定寒假目标，师长皆为她打气，并且辅以某些奖励，使她明白家长的爱，以及老师的关心

四、行动结果

第一阶段中,我与小东母亲建立了朋友关系,不断交流小东在家里和学校的变化,初步认为她的心理问题还不是十分严重。而小东在教师与家长的密切联系中,表现得更为谨慎。为了让这对重组母女认真面对彼此,我为她们设计了"为母亲加分"(见表3-2)和"为小东加分"的评价表(见表3-3),并分别和她们商讨加分的标准。并且让她母亲先就暑假中小东的表现给予评分。小东的母亲乐于成事,先和小东交流,表扬她暑假的表现十分出色,给予100元奖励,带小东去买文具。终于,小东露出了假期后的第一个微笑。但这只是短暂的,还需要慢慢磨合。

表3-2 "为母亲加分"表

序号	加分标准	加分分值
1	妈妈今天表扬我暑假很乖,奖励了我100元买文具	+50分
2	妈妈最近温柔了,善念了	+20分
3	我测验有进步,妈妈表扬我。妈妈让我自己做作业了	+30分
4	妈妈不让我看电视。我不喜欢妈妈	-100分
5	我考试拿了奖学金,妈妈奖励我	+50分
6	我画画得了奖,校长都表扬了我呢。爸爸妈妈也表扬我奖励我了	+100分

表3-3 "为小东加分"表

序号	加分标准	加分分值
1	小东暑假很棒,很乖	+50分
2	小东最近学习很自觉,也懂事了,主动帮助妈妈做家务	+30分
3	小东学习有进步哦,测验也进入全班前十名呢。非常棒	+50分
4	小东最近经常看电视卡通片	-50分
5	小东考试拿了奖学金。爸爸妈妈觉得小东很棒	+50分
6	小东的画去评奖,得了二等奖。爸爸妈妈很为小东自豪	+100分

在小东父母做出如此奖励后,我也鼓励小东的朋友们和小东谈天,了解她内心的想法,并且不断从旁表扬小东的父母如何的好。随后我们了解到小东的想法:①希望父母多对她笑,和她谈话;②希望父母不要对自己太严格;③希望母亲不要对自己的作业过度严格。针对小东的想法,我给小东母亲提供了加分的方法:①每天笑对小东;②不要操之过急;③放手让小东自己完成作业。小东母亲最初难以接受,认为现在不管好孩子的作业和行为,以后会很难管。我告诉她,小东是很懂事的,可以让她自己试一试,成绩跟不上,我会提出来,对于三年级的小朋友来说自己完成作业是可以的了。至于严格

要求等可以在下一阶段再想办法。最后，小东在第一阶段终于又认真上课、做好作业了，为了让她坚持下去，我还表扬了她，并为她设定目标。

第二阶段是最重要的一个阶段，这个阶段中，由于有了前面的铺垫，小东只产生了三次负面情绪，有两次与看电视有关。我个人认为电视对孩子的情绪还是会有影响，希望家长不要放任孩子看电视，而小东看电视的时间是在姑姑家里，并且是无人的时候。对此，我建议家长应该让小东明白哪里才是家，不能她想看就让她看。因为此事小东再次出现逆反思想，认为父母对自己十分不好，在"给母亲加分"表上扣了100分。我看着这份表，与小东进行了详谈，明确告诉她："所谓家，是有父母、有小孩，父母照顾小孩，小孩体谅父母的地方。在姑姑家，没人批评你，你可以自由，但是你会成为野孩子。有了父母的看护，自由是少了，但是，他们是你最亲的人，是不会害你的，你为什么就是不肯听他们的呢？"她听后，哭红了眼睛。我继续批评她："你何时体谅过你的父母？你只懂得索取，只希望他们如何对你，而你呢？"这时，她已经泪如雨下。我知道这次谈话是会有成果的。翌日，她的母亲告诉我，孩子不再吵着看电视了。我则提出"倾听—理解—建议"的谈心方法，让家长多和孩子沟通。到了现在，孩子已经对父母敞开心扉了。

第三阶段接近期末考试，为了让孩子认真考试，我对她的父母提出了奖励方法。并且建议寒假来临之际，让孩子找地方学习某样事物，不要待在家里整天和电视为伴，可抽空去旅游，尽量让孩子接触外界，学会与人相处之道。对于她的不对之处，家长及时改正，达成育人的目的。不经一番寒彻骨，哪得梅花扑鼻香？让她在外受挫折，回家感受温暖，那么肯定事半功倍。因此，在孩子考试的这段时间，我们都很有默契地给予奖励和空间，让小东知道这次考试没有压力。最终小东取得了前十名的好成绩。在寒假期间，小东更打来了电话，告诉我，她画的画被拿去评奖了，我鼓励了她，并且说以她为荣。

第二学期回来学校，得知小东的画得了国家第二名的好成绩，我跟校长沟通，希望能够在大会上表扬她，并邀请其父母出席大会一起见证这光荣时刻，让这位单亲家庭出身的孩子得到更大的鼓舞。后来我还让她担任班长，对她进行教育，也非常庆幸孩子的父母十分配合。看着小东甜滋滋的笑容，我知道对她的行动研究已经接近尾声了，但未来的路还长，希望这位孩子不要再让自己跌进困境，希望她保持好的姿态迎接自己的未来。

五、评估和反思

曾经看到过关于父母元情绪对孩子情绪产生的不同影响的文章，作者指出：父母元情绪理念是父母面对自己和孩子情绪时产生的一种稳定的认知态度和教育理念，主要有情绪教导型、摒除型、失控型和不干涉型四种类型。父母元情绪理念对儿童的情绪、学习、人际关系、心理健康问题产生重要影响；不当的父母元情绪理念会引发孩子产生焦虑、忧郁等心理问题，父母选择适当的元情绪理念对配合学校共同培养21世纪身心健康的"阳光儿童"至关重要。

小东之所以会对继母产生厌烦情绪，在学校表现出反常的自卑、情绪低落等状况，主要是由于小东继母过分急切地"望女成凤",未完全了解小东的性格和心理状态,未与小东建立一个良好的信任关系,便很硬性地去要求小东改变之前的一切生活习惯,让孩子觉得无法适应。孩子不了解继母希望自己成才的心理,只是很单纯地觉得妈妈对自己很不好,从而对她产生对立、厌恶的情绪;这也就影响到了自己的学习和生活。

小东的这次事件,让身为小东老师的我们捏了一把汗,但同时又松了一口气。如果我们没有及时发现小东的异常情况,让孩子和继母在互相不了解的情况下继续对着干,随着时间的推移孩子的心理会受到多大的影响?还会发生什么样的后果?这真是无法想象。同时我们庆幸问题及时发现后,孩子的父母非常配合老师,配合学校的行动;特别是小东的继母,是真心为孩子好,信任老师的同时也会反思自己在小东的教育问题上存在哪些错误。这一点是现在很多年轻父母很难做到的。因此,我们更有了以下的反思。

(1) 父母在对孩子"雕琢"前要先给孩子足够的关心。我一直都认为"慈母"如果做得有度,是不会出"败儿"的。特别是一些重新组合的家庭,作为继父或者继母首先要让孩子感受到你的关心和爱,建立起足够的信任,否则过度严厉只会让孩子出现逆反情绪。

(2) 作为教育工作者的我们,对待孩子要细心、耐心和关心。对于像小东这样的个案,要耐心地让孩子说出自己的心里话。如果我们一开始对小东的厌烦情绪只是一味地批评和责骂,今天小东就不会如此快乐健康。

(3) 无论是教师还是家长,都要对孩子多点倾听。特别是家长,孩子的每一个逆反情绪的出现都是有原因的,耐心倾听并且正确地指引,都是爱他的表现。

(4) 家校结合,更胜一筹。很多时候家长会一味责怪孩子学习不够积极,在家不够孝顺,作业不够认真,等等。等到教师了解情况进行干预教育的时候,家长如果对学校不信任,又或者未曾对自己的教育方法进行纠正的话,学校做再多的干预也是徒劳无功。

综合整个案例的起因、分析、计划、行动以及结果、评估、反思,我们知道,儿童心里的想法是非常单纯简单的,父母的教育方法和教育理念如果没有切合孩子的心理状态,父母的元情绪对孩子产生了消极的影响,就会影响孩子的心理状况。每一个父母对孩子的爱都是无法用文字描述的,但是随着社会时代的变迁,很多孩子的家庭关系变得慢慢复杂起来,孩子有时候不理解继父或继母的行为是爱的表现,于是情绪上对他们产生抵触,甚至对抗起来。作为孩子们朝夕相对的老师,有时候我们就是解决他们这一类家庭问题的桥梁。所以,或许只是对孩子的一个小关注,就能拯救一个孩子受伤的心灵;又或许只是对孩子的一句关心问候,就能够帮助一个"受伤"的家庭。愿天下所有孩子都能健康成长,愿每一个孩子在"暴风雨"后都能看见美丽的彩虹,愿所有父母与孩子都能发现对方的美,发现原来爱一直都在。

参考文献

[1] 郑希付. 小学生心理健康教育个案分析 [M]. 广州:广东高等教育出版社,2004.

[2] 法伯,玛兹丽施. 如何说孩子才会听 怎么听孩子才肯说 [M]. 北京:中央编译出版社,2012.

尊重规律，护航生命
——红棉小学学生综合评价案例分析

佛山市顺德区乐从镇红棉小学　陈玉鸣

摘要：《国家中长期教育改革和发展规划纲要（2010—2020年）》要求，把育人为本作为教育工作的根本要求，要以学生为主体，以教师为主导，充分发挥学生的主动性，把促进学生健康成长作为学校一切工作的出发点和落脚点。红棉小学把关心每个学生，促进每个学生主动地、生动活泼地发展作为学校的理念，尊重教育规律和学生身心发展规律，为每个学生提供适合的教育。通过制定科学合理的学生评价、过程性评价、发展性评价，帮助学生建立正确的人生观、价值观，为学生幸福人生奠基。

关键词：成长；规律；儿童

在国际形势发展迅猛的今天，国家最终的竞争就是人的竞争。众多的案例说明，一个成熟的生命需要健康的身体、完善的人格、智慧的言行、积极公益的态度。只有当国民都拥有高尚情操、健康的身心时，才能算综合国力强，我们中国人才能真正在世界上站立起来。我们清楚地认识到，在小学阶段对学生评价的影响是深远的。如何通过评价帮助学生建立正确的人生观、价值观，也间接影响了国家的前途命运。基于这样的认识，红棉小学设计了《"红棉花开"学生综合素养评价方案》，方案虽然还不算完善，但也是基于对学生成长规律的尊重，保护学生身心健康而设计的。通过各种教育体验活动的成果积累，过程的个性彰显，结果评价的有的放矢，帮助学生挖掘自身特长，建立自信，学习乐观，发展个性，把学生培养成健康自信，智慧公义的现代文明人。

一、重视素养评价，提升学科实践能力

传统的评价方式，只是根据各个学科考试的成绩作为评价的标准。这样的评价制度，最终的结果就是把教师的注意力、学生的学习重点框定在主要学科上。正确来说是框定在考试范围内。这样的评价方式，学生完成学习只是为了应付考试。教师的教学重点在双基训练上，学科素养的涵养积累无从说起。因此，在"红棉花开"的评价中，我们淡化学科评价，把学科的双基内容融化在学生的社会实践、学习体验的整理表述上。通过自我介绍，学会自我评价、自我认知，养成运用文字自我表述的素养。通过读书计划、读书记录、好书推荐，学会了解自身发展的需要、兴趣的需要，为自己准备成长所需的知识养分。学会有计划地按规律完成任务，养成合理地安排自己生活的素养。通过众多

的社会实践活动，培养把数学知识应用在生活中解决生活问题的素养。学生综合发展自我评价量表（二年级）如表3-4至表3-8所示。

表3-4 传统节日文化课程评价表

传统节日文化综合实践活动达成情况				
节日名称	文化资料整理	传统美食制作	传统手工制作	微信发布
中秋节				
春节				
清明节				
端午节				
重阳节				
我最喜欢的节日活动				

表3-5 个性发展记录表

项目	获奖等次或者成绩记录

说明：根据自己的特长发展填写。

表3-6 二年级学期综合评分记录表

学月得分	第一学月	（　）个A	（　）个B	（　）个C	学期总分	（　）个A
	第二学月	（　）个A	（　）个B	（　）个C		
	第三学月	（　）个A	（　）个B	（　）个C		（　）个B
	第四学月	（　）个A	（　）个B	（　）个C		
	第五学月	（　）个A	（　）个B	（　）个C		（　）个C
社会实践能力	综合能力评价		自评	他评		得分
	知道自己家乡的主要农作物					
	知道乐从的主要的企业。曾参观过一个企业					
	在家长的指导下学会邮寄信件或者包裹					
	学会在商店中挑选学习用具、排队付款					
	学会种植一种盆栽植物					
特长奖励	参加各级比赛、获得的称号（另附评分标准）					

表 3-7 综合素养达成情况记录表

项目		发展优势	发展点
体育类	颠球		
	顶球		
	射门		
	其他		
美术	版画		
	剪纸		
	藤编		
	书法		
	素描写生		
	曲艺		
	竹扎彩灯		
	摄影		
	其他		
演艺	朗诵		
	笛子		
	演讲		
	戏剧表演		
	独唱		
	合唱		
	其他		

表 3-8 学生综合评价量表

项目	发展优势（老师填写）	发展点（家长填写）
公民素养		
学习能力		
身心健康		
生活审美		
综合评价		

二、尊重成长规律，让评价有的放矢

小学阶段的学生将经历人生很重要的六个年度，这个阶段也是儿童成长为青少年的关键期，这个时期的孩子每半年就有很明显的身心特征和认知能力的转变。但是很多传统的评价方式，只是用统一的标准去衡量孩子的表现。而用同一把"能力"尺子去量一个6岁的孩子和一个12岁的孩子，明显是违反发展规律的，但是往往这样的评价方式却重复出现在基础教育阶段。或者喜欢使用一些大而虚、无法实际操作的评价语言，让评价无法落到实处，学生也无法朝着具体的方向去努力，这样的评价也是造成教育浪费的原因之一。"红棉花开"的评价表，始终根据年级划分学生的评价标准，在学生行为习惯评价栏目，不再是大而虚的语言，而是实实在在的行为指示，让学生在公民素养、学习能力、身心健康、生活审美等方面有具体的评价标准，把礼仪要求、学习习惯要求、运动习惯要求、生活习惯要求，细分为几十项适合学生年龄阶段需要养成的习惯项目。这些评价项目，不是一个学期评价一次的走形式的评价方式，而是每周评价一次，并且需要结合自我评价、同伴评价、家长评价、教师评价才能得出行为习惯养成过程的周得分。而学生每周行为习惯累计的得分，就是学生一个学期行为习惯的评价依据（见表3-9至表3-11）。

表3-9 一、二年级日常行为评价表

项目	第（ ）周 评价内容 得分A（ ）个 B（ ）个 C（ ）个	他评	自评
公民素养	1. 主动跟老师打招呼，使用文明礼貌用语：请、您、您好、谢谢、对不起、没关系、再见……会说普通话，不讲脏话		
	2. 爱护环境，不乱扔垃圾，见到垃圾主动捡到垃圾桶，爱护公物。不随便拿别人的东西		
	3. 不追跑打闹，课间做有益的体育活动，不做危险动作		
学习能力	1. 上课注意听讲（老师讲话时眼睛看老师，同学发言不随便插话），大胆发言，不跟同学交头接耳，不做小动作		
	2. 学会登记作业，根据作业登记本检查完成作业情况		
	3. 课前准备好下一节课的学习用品，桌面干净、物品摆放整齐，抽屉整洁		
	4. 小组合作学习纪律好，大胆展示，主动帮助同学		
	5. 读写姿势要端正，达到"三个一"，书写工整美观		
身心健康	1. 排队纪律好（集队做到快静齐，路队保持安静、不掉队、不松散）		
	2. 广播操跟节奏、动作准确有力。按要求做好眼保健操，找准穴位，每节的动作有力准确		
	3. 原谅同学不小心的碰撞。不给别人添麻烦		

续上表

	第（　）周　　　　得分 A（　）个　B（　）个　C（　）个		
项目	评价内容	他评	自评
生活审美	1. 按时睡觉、起床。在校安静午睡，不能影响他人睡觉。午餐时安静吃完饭菜		
	2. 早晚刷牙、漱口，饭前便后、玩耍后自己洗手。及时修剪头发、指甲。正确使用学校厕所		
	3. 自己的物品摆放整齐，自己整理书包，自己叠好被子		
	4. 周一、五能穿校服，戴红领巾回校		

表3-10　三、四年级日常行为评价表

	第（　）周　　　　得分 A（　）个　B（　）个　C（　）个		
项目	评价内容	他评	自评
公民素养	1. 见到老师、同学会礼貌地打招呼；与人交往使用文明用语		
	2. 课间不追逐打闹，做有益的游戏活动。见到垃圾主动捡到垃圾桶，主动收拾课室、校园公物，文明用厕，保持校园清洁		
	3. 轻声细语，待人宽容，主动退出纷争，不跟同学吵架、打架		
	4. 在社会活动中主动排队，公众场合不喧哗打闹，尊重别人隐私		
学习能力	1. 上课注意听讲，尊重同学发言，细心聆听主动思考，善于反思总结，能有礼貌地提出不同意见		
	2. 合理安排学习时间、学习内容，能根据自己的学习计划完成学习任务		
	3. 掌握物品整理方法，合理整理书包、抽屉、书柜、笔盒、文具袋等物品，提高学习效率		
	4. 小组合作学习纪律好，大胆展示，既能好好学，也能好好教，通过互教互学提高学习效率		
	5. 书写工整、朗诵流畅、表达流利、大方展示		
身心健康	1. 懂得大型活动文明礼仪要求。在活动开始结束时，排队纪律好，精神状态好（集队做到快静齐、路队保持安静、不掉队、不松散）		
	2. 广播操跟节奏、动作准确有力。按要求做好眼保健操，找准穴位，每节的动作有力准确		
	3. 发掘同学的优点，认可别人的努力。了解自己的特长，在不干扰同学的情况下，发展自己的个性。原谅同学不小心的碰撞。不给别人添麻烦		

续上表

项目	第（　　）周　　　　得分 A（　）个　B（　）个　C（　）个		
	评价内容	他评	自评
生活审美	1. 制定合理科学的作息表，根据表格有规律地生活		
	2. 自己的物品摆放整齐，自己叠好被子，自己整理房间，保持房间整洁		
	3. 完成一个家庭任务，负责一项美化家庭的家务		
	4. 周一、五能穿校服，戴红领巾回校，服装整洁大方		

表 3-11　五、六年级日常行为评价表

项目	第（　　）周　　　　得分 A（　）个　B（　）个　C（　）个		
	评价内容	他评	自评
公民素养	1. 使用普通话、文明礼貌用语；在公众场合大方表达，维护自身尊严，尊重他人权益。有是非观念，采取合理合法方式坚持自己的意见		
	2. 合理安排课间活动，主动开展有益的活动。放学后在指定区域等候家长，协助值日师生维护放学秩序		
	3. 保护环境、爱护公物。坚持公义，诚实守信		
	4. 尊重长辈，在家庭、学校承担自主管理责任		
学习能力	1. 掌握各学科的研究性学习方式，自觉拓宽学科阅读面，深化阅读内涵		
	2. 科学合理安排作业时间，按时按质独立完成作业，自觉复习、预习		
	3. 书写端正，能采用多媒体整理学习素材、展示学习结果		
	4. 能大方参加小组展示，能积极参与班级集体展示		
	5. 有自己特色的学习成果展示方式，展示自己的个人特长		
身心健康	1. 宽容自信，肯定自己、他人的优点。接受自己、他人的不足，有爱心、说话诚实，主动表达对别人的爱心		
	2. 合理安排自己的生活，有科学的作息时间		
	3. 分析自己的特长，学习上能合理安排时间，空闲时间发展兴趣特长		
	4. 举止文雅，礼让他人。学习照顾弱小		
生活审美	1. 懂得合理使用自身资源，不浪费，培养节俭的美德		
	2. 合理使用各种电子产品辅助学习，不沉迷电游。懂得用电子产品整理学习成果		
	3. 学习运用学到的美学知识，美化班级、家庭。合理科学地整理房间、书包、书柜。坚持完成家务		
	4. 服饰大方，行为举止阳光、大方		

三、体现实践评价，拓宽学生社会视野

在整个应试教育的大环境下，学校的评价方式主要是依据考试得分。基于这样的评价标准，性格文静，善于书写表达的学生就占尽评价制度的优势，自然他们得到肯定的机会就多很多。相反，个性张扬好动，不善于文字表达的学生，在这样的评价制度中，往往成为牺牲品。过于重视书写评价制度的另一个问题就是学生容易出现只说不做、懒于动手、疏于实践的情况，从"啃老一族"的形成就可见一斑。因此，我校的评价方案，根据小学生应该学会、完成的社会实践内容和家庭劳作内容，采取项目实践，展示积分分享的形式进行实践体验教育。在一到六年级，学生需要进行社会调查。低年级学生在家长的帮助下了解家乡；高年级学生自己走出校门、家门去了解社会，参与社会活动。例如：三年级学生学习乘坐公交车；四年级学生自己制定目的地和选择公交路线，学会自行乘坐公交车；五年级学生学会乘坐地铁；六年级学生自行策划家庭短途旅行，并与家长一起实施计划。同时，把邮局、银行、医院各种实践经历都纳入评价内容中。发动家长配合学校评价工作，指导学生完成各项社会实践活动。在这些调查活动的过程中，学生需要完成任务清单，并把实践过程的图片发到相应的家校微信群里，分享学习体验的收获，积累学习的成果，最终以电了稿、实验调查报告等形式，完成社会实践课程。通过各种课程，帮助学生认识社会，参与社会活动，挖掘自身特长，展示个性特点，最终达到发现自我、实现自我、成就自我的目的（见表3-12）。

表 3-12　五年级社会实践活动记录表

社会实践活动是根据学生成长规律设置的活动课程，各年龄段学生应该了解和掌握基本社会常识，希望家长指导学生认真填写，让孩子掌握这些生活常识。
一、爱家乡 学会做家乡特色食品让家人品尝，并知道来历和代表的含义。 名称：＿＿＿＿＿＿　　材料：＿＿＿＿＿＿ 含义：＿＿＿＿＿＿ 家长尝试后签名：＿＿＿＿　　完成情况评价：优秀　良好　需要改进 二、爱社区 1. 在家人的陪同下，学习从佛山自己购票乘坐地铁到广州。 出发站：＿＿＿＿　　途经站：＿＿＿、＿＿＿、＿＿＿。（写三个） 终点站：＿＿＿＿　　从佛山到广州坐地铁用时：＿＿＿＿ 2. 请列举佛山的著名景点（五个以上）：＿＿＿＿＿＿。 三、会生活 1. 学会做一个水果拼盘跟家人分享。（完成后请家长签名并评价） 水果名：＿＿＿＿　　材料：＿＿＿＿＿＿ 家长尝试后签名：＿＿＿＿　　完成情况评价：优秀　良好　需要改进 2. 自己到银行排队，学会为自己开设银行账户。 家长签名：＿＿＿＿　　完成情况评价：优秀　良好　需要改进 3. 坚持一周时间整理自己的房间。 家长签名：＿＿＿＿　　完成情况评价：优秀　良好　需要改进 4. 参加学校传统文化活动学习，学会做传统剪纸、包粽子。 家长签名：＿＿＿＿　　完成情况评价：优秀　良好　需要改进

四、创新个性评价，搭建特长展示平台

在一系列过程评价得出分数后，我们并不是简单地按照分数的高低给予学生一个笼统的评价——优秀的、良好的、合格的、不达标的。而是根据统计数据，分别就公民素养、学习能力、身心健康、生活审美综合评价这几个方面，为学生归纳发展优势，提出以后进步的发展点。让学生通过一个学期的评价，了解自己，展示各种能力的长短，也清晰地了解自己以后发展的方向，取长补短力争完善（见表3-8）。

小学生对自我的认知，很多时候是建立在他人的评价上的。如果我们设置的评价方式有失公平，没有合理规划布局，很可能在小学阶段就会扼杀学生的发展机会。评价制度的欠科学就是教育最大的不公平。因此，小学阶段的学生评价应该在尊重学生成长规律的基础上，达到呵护学生生命成长的目标。

我们对待学生的生命，就像对待荷叶上的露珠一样，必须小心翼翼！

实施综合素质评价，促进学生健康成长
——小学生综合素质评价典型案例评析

河源市和平县贝墩学校小学部　肖新茂

摘要：当前的教育是发展学生核心素养的教育，是培育学生综合素养的教育。但如何进行学生综合素质评价却是当前教育者面临的挑战。文章认为批评和处罚容易使学生产生消极自卑心态，降低教育效果，而尊重学生是教育学生的关键，因此对学生实施"耐心＋鼓励＝健康成长"综合评价，同时，建立"学生成长记录袋"让每一位同学都留下成长进步的足迹，使每一位同学都获得自信是教育的使命所在。

关键词：综合素质评价；鼓励性评价；学生成长记录袋

我校是一所乡镇中心小学，我既是班主任，又是语文老师。在多年的班主任教育工作实践中，对学生"耐心＋鼓励＝健康成长"的综合评价一直在探索着……

一、缘由

赵同学，女，那还是我在担任二年级班主任时的一个学生。她是个可爱的女孩子，易记的名字使我在开学初学生的花名册中一下子就记住了她。但她却是个非常调皮的小女孩，特别是上课时不好好听课，常常和别人小声说话，或者老是要碰碰、杵杵别的同学，老师安排的事也总是完不成，作业也老是忘记写，每次都要老师提醒。

二、事件基本情况

有一次，在我的一节语文课上，由于她和别的同学说话，我狠狠地叫了她的名字，那时她呆住了，我才发现我可能语气重了些。最后我说了句："放学后来找我。"放学时，她怯生生地来办公室找我。

我把她轻轻地拉到我身旁说："你知道老师叫你来，是为了什么事吗？"她点点头没说话。

我又问："你喜欢咱班小玉小朋友吗？"她还是点点头不语。

这时我微笑着说："老师也喜欢她，你知道为什么吗？"这时她才低声地说了一句："因为她很乖，上课认真听讲。"

"老师觉得你也挺乖，就是上课时比小玉还差了些，你说呢？"

她睁大双眼抬头看了我一下，又低下了头，似乎在想些什么。

"你明天上课就像小玉的表现一样，好吗？"她看着我不住地点头。

"我要听你大声说。"她听了便笑着说："老师我一定会做好的。"

第二天的语文课，她果真认真了许多，上课时还积极地举手回答问题。从那之后，赵同学不管上什么课都认真多了，虽然年纪较小的她自觉性还不够，有时还是会开小差，但我相信再经过一段时间她一定会改掉这个坏毛病的。

三、启示与启迪

教育学理论告诉我们，每个学生都希望别人认为自己是一个好学生。《学习的革命》一书中有这样一句话："如果一个孩子生活在鼓励中，他就学会了自信；如果一个孩子生活在认可之中，他就学会了自爱。"批评和处罚容易使学生产生消极自卑心态，降低教育效果，因此，尊重学生是教育学生的关键。本着这一原则，笔者尽量地给予更多学生奖励，在班里设了各种名目的奖项，如：每次作业写得好的都能得到一朵小红花，每次上课表现好的给一颗小红星（课后综合评价时发给学生）……让更多的学生得到表彰。这也是笔者班级管理综合评价过程"大河"中的一朵不起眼的"小浪花"。

四、思考与分析

"个别谈话"是班级管理当中常用的一种方法。谈话，是有针对性地对学生进行个别思想教育的一种重要手段。谈话得当不仅能增进师生相互理解，沟通感情，更重要的是能开启学生心灵，提高他们的认识层面，帮助他们分清是非，端正方向。

（一）"先顺后逆"对待"逆反心理"

"逆反心理"是一种不健康的思维和心态。逆反心理严重的学生会对学校、老师、家长的教育持抵触情绪，会严重影响个人和集体关系的正常发展，对个人的发育成长更会带来不可低估的消极影响。

笔者在班主任教育工作实践中体会到，对此类学生如习惯于道德的说教和对不良行为的训斥，其结果收效甚微。而如果采取"先顺后逆"的方法则往往见效。"先顺"就是对学生的认识表示肯定的理解；"后逆"就是在"顺"的基础上，指出学生认识上片面或错误之处。"先顺"讲究的是策略方式，"后逆"是目的，是矫正学生逆反心理的具体落实。

（二）鼓励引导"挫折心理"

优厚的物质生活条件使学生养尊处优，一旦面临困难、挫折就容易沮丧。有些学生进取心强，一旦学习成绩上不去或偶犯过失，就失去了信心，心情沉重。比如笔者前面所讲的例子，笔者在与这部分学生谈话时真诚地关怀他们，询问原因，因势利导，重在激励，及时地表示信任，使之增强进步的信心。

此外，笔者还为每名学生设置了"健康成长档案袋"（又名"学生成长记录袋"），把每名学生的成长经历用记录的形式留存,主要是收集学生自己、教师或同伴做出评价的有关资料,学生的作品反思及其他相关的证据和材料等,以此来评价学生学习和进步的状况。比如:针对本班学生实际情况,对学生分层次进行了很有激情的评价。例如:对腼腆、内向、待人真诚的同学,称为"一朵静静绽放的百合";对嗓音好、爱唱歌的文娱委员,则美其名曰"歌声婉转的小百灵",等等。另外老师们的笔下还有"叽叽喳喳的小喜鹊"(爱发言),"沉着用心的智多星"(绰号),"笑口常开的大力士"(特长),"声情并茂的小海鸥"(艺术特长),等等。从这些妙趣横生的称谓中,同学们感到的是情感的温度。对于勤于写作的同学,老师激励他们:读书破万卷,下笔如有神。对于贪玩的同学,老师劝诫他们:一玩二等三落空,一学二干三成功,等等。

"让每一位同学都留下成长进步的足迹,使每一位同学都获得自信"是我的宗旨,从点滴做起,从细节入手,从学生生活中的小事入手,让学生的良好行为习惯得到展现,逐渐成为一个综合素质高的人。

五、反思与展望

我们学校建立学生综合素质评价工作的长效机制,将学校德育工作和班级常规管理工作纳入其中,各班建立班级管理档案,为学生综合素质评价提供有力证据,促进良好班风的形成。但也存在一些问题,一是学生平常表现资料积累少,造成学生自评、同学互评、班主任评价等缺少充分依据,说服力不强,难以达到公正评价的效果。二是学校部分学生素质相对来说有待进一步提高,部分学生对评价工作的重要性认识不足,致使他们在评价过程中不能认真参与,客观评价,而是马马虎虎。

总之,学生综合素质评价工作是一项专业性、耐受性较强的工作,我们在具体工作中力求做到有针对性和可行性,力求使评价结果客观公正。

例谈鼓励性评价对小学行为偏差生的激励作用

中山市南头镇中心小学 许妙霞

摘要：教师在教育中对行为偏差生采用鼓励性评价能够有效转化他们的偏差行为。文章通过典型案例的方式对小学行为偏差生采用了"巧抓教育契机""携手班集体力量"和"实施鼓励性评价"等三种有针对性的辅导策略，激发了行为偏差生自我教育的内在动力，有效转化了行为偏差生的文明行为和学习习惯。

关键词：行为偏差生；鼓励性评价；教育契机；班集体力量；情感激励

在班主任工作中，我们总会遇到行为偏差的学生。他们不讲文明、调皮捣蛋、无理取闹、欺负同学、不尊重家长和老师；他们厌恶学习，捣乱课堂，学习成绩不合格；他们精力旺盛，一天可以弄出十几个花样使我们措手不及；他们非常健忘，一转身就把我们苦口婆心的劝告和歇斯底里的愤怒忘得一干二净。行为偏差生是班主任工作中的最大难点和痛点，在日复一日的师生对抗关系中，心力交瘁的我们失去了教育的热情，自暴自弃的行为使偏差生们也逐渐偏离了正常的人生轨迹，有些甚至走向犯罪的道路。

针对上文的现象，笔者在教育工作中对行为偏差生采用了鼓励性评价，激发了行为偏差生积极向上的热情，帮助行为偏差生重塑信心和有效地纠正各方面不良的习惯。本文主要通过一位行为偏差生小兵（化名）的成功教育案例来探讨鼓励性评价对行为偏差生转化过程中的激励作用。

一、巧抓教育的契机，及时肯定

对学生的评价是一项灵活和充满智慧的工作。在评价中，如果我们只用"公平、公正"的等级方式评价行为偏差的孩子，那么他们的品行或者学习等方面的评价就只能得到"达标"或者"待达标"的等级，这样的评价会使他们的自信心受到打击，无法激发他们内在的积极力量。在教育教学工作中，采用鼓励性的评价形式能够使行为偏差的学生感受到教师对他们的肯定，从而激发他们主动进步的动力。

案例：发书

本学期，我遇上了"坏小子"小兵，他是一位典型的"行为偏差"学生——不但语文、数学、英语三科的成绩全部"待达标"，而且每天都在班级里不断制造麻烦：打架、骂人、偷东西、破坏公物和故意搅乱课堂纪律。几乎所有任课的老师都领教了他的搞鬼捣蛋，他可以一节课中变出十几个花样，把整个课堂弄得鸡犬不宁，让上课的老师痛苦不堪。

因为久闻"坏小子"小兵的大名，开学第一天的上午，还来不及认识其他同学，我先去认识这位传说中的"坏小子"。他有着瘦小的身体，黑黝黝的小脸蛋，圆溜溜的大眼睛和突出的大门牙。坐在座位上的小兵不时用不屑的眼神上下打量着我这位新班主任，或许是看到我笑容可掬的样子，他便认真地在自己的座位上端坐了几分钟。准备发新书时，我发现小兵开始变得焦躁，他时而拍手，时而跺脚，时而敲书桌，时而扯前后同学的衣服。我注视着他，希望他能在我的眼神提醒下收敛自己的行为，但是他的注意力根本不在我的身上，对我的注视毫无反应。见此情况，我便轻轻地走到他的座位边，微笑地对他说："孩子，能帮助我做点事情吗？"他惊讶地看了我一下，一双黑溜溜的大眼睛充满了疑惑，但是看到我满脸真诚的笑容后，便点了点头。我让小兵帮忙发英语书，目的是想让他能够完成好这项发书的任务，获得新学期的第一份自信。我柔声而坚定地对他说："孩子，我知道你一定有办法轻轻地把书发到同学们的座位上。"我特意把"轻轻地"这三个字拖长声音，以便让他能够明白我的要求，而不把书本乱扔给同学。果真，小兵发书的动作非常温柔，他轻轻地把书本放到了每一位同学的座位上，他的表现让其他同学感到很意外。小兵发完书以后，他到讲台前向我汇报情况，我对他充满赞赏地点点头，接着对班级的其他学生说："孩子们，刚才大家有没有留意到小兵同学发书的动作？"

"有，很轻很轻地放下。"孩子们大声地回答我。

"对，小兵很轻很轻地把书放在大家的座位上。"我肯定了孩子们的回答，小兵端端正正地坐在座位上，聚精会神地听我讲话。

"小兵发书的时候为什么要轻轻地放呢？"我继续追问孩子们。

"因为是新书，我们要爱护它，要把它保管好。"其中一位孩子回答道，我对她的答案报以赞赏的笑容。

下课的时候，我看到小兵认真地在自己的英语书上写上名字，并且小心翼翼地把书装回书包里。我走到小兵的座位旁边，拍拍他的小肩膀说："小兵，你是一位做事认真的孩子，以后老师会多请你帮忙做事情的。"小兵开心地笑了，他挺了挺腰，像极了一棵小白杨。

案例分析：开学第一天，我巧借发书的契机让小兵感受到老师的肯定和同学们初步的认可，给他新学期的新进步带来信心。在教育的过程中，老师的激励性语言有两大特点：第一，简洁、柔和的语言给了小兵清晰和具体的指导。在小兵准备发书之前，老师看似随意的话语"孩子，我知道你一定有办法轻轻地把书发到同学们的座位上"，不但让小兵感受到老师对他的信任，而且清晰地知道他该如何正确发书。对于那些行为习惯良好的学生来说，发书是一件非常容易的事，但是对于行为偏差生来说，他们已经习惯性捣蛋，"发书"很容易变成"飞书"，所以老师简洁和具有指导性的鼓励性语言非常重要。第二，实事求是的赞赏让小兵找回自信。当小兵认真完成发书的任务后，老师对他微笑着点点头并拍拍他的肩膀给予充分肯定，不但让小兵感受到自己的付出得到肯定，而且发现了自己的闪光点。

著名教育学家第惠斯多说："教学艺术的本质不在于传授的本领，而在于激发，唤醒和鼓舞。"在教育中巧借教育的契机对行为偏差生采用鼓励性的评价，不仅能够拉近教师与行为偏差生的距离,还能帮助行为偏差生各方面的行为逐渐朝正确的方向发展。

二、携手班集体力量,充分肯定

苏联教育家马卡连柯说过,即使是最好的儿童,如果生活在组织得不好的集体里,也会很快地变成一群小野兽。由此可见,集体的力量对孩子的成长多么重要,因此携手集体力量对行为偏差生采用激励性评价能够增强他们的自信心,促使他们取得更大的进步。

案例:优点大发现

今天是星期四,班级要进行小组合作的学习分组。

早读课前,我接到班级好几位家长的电话,他们都强烈要求自己的孩子不能与小兵分在一个小组里,担心小兵干扰他们孩子的学习和活动。

家长的担忧不无道理!班级的同学的确都不愿意与小兵同组,在几年的学习里,他们都遭受了小兵无数次的骚扰。

"小兵该不该自己一组或者每周轮流到一组呢?游离在集体之外的小兵还会有力量改变自己的不良行为吗?"我的心变得沉重起来。我知道集体对小兵很重要,小兵需要班集体的肯定和接纳,正如第一天发书的经过那样,小兵其实是一位在乎集体评价的孩子。

基于以上的思考,我决定在班中开展"优点大发现"活动,让同学们去发现彼此的优点,让同学们接纳小兵,帮助小兵找回自己内在的进步力量。

上午放学的时候,我让学生找出每个同学的一个优点,下午的班队课展示自己的大发现。为了能够让一些同学发现小兵的优点,我放学的时候留下了几位同学,与他们谈谈小兵的优点。果然不出意料,当我一问小兵的优点是什么时,几位同学都沉默了,但是有一位同学提到从开学第一天小兵认真发书的这件事情中看到小兵认真发书的优点。

下午的班队课上,我们班如期开展了"优点大发现"中队活动。同学们都踊跃地说出班级同学的优点,其中小兵认真发书的优点也被几位同学提到,当小兵听到有同学提到自己的优点时,他的双眼充满了惊喜和感动。

"优点大发现"之后,我便让同学们利用课间时间进行6人小组的自由组合和组内分工。在分组的过程中,小兵竟然顺利地加入了自己喜欢的一组,他的组员对他的加入表示了欢迎。在小组的分工中,小兵自告奋勇地当小组"书桌卫生监督员"。

班级"优点大发现"活动,让内心自卑的小兵找到了自信,也让班级的孩子们明白了每个人的身上都有闪光的地方。

案例分析: 冰冻千尺,非一日之寒。类似小兵一样长期游离在集体之外的行为偏差生,身上"坏孩子"的标签让他们在班集体中成为"害群之马"的问题学生。"不被接纳的孩子"喜欢制造问题,因为他们的内心是孤独的,他们的成长长期缺乏理解和尊重,特别是被接纳的需要。很多时候他们的特殊行为反映了他们被接纳的需求没能在一个集体中得到满足,于是他们就会想到通过其他令人费解的行为在集体中制造问题,以此来吸引老师、同学的注意,便也因此成为真正的"问题孩子"。鼓励性评价能够激发行为偏差生内在的潜力去回归集体,帮助他们取得更大的进步。

三、实施情感激励,激发学生学习动机

心理学告诉我们:教师的积极情感会促使学生在心理上得到满足,从而产生喜欢、愉快的体验。于是,学生便会喜欢我们教的学科。在我的英语教学中,我发现许多学习困难的学生并不是智力出了问题,而是学习心理存在障碍。因此,在教学中实施积极的情感鼓励,能够激发行为偏差生的学习动机,从而帮助他们喜欢上学习。

案例:"另类"作业

与小兵相处了半个学期,我发现小兵对动手写东西非常抗拒。在英语课堂上,他能够积极参与说的活动,但是对于写方面的一切活动都非常抗拒,哪怕只是看图写数字或者连线。半个学期里,他各科的家庭作业都无法完成,每天放学后,语文和数学老师都想办法把他带到办公室督促其完成,但是收效甚微。他在一个小时时间里,最多能写下十几个字或者数字,有时还索性不写。

他为什么如此抗拒写字?是智力因素还是心理因素导致?我通过家访得知他抗拒写字的心理主要是由于他父亲错误的教育方式导致。他的父亲在他幼儿园中班的时候就采用强硬的方式让他握笔写字,并且强迫他进行大量的书写练习。到了小学一年级的时候,他就非常厌恶握笔写字,作业无法完成。为了督促他完成作业,他的父亲常常使用暴力的方式或者用物质的奖励威逼利诱。这些方式刚开始还有点奏效,但是没有多久便无效了。

了解到小兵抗拒写字的原因之后,我知道不能像其他孩子一样要求他按时完成作业或者按量完成作业,他要有"另一种类型"的作业。如何帮助他逐步消除写字的恐惧心理呢?我做了以下的尝试。

"小兵,近来许老师很忙,想请你帮一下忙。"一天早读课结束后我对小兵说。

"好。"小兵连忙点点头,用关切的眼神看着我,我的心里瞬间充满了感动。

"谢谢你,孩子。是这样的,我想请你当我的英语课助手,每天帮我检查班级同学的英语作业。"我一本正经地对小兵说。

"我行吗?"一说是英语课助手,小兵犹豫了,他对自己没信心。

"你行的,孩子。相信我!"我坚定地说。

"来,你照着书本检查同学们的书写是不是正确,正确就打勾,错误就打叉。"我指着办公桌上孩子们交上来的单词抄写本对小兵说。

"来,我来示范一下。"看着小兵忧虑的样子,我手把手地教他改了一本。

"哦,原来这么容易。"在我的示范下,小兵重重地舒了一口气。

"是的,孩子。没有试过就不会知道,我知道你一定能帮到我。"我开心地拍拍小兵的肩膀,他的眼睛睁得大大的,一副要"奋斗"的样子。

第一天,小兵用了大约两个小时的时间才帮我把班级的英语"抄写本"的作业检查完。两个星期后,小兵打"√"和打"×"的速度增快了许多,每天不用一个小时就能检查完一个班的作业。接着,我尝试让他改同学们的听写本,在改听写本的过程中,小兵不知不觉地识记了同学们听写的单词。

一个多月后，小兵不但能够动笔完成试卷，而且还掌握了一些单词。同学们都纷纷惊讶于他如此大的进步，并对他的进步致以响亮的掌声。

小兵尝试到进步的喜悦之后，逐渐消除了握笔写东西的恐惧，在课堂上也愿意配合我完成简单的写方面的要求，他的英语学习能力也因为写方面能力的恢复而逐渐提高。学习成绩提高了的小兵对自己的英语学习充满了自信，他每天更乐于跑到办公室来问我是否需要帮忙了。

第二学期里，小兵的英语成绩优良。

案例分析："另类"作业激励了小兵！通过在作业本上打"√"和打"×"的方式让抗拒握笔写字的小兵逐渐消除了写方面的恐惧，逐步恢复了他写方面的能力，从而让他逐渐树立了英语学习的信心。这个成功的案例源于我对小兵采用的情感激励，激发了小兵学习的动机。这个过程虽是漫长的，但却是值得等待的。在这个过程中，我觉得有两点很关键：第一，不能显露教育目的。小兵对握笔写字非常敏感，他非常抗拒握笔写东西，假如我利用班主任的威严要求他握笔写东西的话，必然会令他反感，加剧他对握笔写字的恐惧，帮扶的效果可想而知，更主要的是不利于他将来的学习。第二，用他愿意接受的方式。小兵虽然不愿意握笔写东西，但是他愿意帮助我做事情，于是他在不知不觉中完成了握笔写东西的任务。对于小兵来说，给同学作业本上打"√"和打"×"是一件光荣的事情，他在认真检查的过程中实际上是在复习和巩固作业本上的内容，这种形式的作业其实更有效果。

以上的案例表明：鼓励性评价方式符合行为偏差生的心理需要，有益于行为偏差生形成积极向上的心理。实践中，坚持对行为偏差生实施鼓励性评价，其立足点是在他们原有的基础出发，发现和肯定他们的点滴进步，帮助他们发现自己和发展自己，从而重塑行为偏差生的自信心，激励他们取得进步。需要注意的是，采用鼓励性评价要根据每一位行为偏差生的实际特点进行有针对性的激励，而不能滥用鼓励性评价或者不加思考地套用。总之，鼓励性评价需要教师用爱去感受学生的每一点进步，用心去捕捉每一个闪光点，从而促进学生的发展与提高。

参考文献

[1] 朱智贤. 心理学大辞典 [M]. 北京：北京师范大学出版社, 1989.

[2] 李天松. 撑起爱的天空：浅谈鼓励性评价在教育活动中的应用 [J]. 辽宁教育. 2004 (6)：24-25.

[3] 刘铁芳. 从"素质关怀"到"教育关怀"：论素质教育的转向 [J]. 湖南师范大学社会科学学报, 1999 (2)：98-102.

新课改背景下学生综合性评价的叙事研究
——一位中学教师的探索

中山市东升镇求实学校 宋春桂

摘要：文章以一位中学教师的视角和经历探索综合性评价在当前教育所面临的问题与压力。同时，又通过这位教师的实践，提出在学生综合性评价中的一些具体操作，认为学生综合性评价要通过重视观察和全面了解学生，重视师生沟通，评价结果要对教学和学习有所反馈等途径来进行，只要每个教育有心人尽心尽力去践行，学生综合性评价前景将是美好的。

关键词：新课程改革；学生素质；综合性评价

在新课程改革的倡导下，教师对学生综合性评价有怎样的认识？做了哪些尝试，获得了怎样的经验？改革是否加重了教师的负担？学生综合性评价对学生有哪些影响？综合性评价如何在课程改革与发展中发挥应有的作用，是值得认真研究的重要课题，也是本文所要探究的主要问题。

一、T老师对学生综合性评价的认识

T老师是一位有着丰富教学经验的中学高级教师，同时他也是一位非常有思想、有想法的老师，对于学生综合素质评价、管理等方面，有其独到的见解。教务处评价T老师：工作耐心细致、多年来对待工作的热情始终如一，与同事相处融洽，经常在一起讨论问题和交流经验，是位非常优秀的班主任老师。T老师给人的第一印象是热情亲和，言谈举止儒雅不凡。在接下来的研究过程中，T老师流露出他对学生综合性评价的一些想法，并讲解了自己最初是怎样接触和了解学生综合性评价的。

（一）强调重视学生综合性评价是必要的

综合性评价强调从学生发展的角度去考察，重视学生在发展过程中的收获及努力程度，对学生来说是件很好的事情，强调实施综合性评价是必要的，因为从当前及未来教育改革的趋势来看，以综合性评价去衡量学生变得越来越重要。T老师表示在新课程改革前，对学生综合性评价其实不是没有关注，而是关注得不够，过去对学生的综合性评价主要是更多地重视学生的成绩和考试的分数，培训学生参加省级、市级、镇级等各种比赛争取名次等，因为这些是学生和家长最关心的，所以也是老师最为关注的。由于追逐名利的目的，导致对学生多样化的学习方式、学习需要、学习表现等关注不够，基本是在课堂上对学生的状态和反应给予关注，观察学生对教学内容是否有兴趣，是否认真思考，内容掌握情况怎么样等。对学生的创造性思维、交往和合作的能力、实践能力等关注得较少。这次课程改革大力强调学生综合性评价，让T老师提高了对它的重视程度，比以往更加关注学生学习态度以及学习过程中的表现，注重发展和发现学生的多方面潜能。

（二）综合性评价实践中遇到的问题

现在学校的处境进退两难，改革对学生的评价，关注学生学习过程中的各方面的表现，阶段性地对学生进行书面评价……如果每个班班级人数为50人，每一次阶段性评价T老师就要写50份评语；一个学期是4个月，按照学校的规划分两个阶段，也就是说仅阶段性评价，每个学生一学期T老师就需要写2份。这个阶段性评价的内容是比较综合的，包括学生的学习状况和平时各方面表现。评语需要教师客观用心去写，否则就失去了它本身的意义，无疑，完成这项任务需要大量时间。但新课程改革带来的一系列改变，都需要教师花时间去学习、领悟、改进、完善。比如新课程改革以来新教材与过去的教材相比有很大的变动，有些内容过去需要3课时来完成，可新教材规定1课时完成。T老师认为1课时不能将非常重要的东西讲出来，而学生也学不到什么。无奈之下T老师只好还按照3课时去讲，这样的话教学进度自然就要受到影响，所以，他就要额外花费时间去赶进度，花更多的时间去领悟和把握新教材。因此，虽然T老师目前的状态是任务重、时间紧，但他还是在积极努力配合课程改革。

（三）中考给综合性评价实施带来的压力

中考是国家选拔人才的一种手段，在当前社会，这是相对公平的办法。而像有些国家社会机构给学生开具实践能力证明的做法，在我国目前尚行不通；企业推荐亦不认可。因此，当前整个社会依然把关注的焦点集中在中考上。就大部分学校来说，实施课程改革，花大量时间精力，做得再好，一旦考试时学生们的成绩落下来了，那就什么都完了。所以中考永远是悬在学校师生头上的一把剑，随时可能掉下来伤到人。中考虽然依旧是指挥棒，但是像学生的学习态度、学习方法、努力程度、创新思维、合作能力等，都不是中考的试卷所能考查出来的。既然这些在中考中不考，教学中自然就得不到重视。现在人们虽然已经意识到这些东西的重要性，但是却必须让位于现实生活，家长和学生都迫切追求眼前的功利的东西，考不上好的学校，孩子的人生轨迹就要发生变化，谁能为学生负起这个责任？当前整个社会尚未形成新的学生评价观，仍将关注的焦点集中在中考上，因此，一部分学生和家长质疑学生评价改革的必要性。如此复杂的工作，占用大量的时间和精力，学生要自评、互评，还要设计自己的成长记录袋等，关键是对学生的中考有什么帮助？T老师认为如果想要把这个改革持续进行下去，就必须和中考挂钩，否则谁也不能保证这次评价改革能走多远。

T老师谈的是很现实的问题，从中也让我们真切地感受到作为一个一线教师目前的真实处境。当前推进学生过程性评价改革遇到了一些实际问题，出现问题无须惧怕，新事物的发展不可能是一帆风顺的，而且只有在教学中不断思考，积极进行课程改革尝试的教师，才能发现这些问题，才会去分析其深层的背景及原因，并尝试寻找解决的途径。值得庆幸的是，老师们对新课程理念坚决支持的态度非常明确，只是学生综合性评价实施起来增加了教师的工作量，教师背负上了沉重的负担。那么接下来该如何使新课程的理念更好地与教师的教学实践结合起来，减轻教师的工作压力与负担，使新课程融入教师的教学生命中，成为一个亟须解决的重要问题。

二、T老师对学生综合性评价的探索与实践

在与T老师的接触过程中，笔者深刻感受到他对本次课程改革投入了相当大的热情，T老师认真研读领会课程改革精神，经常就一些体会和想法与同事、领导交流，在工作中积极探索和实践学生过程性评价。他重视学生的全面发展，在学生学习过程中的各个阶段，细致地观察学生的变化和需要，适时地肯定他们的成绩和进步，指出其学习优势和努力方向，尽量让每个学生的潜力得到充分发挥。

（一）重视观察和全面了解学生

T老师有个习惯，每天早自习的时候必到班里静静待上几分钟，站在讲台前，什么话也不说，脸上一如既往的平静，没有什么表情。然后再平静地离开。学生们都已习惯了T老师的这番巡视，因此他的到来，也没有让学生做出什么改变。笔者有些困惑于他这"坚持不懈"的举动。

原来就那几分钟，T老师已给全班学生做了个诊断。那些学习状态一直比较稳定的学生自然不是T老师审视的主要对象，他主要关注那些不稳定的学生。有些学生学习是一阵的精神气，过了这个劲头就泄气厌学了，这样的情况在高一的学生里很多见，当出现这种情况的时候，就需要有人从旁鞭策和激励。因为良好的情绪能促进个体智能的发展，这时人的头脑清晰，思维敏捷，记忆力强，学习效率高。T老师会寻找适当的机会，或者在课堂上激发其学习的兴趣和动力，或者私下单独交流，或者是写书面的评语书信等。一些非常敏感脆弱且学习情绪容易受到一些意外事情影响的学生，也是T老师关注的重点。因为这些学生往往学业成绩非常不错，如若为一些小事影响了学习和今后的发展那就太可惜了，也许老师多一些关注，就可以让这些学生的问题迎刃而解，重新找回积极的学习状态。

看来，教师对学生细致入微的观察是非常重要的评价环节。如果不是这样的观察，就无法及时地了解每个学生的学习状态和心理变化，更谈不上给予适当的激励和评价。可贵的是，T老师能每天都坚持去做，更能就从中发现的问题研究对策，这正是本次课程改革强调的学生综合性评价的一个重要的环节。

除了在学校里的观察了解，T老师担任这个班级的班主任以来，一直坚持家访，他有一本厚厚的家访日记。T老师深知在50多人的班级里，每个孩子的成长环境不同、境遇不同会造成他们性格不同，如果能了解这些，他做学生工作便能更加有的放矢，事半功倍。在家访中，T老师了解到一些学生来自单亲家庭，对于这些没能享有完整家庭关爱的学生，T老师更是努力给予他们父亲一样的关怀和温暖，让学生身心健康地发展。令人在感叹他的敬业之余，更为他的学生感到幸福！

（二）重视师生沟通，促进学生身心健康发展

T老师非常重视师生沟通和交往，这能帮助他了解学生的心理状态和需要，逐渐拉近师生间的距离，让学生与老师之间成为无话不谈的朋友，只有深入了解学生才能做出客观的评价。高一这个年龄段的学生，他们特别敏感，有些事情如果对他们不深入了解，草率给出结论，往往起到的效果不是很理想。下面是T老师向我讲述的一个特殊的案例。

"也许这是我教的学生中很特殊的一个，但是值得欣慰的是我没有用'特殊'的眼光看待她。现在虽然有些事还很让人遗憾，但是能看到她快乐地生活，比什么都高兴。她叫小菲（化名），一个特殊的学生，因为学文科来到我这个班。她给我的最初印象是很安静，学习还不错，为人也不斤斤计较，是不会让老师'操心'的好学生（T老师最初对小菲的评价很不错）。有一天在操场上我遇到她，她哭着向我请假。当时，我并没有多想，告诉她回去好好休息。没过几天她又向我请假，这次哭得比上次厉害，我很疑惑，想要搞清楚是怎么回事。原来她与同桌发生了摩擦，内心很不平衡。出于对弱者的同情，我当时对她的同桌有了点看法，也答应找个机会将她们调开。但是后来的了解，让我对她有了新的认识，因为能和她坐同桌的人几乎没有！原因是大家都说她很奇怪，很难相处。开始我并不相信，直到我们长谈过后我才认识到。

"那是一天放学后，学生们都回家了，她来找我，说：'老师，我想和您谈谈，行吗？'虽然我也很想回家，可学生难得要和我谈谈，我就爽快地答应了。这一谈，可让我感到问题的严重和可怕了。她说：'老师，你是不是放弃我了？'我很疑惑，我说：'你为什么这么说呢？''你有时连看我都不看，是不是我和同桌关系不好，你不喜欢我这个学生？''怎么可能呢？'我马上否定了她的说法。于是她跟我讲起了她在初中时的经历，老师偏爱某个同学，不喜欢她，总是批评她，还把她的座位调到最后。在她的眼里，老师都是那种只关心学习好的同学，不能一视同仁的人，甚至是当面一套背后一套的人。于是她很反感老师管她，她说：'老师你不能批评我，批评我就是看不上我。'接着又说：'你还不能不管我，不管我就是忽视我。'作为老师我还能有什么办法？只能一点点开导她，试着转变她的想法。我说每个老师是不一样的，我不会像你的初中老师那样做。我的话还没说完，她马上说道：'谁知道你说得这么好听，心里是不是都烦死我了。'我看得出来她的敏感与自卑，她特别在乎别人的看法。她跳不出自己这个思维的怪圈，找不到能使自己快乐起来的办法。对这样的学生，我没有理由放弃不管，那样可能小菲的一生就都毁掉了。她内心的想法需要我倾听，尽管令人难以理解，但却是她的真实想法。后来我告诉她：'生活中有很多你看不惯的事情，有很多你讨厌的人，同时你生活里也有让你快乐的事情，也有你喜欢和信任的人，如果总是把眼光放在眼前，那你的生活一定不快乐。那就学会拣红豆吧，也许红豆并不多，不过你要是能坚持，哪怕一天你只拣一颗，你也会快乐，会一点点增加自信。'两个小时后，我要结束这次谈话了，我让她总结一下我们谈话的内容，她说：'唉，就是拣红豆呗。'看来两个多小时不是一点收效都没有的。至少，她认识到了要多看生活的阳光面。"

在那以后，T老师对这个学生多了一些"照顾"。平常他会更多地注意她的表现，随着学习越来越紧张，她时常会表现得很焦躁。有时数学课上她常常因为理解吃力而面红耳赤，语文课只是低头，其他课程也基本如此。T老师从不会批评她，也没有放弃她不

管。他经常站在小菲身边亲切地询问:"今天你需要我做点什么?""如果感觉不好,就休息一下。"这样她好像就能放松一些。当她取得一点进步时,T老师更是忙不迭地称赞她,让她感受和体会成功,给她信心和动力。由于T老师对她学习过程的一直关注,小菲的心理状况渐渐好转,她觉得无论有什么问题都可以向老师倾诉和求助,T老师是始终关心着她的。

就这样,小菲这一年来的中学生活还算很顺利,没有做出什么极端的事情,并且也在为自己的追求而拼搏。T老师说也许她是一个特殊的学生,但是我们老师不要再人为地让她更特殊。教书育人,重在育人上,学业成绩相比一个人快乐自信地生活而言,又算得了什么?

班主任要努力接近学生生活、贴近学生心灵,捕捉学生身上的闪光点,捕捉变化征兆,及时沟通交流,给予激励、引导和帮助,促进学生的转化,寓教育于评价过程之中。只有通过了解,才能正确评价一个学生。评价既是教育过程,又是学习过程,我们可以通过评价导向、激励学生努力追求目标和不断完善自我。T老师用他恰到好处的激励与评价,为学生修身设置路径,为学生成长搭建阶梯。T老师最令人欣赏的是他的教育观和人才观,他不尊崇精英教育,他的评价标准是多元的,他确信每个学生身上都有闪光点,他想走进每个学生的心灵,倾听他们的需要,引导学生形成正确的世界观、价值观,促进学生健康、全面而有个性地发展。

(三) 评价结果对教学和学习的反馈

新课程改革以来,T老师在每次综合性评价结束后,都客观分析和认真研究评价结果,反思评价是否促进了学生自主性的发展和自信心的建立,是否反映了学生的成就,是否反映了学生学习中的问题和不足,是否反映出教师教学中的成功与不足等问题,从而及时调整教学计划和方法,并针对每个学生的具体情况及时地提出建议,给予针对性的指导。

T老师通过对学生学习过程中的情感态度、努力程度等方面的关注,通过对学生细致入微的观察,在班主任工作,特别是学生管理方面做得相当出色。在T老师的身上,我看到令人感动和欣喜的一面,他热爱自己的工作,肯花费精力去深入思考教学工作,对课程改革积极热情,遇到问题勤总结,多思考。他关爱他的学生,即使是像小菲一样脆弱敏感的孩子,他也时时在身后激励和帮助,给学生更多人性化的关怀,展现出新时代教师的风采!

参考文献
[1] 高凌飚. 关于过程性评价的思考 [J]. 课程·教材·教法, 2004 (10): 15–19.
[2] 黄光扬. 教育测量与评价 [M]. 上海: 华东师范大学出版社, 2002.
[3] 约翰逊. 学生表现评定手册 [M]. 李雁冰, 译. 上海: 华东师范大学出版社, 2001.

畅谈课外阅读中的有效评价

梅州市梅江区客都小学　赖艳娜

摘要：课外阅读能让学生更多地直接接触语文材料，为学生的课堂阅读创造智力的背景，更为学生的阅读实践提供广阔的天地。然而目前小学生的课外阅读现状却不容乐观，究其原因就是没有相应的督促和评价体系。课外阅读要让学生喜爱，并且有效果，就必须有评价的跟进，在评价的方式上也必须有创新。我们应改变评价形式，让阅读有趣有味；关注评价过程，让阅读有质有效；改变评价主体，让阅读有权有价。课外阅读评价只有让孩子们感受到阅读其实是一种享受、一种成功、一种能力，才是真正的有效。

关键词：课外阅读；有效评价；现状；思考；实践

一、现状点击

21世纪是一个知识爆炸的时代，这对人们获取知识的能力提出了更高的要求，而阅读正是获取知识最基本的途径。小学阶段是培养阅读兴趣和习惯的重要阶段。在这样的时代背景下，世界各国对儿童的阅读能力都格外重视，将阅读能力作为学生一切学习能力的基础。因此，世界各国都非常重视儿童的课外阅读问题。重视阅读不仅关系到个人的发展，也关系到整个社会、民族、国家的发展。但在实践教学中笔者发现，我国当前小学生的课外阅读状况令人担忧。

《义务教育语文课程标准（2011年版）》在"总目标"中对课外阅读的总量有了具体而明确的量化规定：9年里课外阅读总量应在400万字以上，并明确规定小学一至六年级阶段的课外阅读总量不少于150万字。对于相当一部分学生来说，如此庞大的阅读量根本是无法完成的，造成这种情况的原因也是多方面的。

在应试教育的思想下，很多学生围绕着考试转，无法保证有充裕的时间进行课外阅读。再者，很多学生欠缺良好的课外阅读习惯，只是走马观花地看，不知道从书本中汲取养分。面对这些情况，教师虽想改变学生课外书阅读现状，但没有好的评价体系去操作，从而不知如何评价学生的阅读。究其原因就是没有相应的督促和评价体系，提倡和要求最终成了空谈，课外阅读指导还是难以走出画地为牢的局面。

二、案例分析

（一）案例一及成因

案例：

一位教师教授完课文"体育课"后，推荐学生看《爱的教育》，并要求学生摘录"爱"的词语，并以"爱"为主题，写一篇读后感。学生听后眉头紧锁。

成因——评价无质。

课外阅读的评价，目的在于引导学生更好地读书。而上述要求，教师推荐读物是好的，但评价时只关注结果，将阅读"被动化""功利化"，把课外阅读定位在"提高思想认识，提高写作水平"上，而没有对学生阅读过程进行评价。没有对学生阅读过程的修正，就不可能引导学生养成良好的阅读习惯，培养阅读的能力。对学生来说，其阅读的出发点主要是满足自己的兴趣爱好，追求自己的乐趣，不是为了完成某一个任务去阅读。阅读的心得是在熏陶感染中获取的，至于思想认识和写作水平的提高则是在阅读的过程中潜移默化、日渐长进的。阅读是一种独立、自主的心智活动，强烈的阅读功利心是评价无质的主要根源。

（二）案例二及成因

案例：

在要求学生进行阅读时，很多老师担心学生在阅读的过程中不认真，往往都会附加一些阅读任务作为检测，而且像组织阅读教学那样，限定学生运用统一的方法，设定统一的要求，比如：摘抄20个好词、5个好句、一个好段，写一篇200字的阅读感言。

成因——评价无趣。

目标决定内容，而内容又决定形式，正是功利性的目标，导致出现读书像做练习的事实。动笔读书本是良好的读书习惯，可迫于无奈的动笔会影响读书的兴趣。读书的方法限定太死，学生必须运用老师规定的方法去读书，这是老师指导学生阅读时常出现的现象。其实，读书并无定法，采用何种方法，皆由个人阅读的兴趣、习惯而定，老师只做一般的方法介绍即可，大可不必统一规定，更不能要求非此不可，不然会使学生对课外阅读失去兴趣。同时，只从纸笔上评价阅读，并不能全面反映学生的阅读情况，而且会扼杀学生的阅读欲望。使评价形式从单一走向多元才能更好地激发学生兴趣，培养阅读能力，积淀语文素养。

（三）案例三及成因

案例：

大部分学生喜欢一些读起来比较有趣的读物，比如《淘气包马小跳》《我们爱科学》《查理九世》等，但老师往往都嫌这些书文学味不浓，而要求学生看一些所谓的经典名著。老师希望学生去品味书里的优美语句，体会书里人物的高尚情操，学习文章精妙的构思……而评价的主要方式就是老师布置的写读书笔记、读后感……

成因——评价无权。

目标的错位造成内容的错位。当教师将阅读目标定位在能力和思想的提高时，儿童的阅读就失去了本来的面目。推荐一些经典书籍是值得提倡的，问题是教师对课外阅读内容进行集权式的控制，硬性规定阅读内容，唯恐学生受到污染，严防学生离经叛道，教师这种主导行为，使学生丧失了阅读的自主选择权和评价书籍的权利。要想改变这一现象，必须从阅读内容的选择上做起。教师鼓励学生根据自己的兴趣选书，在评价学生读书上，去掉唯功利的阅读导向，摆脱教师"独霸"式的评价，必须让阅读的主体——学生更多地参与到评价中来。

三、理性思考

目的、过程、方式的错位，其实都出在教师对课外阅读评价的定位上。课外阅读评价是联系教师与学生思维、情感的重要环节，评价实施得好，可使学生及时获得反馈信息调整自己的思维轨迹，树立阅读的信心，提高阅读的兴趣。通过评价来激发兴趣，可使学生对课外阅读始终保持愉悦的情感体验。所以评价的目的并不是甄别，而是为了促进学生喜欢阅读。不管是从理论还是从实践的角度来看，要想使学生爱读书，且有序、持续地读书，这都需要我们建立常规化、科学化、多样化的课外阅读评价形式，激发学生课外阅读的兴趣，提高课外阅读的效率和鉴赏的水平。那么让学生最大限度接受评价则是评价的关键。

阅读是一种独立、自主、受主体潜意识驱使、无目标的心智活动，教师只有激起学生的阅读欲望才能让阅读逐渐走进学生的心田。因而在阅读内容的把握上，教师也应少些集权化，多给学生自由选择的空间和时间。当然这并不意味着教师要放弃阅读内容的指导，适度、正确的指导是读书活动健康开展的保证。教师的指导作用应主要体现在"导"，而不是"禁"上。要引导学生按照个人的需求，自主挑选精品，摈弃糟粕；以禁读防止受害中毒，不是上策；在方法的指导上，教师少一些统一思想，树立"以学生为本、以发展为本"的教育思想，立足于提高学生人文素质和健全人格，开展课外阅读活动；在评价的主体上，注意将师评与学生自评和互评相结合，加强学生的自我评价和相互评价。这样才能改变只有教师参与的倾向，确立学生的评价主体地位。

四、实践策略

（一）改变评价形式，让阅读有趣有味

心理学研究表明：兴趣是影响学生学习的关键因素，是阅读学习的最好的朋友。只有当学生在头脑中树立了强烈的课外阅读意识，才会积极主动地去阅读课外书籍，进而使一切阅读困难迎刃而解。那么，教师要想让学生更好地阅读课外书籍，兴趣始终高涨，就先应拨动学生的心弦，诱发他们课外阅读的兴趣。

(1) 以"赛"促读。抓住学生的好胜心，引导学生乐于阅读。

案例：

缘起一次偶然的机会，一个学生拿着几本书找我，说要让我也看看他新头的书。我让该生先看完再借给我阅读，等看完后再彼此考考对方。

后来，该生拿着书要求我阅读。看完后，我和该生相互出题考对方，发现他对课外书的内容了解得十分全面。

我惊喜地发现该生一改看课外书偷工减料的习惯，表现得十分积极。细想后，觉得那个"约定"不正是对他课外阅读情况的一种评价吗？看来给评价换一种学生喜爱的形式，会促使学生主动有效地阅读。于是我在班级中开展了一次"课外书阅读擂台赛"活动。

在班队课上，我动员班内的4个小队举行课外书阅读比赛。我们班分成4小队，分别是"乘风破浪""文学小队""乐学小队""文武双全"，每学期4个小队在队长的带领下互相竞争，规则是：每位队员在其他对手队找一个阅读搭档，约好同看一本喜爱的书，在看书的过程中，可以随时在阅读本上记下自己最感兴趣的内容，并设计问题考对方。等双方都看完了，组织"阅读擂台赛"，获胜的同学可为自己赢得积分，同时也为小队赢得积分。学生对此热情高涨。

一周后的"课外书阅读擂台赛"上，每个队的队员都表现得相当积极，他们展示了自己的阅读成果，同时他们设计的问题也很精到，挑战的同学回答得也很精彩。

他们表示这样看起书来不觉得烦，不觉得累，很开心。

(2) 以"会"促读。利用学生乐于参加活动的特点，引导学生乐于阅读。

案例：

学生们很喜欢观看一些综艺节目，根据这一特点，我为学生经常举办"小汪说书"栏目，即读书会的一种形式。

全班在规定的时间看完一本书后，推选出一名主持人。每次活动前，在自愿报名和集体推荐（根据"擂台赛"的情况）的基础上确定4~5名嘉宾（每次的嘉宾起码要有一半是"新"的）。读书会上，先由主持人来一段活动的开场白，然后请嘉宾带凳子到讲台或教室环形座位的正中入座。接着根据事先由主持人设计的话题（与老师或读书积极分子商定）展开讨论。嘉宾可以围绕议题做主题发言，而在座的同学可以补充，甚至可以就嘉宾的意见展开讨论。当活动结束后，主持人模仿《实话实说》节目，请嘉宾就书或活动发表一句感言。

学生在活动中表现异常积极，他们往往会抢着争当嘉宾。虽然作为嘉宾要在阅读课外书中多做工作，但他们乐此不疲。

案例中，我通过"课外书阅读擂台赛""小汪说书"这两种活动来调动学生的阅读兴趣。由于这种擂台赛、读书会的形式新颖，所以学生参与热情高。"课外书阅读擂台赛""小汪说书"激起了学生的兴趣，让他们乐于去读。其实无论是擂台赛还是读书会，都是一种课外阅读的评价形式，是以活动为载体，在活动中促进学生更好地阅读的活动式评价。活动式评价不仅能很好地激发学生的阅读参与意识，提高他们的主动探究意识，也使老师清醒地认识了学生的自学能力、阅读鉴赏水平。

总之，活动式评价能为学生提供展示平台，促进学生的阅读兴趣和习惯的形成，并为教师及时掌握学生课外阅读情况提供信息来源，帮助教师及时引导和指导学生的课外阅读。这种评价形式极大地促进和发挥了每一个学生的积极性、主动性，使他们从中体会到成功的快乐，收到评价的最佳效果。

（二）关注评价过程，让阅读有质有效

读书贵精不贵多，我们平时都在强调，读书应该与思考同步，即读有所思，只有思考和消化书上的知识，才能发挥书的作用，给人头脑以健康和活力。"与其匆匆浏览许多本，不如彻底消化几本"，这就要求学生读书要通读精读，读有所悟。对阅读过程进行关注、评价能使学生在阅读过程中始终保持活跃的思维状态，享受到创意阅读带来的乐趣与成功感，也能让学生学会从不同角度去思辨，去发现，去领悟，从而激发创造的意识。所以我们在要求学生进行课外阅读时，不能只关注阅读的结果——"看完"，更应该关注学生阅读的过程——"看好"。

案例：

在阅读活动中，我要求每位同学在对手队找一个阅读搭档，需同看一本喜爱的书。在精心挑选好书后开始阅读。在这一两个星期的阅读中，我特别留意了几对学生的阅读过程。在翻看几组搭档书本时，竟发现学生在一些感兴趣的篇章段落中有圈画痕迹，有几位甚至在旁边做了旁注。而有一位同学还专门准备了一本读书笔记，在笔记中不仅记录了心得体会，还在旁边写上了一些准备为同伴出的题目。提问的角度还很有意思，有关于人物评价的，有内容再现的，甚至还有根据书中情景联系学习生活的。比如，你认为书中这位人物与我们班的哪位同学较像？为什么？……

通过案例我们可以发现，在读前定好的"搭档竞读"的规则，能促使学生更好地读书。因需要学生在阅读完书后设计问题考考对手，所以他们会边读边思参考，提高阅读质量。对参赛者来说，他们自己既是评价者又是被评者。他们会用尺子去衡量、评价他人，同时也会用同样的标准来要求自己。如果学生想赢得肯定，那就需要用心阅读，提高阅读效率。只有在精读时，才会有所思，才会读出问题。一旦发现问题，再深入阅读有关书籍，并深入思考，就有可能发现新知识，获得新见解。

这种双主体的评价方式，关注了学生的阅读过程。过程中，学生依据自己的"阅读期待"，不时地进行阅读反思和批判，不断地把握自我理解程度，判断与阅读目标的差距，并采取各种帮助思考和增进理解的策略。这个过程其实是对已经阅读的课外内容的消化和吸收。当评价关注过程时，能促使学生养成好的阅读习惯，使得阅读有质有效。

（三）改变评价主体，让阅读有权有价

评价的目的不是为了甄别，而是为了让学生喜欢阅读，促进阅读能力发展。但以往，学生的阅读情况都是由教师来评价的，这样学生往往比较被动，他们总是期待得到肯定，但教师总有顾不全的时候，所以不能及时捕捉学生的阅读信息，造成对学生的评价缺少针对性，影响学生对教师的阅读评价的期待情绪。让学生参与评价过程，主要是为了让学生通过自我评价提高自主意识、反思能力与学习的积极性和主动性，从而更加有效地促进其发展。

1. 自主选择评价的内容

案例：

我班开展的"识礼知书阅读升级台"阅读升级赛，分为六个级别，分别为：秀才、举人、贡士、探花、榜眼、状元。"识礼知书"有别于一般的阅读考级：升级条件较为灵活，可以自由选择；升级条件涉及的范围较广，关注到课外阅读的水平。

"识礼知书"升级说明如下：

"识礼知书"升级说明

秀才的评定条件：

1. 阅读完 1 本课外书并为自己做一次阅读评价，可以评为"秀才"。
2. 阅读 1 次报刊并选取感兴趣的信息报道，可以评为"秀才"（班内每天设有 5 分钟的"新闻播报"）。
3. 做 1 次课外书阅读成果展示，可以选择讲故事、演课本剧、心得谈、阅读作品展等你喜欢的形式，可以评为"秀才"。

升级评定条件：

举人——5 个秀才

贡士——2 个举人　　探花——2 个贡士

榜眼——2 个探花　　状元——2 个榜眼

案例中的"识礼知书"阅读升级面向的是不同层次的学生，让学生根据自己的特点、水平选择评价考级的内容，这既对学生课外阅读的量做了要求，又对他们的阅读的质进行了评价。我们还为每一位学生建立阅读档案，把活动的评价卡、阅读记录都放在各自的阅读档案袋里，让每次活动都有记录，而不仅仅体现在"级别"这一结果上。相信这种有记录、有过程的评价，会让学生觉得课外阅读是一件很快乐的事。

在这个评价过程中，学生掌握着一定的主动权，每一位学生都会在这种评价机制中找到成功的乐趣，更好地促进以后的阅读。同时，自主选择评价内容拓宽了评价的视界，让学生有更大的选择性，满足了不同层次的需要，使评价过程成为一个"激励—提高—再激励—再提高"的良性循环过程。

2. 自主制定评价标准

案例：

在开展阅读评价时，为考查学生阅读的态度、过程和效果，我们开展了小组内、小组间的口头评价和自我评价，评价的主要内容见表 3-14。

表 3-14　评价的主要内容

评价内容	自己评（10 分）	对手评（10 分）	组内评（10 分）
1. 对原故事内容的了解程度			
2. 展示同学的口语表达能力			
3. 活动方式的创新能力			
4. 乐于参与，主动交流			
5. 举止大方，文明礼貌			

在活动过程中，教师及时进行口头评价与反馈，并引导学生，以鼓励、表扬等积极的评价为主。要让学生明白在评价其他同学阅读情况时，首先要尊重他人的阅读成果，因人而异，把握好分寸，既要考虑客观事实，又要尊重学生的主观感受。对于评价阅读能力相对较差的学生，要用"放大镜"找出其优点所在，帮助其树立信心。而对那些课外阅读的佼佼者，要用"显微镜"去找缺点，找"软肋"，以避免"阅读高原现象"的出现。

通过案例，我们可以看到一张阅读评价表，评价表从阅读的内容、答辩时的表达方式、参与时的交流情况及表达时的举止等多方面、多角度进行评价。在以表格为载体的评价中，学生既是评价者又是被评价者，他们掌握了评价的主动权，制定评价标准，而这个评价标准也是他们对自己的要求。而学生的自评是让学生回顾自己的历程，明确自己的优点，找出自己还需努力的地方。这样让学生自己参与全程，学会反思和判断自己的进步与努力，增加学生成功的积极体验，找到自我增长点，不断激励自己进步。

《义务教育语文课程标准（2011年版）》指出"阅读评价要综合考查学生阅读过程中的感受，体验理解和价值取向"，"阅读是学生的个性化行为"。学生在阅读活动中，由于自身经验、社会阅历、修养内涵的不同，往往对同一阅读材料的理解也有所不同。再者课外阅读是一种开放式的语文学习方式，它不受时间、地点、形式的约束，对它的评价不能过于细微，而要采用模糊评价的方式，可以在师生间、家校间进行，做到多方位交流、多角度评价；也可以开展阅读活动、阅读经验交流、阅读作品展示等活动式评价。总之，在评价中尊重学生的个体差异，让学生掌握主动权，能最大限度地激发学生课外阅读的积极性和主动性，消除学生的自卑感，增强自信心，促进学生阅读能力的提高及阅读个性的形成，并促使其语文个性化价值观的形成。

语文之塔是一砖一瓦建成的，没有日积月累就不会形成深厚的语文功底。吉姆·崔利斯说得好："你读得越多，理解力越好；理解力好，就越喜欢读，就读得越多。你读得越多，你知道得越多；你知道得越多，你就越聪明。"我们要想开辟课外阅读的广阔天地，让孩子们在浩瀚的书海里遨游，有效的评价是必不可少的。课外阅读评价只有让孩子们感受到阅读其实是一种享受、一种成功、一种能力，才是真正有效的。

参考文献

[1] 丁朝蓬. 新课程评价的理念与方法 [M]. 北京：人民教育出版社，2003.

[2] 严育洪. 新课程评价操作与案例 [M]. 北京：首都师范大学出版社，2010.

[3] 黄国新. 浅谈"个性化阅读教学评价" [J]. 小学语文教学，2001（3）：27.

[4] 袁红娥. 高年级课外阅读能力评价的研究 [J]. 小学语文教学，2003（9）：31-32.